중등
신문
읽기

명문대 입학을 위해 반드시 읽어야 할
비문학 독서 논술

중등 신문 읽기 2

1판 1쇄 발행 2025년 6월 9일

지은이	조찬영, 이지혜
펴낸이	애슐리
편집	김민주
디자인 및 그린이	신병근
발행처	가로책길
주소	서울시 중구 퇴계로 409
등록	제 2021-000097호
e-mail	garobook@naver.com
ISBN	979-11-93419-05-2(44370)
	979-11-93419-02-1(세트)

가로책길 출판사는 독자 여러분의 의견에 항상 정성껏 귀를 기울이고 있습니다. 책을 출간하고 싶은 아이디어가 있으신 분은 언제든지 이메일(garobook@naver.com)로 보내주세요. 잠재된 생각을 가지고 있는 분은 망설이지 말고 출간 문의에 도전하시길 바랍니다.

2
사회
문화

중등 신문 읽기

명문대 입학을 위해 반드시
읽어야 할 비문학 독서 논술

조찬영, 이지혜 지음

ZERO

가로책길

뉴스를 너머 미래 사회를 대응하는 힘을 기르는 시간

예측할 수 없는 변화에 대응하는 능력, 위기 상황에 대응하고 극복하는 능력을 만들다

　세상이 참 빠르게 변합니다. 그 변화하는 가속도를 우리는 따라가기가 힘이 들죠. 디지털의 전환, 기후환경의 변화, 학령인구 감소로 사라지는 학교들, 그리고 고령화 사회 등 미래 사회에 대한 대응이 절실한 시대입니다. 그래서 이러한 시대적 흐름을 잘 이해하고 준비할 필요가 있습니다. 그렇다고 빠르게 변화하는 것만 파악해서 임기응변으로 살아가는 것도 올바른 방법은 아닌 것 같습니다. 우리 선조들의 지혜와 세상의 이야기를 두루 살피며 차근차근 세상을 이해하고 헤쳐나갈 힘을 기르는 것이 지금은 더 중요한 시대입니다.

　교육이 혁신을 거듭하며 변화하는 것도 우리 학생들이 예측할 수 없는 변화에 대응할 수 있도록 그 힘을 키우기 위함입니다. 공교육은 이렇게 디지털 전환에 따른 산업의 변화, 팬데믹, 기상 이변, 기후 환경의 변화 등 위기 상황에 대응하고 극복하는 능력을 키우는 것이 중요하다고 이야기 합니다. 이러한 노력으로 공교육은 학습자 맞춤형 교육, 미래 교육을 위한 교육 과정 체제의 전환을 꾀하고 있지만 학교에서 배우는 교과목으로는 한계가 있습니다. 그래서 『중등 신문 읽기』는 학교 공부의 연장선에서 세상의 이야기로 더 이해하기 쉽고, 생각할 수 있는 힘을 키우며, 토론과 글쓰기까지 가능하도록 구성하였습니다.

중학생을 위한 『중등 신문 읽기』 시리즈는 총 4권으로 구성되어 있습니다. 1권은 '인문 · 예술', 2권은 '사회 · 문화', 3권은 '과학 · 기술', 그리고 4권은 '주제 통합'으로, 신문에서 다루는 폭넓은 영역을 단계별로 살펴볼 수 있도록 기획하였습니다. 실제 신문 기사와 함께 해설 및 관련 지식을 제공하여, 독자들이 다양한 분야의 이슈에 관심을 갖고 주체적으로 사고하도록 돕는 것이 이 책의 핵심 목표입니다.

이 시리즈는 크게 세 가지 측면에서 중학생들에게 도움이 될 것입니다.

첫째, 지식의 확장입니다. 인문 · 예술, 사회 · 문화, 과학 · 기술 등 분야별로 신문 기사를 선별하여 다루므로, 독자들은 특정 분야에만 치우치지 않고 균형 잡힌 시각을 형성할 수 있습니다. 더 나아가 4권에서는 앞서 배운 주제를 통합적으로 연결해보는 과정을 담아, 하나의 사안을 다양한 관점에서 이해하고 해석할 수 있는 능력을 기르도록 돕습니다.

둘째, 논리적 사고와 비판적 읽기 훈련입니다. 신문은 시의성과 사실성을 갖춘 글이지만, 동시에 기사마다 특정 관점이나 의도가 반영되기도 합니다. 따라서 기사를 읽을 때는 단순히 정보만 받아들이기보다, 그 안에 담긴 맥락과 배경지식을 함께 고려해야 합니다. 이 책에서는 기사 분석과 함께 의문점을 제시하고, 독자가 스스로 생각해볼 만한 질문들을 던집니다. 이를 통해 논리적으로 사고하고, 편향된 정보를 분별해내는 능력을 키우게 될 것입니다.

셋째, 학업 성취와 진로 준비에의 기여입니다. 중학교 시절의 독서 습관은 고등학교 이후 내신과 수능, 나아가 대학 입시와 진로 선택에도 커다란 영향을 미칩니다. 실제로 최근 고등학교 국어 교과나 수능 비문학 영역에서 요구되는 독해력은 특정 지식의 암기가 아니라, 글을 깊이 있게 분석하고 핵심 논지를 파악해내는 능력입니다. 신문을 활용한 읽기 훈련은 이러한 역량을 기르는 데 최적의 방법이라 할 수 있습니다. 또한 자신이 관심 있는 분야의 기사를 찾아 읽는 과정에서 자연스럽게 진로에 대한 단서를 얻을 수도 있습니다.

이 책을 집필한 조찬영 선생님은 오랜 기간 학교 교과와 연계한 독서 콘텐츠와 신문을 활용한 교육 콘텐츠를 연구·개발해 왔습니다. 또한 이지혜 선생님은 중고등학교 학교 현장에서 국어과목을 가르치고 논술연구를 해오며 학생들에게 필요한 것이 무엇인지를 고민해왔습니다. 공교육과 사교육의 실제 수업 현장에서의 경험을 바탕으로, 중학생들이 보다 쉽고 재미있게 신문을 접할 수 있도록 구성하였으며, 각 권별로 제시된 다양한 예시 기사와 활동 문제를 통해 '배우는 재미'를 느낄 수 있도록 하였습니다. 또한, 지루하지 않도록 스토리텔링과 다양한 자료 사진, 도표를 적절히 활용하였습니다. 학생들이 흥미로운 독서활동이 될 수 있도록 고민하고, 사회에 큰 관심을 가질 수 있도록 기사 주제

를 고심하여 선별하였습니다.

　끝으로, 이 책을 읽는 모든 학생들에게 한 가지 당부하고 싶은 말이 있습니다. 신문을 읽는 습관은 결코 단기간에 완성되지 않습니다. 매일 조금씩 꾸준히 읽고, 기사 속 정보와 자신의 생각을 비교·대조하는 과정을 반복해야 합니다. 그렇게 쌓인 습관과 경험이 결국 여러분의 비판적 사고력과 지식을 단단하게 만들어줄 것입니다. 이 책이 그러한 성장의 발판이 되기를 진심으로 바랍니다.

　『중등 신문 읽기』 시리즈가 변동성, 불확실성, 복잡성이 특징인 미래 사회에 대응할 수 있도록 기본 역량과 변화 대응력을 마련해줄 것입니다. 그리고 여러분이 세상을 이해하는 폭을 넓히고, 다가올 고등학교 내신 및 수능 비문학 파트, 더 나아가 대학 및 진로를 설계하는 데에 든든한 길잡이가 되어줄 것이라 확신합니다. 독자 여러분이 책을 읽으며 고민하고, 생각하고, 의문을 제기하는 모든 과정이 한 단계 더 성장하는 귀중한 시간이 되길 기대합니다.

조찬영, 이지혜

차례

2 문화 | 감성의 힘 - 삶의 흔적을 기록하고 나누는 문화의 세계

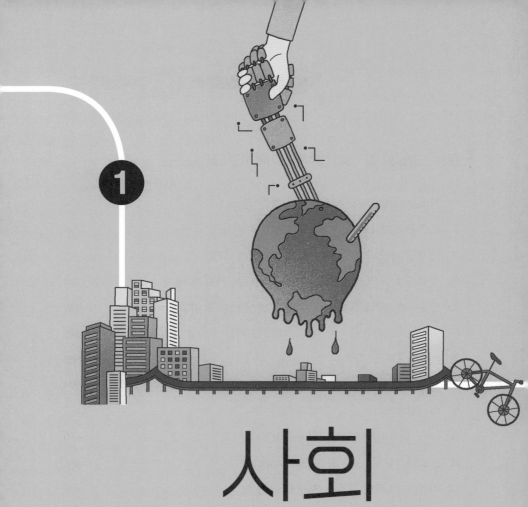

1

사회

공존의 힘

세상을 바라보고 현명하게
더불어 살아가는 세계

01 연결의 단절 - 현대 사회의 고립과 외로움

현대 사회는 기술의 발전과 도시화로 인해 많은 이점과 편리함을 제공하지만, 동시에 개인의 고립감[1]과 외로움이 증가하는 문제를 야기하고 있다. 사람들은 물리적으로 가까이에 있음에도 불구하고 정서적[2]으로는 서로 단절된 상태에 놓여 있으며, 이는 개인의 정신 건강에 심각한 영향을 미치고 있다. 이러한 현상은 특히 대도시에서 더욱 두드러지며, 빠른 생활 속도와 높은 경쟁이 사람들 간의 깊은 관계 형성을 방해하고 있다. 또한, 소셜 미디어의 발달로 인해 사람들은 온라인에서 소통할 수 있는 기회를 가지지만, 이 역시 얕고 일시적인 관계로 이어져 진정한 인간관계를 형성하는 데 어려움을 겪고 있다. 결과적으로, 이러한 정서적 단절은 고립감을 심화시키고, 개인의 심리적[3] 안녕에 부정적인 영향을 미친다. 이로 인해 많은 사람들이 우울증[4]과 불안장애와 같은 정신 건강 문제를 겪고 있으며, 이는 사회 전체의 건강과 복지에도 심각한 위협이 되고 있다.

사회적 고립은 개인이 사회적 관계에서 단절되거나 소외된 상태를 의미한다. 특히 도시 지역에서 이러한 현상이 두드러지며, 빠른 생활 속도와 높은 경쟁으로 인해 사람들은 서로를 알아가는 시간을 갖지 못한다. 예를 들어, 대도시에서의 삶은 많은 사람들로 북적이지만, 그들 사이의 대화는 표면적인 인사로 그치고 깊은 관계를 형성하기 어려운 상황이다. 이러한 상황은 개인이 느끼는 소외감을 더욱 심화시키고, 결국에는 사회적 고립으로 이어진다. 한편, 사회적 고립은 외로움으로 발전할 수 있다. 외
로움은 주변에 사람들이 없다는 것
을 넘어서, 인간의 기본적인 정서적
필요가 충족되지 않을 때 느끼는 심
리적 고통이다. 외로움을 느끼는 사
람들은 종종 자신의 감정을 이해받
지 못하고, 이는 그들의 자존감과 정체성에 부정적인 영향을 미친다. 연구에 따
르면, 지속적인 외로움은 우울증, 불안장애, 그리고 심리적 스트레스와 같은 정
신 건강 문제를 유발할 수 있으며, 이는 개인의 삶의 질을 저하시킨다. 특히, 노
인층에서 사회적 고립과 외로움의 문제는 심각하게 나타난다. 많은 노인들은
자녀가 독립하고 친구들이 세상을 떠나면서 외로움을 느끼기 시작한다. 이들
은 종종 사회적 지원 시스템에서 소외되며, 자신의 감정을 표현할 수 있는 기회
가 줄어든다. 이로 인해 노인들은 우울증에 시달리거나, 심지어 자살 충동을 느
끼기도 한다. 한 연구에 따르면, 노인의 30% 이상이 외로움을 느끼며, 이는 그
들의 건강 상태와 직결된다는 결과를 보였다. 그러나 이러한 문제는 노인층에
국한되지 않는다. 청년층 또한 사회적 고립과 외로움을 경험하고 있다. 소셜 미
디어의 발달로 인해 사람들은 온라인에서 소통할 수 있는 기회를 가지지만, 이
러한 소통은 종종 얕고 일시적이다. 많은 청년들이 소셜 미디어에서의 '좋아요'

❶ 고립감: 다른 사람들과의 관계가 단절되어 느끼는 외로움이나 소외감을 뜻한다.
❷ 정서적: 감정이나 느낌과 관련된 것으로 사람의 감정 상태를 말한다.
❸ 심리적: 마음이나 정신과 관련된 것으로 인간의 감정, 생각, 행동 등을 포함하는 개념
　 을 의미한다.
❹ 우울증: 지속적인 슬픔과 무기력감을 느끼는 정신적 질환의 일종으로 일상생활에 큰
　 영향을 미칠 수 있다.
❺ 면역력: 몸이 질병에 저항하는 능력을 말하며 감염이나 질병으로부터 몸을 보호하는
　 시스템을 의미한다.

꼭 기억하렴

국어 공신 선생님

수에 의존하게 되면서, 진정한 인간 관계의 중요성을 간과하게 된다. 결과적으로 이들은 깊이 있는 관계를 맺지 못하고 외로움을 느끼게 된다.

사회적 고립과 외로움은 심리적 건강뿐만 아니라 신체적 건강에도 부정적인 영향을 미친다. 연구에 따르면, 외로움은 심혈관 질환, 면역력❾ 저하, 그리고 신체적 질병의 위험을 증가시킨다. 이는 외로움이 단순한 정서적 문제를 넘어, 개인의 전반적인 건강에 심각한 위협이 된다는 것을 의미한다.

이와 같은 사회적 고립과 외로움의 문제를 해결하기 위해서는 다양한 접근이 필요하다. 지역 사회의 활성화가 중요한 역할을 할 수 있으며, 커뮤니티 프로그램이나 모임을 통해 사람들은 서로 소통하고 관계를 형성할 수 있는 기회를 가질 수 있다. 또한, 정신 건강에 대한 인식을 높이고, 외로움을 경험하는 사람들에게 도움을 줄 수 있는 상담 프로그램이 필요하다. 사회적 고립과 외로움은 현대 사회가 직면한 중요한 문제로, 개인의 정신적 건강뿐만 아니라 사회 전체의 안녕에도 큰 영향을 미친다. 이는 단순히 개인의 문제가 아닌 사회 전반의 문제로 인식되어야 하며, 이를 해결하기 위한 공동의 노력이 필요하다.

국어 공신 선생님의 감상 꿀팁!

 한걸음 더 깊이 생각해 보기

• 기술 발전이 사회적 고립을 어떻게 변화시킬 것인가?
기술 발전은 사회적 고립을 변화시키는 데 중요한 역할을 한다. 우선, 소셜 미디어와 커뮤니케이션 플랫폼의 발달로 사람들은 지리적 제약 없이 쉽게 소통할 수 있게 되었다. 이를 통해 고립된 지역에 있는 사람들도 친구 및 가족과 연결될 수 있으며, 새로운 관계를 형성할 기회를 갖게 된다. 특히, 팬데믹 상황에서 화상 회의와 온라인 모임은 사회적 상호작용을 유지하는 데 필수적이었다. 또한, 기술은 취미와 관심사를 공유하는 커뮤니티를 형성하는 데 도움을 준다. 예를 들어, 온라인 게임, 스터디 그룹, 관심사 기반 포럼은 사람들이 서로 연결되고 지지를 받을 수 있는 공간을 제공한다. 그러나 기술 발전이 항상 긍정적인 결과를 가져오는 것은 아니다. 가상 세계의 증가로 인해 오프라인 대면 관계가 줄어들 수 있으며, 이는 새로운 형태의 고립을 초래할 수 있다.기술 발전은 사회적 고립을 완화할 수 있는 잠재력을 가지지만, 균형 잡힌 접근이 필요하다. 기술을 활용하여 연결을 강화하되, 실제 대면 관계도 소중히 여기는 것이 중요하다.

• 노인층의 사회적 고립을 해결하기 위한 미래의 접근은 무엇인가?

노인층의 사회적 고립을 해결하기 위한 미래의 접근은 다각적이어야 하며, 기술과 커뮤니티 지원, 정책적 변화가 결합되어야 한다. 첫째, 기술을 활용한 소통 방법의 확대가 필요하다. 예를 들어, 노인들이 쉽게 사용할 수 있는 스마트 기기와 애플리케이션을 개발하여 가족 및 친구와의 소통을 촉진할 수 있다. 화상 통화, 소셜 미디어, 온라인 커뮤니티를 통해 노인들이 사회적 관계를 유지하고 새로운 친구를 사귈 수 있도록 지원해야 한다. 둘째, 지역 사회의 역할이 중요하다. 노인들이 참여할 수 있는 다양한 프로그램과 활동을 제공하는 커뮤니티 센터와 복지관을 활성화해야 한다. 예를 들어, 취미 활동, 운동 클래스, 자원봉사 기회를 통해 노인들이 사회적 상호작용을 할 수 있는 장을 마련할 수 있다. 또한, 이웃 간의 연대감을 키우는 프로그램을 통해 노인들이 스스로 지역 사회의 일원으로 느낄 수 있도록 해야 한다. 셋째, 정책적 지원이 필수적이다. 정부는 노인 복지 정책을 강화하고, 고립된 노인들에게 직접적인 지원을 제공하는 프로그램을 마련해야 한다. 예를 들어, 방문 서비스나 전화 상담 서비스를 통해 노인들의 안부를 확인하고 필요한 지원을 제공하는 것이 중요하다. 이러한 노력들은 노인층의 사회적 고립을 줄이고, 그들이 건강하고 활기찬 노후를 보낼 수 있도록 도와줄 것이다.

정리해 볼까요?

기사에 대해서 알아볼까요?

주제: 기술과 도시화로 인한 현대 사회의 고립과 외로움
핵심어휘: 고립감, 정서적·심리적 우울증, 면역력

1단락 요약: 현대 사회는 기술 발전과 도시화로 개인의 고립감과 외로움이 증가하고 있으며, 이는 정신 건강에 심각한 영향을 미치고 있다. 사람들이 서로 소통할 수 있는 수단이 많아졌음에도 불구하고, 실제 대면 관계가 줄어들면서 고립감이 더욱 심화되고 있다.

2단락 요약: 사회적 고립은 개인이 관계에서 단절된 상태를 의미하며, 이는 외로움으로 발전해 정신 및 신체 건강에 심각한 부정적 영향을 미친다. 고립된 상태에서는 스트레스 호르몬 수치가 증가하고, 면역력이 저하되어 다양한 질병에 취약해질 수 있다. 또한, 외로움은 우울증과 불안 증세를 유발하며, 이는 일상생활에 큰 영향을 미치고 개인의 전반적인 삶의 질을 저하시킬 수 있다.

3단락 요약: 사회적 고립과 외로움 문제를 해결하기 위해서는 지역 사회 활성화와 정신 건강 인식 제고, 상담 프로그램이 필요하며, 공동의 노력이 절실하다. 지역 사회 내에서 다양한 프로그램과 활동을 통해 사람들을 연결하고, 서로의 관심사를 공유할 수 있는 기회를 제공해야 한다. 또한, 정신 건강에 대한 올바른 인식을 확립하고, 이를 위한 교육과 지원이 필요하다.

기사의 구조적 접근을 꼭 알아야 해요!

1) 서론: 현대 사회의 고립과 외로움의 원인과 영향
현대 사회는 기술 발전과 도시화로 개인의 고립감과 외로움이 증가하고 있으며, 이는 정신 건강에 부정적인 영향을 미친다. 대도시의 빠른 생활 속도와 소셜 미디어의 얕은 관계가 문제를 심화시키고 있다.

2) 본론: 사회적 고립과 외로움: 해결을 위한 접근
사회적 고립은 개인의 단절 상태를 의미하며, 특히 도시에서 심화된다. 외로움은 정신 건강 문제를 유발하고, 노인과 청년 모두에게 영향을 미친다. 소셜 미디어는 얕은 관계를 초래하며, 외로움은 신체 건강에도 위협이 된다.

3) 결론: 지속 가능한 문화유산으로서의 한옥
사회적 고립과 외로움 문제 해결을 위해 지역 사회 활성화와 커뮤니티 프로그램이 필요하다. 정신 건강 인식 제고와 상담 프로그램도 중요하며, 이는 개인과 사회 전체의 안녕에 긍정적 영향을 미칠 것이다.

비판적 사고 키워 볼까요? ✚

1 다음 중 현대 사회의 사회적 고립과 외로움의 원인으로 언급된 내용이 아닌 것은 무엇인가?

① 대도시의 빠른 생활 속도는 사람들 간의 깊은 관계 형성을 방해하여 사회적 고립과 외로움을 증가시키는 주요 원인 중 하나이다.

② 소셜 미디어 발달로 온라인 소통 기회가 늘었지만, 관계가 얕고 일시적인 경우가 많아 진정한 인간관계 형성을 방해하며 외로움을 느끼게 한다.

③ 지역 사회의 활성화는 커뮤니티 프로그램이나 모임을 통해 사람들이 서로 소통하고 관계를 형성하며, 이는 사회적 고립을 형성하는 원인이 된다.

④ 대도시의 환경적 특성과 소셜 미디어의 영향 등으로 인해 사람들이 서로 깊이 연결되고 진정한 관계를 맺는 것이 어려워지면서 고립감이 커진다.

⑤ 사회적 고립과 외로움은 우울증, 불안장애 등 개인의 정신 건강 문제를 유발하거나 악화시키며, 이는 현대 사회에서 심각한 문제로 다뤄지고 있다.

2 다음 <보기>를 읽고, 현대 사회의 사회적 고립과 외로움 문제 해결을 위한 접근 방법으로 가장 적절한 것을 고르시오.

> **보기**
>
> 현대 사회는 인간 관계의 단절이 심화되고 있다. 사람들은 물리적으로 가까운 거리에서 생활하지만, 정서적 연결이 부족해 외로움을 느끼고 있다. 이를 해결하기 위해서는 지역 사회 활성화와 커뮤니티 활동을 통해 소통 기회를 늘리고 정신 건강 인식을 높이는 것이 중요하다.

① 소셜 미디어에서 친구 수를 늘리는 것은 고립과 외로움 문제를 해결하는 데 효과적인 접근 방법이다.

② 사회적 고립과 외로움을 해결하기 위해서는 사람들 간의 소통을 촉진하도록 다양한 커뮤니티 프로그램 등에 적극적으로 참여하는 것이 좋다.

③ 혼자 시간을 보내는 것을 선호하는 경우의 사람은 개인적 성향에서 비롯된 성격이므로 사회적 고립과 외로움을 전혀 느끼지 않는다.

④ 빠른 생활 속도에 적응하는 것은 현대 사회의 특징이며, 업무에서 협력적인 관계 형성에 도움이 되기 때문에 오히려 외로움이나 고립을 느끼지 못한다.

⑤ 외로움을 느끼지 않기 위해 다른 사람을 피하는 행동은 사회적 관계의 문제를 단절시키고 관계에 대한 고립감을 약화시켜 고립에 대한 사회 문제를 방지한다.

3 현대 사회에서 사회적 고립과 외로움이 증가하는 원인과 그로 인한 정신 건강 문제를 설명하시오.

4 현대 사회에서 사회적 고립과 외로움 문제의 원인과 해결 방안에 대해 서론, 본론, 결론의 형식으로 서술하시오.

중요

5 위 글을 바탕으로 현대 사회에서 사회적 고립과 외로움 문제를 해결하기 위한 자신의 생각을 서술하시오.

6 다음 '현대 사회에서 사회적 고립과 외로움 문제는 해결해야 할 중요한 사회적 이슈이다.'라는 논제를 바탕으로 찬성과 반대의 생각을 서술하시오.

찬성	반대

02 청소년 노동과 아르바이트 문제

최근 청소년 노동자들의 열악한 근무 환경과 노동권 침해 사례가 지속적으로 드러나면서 사회적 논의가 활발해지고 있다. 청소년 노동은 단순한 아르바이트 경험을 넘어 생계를 책임지는 수단이 되기도 하지만, 노동 인권 보호가 제대로 이루어지지 않아 다양한 문제가 발생하고 있다. 청소년 노동의 현실을 살펴보면 최저임금[1] 미달, 근로계약서 미작성, 임금 체불, 부당 해고 등 기본적인 노동권이 제대로 보장되지 않는 경우가 많다. 특히, 경제적 취약계층 청소년들의 경우 이러한 부당한 대우를 감수하면서도 생계를 위해 노동을 지속해야 하는 현실에 놓여 있다.

2024년, 한 편의점에서는 수년간 청소년 아르바이트생들에게 법정 최저임금보다 훨씬 낮은 시급 6,500원을 지급해 왔다는 사실이 밝혀졌다. 이 과정에서 근로계약서를 작성하지 않았고, 근무시간에 대한 명확한 기록도 남기지 않아 청소년 노동자들은 부당한 환경에서 일해야만 했다. 피해를 본 청소년 아르바이트생들은 16명에 달하며, 일부는 부당 해고를 경험하기도 했다. 이 사건은 청소년들이 기본적인 노동권을 보장받지 못하는 현실을 적나라하게 보여주는 사례이다. 이처럼 청소년 노동 문제는 특정 지역이나 업종에 국한되지 않는다. 인천시교육청이 발표한 '청소년 노동인권[2] 상담 사례집'에 따르면, 인천의 중ㆍ고등학생 중 절반가량이 노동권 침해를 경험한 것으로 조사되었다. 주요 사례로는 근로계약서 미작성, 초과 근무에 대한 추가 수당 미지급, 법적으로 허용되지 않은 위험한 노동 강요 등이 포함되었다. 특히, 일부 청소년들은 부당 해고를 당하거나 사업주로부터 정당한 사유 없이 급여를 지급받지 못한 경우도 있었다.

울산시 중구 성남동 소방서사거리에서 진행된 아르바이트노조 울산지부 청소년들이 노동환경 실태를 나타내고 있다.

이러한 문제에도 불구하고 정부 차원의 청소년 노동권 보호 대책은 미흡[3]한 상황이다. 2025년 노동부 '청소년 근로조건 보호'사업 예산은 9억 3,300만원이다. 2024년 예산 16억 1,300만원보다 6억 8,000만원(42.2%)줄었다. 구체적으로 '청소년 노동관계법 교육지원' 사업 4억원이 전액 삭감됐다. 이에 따라 청소년 노동 환경을 점검하고 부당 대우를 신고할 수 있는 시스템이 약화되었으며, 청소년 노동자들을 보호하는 교육과 지원 체계도 축소되었다. 전문가들은 청소년 노동 문제가 점점 심각해지는 상황에서 정부가 오히려 관련 지원을 줄이는 것은 노동권 보호의 의지를 약화시키는 결과를 초래할 수 있다고 경고하고 있다.

따라서 청소년 노동권 보호를 위한 대책 마련이 시급하다. 우선, 학교에서

❶ 최저임금: 근로자가 법적으로 보장받을 수 있는 최소한의 임금 수준을 의미한다. 최저임금은 노동자의 생계를 보장하고 경제적 불평등을 완화하기 위한 중요한 기준이다.
❷ 인권: 모든 사람이 태어나면서부터 가지는 기본적인 권리를 의미한다. 노동 인권은 근로자가 정당한 대우를 받고 인간다운 생활을 할 수 있도록 보장하는 핵심 요소이다.
❸ 미흡: 어떤 기준이나 기대에 미치지 못하여 충분하지 않은 상태를 뜻한다. 노동권 보호 대책이 미흡하면 근로자들은 부당한 대우를 받을 위험이 높아진다.
❹ 착취: 한쪽이 다른 쪽의 노동력이나 자원을 부당하게 이용하여 이익을 취하는 행위를 뜻한다. 청소년 노동 착취 문제를 해결하기 위해 노동법 강화와 인식 개선이 필요하다.

꼭 기억하렴

국어 공신 선생님

노동 인권 교육을 강화해야 한다. 현재 일부 교육기관에서 노동권 교육을 실시하지만, 정규 교육 과정에서 노동법과 근로기준법이 체계적으로 다루어지지 않는다. 노동 지식이 부족한 청소년들이 부당한 대우를 인식하지 못하는 경우가 많아, 노동법 교육을 정규 과정에 포함해야 한다. 또한, 정부와 지자체는 청소년 노동 환경을 철저히 감독해야 한다. 현재 점검 기관과 근로감독관이 부족해 실질적인 감시가 어려운 상황이다. 청소년 노동자를 위한 법률 상담 서비스와 신고 센터를 확대하고, 노동 착취❹ 방지 시스템을 구축해야 한다. 노동청과 지자체는 노동권 침해 사업장에 대한 감독과 처벌을 강화해야 하며, 명확한 제재 조치를 마련해야 한다. 청소년 노동은 단순한 경제활동이 아니라 권리를 배우고 사회 경험을 쌓는 과정이다. 따라서 그들이 공정한 대우를 받으며 안전한 환경에서 일할 수 있도록 사회 전체의 관심과 적극적인 대책이 필요하다.

국어 공신 선생님의 감상 꿀팁!

🧢 좀 더 깊이 생각해 보기

집중!

• **청소년 노동 문제에 대한 사회적 인식을 개선하기 위한 방안은 무엇인가?**
사회적 인식을 개선하기 위해 다음과 같은 방안이 필요하다. 첫째, 미디어를 활용한 캠페인을 적극적으로 전개해야 한다. 텔레비전, SNS, 유튜브 등의 플랫폼을 통해 청소년 노동권 보호의 중요성을 알리고, 대중의 관심을 끌어야 한다. 둘째, 청소년 노동 문제에 대한 공공 광고 및 다큐멘터리를 제작하여 사회적 공감대를 형성해야 한다. 이를 통해 노동권 침해가 단순한 개인의 문제가 아니라 사회적 문제임을 인식하도록 해야 한다. 셋째, 학교와 지역사회에서 토론회 및 강연을 개최하여 청소년 노동 문제에 대한 논의를 활성화하고, 다양한 해결책을 모색하는 장을 마련해야 한다. 이를 통해 청소년 노동권 보호가 단순한 법적 조치가 아니라 사회 전체가 함께 해결해야 하는 문제임을 강조할 수 있다.

• 청소년 노동 환경 개선을 위한 기술적 접근 방법은 무엇인가?

기술을 활용한 청소년 노동 환경 개선 방법으로는 디지털 신고 시스템 구축이 있다. 모바일 애플리케이션이나 웹사이트를 통해 청소년 노동자들이 부당한 대우를 쉽게 신고할 수 있도록 하면, 빠른 대응이 가능해진다. 또한, 인공지능을 활용한 노동 환경 감시 시스템을 도입하면 특정 업종에서 노동 착취 사례를 사전에 감지하고 예방할 수 있다. 마지막으로, 온라인 노동 인권 교육 플랫폼을 활용하여 청소년들이 노동법과 자신의 권리를 쉽게 학습할 수 있도록 하면 노동권 보호에 실질적인 도움을 줄 수 있다.

• 청소년 노동 환경 개선을 위한 기업의 역할은 무엇인가?

기업은 청소년 노동자의 권리를 보호하고 지속 가능한 노동 환경을 조성할 책임이 있다. 첫째, 근로계약서 작성과 최저임금 준수를 철저히 하여 청소년 노동자들이 법적 보호를 받을 수 있도록 해야 한다. 둘째, 청소년 노동자 대상 교육 프로그램을 운영하여 직무 교육뿐만 아니라 노동 인권에 대한 인식을 높이는 것이 중요하다. 셋째, 기업은 사회적 책임(CSR) 활동을 통해 청소년 노동 환경 개선을 위한 기금을 조성하거나 지원할 수 있다. 이를 통해 기업은 윤리적 경영을 실천하고 장기적으로 긍정적인 기업 이미지를 구축할 수 있다.

• 미디어 콘텐츠 속 청소년 아르바이트 묘사가 노동권 인식에 미치는 영향은 무엇인가?

대중매체는 청소년의 노동에 대해 잘못된 인식을 심어줄 수 있다. 예를 들어, 드라마나 예능에서는 청소년 아르바이트를 단순한 성장 스토리의 장치로만 소비하거나, 힘든 노동을 '미담'처럼 포장하는 경향이 있다. 이는 실제 노동권 침해 상황을 희화화하거나 정상화하는 문제를 초래한다. 반대로, 청소년의 권리 침해와 그에 대한 저항을 주제로 한 다큐멘터리나 리얼리티 콘텐츠는 노동 인권 감수성을 높이는 긍정적인 사례가 될 수 있다. 따라서 미디어는 청소년 노동의 현실을 사실적으로 반영하고, 노동권 교육 기능을 수행하는 방향으로 나아가야 하며, 이를 위해 콘텐츠 제작자와 교육기관 간의 협력이 요구된다.

정리해 볼까요?

기사에 대해서 알아볼까요?

주제: 청소년 노동의 현실과 노동 인권 보호의 필요성을 바탕으로 한 지속 가능한 노동 환경 구축의 중요성.

핵심어휘: 노동권, 청소년 노동, 노동 인권, 착취 방지, 지속 가능한 노동 환경

1단락 요약: 청소년 노동 문제는 사회 전체의 지속 가능한 노동 환경을 위해 중요하며, 노동권 보호는 필수적이다.

2단락 요약: 청소년 노동자의 최저임금 미달, 근로계약서 미작성, 임금 체불 등의 문제는 노동권 침해로 이어지며, 이를 해결하지 않으면 노동 시장의 지속 가능성에 부정적 영향을 미칠 수 있다.

3단락 요약: 정부의 노동권 보호 대책이 미흡한 현실을 지적하며, 예산 삭감과 노동 인권 교육 부족이 청소년 노동 환경을 더욱 악화시키는 요인임을 설명한다.

4단락 요약: 청소년 노동 환경 개선을 위해 노동 인권 교육 강화, 점검 시스템 확대, 법률 상담 및 신고 센터 확충이 필요하다.

5단락 요약: 청소년 노동 문제는 단순한 개별 사례가 아니라, 지속 가능한 노동 환경 구축을 위한 중요한 과제임을 강조하며, 공정한 노동 환경 조성을 위한 사회적 노력이 필요함을 결론으로 제시한다.

기사의 구조적 접근을 꼭 알아야 해요!

1) 서론: 청소년 노동과 지속 가능한 노동 환경의 필요성
청소년 노동 문제는 단순한 경제활동이 아니라, 기본적인 노동권 보호와 지속 가능한 노동 환경 구축과 직결된다. 최근 노동권 침해 사례가 빈번하게 발생하면서 사회적 논의가 활발해지고 있으며, 이에 대한 해결책 마련이 절실하다.

2) 본론: 청소년 노동권 침해의 현실과 대책
산업화와 경제 구조 변화로 인해 청소년 노동 환경이 악화되었으며, 최저임금 미달, 근로계약서 미작성, 임금 체불 등의 문제가 지속적으로 발생하고 있다. 이는 노동 착취의 대표적인 사례로 볼 수 있으며, 이러한 환경이 유지될 경우 노동 시장 전체에 악영향을 미칠 가능성이 크다.

3) 결론: 지속 가능한 노동 환경 조성을 위한 노력
청소년 노동권 보호는 단순한 권리 보장이 아니라, 사회 전체의 지속 가능한 노동 환경을 구축하는 데 필수적인 요소이다. 노동권 보호를 위한 교육, 법적 시스템 개선, 점검 강화 등의 노력이 필요하며, 이를 실천하는 것이 공정한 노동 환경 조성을 위한 중요한 단계가 될 것이다.

 비판적 사고 키워 볼까요? +

1 다음 중 본문의 내용으로 적절하지 않은 것은?

① 청소년 노동자는 최저임금 미달, 근로계약서 미작성, 임금 체불을 겪으며, 경제적으로 취약할수록 부당한 노동 환경을 감수하는 경우가 많다.

② 정부는 청소년 노동권 보호를 위해 법 개정, 근로감독 강화, 노동권 교육 확대, 법률 지원 등 실질적 대책을 추진하고 있다.

③ 노동 인권 교육 부족은 청소년이 부당한 대우를 인식하지 못하는 원인이다. 일부 기관에서 교육을 실시하지만, 정규 과정에서 노동법이 체계적으로 다뤄지지 않아 청소년의 권리 인식이 부족하다.

④ 청소년 노동 환경 개선을 위해 정부와 지자체의 적극적 감독이 필요하며, 일부 업종에서는 법적 보호 미비로 불법 고용과 노동 착취가 계속되고 있다.

⑤ 청소년 노동권 보호는 단순히 특정 연령층의 권리를 보장하는 문제가 아니라, 사회 전체의 지속 가능한 노동 환경을 구축하는 중요한 과정과 연관되어 있다.

2 <보기>의 내용을 참고하여 본문의 내용과 관련 없는 사례를 고르시오.

 보기

 중요

- 청소년 노동자는 최저임금 보장과 노동 인권 보호를 받을 권리가 있다.
- 노동 인권 교육은 청소년들이 자신의 권리를 알고 부당한 대우를 인식하는 데 도움을 준다.
- 정부와 지자체의 적극적인 노동 환경 점검이 청소년 노동권 보호에 필수적이다.

① 청소년 노동자는 근로계약서를 작성해야 하며, 사업주는 이를 의무적으로 제공해야 한다.

② 청소년 노동자들은 사업주의 재량에 따라 시급을 조정할 수 있으므로 최저임금 적용이 유동적이다.

③ 노동 인권 교육이 강화되면 청소년들은 자신의 노동권을 보호받을 가능성이 높아진다.

④ 정부의 노동 환경 점검 강화는 청소년 노동자의 권리를 보호하는 데 기여할 수 있다.

⑤ 청소년 노동권 보호는 단순한 개인의 문제가 아니라 사회 전체의 노동 환경과 연결된다.

3 본문에서 청소년 노동권 보호를 위한 대책이 왜 중요한지 서술하시오.

4 '청소년 노동 환경을 개선하기 위해 정부와 지자체가 해야 할 역할'에 대해 자신의 생각을 서론, 본론, 결론의 형식으로 서술하시오.

중요

5 청소년 본인이 노동권 침해 상황에 직면했을 때 실질적으로 취할 수 있는 대응 방법은 무엇인지 서술하시오.

6 다음 '청소년 노동권 보호는 사회 전체의 노동 환경과 연결된다'라는 주장에 대해 찬성과 반대 입장을 논하시오.

찬성	반대

집중

03 옴니보어 소비 - 현대 소비 트렌드의 진화

현대 사회는 기술 발전과 글로벌화의 영향을 받아 소비자의 행동이 급격히 변화하고 있다. 특히 '옴니보어 소비(Omnivore Consumption)❶'라는 개념은 이러한 변화의 중심에 있다. 옴니보어 소비는 소비자가 특정 브랜드나 제품군에 구속되지 않고, 다양한 선택지를 탐색하며 소비하는 경향을 의미한다. 옴니보어 소비자는 여러 문화와 가치관을 수용하며 다채로운 소비 경험을 추구한다. 과거에는 소비자들이 특정 브랜드에 충성도를 보였지만, 정보의 접근성과 글로벌화가 진행됨에 따라 소비자는 더 많은 선택지와 다양한 경험을 추구한다. 이 소비 형태는 경제적 여유가 있는 소비층에서 두드러지며, 특히 밀레니얼 세대와 Z세대에서 더욱 뚜렷하게 나타난다. 이들은 물질적 소유보다 경험과 가치를 중시하는 경향이 강하다.

옴니보어 소비의 첫 번째 특징은 다양한 선택지 탐색이다. 옴니보어 소비자는 특정 카테고리의 제품만을 소비하지 않고, 다양한 브랜드와 제품군을 경험하는 것을 선호한다. 예를 들어, 한 소비자는 고급 레스토랑의 요리뿐만 아니라, 길거리 음식, 패스트푸드, 가정식 요리까지 다양한 음식을 시도할 수 있다. 이는 소비자가 특정한 틀에 갇히지 않고, 폭넓은 경험을

소비자가 취향에 따라 자유롭게 고를 수 있도록 선택 가능한 토핑 종류를 폭넓게 마련한 대표적 옴니보어 제품 '요아정'

통해 자신만의 취향을 발견하려는 노력을 보여준다. 두 번째 특징은 경험 중심 소비[2]이다. 현대 소비자는 물건을 구매하는 것뿐만 아니라, 그 물건이 제공하는 경험에 가치를 둔다. 여행, 음식, 문화 행사 등 여러 가지 경험을 통해 자신만의 정체성을 표현하고자 한다. 이는 소비의 목적이 단순한 소유에서 벗어나, 개인의 삶의 질을 향상시키려는 방향으로 변화하고 있음을 보여준다. 세 번째 특징은 정보의 활용이다. 인터넷과 소셜 미디어의 발달로 소비자는 다양한 정보에 쉽게 접근할 수 있게 되었다. 리뷰, 블로그, 유튜브 등의 플랫폼을 통해 소비자는 자신의 선택에 대해 더 많은 정보를 얻고, 이를 바탕으로 더욱 다양한 소비를 할 수 있다. 소비자는 자신의 경험을 공유하고, 다른 소비자들의 의견을 참고하여 보다 나은 결정을 내리게 된다.

옴니보어 소비는 단순한 개인의 소비 행태를 넘어 사회 전반에 여러 가지 변화를 가져온다. 첫째, 이는 문화적 다양성을 증가시킨다. 소비자들이 다양한 브랜드와 제품을 선택함으로써, 다양한 문화와 가치가 서로 교류하게 된다. 이러한 교류는 사회의 포용성을 높이고, 서로 다른 배경을 가진 사람들 간의 이해를 증진시킬 수 있다. 둘째, 이는 기업의 마케팅 전략에도 큰 영향을 미친다. 기업들은 소비자의 다양한 요구를 충족시키기 위해 맞춤형 제품과 서비스 개발에 집중하게 된다. 소비자들이 특정 카테고리에 한정되지 않고 다양한 제품을 찾는 만큼, 기업들은 더욱 혁신적이고 다양한 제품을 시장에 내놓아야 한다. 셋째, 옴니보어 소비는 지속 가능성과 윤리적 소비[3]의 중요성을 환기시킨다. 소비자

꼭 기억하렴

❶ 옴니보어 소비: 소비자가 특정 브랜드나 제품군에 구속되지 않고, 다양한 선택지를 탐색하며 소비하는 경향을 말한다.
❷ 경험 중심 소비: 소비자가 물건의 소유보다 그 물건이 제공하는 경험에 가치를 두는 소비 형태를 의미한다.
❸ 윤리적 소비: 소비자가 제품의 생산 과정과 사회적 책임을 고려하여 구매하는 소비 형태를 뜻한다.

국어 공신 선생님

들이 다양한 선택지를 가짐에 따라, 환경 친화적이고 윤리적인 제품에 대한 수요가 증가하고 있다. 이는 소비자가 단순히 가격과 품질뿐만 아니라, 제품의 생산 과정과 사회적 책임까지 고려하게 만든다.

그러나 옴니보어 소비는 긍정적인 면만 있는 것은 아니다. 소비자가 선택의 과다로 인해 혼란을 느끼거나, 소비의 결과에 대한 책임을 느끼지 않는 경우가 발생할 수 있다. 또한, 다양한 선택지 속에서도 소비자들은 여전히 브랜드의 영향을 받기 때문에, 진정한 의미의 독립적인 소비가 이루어지기 어려운 경우도 있다. 과도한 소비는 환경에 부정적인 영향을 미칠 수 있으며, 이는 지속 가능한 소비를 추구하는 사회적 흐름과 상충될 수 있다. 앞으로의 소비 환경에서는 옴니보어 소비가 더욱 중요한 역할을 하게 될 것이다. 기술의 발전과 정보의 홍수 속에서 소비자들은 더욱 다양한 선택지를 가질 것이며, 이는 기업들에게 새로운 기회를 제공할 것이다. 소비자들은 이러한 변화 속에서 책임감 있는 소비를 고민해야 하며, 지속 가능한 소비 패턴을 형성하는 것이 중요하다.

국어 공신 선생님의 감상 꿀팁!

 한걸음 더 깊이 생각해 보기

• Z세대는 옴니보어 소비를 통해 어떤 새로운 소비 문화를 창출하고 있는가?

Z세대는 옴니보어 소비를 통해 전통적인 소비 패턴을 탈피하고, 새로운 소비 문화를 창출하고 있다. 이들은 특정 브랜드나 카테고리에 국한되지 않고, 다양한 문화와 경험을 혼합하여 자신만의 소비 방식을 만들어 나간다. 예를 들어, 지속 가능한 패션 브랜드와 빈티지 쇼핑을 결합하여 개성을 드러내는 동시에 환경을 고려하는 소비를 한다. 또한, 소셜 미디어를 통해 소비 경험을 공유하고, 이를 통해 형성된 커뮤

니티는 소비자 간의 신뢰와 소속감을 강화한다. 이러한 현상은 소비가 단순한 구매 행위를 넘어, 개인의 가치와 정체성을 형성하는 중요한 요소로 자리 잡게 된다. 결국, Z세대는 다양성과 포용성을 중시하는 새로운 소비 문화를 만들어가며, 이는 앞으로의 소비 트렌드에 큰 영향을 미칠 것이다.

• 알파세대는 옴니보어 소비를 통해 환경과 사회적 책임에 대한 인식을 어떻게 발전시킬 수 있을까?

알파세대는 옴니보어 소비를 통해 환경과 사회적 책임에 대한 인식을 높이는 데 기여할 수 있다. 이들은 정보에 쉽게 접근할 수 있는 디지털 환경에서 자라기 때문에, 지속 가능성과 윤리적 소비에 대한 정보를 자연스럽게 접하게 된다. 예를 들어, 환경 친화적인 제품이나 사회적 책임을 다하는 브랜드에 대한 정보가 소셜 미디어에서 활발히 공유되면, 알파세대는 이러한 브랜드를 선호하게 되고, 자신의 소비가 사회와 환경에 미치는 영향을 고려하게 된다. 또한, 이들은 다양한 캠페인에 참여하거나 자신들의 목소리를 내는 방식으로 사회적 책임을 실천할 수 있다. 이러한 소비 패턴은 알파세대가 미래의 소비 주체로 성장하면서, 지속 가능한 소비 문화를 더욱 확산시키는 데 기여할 것이다.

• 옴니보어 소비가 미래 사회에서 개인의 정체성과 사회적 책임을 어떻게 재정의할 것인가?

옴니보어 소비는 미래 사회에서 개인의 정체성과 사회적 책임을 재정의하는 중요한 역할을 할 것이다. Z세대와 같은 새로운 소비자들은 소비를 통해 자신의 가치관과 사회적 신념을 표현하고자 한다. 예를 들어, 지속 가능한 제품을 선택하거나 사회적 책임을 다하는 브랜드를 지지함으로써, 소비자는 자신이 속한 사회에 긍정적인 영향을 미치고 있다는 자아상을 형성한다. 이러한 소비 패턴은 단순한 물질적 소유에서 벗어나, 소비자가 사회와 환경에 대한 책임을 느끼게 만든다. 또한, 기업들이 이러한 소비자의 요구에 부응하기 위해 투명한 운영과 윤리적 생산 과정을 강조함으로써, 사회 전반에 긍정적인 변화를 촉진할 수 있다. 따라서, 옴니보어 소비는 개인의 정체성을 강화하고, 사회적 책임을 다하는 새로운 기준을 세우는 데 기여할 것이다.

정리해 볼까요? 그룹 생각

기사에 대해서 알아볼까요?

주제: 옴니보어 소비의 정의와 사회적 영향
핵심어휘: 옴니보어 소비,글로벌화, 경험 중심 소비 ,지속 가능성, 윤리적 소비

1단락 요약: 현대 사회에서 옴니보어 소비는 소비자가 특정 브랜드에 국한되지
않고 다양한 선택지를 탐색하며 경험과 가치를 중시하는 소비 행태를 의미한다.
2단락 요약: 옴니보어 소비는 다양한 선택지 탐색, 경험 중심 소비, 정보 활용을
통해 소비자가 폭넓은 경험과 가치를 추구하는 행동 양상을 나타낸다. 소비자는
온라인과 오프라인을 넘나들며 제품에 대한 리뷰, 추천, 정보를 수집하고 이를
바탕으로 신중하게 구매 결정을 내린다.
3단락 요약: 옴니보어 소비는 문화적 다양성 증가, 기업의 맞춤형 마케팅 전략
변화, 지속 가능성과 윤리적 소비의 중요성을 강조하며 사회 전반에 긍정적인 영
향을 미친다.
4단락 요약: 옴니보어 소비는 선택의 과다와 브랜드 의존성, 과도한 소비로 인한
환경 문제를 초래할 수 있으며, 책임감 있는 소비의 필요성이 강조된다. 소비자가
선택할 수 있는 옵션이 늘어남에 따라, 때로는 혼란을 느끼거나 비효율적인 소비
로 이어질 수 있다.

기사의 구조적 접근을 꼭 알아야 해요!

1) 서론: 옴니보어 소비의 정의와 배경
현대 사회는 기술 발전과 글로벌화의 영향을 받아 소비자 행동이 급격히 변화하
고 있다. '옴니보어 소비'는 소비자가 다양한 선택지를 탐색하며 여러 문화와 가치
관을 수용하는 경향을 나타낸다. 특히 밀레니얼 세대와 Z세대는 물질적 소유보다
경험과 가치를 중시한다.

2) 본론: 옴니보어 소비의 특징과 사회적 영향
옴니보어 소비는 다양한 선택지 탐색, 경험 중심 소비, 정보 활용의 특징을 가진
다. 이러한 소비 형태는 문화적 다양성을 증가시키고, 기업의 맞춤형 마케팅 전
략에 영향을 미치며, 지속 가능한 소비의 중요성을 환기시킨다.

3) 결론: 옴니보어 소비의 긍정적 및 부정적 측면
옴니보어 소비는 긍정적인 변화 뿐만 아니라, 선택의 과다와 브랜드 의존성을 초
래할 수 있다. 과도한 소비는 환경에 부정적인 영향을 미칠 수 있으며, 소비자들
은 책임감 있는 소비를 고민해야 한다.

비판적 사고 키워 볼까요? ✛

1 윗글을 바탕으로 옴니보어 소비의 주요 특징에 대한 설명으로 적절하지 <u>않은</u> 것은?

① 옴니보어 소비자는 브랜드나 제품에 얽매이지 않고 다양한 선택지를 탐색하며 폭넓은 경험을 추구한다.

② 단순히 물건을 사는 행위를 넘어, 여행, 문화 체험, 특별한 식사 등 경험 자체에서 오는 만족감과 가치를 중시하며 개인의 삶을 더욱 풍요롭게 만들려는 의지를 반영한다.

③ 현대 사회의 발달된 정보 기술을 적극적으로 활용하여 다양한 출처에서 정보를 얻고, 이를 바탕으로 합리적이고 폭넓은 소비 결정을 내린다.

④ 옴니보어 소비는 주로 경제적으로 여유로운 계층에서 더욱 두드러지게 나타나는 특징이 있으며, 경제적 자립이 가능한 30대 이후 세대에게서 강하게 나타난다.

⑤ 옴니보어 소비자는 연령과 성별을 초월해 다양한 문화와 취향을 수용하며 자신만의 방식으로 소비한다.

2 옴니보어 소비는 기술의 발전과 정보의 홍수 속에서 소비자에게 다양한 선택지를 제공하는데 그 중 <보기>에 해당하는 것은?

 보기

> 알고리즘과 AI 기술이 발전함에 따라, 소비자는 맞춤형 추천을 받을 수 있다. 예를 들어, 넷플릭스(Netflix)나 스포티파이(Spotify)는 사용자의 취향을 분석하여 개인화된 콘텐츠를 추천한다.

① 온라인 쇼핑 플랫폼은 기술 발전 덕분에 시간과 공간의 제한 없이 다양한 상품을 비교하고 구매할 수 있도록 하여 소비자의 선택지를 확장한다.

② 소셜 미디어와 블로그 등에서 다른 소비자들이 직접 만들고 공유하는 콘텐츠는 다양한 제품이나 서비스의 실제 사용 경험과 평가를 제공한다.

③ 알고리즘과 AI는 소비자의 구매 및 관심 데이터를 분석해 취향을 예측하고 맞춤형 제품과 콘텐츠를 추천하는 시스템이다.

④ 온라인 커뮤니티나 관심사 기반의 포럼에서는 소비자들이 자유롭게 의견을 나누고 경험담을 공유하며 특정 제품이나 서비스에 대한 심층적인 정보를 얻는다.

⑤ 인터넷과 물류 기술의 발달로 국경을 넘어 전 세계의 다양한 제품을 쉽게 접하고 구매할 수 있어 소비자는 물리적인 제약 없이 폭넓은 소비 경험을 할 수 있다.

3 옴니보어 소비가 사회적 포용성에 미치는 영향을 설명하시오.

4 '옴니보어 소비의 특성과 사회에 미치는 영향'에 대해 서론, 본론, 결론의 형식으로 서술하시오.

5 옴니보어 소비가 개인의 소비 습관에 미치는 영향을 설명하시오.

집중

6 다음 '옴니보어 소비를 긍정적인 변화로 받아들여야 한다'라는 논제를 바탕으로 찬성과
반대의 생각을 서술하시오.

찬성	반대

04 공공교통 활성화와 탄소 배출 저감의 필요성

　기후 변화 문제 해결이 전 세계적인 과제로 떠오르면서 탄소❶ 배출을 줄이기 위한 다양한 정책이 추진되고 있다. 특히, 교통 부문에서 발생하는 온실가스 배출을 줄이는 것은 필수적인 과제다. 개인 승용차 이용이 증가할수록 온실가스 배출량도 늘어나지만, 대중교통 이용률을 높이면 탄소 배출을 줄일 수 있다. 예를 들어, 1km 이동 시 승용차는 이산화탄소를 약 210g 배출하는 반면, 버스는 27.7g, 지하철은 1.53g만 배출한다. 이러한 차이 때문에 전 세계 각국은 승용차 중심의 교통 구조를 개편하고, 대중교통 활성화❷를 통해 탄소 배출을 저감하는 정책을 강화하고 있다.

　서울시는 2023년부터 친환경 대중교통 시스템 도입을 적극 추진하며 전기버스 도입을 확대했다. 현재 서울시 내 전체 버스의 약 30%가 전기버스로 교체되었으며, 이를 통해 연간 약 20만 톤의 이산화탄소 감축 효과를 거둔 것으로 분석된다. 서울시는 앞으로 2년 내 전기버스 보급률을 50% 이상으로 늘릴 계획이며, 친환경 대중교통 인프라❸를 확충하기 위한 다양한 정책을 시행 중이다. 또한, 시민들의 대중교통 이용을 장려하기 위해 요금 할인 및 편의시설 개선 정책을 도입하고 있다. 2023년 시행된 '기후동

기후동행카드

행카드' 정책은 정기권 할인 혜택을 제공하여 대중교통 이용을 촉진하는 데 기여하고 있다.

한국교통연구원이 발표한 연구에 따르면, 대중교통 이용률이 10% 증가할 때마다 도시의 탄소 배출량이 평균 5% 감소하는 것으로 나타났다. 독일에서는 2022년 대중교통 요금을 9유로로 낮추는 정책을 시행한 결과, 자동차 이용량이 약 10% 감소하고 연간 약 180만 톤의 탄소 배출을 저감하는 성과[4]를 거두었다. 특히, 지하철과 같은 철도 기반 교통수단의 확대는 차량 운행을 줄여 배출가스를 효과적으로 감소시키는 데 기여한다. 부산시는 2030년까지 시내버스 2,511대 중 500대를 수소버스로 교체할 계획이며, 수소충전소 인프라도 함께 확충할 예정이다. 수소버스는 배출가스를 발생시키지 않을 뿐만 아니라, 오염물질을 정화하는 기능이 있어 도심 공기질 개선에도 기여할 것으로 기대된다.

해외에서도 공공교통을 활용한 탄소 저감 정책이 활발히 추진되고 있다. 노르웨이 오슬로시는 빠른 시일 내에 시내버스를 모두 전기버스로 전환할 계획이며, 현재 전체 버스의 60% 이상을 전기버스로 교체한 상태다. 이 정책을

노르웨이 오슬로시에서 운영중인 전기 버스

❶ 탄소: 탄소는 생명체와 지구 환경에서 중요한 역할을 하는 화학 원소로, 주로 유기물과 화석연료에 포함되어 있다.
❷ 활성화: 활성화는 어떤 활동이나 시스템이 더 적극적이고 효율적으로 작동하도록 만드는 과정을 의미한다.
❸ 인프라: 인프라는 사회나 경제 시스템이 원활하게 작동하기 위한 기본적인 구조나 시설을 뜻한다.
❹ 성과: 성과는 어떤 목표를 달성하거나 일을 수행한 결과로 얻어진 유의미한 결과물을 의미한다.

꼭 기억하렴

국어 공신 선생님

통해 연간 약 10만 톤의 이산화탄소 배출 감소 효과를 거두고 있다. 스웨덴 스톡홀름시는 2028년까지 모든 택시를 전기차로 전환하고, 도심 내 휘발유 및 디젤 차량의 운행을 금지할 계획이다. 이러한 정책은 도시 내 온실가스 배출을 줄이고, 지속 가능한 교통 시스템을 구축하는 데 기여할 것으로 전망된다.

공공교통 활성화는 단순히 탄소 배출을 줄이는 것에 그치지 않고, 교통 혼잡 완화, 대기질 개선, 시민 건강 증진 등 다양한 긍정적인 효과를 가져온다. 이를 위해 정부와 지방자치단체는 대중교통 인프라 확충과 친환경 차량 도입을 적극 추진해야 한다. 또한, 시민들이 대중교통을 더 편리하게 이용할 수 있도록 정책적 지원을 강화해야 하며, 친환경 교통수단 확대와 함께 시민들의 인식을 변화시키는 캠페인을 병행할 필요가 있다. 정부는 기업과 협력하여 친환경 교통 기술 개발을 지원하고, 탄소 배출을 줄이기 위한 제도적 뒷받침을 더욱 강화해야 한다. 지속 가능한 도시 환경을 조성하기 위해서는 공공교통 활성화를 위한 적극적인 정책과 시민들의 협력이 필수적이다.

 국어 공신 선생님의 감상 꿀팁!

 **한컬음을 더 깊이 생각해 보기**

• **기후 변화 대응을 위한 대중교통 인식 개선 방안은 무엇인가?**
기후 변화 대응을 위해 대중교통 이용의 필요성을 널리 알리는 것이 중요하다. 첫째, 대중교통 이용 장려 캠페인을 적극적으로 전개해야 한다. 텔레비전, SNS, 유튜브 등을 활용해 친환경 대중교통의 장점을 홍보하고, 시민들의 참여를 유도할 필요가 있다. 둘째, 공공 광고 및 교육 프로그램을 통해 대중교통 이용의 환경적 이점을 강조해야 한다. 예를 들어, 학교에서 친환경 교통 관련 교육을 실

시하거나 공공장소에서 대중교통 이용을 촉진하는 메시지를 노출할 수 있다. 셋째, 기업과 협력하여 친환경 교통 문화를 조성해야 한다. 출퇴근 시 대중교통 이용을 장려하는 기업 캠페인을 진행하거나, 대중교통 정기권 지원 제도를 마련하는 것도 효과적인 방안이 될 수 있다.

- 친환경 대중교통 기술 발전을 위해 필요한 정책적 지원은 무엇인가?

친환경 대중교통 기술 발전을 위해 정부와 지자체는 적극적인 지원 정책을 마련해야 한다. 첫째, 친환경 대중교통 인프라 확충이 필요하다. 전기버스 및 수소버스의 충전소를 확대하고, 기존의 대중교통 시설을 친환경적으로 개선해야 한다. 둘째, 친환경 차량 연구·개발(R&D) 지원을 강화해야 한다. 전기버스 및 수소버스의 효율성을 높이기 위해 정부는 관련 기업과 연구기관에 기술 개발 지원금을 제공할 필요가 있다. 셋째, 친환경 교통수단 이용 인센티브 제도를 도입해야 한다. 대중교통 이용자에게 탄소 배출 저감 혜택을 제공하거나, 친환경 차량을 운영하는 운수업체에 세금 감면 및 보조금을 지급하는 것이 효과적이다.

- 친환경 교통수단 확대를 위한 시민 참여 방안은 무엇인가?

시민들이 친환경 교통수단을 적극적으로 이용하도록 유도하는 다양한 방안이 필요하다. 첫째, 대중교통 이용 보상제도를 도입해야 한다. 예를 들어, 대중교통을 일정 횟수 이상 이용하면 포인트를 지급하거나 교통 요금을 할인하는 제도를 시행하면 시민들의 참여를 유도할 수 있다. 둘째, 시민 주도형 친환경 교통 캠페인을 활성화해야 한다. 지역 사회에서 자전거 이용 캠페인, 친환경 이동 챌린지 등을 운영하여 시민들이 친환경 교통의 중요성을 체감할 수 있도록 해야 한다. 셋째, 대중교통 불편 사항을 개선할 수 있도록 시민 의견을 적극 반영해야 한다. 시민들이 직접 대중교통 정책에 참여할 수 있는 플랫폼을 운영하여 불편 사항을 개선하고, 이용 편의성을 높이는 것이 중요하다.

정리해 볼까요? 그룹 생각

기사에 대해서 알아볼까요?

주제: 교통 부문의 탄소 배출 저감과 지속 가능한 대중교통 시스템 구축의 필요성.
핵심어휘: 탄소 배출, 대중교통, 친환경 교통, 지속 가능한 교통, 교통 정책

1단락 요약: 교통 부문에서 발생하는 탄소 배출이 심각한 문제이며, 이를 해결하기 위해 대중교통 이용 확대가 필수적임을 설명한다. 대중교통 활성화는 온실가스 감축뿐만 아니라 교통 혼잡 완화와 공기질 개선에도 기여할 수 있다.
2단락 요약: 승용차 이용 증가가 온실가스 배출 증가로 이어지는 반면, 대중교통을 이용하면 탄소 배출량을 효과적으로 줄일 수 있음을 구체적인 데이터를 통해 제시한다.
3단락 요약: 서울시를 비롯한 여러 도시에서 친환경 대중교통 시스템 도입을 확대하고 있으며, 전기버스와 수소버스 보급을 통해 탄소 배출을 저감하는 사례를 소개한다.
4단락 요약: 국내외 대중교통 활성화 정책 사례를 분석하며, 독일, 노르웨이, 스웨덴 등의 성공적인 교통 정책을 소개한다.
5단락 요약: 대중교통 활성화는 탄소 저감뿐만 아니라 사회적, 경제적 이점도 크므로, 정부와 지방자치단체가 적극적으로 정책을 추진해야 함을 강조한다.

기사의 구조적 접근을 꼭 알아야 해요!

1) 서론: 교통 부문의 탄소 배출 저감 필요성
기후 변화 문제 해결을 위해 전 세계적으로 탄소 배출 감축 노력이 이루어지고 있으며, 그중 교통 부문에서 발생하는 온실가스를 줄이는 것이 필수적인 과제이다.
2) 본론: 탄소 배출 저감을 위한 대중교통 활성화 방안
대중교통 이용 증가가 탄소 배출 감소에 효과적이며, 서울과 부산은 전기·수소버스 도입 등 친환경 교통 정책을 추진하고 있다. 독일, 노르웨이, 스웨덴 등 해외에서도 대중교통 활성화를 통해 온실가스 감축에 성공한 사례가 있다.
3) 결론: 지속 가능한 대중교통 환경 조성을 위한 노력
대중교통 활성화는 탄소 배출 감축뿐만 아니라, 교통 혼잡 해소, 공기질 개선, 시민 건강 증진 등 다양한 긍정적인 효과를 가져온다. 따라서 정부와 지방자치단체는 적극적인 정책을 추진해야 하며, 시민들도 친환경 교통수단을 이용하는 데 동참해야 한다.

비판적 사고 키워 볼까요? +

1 다음 중 본문의 내용으로 적절하지 <u>않은</u> 것은?

① 개인 승용차보다 대중교통을 이용하면 온실가스 배출을 효과적으로 줄일 수 있다.

② 서울시는 2023년부터 친환경 대중교통 도입을 추진했으며, 현재 전체 버스의 50%가 전기버스로 교체되었다.

③ 대중교통 이용률이 10% 증가할 때마다 도시의 탄소 배출량이 평균 5% 감소하는 것으로 나타났다.

④ 노르웨이 오슬로시는 시내버스의 전기버스 전환을 추진하고 있으며, 현재 전체 버스의 60% 이상이 전기버스로 교체되었다.

⑤ 대중교통 활성화는 탄소 배출 저감뿐만 아니라 교통 혼잡 완화, 대기질 개선 등 다양한 효과를 가져온다.

2 <보기>의 내용을 참고하여 본문의 내용과 관련 없는 사례를 고르시오.

> • 대중교통 이용 증가가 탄소 배출 감소에 기여한다.
> • 친환경 대중교통 인프라 확대가 필요하다.
> • 정부와 지자체는 친환경 교통 정책을 강화해야 한다.
> • 친환경 차량 전환은 도시의 대기질 개선에 도움을 준다.

① 대중교통 이용률이 증가하면 승용차 운행이 줄어들어 도시의 전체적인 이산화탄소 배출량이 감소하며, 기후 변화 대응에 긍정적인 영향을 미칠 수 있다.

② 전기버스와 수소버스는 주행 중 온실가스를 배출하지 않고, 일부는 대기 중 오염물질을 정화하는 기능도 있어 친환경 교통수단으로 주목받고 있다.

③ 개인 승용차 사용을 줄이면 대중교통 수요가 자연스럽게 증가하게 되며, 이는 교통 혼잡 해소 및 탄소 배출 저감에 이중 효과를 가져오는 결과를 낳는다.

④ 대중교통을 이용하지 않더라도 개인 차량이 전기차 등 친환경 차량이면 탄소 배출 문제를 해결할 수 있다는 주장은 본문의 핵심 내용과는 다소 어긋난다.

⑤ 친환경 대중교통 수단의 도입은 탄소 배출 저감뿐 아니라 차량 운행 감소를 통해 도심 내 교통 혼잡을 완화하고 대기오염 수준을 낮추는 데 기여한다.

3 본문에서 친환경 대중교통 도입이 중요한 이유를 서술하시오.

4 '대중교통 활성화를 위해 정부와 지자체가 해야 할 역할'이라는 주제로 자신의 생각을 서론, 본론, 결론의 형식으로 서술하시오.

중요

5 본문의 제목으로 '지속 가능한 도시를 위한 친환경 교통 정책'이 적절한지 평가하고 이유를 서술하시오.

6 다음 '대중교통 활성화는 기후 변화 대응의 핵심이다'라는 논제를 바탕으로 찬성과 반대의 생각을 서술하시오.

찬성	반대

05 페이스테크의 진화 - 윤리적 도전과 사회적 책임

페이스테크(FaceTech)의 부상은 현대 사회에서 혁신적인 변화를 가져오고 있지만, 그와 함께 심각한 윤리적 문제도 동반하고 있다. 얼굴 인식 기술은 개인의 신원 확인, 감정 분석, 맞춤형 서비스 제공 등 다양한 분야에서 활용되고 있으며, 이는 인공지능(AI)과 머신러닝의 발전에 힘입어

LG CNS는 최근 본사 출입게이트에 AI 얼굴 인식시스템을 설치했다.

더욱 정교해지고 있다. 기업들은 이러한 기술을 통해 사용자 경험을 향상시키고, 맞춤형 서비스를 제공하려고 노력하고 있다. 하지만 기술의 발전에 따라 개인정보 보호에 대한 우려가 커지고 있다. 특히, 얼굴 인식 시스템이 개인의 얼굴 데이터를 수집하고 저장하는 과정에서 발생하는 프라이버시 침해[1]는 중요한 논의의 주제가 되고 있다. 기업이나 정부가 이러한 데이터를 어떻게 사용하고 관리하는지에 대한 투명성이 결여될 경우, 개인의 사생활이 심각하게 위협받을 수 있다. 따라서 페이스테크의 사용에 대한 명확한 규제와 법적 장치가 필요하며, 사용자들이 자신의 데이터가 어떻게 사용되는지를 알 수 있는 권리가 보장되어야 한다. 이러한 문제는 기술이 발전함에 따라 더욱 복잡해질 것이므로, 사회적 합의[2]와 법적 틀을 마련하는 것이 필수적이다.

페이스테크의 활용에서 나타나는 차별적 문제[3]도 간과할 수 없다. 얼굴 인식 기술은 특정 인종이나 성별에 따라 인식의 정확도가 다르게 나타나며, 이는 사회적 불평등을 심화시킬 수 있다. 연구에 따르면, 얼굴 인식 알고리즘[4]은 백인 남성의 얼굴을 가장 잘 인식하는 반면, 여성이나 다른 인종의 얼굴에 대해서는 낮은 정확도를 보이는 경향이 있다. 이러한 편향은 특정 집단에 대한 차별을 초래할 수 있으며, 이는 법 집행, 고용, 서비스 제공 등 여러 분야에서 불공정한 결과를 초래할 위험이 있다. 이러한 문제는 사회적 신뢰를 저해하고, 기술이 제공하는 혜택이 특정 집단에만 국한될 수 있음을 의미한다. 기술 개발자와 기업은 이러한 문제를 방지하기 위해 다양한 데이터 세트를 활용하고, 알고리즘의 공정성을 확보하기 위해 지속적으로 연구하고 검토해야 한다. 또한, 이러한 기술이 사회 전반에 긍정적인 영향을 미칠 수 있도록, 편향을 최소화하는 방향으로 기술을 발전시켜야 한다. 이를 위해서는 다양한 인종과 성별을 포함한 데이터 수집이 필수적이며, 공정하고 포괄적인 접근 방식이 필요하다. 더 나아가, 사용자와 소비자들이 이러한 문제에 대한 인식을 높이고, 기술의 발전에 적극 참여하는 것도 중요하다. 교육을 통한 인식 개선은 페이스테크의 윤리적 사용을 촉진하는 중요한 요소가 될 것이다. 시민들은 얼굴 인식 기술의 사용이 자신들에게 미치는 영향을 이해하고, 이를 통해 발생할 수 있는 불평등 문제를 제기해야 한다. 교육과 인식 개선은 페이스테크의 윤리적 사용을 촉진하는 중요한 요소가 될 것이다. 그러면 기업과 개발자들은 사용자 피드백을 적극 반영하여, 기술을 지속적으로 개선하고 사회적 신뢰를 구축하는 데 기여해야 한다.

페이스테크의 윤리적 문제는 단순히 기술의 개발과 활용 단계에서 끝나는

꼭 기억하렴

❶ 프라이버시 침해: 개인의 사생활이 무단으로 노출되거나 통제받는 것을 말한다.
❷ 사회적 합의: 이해관계자 간의 의견 조율로 형성된 합의를 의미한다.
❸ 차별적 문제: 특정 집단이 불공정하게 대우받는 상황을 뜻한다.
❹ 알고리즘: 문제 해결을 위한 일련의 규칙이나 절차를 말한다.

국어 공신 선생님

것이 아니라, 사회 전반에 걸쳐 지속적인 논의와 검토가 필요하다. 기술이 우리 생활에 깊숙이 들어오면서 발생하는 다양한 윤리적 쟁점은 개인의 권리와 자유를 지키는 문제와 밀접한 연관이 있기 때문이다. 기업과 정부는 페이스테크의 윤리적 문제를 해결하기 위해 투명한 소통을 유지하고, 시민들의 의견을 반영하여 정책을 수립해야 한다. 또한, 대중은 페이스테크의 사용에 대한 인식을 높이고, 개인의 권리를 보호하기 위해 적극적으로 논의에 참여해야 한다. 기술의 발전이 사회에 긍정적인 영향을 미칠 수 있도록, 윤리적 기준을 세우고 이를 준수하는 것이 중요하다. 이러한 노력이 함께 이루어질 때, 페이스테크는 보다 안전하고 윤리적인 방향으로 발전할 수 있을 것이다.

또한, 기술이 사회에 통합되는 과정에서 발생할 수 있는 부작용을 최소화하기 위해서는 지속적인 교육과 인식 개선이 필요하다. 시민들이 페이스테크의 잠재적 위험과 이점을 이해하고, 이를 바탕으로 비판적으로 접근할 수 있도록 하는 것이 중요하다. 이와 함께, 정책 결정 과정에서 다양한 이해관계자들이 참여할 수 있는 플랫폼을 마련하여, 기술 발전이 사회적 요구에 부응할 수 있도록 해야 한다. 기술과 윤리가 조화를 이루는 방향으로 나아가는 것은 궁극적으로 모든 사회 구성원의 권리와 안전을 보장하는 길이 될 것이다.

국어 공신 선생님의 감상 꿀팁!

🧢 좀 더 깊이 생각해 보기   집중!

• 얼굴 인식 기술이 사회적 감시의 수단으로 사용될 경우, 개인의 행동이나 심리에 어떤 영향을 미칠 수 있을까요?
얼굴 인식 기술이 사회적 감시로 사용될 경우, 개인의 행동과 심리에 부정적 영향을 미칠 수 있다. 감시 인식은 자기 검열을 초래해 자유로운 표현과 행동을 어렵게 만들고, 사회적 상호작용을 위축시킬 수 있다. 또한, 지속적인 감시는 스트레스와 불안을 유발하며, 심리적 압박이 정신 건강에 악영향을 줄 수 있다. 이는 우울증이나 불안장애로 이어질 수 있으며, 장기적으로 사회적 고립감을 초래할 위험이 있다. 마지막으로, 감시 사회에서는 프라이버시 침해로 인해 신뢰 부족과 사회적 불안정이 발생할 수 있다. 사람들 간의 의심이 증가하며, 공동체의 유대감이 약화되고 사회적 갈등이 심화될 가능성이 있다.

• 페이스테크의 차별적 문제는 어떤 사회문제를 야기할 수 있나요?

페이스테크의 발전은 차별적 문제를 유발할 수 있으며, 다양한 사회적 이슈로 이어질 가능성이 있다. 첫째, 얼굴 인식 기술의 정확성이 인종, 성별, 연령에 따라 차이가 발생해 특정 집단이 불리한 대우를 받을 위험이 있다. 일부 연구에 따르면, 백인 남성보다 유색인종이나 여성의 인식 정확도가 낮아 차별적 감시와 불공정한 결과를 초래할 수 있다. 둘째, 페이스테크의 광범위한 사용은 개인의 프라이버시를 침해할 수 있다. 공공장소에서 동의 없이 데이터를 수집하면 감시 사회로 이어질 가능성이 있으며, 이는 개인의 자유와 권리를 위협할 수 있다. 셋째, 특정 기업이나 정부 기관이 독점적으로 페이스테크를 활용하면 경제적 불평등이 심화될 수 있다. 기술 접근성이 낮은 집단은 혜택을 누리지 못해 사회적 고립이 심화될 위험이 있다.

• 알고리즘의 공정성이란 무엇이며, 왜 중요한가요?

알고리즘의 공정성은 특정 집단이나 개인에게 편향되지 않고 작동하는 것을 의미하며, 데이터 수집과 처리 과정에서 편향을 최소화해 모든 사용자에게 동등한 기회를 제공하는 것이 중요하다. 공정성이 보장되지 않으면 사회적 불평등이 심화되고, 기술에 대한 신뢰가 저하될 수 있다. 예를 들어, 채용 알고리즘이 특정 인종이나 성별에 차별적으로 작용하면 인권 침해와 사회적 갈등이 발생할 수 있다. 이를 방지하려면 다양한 데이터 세트를 활용하고, 지속적인 모니터링과 검증을 통해 알고리즘의 편향을 줄여야 한다. 궁극적으로, 기술이 사회에 긍정적인 영향을 미치고 모든 사람이 공정한 기회를 얻도록 해야 한다.

정리해 볼까요? 그룹 생각

기사에 대해서 알아볼까요?

주제: 페이스테크의 발전과 윤리적 문제 해결을 위한 사회적 합의 필요성
핵심어휘: 페이스테크, 윤리적 문제, 개인정보 보호, 차별적 문제, 사회적 합의

1단락 요약: 페이스테크는 혁신적인 변화를 가져오지만, 개인정보 보호 및 프라이버시 침해와 같은 심각한 윤리적 문제를 동반하고 있다. 이러한 기술이 발전하면서 개인의 얼굴 데이터가 무단으로 수집되고 저장될 위험이 커지고 있다. 이로 인해 개인의 동의 없이 정보가 사용될 수 있으며, 이는 개인의 사생활을 침해하는 심각한 결과로 이어질 수 있다.

2단락 요약: 얼굴 인식 기술은 특정 인종과 성별에 따라 인식의 정확도가 다르게 나타나며, 이는 사회적 불평등을 심화시키는 차별적 문제를 초래할 수 있다. 연구에 따르면, 일부 인종이나 성별에 대한 인식 정확도가 낮을 경우, 이로 인해 해당 집단이 사회에서 더 큰 불이익을 겪을 수 있다.

3단락 요약: 페이스테크의 윤리적 문제 해결을 위해서는 사회 전반의 지속적인 논의와 검토, 그리고 투명한 소통이 필수적이다. 기술 개발자와 정책 입안자, 그리고 일반 시민 간의 열린 대화가 이루어져야 하며, 이를 통해 다양한 관점이 반영될 수 있다. 또한, 기술이 사회에 미치는 영향을 평가하고, 필요한 규제를 마련하기 위한 연구와 분석이 지속적으로 이루어져야 한다.

기사의 구조적 접근을 꼭 알아야 해요!

1) 서론: 페이스테크의 부상과 윤리적 문제
페이스테크의 발전은 현대 사회에 혁신을 가져왔지만, 개인정보 보호와 프라이버시 침해 같은 윤리적 문제를 초래하고 있다. 데이터 관리의 투명성이 결여될 경우 개인의 사생활이 위협받을 수 있어, 명확한 규제와 사회적 합의가 필요하다.

2) 본론: 차별적 문제와 기술 발전의 방향
페이스테크는 특정 인종·성별에 따라 인식 정확도 차이가 있다. 연구에 따르면, 백인 남성은 잘 인식되나 다른 그룹은 정확도가 낮다. 이를 개선하려면 다양한 데이터 세트와 공정한 알고리즘이 필요하다.

3) 결론: 사회적 합의와 윤리적 기준의 필요성
페이스테크의 윤리적 문제는 지속적 논의가 필요하다. 개인의 권리 보호를 위한 사회적 합의가 중요하며, 기업과 정부는 시민 의견을 반영해야 한다. 이를 통해 기술은 더 안전하고 윤리적으로 발전할 수 있다.

비판적 사고 키워 볼까요? ✚

1 윗글의 내용과 일치하지 <u>않는</u> 내용은 무엇인가?

① 페이스테크는 신원 확인과 감정 분석에 활용되며, AI와 머신러닝 발전으로 정교해져 기업들이 사용자 경험 개선에 적극 활용하고 있다.

② 얼굴 인식 기술의 발전은 개인 데이터 수집과 저장 과정에서 기업이나 정부의 데이터 사용이 투명하게 관리되지 않는다면 개인 사생활에 심각한 위협이 될 수 있다.

③ 얼굴 인식 알고리즘은 인종과 성별에 따라 정확도 차이가 발생해 사회적 불평등을 심화하고 특정 집단의 차별을 초래할 위험이 있다.

④ 페이스테크의 윤리적 문제를 해결하기 위해서는 기술 개발자와 기업의 지속적인 연구와 검토만으로 충분하며, 시민들의 인식 개선이나 참여는 크게 중요하지 않다.

⑤ 기술 발전과 함께 윤리적 쟁점이 발생하며, 기업과 정부는 투명한 소통을 통해 시민 의견을 반영해 개인의 권리와 자유를 보호하는 정책을 마련해야 한다.

2 <보기>를 바탕으로 페이스테크의 차별적 문제를 해결하기 위한 접근 방식으로 무엇이 필요할까?

보기

페이스테크의 차별적 문제를 해결하려면 인종과 성별을 아우르는 다양한 데이터 세트를 폭넓게 수집하고 분석해야 한다. 이를 바탕으로 공정성과 정확성을 갖춘 알고리즘을 개발하여 기술의 신뢰성을 높이고, 모든 사용자에게 동등한 혜택을 제공하는 것이 중요하다.

① 페이스테크의 차별을 줄이기 위해 다양한 인종, 성별 등 포괄적인 특성을 담은 넓은 범위의 데이터 세트를 수집하고 이를 분석 활용해야 한다.

② 얼굴 인식 기술의 편향을 해결하고자 특정 인구 집단(예: 백인 남성)의 데이터만 집중적으로 모으고 다른 집단은 배제해야 한다.

③ 기술의 발전 자체를 무시하고 관련 정책을 통해 페이스테크 사용을 전면적으로 금지하여 차별 문제를 원천적으로 차단해야 한다.

④ 기술 개발 및 윤리 기준 마련 과정에서 실제 페이스테크 사용자들의 참여나 의견 제시를 완전히 배제하고 전문가들만으로 결정해야 한다.

⑤ 다양한 데이터를 활용하기보다는 알고리즘 자체의 기술적 완성도를 높여 모든 사용자에게 완벽하게 작동하도록 하는 데만 집중해야 한다.

3 페이스테크가 사회에 미치는 영향을 고려할 때, 기술 발전이 윤리적 기준과 함께 이루어
져야 하는 이유는 무엇인가?

4 '페이스테크의 윤리적 문제를 해결하기 위한 사회적 합의의 필요성'에 대해 서론, 본론,
결론의 형식으로 서술하시오.

중요

5 페이스테크의 발전이 사회에 미치는 긍정적 영향과 부정적 영향을 비교해 보시오.

6 다음 '페이스테크가 인공지능 및 머신러닝 기술의 발전을 촉진하는가'라는 논제를 바탕으로 찬성과 반대의 생각을 서술하시오.

찬성	반대

06 스트리밍 시대의 저작권 문제
- 창작자와 소비자의 균형 찾기

    스트리밍[1] 서비스는 디지털 기술의 발전과 함께 대중화[2]되며, 음악, 영화, 드라마 등 다양한 콘텐츠를 실시간으로 감상할 수 있는 환경을 제공한다. 이러한 편리함은 사용자들에게 큰 혜택을 주지만, 그 이면[3]에는 저작권 침해라는 심각한 문제가 존재한다. 특히 불법 스트리밍 사이트의 확산은 창작자와 합법적 서비스 제공자들에게 경제적, 법적 위협이 되고 있다.

    대표적인 사례로 '누누티비'를 들 수 있다. 이 사이트는 넷플릭스, 애플, 웨이브, 티빙 등 주요 OTT[4] 플랫폼의 콘텐츠를 불법적으로 무료 제공하면서 월 천만 명에 달하는 이용자를 유치했다. 영상저작권 보호 협의체에 따르면, 누누티비로 인한 저작권 피해액은 약 5조 원에 이를 것으로 추산된다. 이는 단순한 불법 시청 문제를 넘어 콘텐츠 산업 전반에 심각한 영향을 미치며, 창작자의 권리를 침해하고 산업의 지속 가능성을 위협하는 요소로 작용하고 있다.

    이러한 문제를 해결하기 위해 정부와 관련 기관의 역할이 중요하다. 방송통신심의위원회는 누누티비 서비스 종료 이후에도 유사한 불법 스트리밍 사이트를 모니터링하며, 2023년 6월까지 저작권 침해 정보 1,310건에 대해 접속 차단 조치를 시행했다. 그러나 이러한 조치만으로는 불법 사이트의 재등장을 완전히 막을 수 없다. 기술이 발전함에 따라 불법 복제와 스트리밍 방식이 점점 더 정교해지고 있으며, AI를 활용한 콘텐츠 생성이 새로운 저작권 논란을 야기하고 있다. 기존의 저작권 보호 체계만으로는 대응이 어렵기 때문에, 새로운 기술적·법적 대응이 필요하다. 이 같은 저작권 문제는 국내뿐만 아니라 해외에서도 지속적인 논쟁거리다. 미국의 한 음악 스트리밍 플랫폼은 최근 미국 음

악출판협회(NMPA)로부터 저작권 침해를 이유로 정지명령을 받았다. NMPA는 해당 사이트가 음악 저작물의 동의 없이 가사를 표시하고 뮤직비디오와 팟캐스트를 제공했다고 주장했다. 이는 대형 스트리밍 플랫폼조차 저작권 문제에서 자유롭지 않음을 보여주는 사례다.

스트리밍 시대의 저작권 문제를 해결하기 위해서는 법적 대응뿐만 아니라 기술적·사회적 접근이 필요하다. 먼저, 불법 스트리밍 사이트에 대한 법적 제재를 강화하고 기술적 대응을 발전시켜야 한다. 불법 사이트를 지속적으로 모니터링하고 신속하게 차단하는 조치가 중요하며, 디지털 저작권 관리(DRM)와 워터마킹 기술을 통해 콘텐츠 보호를 더욱 강화해야 한다. 두 번째로, 소비자 인식 개선이 필수적이다. 많은 사용자들은 불법 스트리밍 사이트가 창작자와 콘텐츠 산업에 미치는 부정적 영향을 충분히 인지하지 못하는 경우가 많다. 이에 따라 교육과 캠페인을 통해 정당한 대가를 지불하는 문화를 확산시키는 것이 중요하다. 세 번째로, 합법적인 스트리밍 서비스의 경쟁력을 강화할 필요가 있다. 합리적인 가격과 다양한 콘텐츠를 제공함으로써 사용자들이 불법 사이

❶ 스트리밍: 스트리밍은 인터넷을 통해 음악, 영화, 드라마 등 다양한 콘텐츠를 실시간으로 재생하는 기술을 의미한다.
❷ 대중화: 대중화는 특정 기술이나 문화가 소수의 사람들이 아닌 많은 사람들에게 널리 보급되고 정착되는 과정을 의미한다.
❸ 이면: 이면은 어떤 사물이나 현상의 겉으로 드러나지 않는 숨겨진 면을 의미한다.
❹ OTT: OTT는 인터넷을 통해 영상 콘텐츠를 제공하는 서비스로, 기존의 방송사나 케이블 TV를 거치지 않고 직접 소비자에게 전달된다.

꼭 기억하렴

국어 공신 선생님

트 대신 합법 서비스를 선택하도록 유도할 수 있다. 또한, 창작자들에게 공정한 보상이 돌아가는 구조를 마련함으로써 산업의 지속 가능성을 보장할 필요가 있다.

스트리밍 시대의 저작권 문제는 단순한 법적 분쟁이 아니라 창작자, 서비스 제공자, 소비자 모두가 해결해야 하는 복합적인 과제다. 창작자의 권리를 보호하면서도 소비자의 접근성을 보장하는 균형 잡힌 해결책을 모색해야 하며, 이를 위해 정부, 기업, 개인 모두가 함께 노력해야 한다. 저작권 보호와 콘텐츠 소비의 균형을 이루는 사회적 환경을 조성하는 것이 궁극적인 목표다.

국어 공신 선생님의 감상 꿀팁!

 좀 더 깊이 생각해 보기

• 불법 스트리밍 사이트 확산을 막기 위해 소비자가 실천할 수 있는 방안은 무엇인가?

불법 스트리밍 사이트 확산을 방지하기 위해 소비자가 실천할 수 있는 방안은 다음과 같다. 첫째, 정당한 대가를 지불하고 합법적인 플랫폼을 이용하는 문화를 정착시켜야 한다. 소비자가 정식 OTT 서비스와 음악 스트리밍 플랫폼을 적극적으로 이용하면 콘텐츠 산업이 지속적으로 성장할 수 있다. 둘째, 불법 스트리밍 사이트의 위험성을 인식하고 적극적으로 신고하는 것이 중요하다. 불법 사이트는 저작권 침해뿐만 아니라 보안 문제, 개인정보 유출 등의 위험을 초래할 수 있다. 정부 및 관련 기관이 운영하는 신고 시스템을 활용하면 불법 사이트 차단이 더욱 효과적으로 이루어질 수 있다. 셋째, 저작권 보호의 중요성을 주변에 알리고 교육하는 것이 필요하다. 불법 콘텐츠 소비가 창작자에게 어떤 피해를 주는지 알리는 캠페인과 교육이 이루어진다면, 더 많은 소비자가 합법적인 서비스를 이용할 가능성이 높아진다.

• 불법 스트리밍 사이트 문제 해결을 위해 국제 협력이 필요한 이유는 무엇인가?

불법 스트리밍 사이트 문제를 해결하기 위해서는 국가 간 협력이 필수적이다. 불법 스트리밍 사이트는 특정 국가에 국한되지 않고 국제적으로 운영되는 경우가 많기 때문이다. 예를 들어, 한 국가에서 접속 차단이 이루어져도 해외 서버를 이용해 다시 운영되는 사례가 많아 개별 국가의 대응만으로는 근본적인 해결이 어렵다. 그러므로 국제 저작권 협약을 강화하여 공동 대응해야 한다. 저작권 보호와 관련된 국제 조약(예: WIPO 저작권 조약)을 기반으로 국가 간 공조를 확대하면 불법 콘텐츠 유통을 효과적으로 차단할 수 있다. 또한, 디지털 저작권 보호 기술을 공유하고 공동 개발하는 것이 필요하다. 디지털 저작권 관리(DRM) 및 워터마킹 기술을 국가 간 협력을 통해 발전시키면 불법 복제를 사전에 방지할 수 있으며, 법적 대응과 기술적 차단을 병행할 수 있다.

• AI 기술 발전이 저작권 문제에 미치는 영향을 분석하시오.

AI 기술의 발전은 저작권 문제에 새로운 도전 과제를 제시하고 있다. 첫째, AI를 활용한 콘텐츠 자동 생성 기술로 인해 저작권 경계가 모호해지고 있다. 예를 들어, AI가 기존 음악을 학습하여 유사한 곡을 생성하는 경우, 이를 독창적인 창작물로 볼 것인지, 기존 저작권자의 권리를 침해한 것으로 볼 것인지 논란이 발생한다. 둘째, AI 기반 딥러닝 기술을 활용한 불법 스트리밍 및 콘텐츠 복제가 증가하고 있다. AI를 활용하면 기존보다 더 정교한 방식으로 저작물을 변형하여 불법 복제물을 만들어내는 것이 가능해지며, 이에 대한 감시와 차단이 더욱 어려워지고 있다. 셋째, AI 기술을 이용한 저작권 보호 방안도 함께 발전하고 있다. AI를 활용한 콘텐츠 식별 기술 및 자동 모니터링 시스템이 개발됨에 따라 불법 콘텐츠를 탐지하고 저작권 침해를 예방하는 기술적 대응이 가능해지고 있다. AI 기술의 발전이 저작권 보호에 위협이 될 수도 있지만, 동시에 저작권 보호를 강화하는 도구로 활용될 수도 있다.

정리해 볼까요?

기사에 대해서 알아볼까요?

주제: 스트리밍 시대의 저작권 보호와 지속 가능한 콘텐츠 생태계 구축의 필요성
핵심어휘: 저작권 보호, 스트리밍, 불법 콘텐츠, 창작자 권리, 지속 가능한 콘텐츠 산업

1단락 요약: 디지털 기술 발전으로 스트리밍 서비스가 확대되었지만, 불법 사이트 확산과 저작권 침해가 심각한 문제로 떠오르며 창작자와 합법 서비스 제공자들에게 위협이 되고 있다.

2단락 요약: 누누티비 같은 불법 스트리밍 사이트는 주요 OTT 콘텐츠를 무단 제공해 많은 이용자를 끌어모으며, 콘텐츠 산업에 막대한 피해를 주고 창작자의 권리를 침해하고 있다.

3단락 요약: 이 문제를 해결하기 위해 정부와 기관이 저작권 보호를 강화하고 있지만, 기술 발전으로 불법 복제가 정교해지고 AI 기반 콘텐츠 생성으로 새로운 저작권 논란이 발생하며, 보호 체계의 변화가 필요하다.

4단락 요약: 해외에서도 저작권 문제가 지속되며, 스트리밍 플랫폼도 논란에서 자유롭지 않다. 미국에서는 음악 스트리밍 플랫폼이 저작권 침해로 제소되었고, 이는 보호 체계 강화를 시사한다.

5단락 요약: 스트리밍 저작권 문제 해결을 위해 법적·기술적 대응을 강화하고, 소비자 인식을 개선하며 합법 서비스 경쟁력을 높여야 한다. 창작자 보호와 접근성 균형이 중요하다.

기사의 구조적 접근을 꼭 알아야 해요!

1) 서론: 스트리밍 시대의 저작권 보호 필요성
디지털 기술 발전으로 스트리밍이 확산됐지만, 불법 콘텐츠 유통과 저작권 침해 문제가 심각하다. 창작자 보호와 산업 지속 가능성을 위해 저작권 보호가 반드시 필요하다.

2) 본론: 저작권 침해의 현실과 대책
불법 스트리밍 사이트는 창작자의 권리를 침해하고 콘텐츠 산업에 피해를 준다. AI 기반 콘텐츠 생성으로 저작권 논란이 발생하며, 법적 대응과 기술적 강화, 소비자 인식 개선이 필요하다.

3) 결론: 창작자 권리 보호와 소비자 접근성의 균형
스트리밍 시대의 저작권 문제 해결은 단순한 법적 분쟁을 넘어 콘텐츠 산업 전체의 지속 가능성을 결정하는 중요한 과제다. 창작자의 권리를 보호하는 동시에 소비자의 접근성을 보장하는 균형 잡힌 해결책을 마련해야 한다.

비판적 사고 키워 볼까요? ✚

1 다음 중 본문의 내용으로 적절하지 않은 것은?

① 스트리밍 서비스의 대중화는 음악, 영화, 드라마 등의 콘텐츠 소비 방식을 변화시켰다.

② 불법 스트리밍 사이트인 '누누티비'는 합법적인 OTT 플랫폼의 콘텐츠를 무료로 제공하여 많은 이용자를 유치했다.

③ 방송통신심의위원회는 저작권 보호를 위해 불법 스트리밍 사이트를 감시하고, 2023년까지 저작권 침해 정보 1,310건에 대해 접속 차단 조치를 취했다.

④ 정부의 지속적인 단속과 기술적 대응 덕분에 현재 불법 스트리밍 사이트는 완전히 사라졌다.

⑤ 스트리밍 시대의 저작권 문제 해결을 위해서는 법적 대응뿐만 아니라 소비자의 인식 개선과 합법 서비스 경쟁력 강화가 필요하다.

2 <보기>의 내용을 참고하여 본문의 내용과 관련 없는 사례를 고르시오.

> 불법 스트리밍 사이트는 창작자의 권리를 침해하고 콘텐츠 산업에 심각한 경제적 피해를 초래한다. 이에 대응하기 위해 정부와 관련 기관은 불법 사이트를 단속하고, 접속 차단과 같은 조치를 시행하고 있다. 그러나 이러한 대응만으로는 불법 스트리밍 문제를 완전히 해결하기 어렵기 때문에, 저작권 보호를 강화하기 위해 법적 제재를 더욱 강화하고 디지털 저작권 관리(DRM) 및 워터마킹 기술과 같은 기술적 대응을 병행해야 한다.

① '누누티비' 같은 불법 스트리밍 사이트는 창작자의 권리를 침해하고 산업 전반에 경제적 손실을 초래한다.

② 방송통신심의위원회는 불법 사이트를 감시하며 지속적으로 접속 차단 조치를 시행하고 있다.

③ AI 기술의 발전으로 인해 새로운 형태의 저작권 논란이 발생하고 있다.

④ 불법 스트리밍 사이트는 저작권을 강화하는 역할을 하며, 콘텐츠 창작자의 수익을 증가시키는 긍정적인 효과를 낳는다.

⑤ 저작권 보호를 위해 디지털 저작권 관리(DRM)와 워터마킹 기술을 활용해야 한다.

3 본문에서 불법 스트리밍 사이트가 콘텐츠 산업에 미치는 부정적인 영향을 서술하시오.

4 '스트리밍 시대의 저작권 보호를 위해 정부와 기업이 해야 할 역할'에 대해 자신의 생각을 서론, 본론, 결론의 형식으로 서술하시오.

중요

5 본문의 제목으로 '스트리밍 시대의 저작권 보호: 창작자의 권리를 지키는 방법'이 적절한지 평가하고 이유를 서술하시오.

6 다음 '저작권 보호는 콘텐츠 산업의 지속 가능성을 결정짓는 핵심 요소이다'라는 논제를 바탕으로 찬성과 반대의 생각을 서술하시오.

찬성	반대

07 장수 사회의 혁명 – 노인의 지혜가 만드는 새로운 미래

장수 사회의 도래는 현대 사회에서 점점 더 주목받고 있는 이슈로, 이는 단순히 사람들이 오래 사는 것을 넘어서 사회 전반에 걸쳐 많은 변화를 가져오고 있다. 평균 수명이 연장됨에 따라 노인 인구가 증가하고, 이로 인해 새로운 기회와 도전이 발생하고 있다. 세계 여러 나라에서 이러한 변화에 대응하기 위해 다양한 정책과 프로그램이 시행되고 있으며, 그 결과 노인들이 사회에서 중요한 역할을 할 수 있는 기반이 마련되고 있다. 특히, 이러한 정책들은 노인들의 사회적 참여[1]를 촉진하고, 그들의 경험과 지혜가 다음 세대에 전수될 수 있도록 돕고 있다. 여기서 우리는 일본, 이탈리아, 한국, 미국의 흥미로운 사례를 통해 장수 사회의 변화를 살펴보려 한다. 이들 사례는 장수 사회가 가져오는 긍정적인 변화를 잘 보여주며, 노인들이 사회에 어떻게 기여할 수 있는지를 시사하고, 나아가 모든 세대가 함께 공존할 수 있는 방향으로 나아가야 함을 강조한다.

일본은 세계에서 가장 빠르게 고령화[2]가 진행되고 있는 나라 중 하나로, 2020년 기준으로 65세 이상 인구 비율이 28%를 넘었다. 이에 따라 일본 정부는 다양한 정책을 통해 노인들이 건강하고 활기찬 삶을 영위할 수 있도록 노력하고 있다. 특히, 로봇 기술의 발전

히타치의 'EMIEW4' 로봇이 환자를 대상으로 돌봄 서비스를 진행하고 있다.

이 주목받고 있다. 예를 들어, 일본의 한 로봇 회사는 노인을 위한 '로봇 간병인'을 개발했다. 이 로봇은 노인의 움직임을 감지하고, 필요한 경우 도움을 제공하며, 대화 기능을 통해 정서적 지지[3] 역할도 수행한다. 이러한 기술은 노인의 독립성[4]을 높이고, 가족이 없는 노인들에게도 안전한 환경을 제공하는 데 기여하고 있다. 또한, 이탈리아의 작은 마을에서는 '시니어 커뮤니티'라는 독특한 모델이 운영되며, 노인들이 함께 생활하고 경험을 공유하는 프로그램이 진행된다. 노인들은 정원 가꾸기, 요리, 예술 활동 등을 통해 삶의 질을 높이고, 젊은 세대에게 전통 요리를 가르치는 등 상호작용을 통해 세대 간의 이해를 높이고 있다. 한국에서는 은퇴 후 창업이 주목받고 있으며, 많은 노인들이 자신의 경험을 바탕으로 다양한 사업을 시작하고 있다. 한 70대 할머니는 전통 한식을 현대적으로 변형하여 식당을 열고, 요리 교실도 운영하며 젊은 세대와의 교류를 통해 사회적 관계를 넓히고 있다. 마지막으로, 미국의 '액티브 시니어' 프로그램은 노인들이 건강한 생활을 유지하고, 다양한 사회적 활동에 적극 참여할 수 있도록 지원한다. 이러한 프로그램은 노인들의 신체적 활동과 사회적 연결을 강화하는 데 큰 도움이 되고 있다.

　장수 사회는 도전과 기회를 동시에 안겨준다. 각국의 다양한 사례를 통해 우리는 노인들이 사회에서 중요한 역할을 할 수 있으며, 그들의 경험과 지혜가 사회에 긍정적인 영향을 미칠 수 있다는 것을 알 수 있다. 노인 인구의 증가에 맞

꼭 기억하렴

❶ 사회적 참여: 개인이 사회 활동에 적극적으로 참여하는 것, 공동체 내에서의 활동을 말한다.
❷ 고령화: 인구의 평균 연령이 높아지는 현상, 노인 인구 비율이 증가함을 뜻한다.
❸ 정서적 지지: 감정적으로 지원하고 격려하는 것, 심리적 안정감을 주는 역할을 의미한다.
❹ 독립성: 자신이 스스로 생활할 수 있는 능력, 타인의 도움 없이 자립하는 상태를 말한다.

국어 공신 선생님

쳐 우리는 이들의 삶의 질을 향상시키고, 사회적 기여를 장려하는 방향으로 나아가야 한다. 이를 위해 정부와 사회는 노인을 위한 정책과 프로그램을 지속적으로 발전시켜야 하며, 노인이 사회의 다양한 분야에서 활발히 참여할 수 있는 환경을 조성해야 한다. 이러한 노력은 모든 세대가 함께 공존할 수 있는 사회를 만드는 데 기여할 것이다. 장수 사회의 도래는 우리에게 새로운 가능성을 제시하며, 이를 잘 활용하는 것이 우리의 과제가 될 것이다. 노인들은 단순한 수혜자가 아닌, 사회의 중요한 자원으로 자리 잡을 수 있다. 그들의 경험과 지혜는 다음 세대에게 큰 자산이 될 것이며, 이는 사회 전체의 발전으로 이어질 것이다. 따라서 우리는 장수 사회가 가져오는 기회를 잘 포착하고, 노인들이 보다 건강하고 행복한 삶을 영위할 수 있도록 지원해야 한다. 이를 통해 우리는 더욱 풍요롭고 다양한 사회를 만들어 나갈 수 있을 것이다.

국어 공신 선생님의 감상 꿀팁!

🧢 좀 더 깊이 생각해 보기

• 고령화 사회에서 과학기술은 어떤 방식으로 삶의 질을 향상시킬 수 있을까요?

고령화 사회에서 과학기술은 노인의 삶의 질을 향상시키는 핵심 수단이다. 우선, 건강 관리 측면에서 웨어러블 기기와 인공지능 진단 시스템은 노인의 건강 상태를 실시간으로 모니터링하고, 이상 징후를 빠르게 감지하여 조기 대응을 가능하게 한다. 또한 이동성과 안전을 위한 기술로는 자동운전 차량, 낙상 감지 센서, 음성 인식 도우미 등이 있다. 이는 노인의 자립성을 높이고 일상생활의 불편함을 줄인다. 마지막으로 정서적 측면에서도 로봇 간병인이나 가상현실 기술은 외로움을 해소하고 사회적 교류를 확장하는 데 기여한다. 특히, VR을 활용한

치매 예방 훈련이나 음악 감상 서비스는 인지 기능 유지에 효과적이다. 결국 과학기술은 단순히 기능을 보완하는 것이 아니라, 고령자에게 인간다운 삶을 제공하는 데 필수적 역할을 한다. 이러한 기술들은 노인의 사회 참여 기회를 확대하고, 세대 간 디지털 격차를 줄이는 데에도 긍정적인 영향을 준다.

• 로봇 간병인이 노인과의 정서적 유대감을 어떻게 형성할 수 있을까요?

로봇 간병인은 노인과의 정서적 유대감을 형성하기 위해 여러 가지 방법을 활용할 수 있다. 우선, 로봇은 노인의 감정 상태를 인식하는 인공지능 알고리즘을 통해 감정에 맞는 대화를 나눌 수 있다. 예를 들어, 노인이 우울해 보일 때는 격려와 위로의 말을 건네고, 기분이 좋을 때는 함께 즐거운 활동을 제안하는 방식이다. 또한, 로봇은 노인이 좋아하는 음악이나 영화를 추천하며, 이를 함께 감상하는 시간을 가질 수 있다. 이러한 상호작용은 노인의 정서적 안정감을 높이고, 외로움을 줄이는 데 큰 도움이 된다. 정기적인 대화와 상호작용을 통해 로봇은 노인의 일상에 긍정적인 영향을 미치고, 나아가 친구 같은 존재로 자리 잡을 수 있다. 결국, 로봇 간병인은 단순한 기능적 도구를 넘어, 노인의 삶의 질을 향상시키는 중요한 동반자가 될 것이다.

• 로봇 간병인이 노인의 건강 관리를 어떻게 지원할 수 있을까요?

로봇 간병인은 노인의 건강 관리를 다각적으로 지원할 수 있다. 첫째, 로봇은 건강 모니터링 기능을 갖추고 있어 체온, 심박수, 혈압 등을 실시간으로 측정하고 기록할 수 있다. 이를 통해 이상 징후가 발견되면 즉시 가족이나 의료진에게 알림을 전송하게 된다. 둘째, 로봇은 약물 복용 알림 기능을 통해 노인이 정해진 시간에 약을 복용할 수 있도록 도와준다. 또한, 복용 후 상태를 체크하여 이상이 있을 경우 즉각적인 조치를 취할 수 있다. 셋째, 로봇은 운동 프로그램을 제안하여 노인이 규칙적으로 신체 활동을 할 수 있도록 유도한다. 예를 들어, 가벼운 스트레칭이나 산책 코스를 추천하고, 진행 상황을 기록하여 성취감을 느끼게 한다. 이러한 기능들은 노인의 건강을 지속적으로 관리하고, 예방적 차원에서 의료 서비스를 제공하는 데 중요한 역할을 한다. 로봇 간병인은 노인의 건강한 삶을 지원하는 필수적인 파트너로 자리잡을 것이다.

정리해 볼까요?

기사에 대해서 알아볼까요?

주제: 장수 사회의 도래가 가져오는 변화와 노인의 사회적 역할
핵심어휘: 장수 사회,고령화,노인,사회적 참여,정책

1단락 요약: 장수 사회의 도래는 평균 수명 연장에 따른 노인 인구 증가로 사회 전반에 많은 변화를 초래하고 있다. 이는 경제, 복지, 의료 시스템에 큰 영향을 미치며, 노인 인구의 증가로 인해 세대 간의 갈등과 다양한 사회적 문제도 발생할 수 있다. 따라서 이러한 변화에 대한 사회적 인식과 준비가 필요하다.

2단락 요약: 일본은 고령화가 급속히 진행되며, 노인을 위한 로봇 기술과 다양한 정책을 통해 건강한 삶을 지원하고 있다. 예를 들어, 이동 보조 로봇과 간병 로봇의 개발이 활발히 이루어지고 있으며, 이는 노인의 자립성을 높이는 데 기여하고 있다.

3단락 요약: 장수 사회는 도전과 기회를 동반하며, 노인의 경험과 지혜가 사회에 긍정적인 영향을 미치는 방향으로 나아가야 한다. 노인의 풍부한 삶의 경험은 젊은 세대에게 귀중한 자산이 될 수 있으며, 이를 통해 세대 간의 이해와 협력이 증진될 수 있다. 또 노인을 위한 다양한 사회적 지원과 참여 기회를 확대하여, 이들이 사회의 일원으로서 가치 있는 역할을 할 수 있도록 해야 한다.

기사의 구조적 접근을 꼭 알아야 해요!

1) 서론: 장수 사회의 도래와 변화
장수 사회의 도래는 평균 수명 연장으로 노인 인구 증가와 사회 변화로 이어지고 있다. 여러 나라에서 노인들의 사회적 참여를 증진하는 정책과 프로그램이 시행되며, 일본, 이탈리아, 한국, 미국의 사례를 통해 긍정적 변화를 살펴보고 노인의 사회 기여 방안을 강조한다.

2) 본론: 다양한 국가의 장수 사회 사례
일본은 로봇 기술로 노인의 독립성을 지원하고, 이탈리아는 시니어 커뮤니티를 통해 세대 간 교류를 촉진한다. 한국에서는 노인 창업이 활발하며, 미국의 액티브 시니어 프로그램은 사회 활동을 장려해 건강한 생활을 돕는다. 이러한 사례들은 노인의 사회적 기여를 보여준다.

3) 결론: 장수 사회의 도전과 기회
장수 사회는 도전과 기회를 제공하며, 노인은 중요한 사회 자원이 될 수 있다. 노인의 삶의 질을 향상하고 사회적 기여를 장려하는 정책이 필요하다. 이를 통해 모든 세대가 공존하는 사회를 조성하고, 노인의 경험과 지혜가 다음 세대에 전달되도록 해야 한다.

비판적 사고 키워 볼까요? ✚

1 장수 사회의 도래와 관련된 다음 설명으로 옳지 <u>않은</u> 것은?

① 장수 사회의 도래는 단순히 사람들이 오래 사는 것 이상으로 사회에 변화를 가져오며, 노인 인구 증가로 기회와 도전이 생기고 다양한 정책이 시행된다.

② 일본은 세계적인 고령화 국가로서 로봇 기술을 활용한 로봇 간병인 개발 등 노인들이 건강하고 활기찬 삶을 살도록 돕는 정책적 노력을 기울인다.

③ 이탈리아의 시니어 커뮤니티는 노인들이 함께 생활하며 정원 가꾸기, 요리 등 활동을 통해 삶의 질을 높이고 젊은 세대와 교류하며 세대 간 이해를 증진시킨다.

④ 한국에서는 은퇴 후 노인들이 자신의 경험을 살려 창업하거나 요리 교실을 운영하며 사회에 기여하고 젊은 세대와 교류하는 등 긍정적인 사례들이 나타난다.

⑤ 글에 따르면 장수 사회에서 노인들은 사회적 도움을 받는 수혜자로만 여겨지며, 그들의 경험과 지혜는 다음 세대에게 크게 중요하지 않다고 강조된다.

2 윗글을 바탕으로 <보기>를 판단한 내용으로 적절하지 <u>않은</u> 것은?

 보기

> 남자: 정부가 말하는 메가시티는 수도권 집중을 막고 지방도시를 키우겠다는 뜻이야.
> 여자: 맞아. 대도시를 키우면 주변 농촌까지 다 같이 발전할 수 있대.
> 남자: 그래도 걱정돼. 혹시 더 큰 도시가 되면, 주변 농촌이 더 외면받는 건 아닐까?
> 여자: 그럴 수도 있지. 그래서 농촌 자생력 키우는 정책도 같이 추진해야 한다고 하더라.

① 남자의 말은 메가시티 건설이 또 다른 지역 집중을 낳을 수 있다는 우려와 연결된다.

② 여자의 말은 정부의 권역별 메가시티 구상과 농촌 자생력 강화 정책 병행 필요성을 반영한다.

③ 남자의 우려는 마강래 교수가 주장한 수도권 집중 완화 효과에 대한 긍정적인 시각을 따른 것이다.

④ 여자의 발언은 농촌이 소외되지 않기 위해 다양한 정주 여건 개선이 필요하다는 내용과 상통한다.

⑤ 남녀의 대화는 메가시티 건설만으로는 지역 불균형을 해소할 수 없다는 점을 전제로 하고 있다.

3 장수 사회의 도래는 노인들의 삶에 어떤 긍정적인 변화와 기회를 제공할 수 있는지 서술하시오.

4 '장수 사회의 도래가 개인과 사회에 미치는 영향'에 대해 서론, 본론, 결론의 형식으로 서술하시오.

중요

5 장수 사회의 도래에 대해 어떻게 생각하는지 서술하시오.

집중

6 다음 '고령화 사회가 로봇 및 헬스케어 기술 발전을 촉진하는 기회가 되는가?'라는 논제를 바탕으로 찬성과 반대의 생각을 서술하시오.

찬성	반대

사회

08 메가시티 건설, 균형 발전의 해법 인가? - 도시와 농촌의 상생을 위한 길

최근 우리 사회는 도시와 농촌 간 발전 불균형으로 다양한 사회적, 경제적 문제에 직면❶하고 있다. 특히, 수도권과 대도시로의 인구 집중은 농촌 지역 인구 감소와 지역 소멸 위기를 가중시킨다. 이에 따라 정부와 지자체는 농촌 활성화 정책을 시행하지만, 여전히 수도권과 지방 간 격차는 해소되지 않는다. 이러한 상황에서 도시와 농촌의 균형 발전을 위한 새로운 접근법이 필요하며, 메가시티 건설이 그 해법 중 하나로 주목받는다. 하지만 메가시티 건설이 지역 불균형을 해소할 궁극적인 대안이 될 수 있을지는 신중히 검토해야 한다.

국토연구원에서 발행한 국토 균형발전을 위한 중층❷적 권역 중심의 공간전략 보고서는 국토 균형발전을 위해 광역권, 도시권, 생활권으로 이어지는 중층적인 공간구조를 제시한다. 이는 광역권 내 도시 간 기능 및 역할을 분담하고 네트워크 체계를 구축하여 지역 간 격차를 해소하고자 하는 전략이다. 이러한 접근은 메가시티 건설과도 일맥상통❸하며, 대도시권의 경쟁력을 강화하여 주변 중소도시 및 농촌 지역의 발전을 도모하도록 한다. 특히, 대구 · 경북, 부산 · 울산 ·

세종시가 대전, 충남, 충북과 함께 '충청권 광역생활경제권(메가시티)' 구축을 위한 구체적인 전략 수립에 나섰다.

경남, 광주·전남과 같은 권역별 메가시티 구상을 통해 각 지역의 경제와 산업이 자생력④을 갖출 수 있도록 한다는 것이 정부의 기본 방향이다.

그러나 메가시티 건설이 만능열쇠가 되지는 않는다. 중앙대학교 도시계획·부동산학과 마강래 교수는 지역균형발전을 위한 정부의 3가지 약속 강연에서 메가시티 건설이 지역 불균형을 심화시킬 수 있다는 우려를 표명한다. 그는 메가시티 건설이 수도권 집중을 완화하기보다는 오히려 또 다른 지역 내 중심지를 형성하면서 새로운 집중 현상을 초래할 수 있다고 지적한다. 즉, 특정 대도시권이 성장하는 동안 오히려 주변의 소도시와 농촌 지역은 더욱 소외될 가능성이 크다는 것이다. 따라서 메가시티 건설과 함께 농촌 지역의 자생력을 강화하는 정책을 병행해야 한다.

또한, 국토연구원에서 발행한 균형발전 모니터링 & 이슈 Brief 제11호는 청년의 지역 이동과 정착에 대한 연구를 통해 청년층의 지역 정착을 위한 정책적 지원의 필요성을 강조한다. 이는 농촌 지역의 인구 유출을 막고, 지역 경제를 활성화하기 위한 중요한 방안으로 볼 수 있다. 특히, 일자리 부족과 문화·교육 환경이 열악한 농촌에서는 청년층이 정착하기 어려운 현실이 있으며, 이에 대한 개선이 필요하다. 이를 위해 정부는 지방 대학교와 연계한 창업 지원 프로그램, 지역 맞춤형 일자리 창출 정책 등을 도입하여 청년층이 지역에서 생활할 수 있는 기반을 마련한다. 아울러, 생활 인프라 개선과 문화시설 확충을 통해 지방 거주에 대한 매력을 높이는 것도 중요하다.

꼭 기억하렴!

① 직면: 직면은 어떤 문제나 상황에 직접 마주하게 되는 것을 의미한다.
② 중층: 중층은 여러 층으로 겹쳐 있는 상태 또는 복합적인 구조를 의미한다.
③ 일맥상통: 일맥상통은 기본적인 맥락이나 본질이 서로 통하거나 연관되어 있는 것을 의미한다.
④ 자생력: 자생력은 외부의 도움 없이 스스로 살아갈 수 있는 능력이나 힘을 의미한다.

국어 공신 선생님

결국, 도시와 농촌의 균형 발전을 위해서는 메가시티 건설과 농촌 지역의 자생력 강화를 위한 정책을 조화롭게 추진해야 한다. 이는 단순히 인프라 구축에 그치지 않고, 지역 특성에 맞는 산업을 육성하고, 청년층 유입을 위한 정주 여건을 개선하며, 지역 주민의 참여를 통한 지속 가능한 발전 전략을 마련해야 한다. 또한, 지역별로 차별화된 발전 전략을 준비하여 단순한 물리적 확장이나 인프라 확충을 넘어서 실질적인 삶의 질 향상을 목표로 삼아야 한다. 이를 통해 도시와 농촌이 상생하며, 국가 전체의 균형 발전을 이루어 지속 가능한 미래를 만들어갈 수 있다.

국어 공신 선생님의 감상 꿀팁!

집중!

좀 더 깊이 생각해 보기

• **청년층의 지역 정착을 위해 학교가 할 수 있는 역할은 무엇이 있을까?**
청년층의 지역 정착을 위해 학교는 다양한 역할을 할 수 있다. 첫째, 지역 특화 진로 교육을 강화할 수 있다. 예를 들어, 지역 산업과 연계된 진로 탐색 프로그램, 현장체험, 직업인 멘토링 등을 통해 학생들이 지역에 대한 이해와 애정을 키우게 하면, 졸업 후에도 지역에 머무를 가능성이 높아진다. 둘째, 지역 대학과 협력한 연계 교육과 창업 교육을 확대할 수 있다. 고등학교 단계에서부터 창업 동아리나 지역 문제 해결 프로젝트 등을 운영하면, 학생들이 지역에서 자신이 할 수 있는 일을 구체적으로 구상할 수 있다. 셋째, 지역사회와 협력하여 봉사활동이나 프로젝트 학습을 실시하면, 학생들이 지역의 필요를 실감하게 되어 지역에 기여하고 싶다는 마음이 생길 수 있다. 학교는 단순한 교육 공간을 넘어, 지역과 청년을 연결하는 중요한 거점이 될 수 있다.

• **지역 자생력 강화를 위해 주민 스스로 할 수 있는 일은 무엇일까?**
지역 자생력을 높이기 위해 주민 스스로 할 수 있는 일은 다양하다. 첫째, 지역의 문제 해결에 적극 참여하는 것이 중요하다. 주민 스스로 마을 계획 수립, 농촌 관광 개발, 문화 축제 운영 등 지역 발전을 위한 아이디어를 제안하고 실행에 참여할 수 있다. 둘째, 지역 특산품이나 전통 문화를 활용한 소규모 창업에 도전하는 것도 방법이다. 예를 들어, 전통 음식 체험, 농촌 공방 운영, 온라인 직거래 플랫폼 운영 등은 지역 경제에 기여할 수 있다. 셋째, 지역 청년과의 협업도 중요하다. 지역에 남아있는 청년들과 함께 다양한 프로그램을 만들고 세대 간 협력을 통해 공동체를 활성화할 수 있다. 이러한 노력은 외부 정책에만 의존하지 않고, 주민 주도의 지속 가능한 발전으로 이어질 수 있다.

• 메가시티 건설 과정에서 환경 문제를 예방하기 위해 어떤 노력이 필요할까?

메가시티는 대규모 인프라와 산업이 집중되는 구조이기 때문에, 환경 문제를 유발할 가능성이 높다. 따라서 메가시티 건설과정에서 다음과 같은 환경 보호 노력이 병행되어야 한다. 첫째, 도시 설계 단계에서부터 친환경 계획이 수립되어야 한다. 예를 들어, 녹지 공간 확보, 에너지 절약형 건물 설계, 친환경 교통수단 도입 등이 포함되어야 한다. 둘째, 개발 과정에서 발생할 수 있는 생태계 파괴나 대기·수질 오염을 사전에 평가하고 관리하는 체계를 갖춰야 한다. 이를 위해 환경영향평가를 철저히 시행하고, 지역 주민과 환경단체의 의견도 반영해야 한다. 셋째, 메가시티가 주변 농촌과 조화를 이루기 위해 농업·생태 기반과 연결되는 지속가능한 도시농업이나 순환형 자원관리 정책도 병행되어야 한다. 이러한 노력을 통해 메가시티가 개발 중심의 공간이 아니라 지속 가능한 녹색 도시로 자리 잡을 수 있다.

정리해 볼까요? 그룹 생각

기사에 대해서 알아볼까요?

주제: 도시와 농촌의 균형 발전을 위한 메가시티 건설과 농촌 자생력 강화의 조화 필요성
핵심어휘: 지역 불균형, 메가시티, 농촌 소멸, 자생력 강화, 균형 발전 전략

1단락 요약: 수도권과 대도시로 인구가 집중되며 농촌 인구 감소와 지역 소멸 위기가 심각하다. 정부의 농촌 활성화 정책에도 수도권과 지방 간 격차가 지속되며, 균형 발전을 위한 메가시티 건설이 주목받고 있다.
2단락 요약: 국토연구원은 도시 간 역할 분담과 네트워크 체계를 통해 격차 해소 전략을 제시했다. 이는 권역별 메가시티 구상과 연계되며, 지역 경제 자생력 강화를 목표로 한다.
3단락 요약: 메가시티 건설이 지역 불균형을 심화할 수 있다는 비판이 있다. 마강래 교수는 소도시·농촌 자생력 강화 정책이 반드시 병행되어야 한다고 주장했다.
4단락 요약: 청년층 정착이 중요한 과제로 부각되고 있다. 국토연구원은 정책적 지원 필요성을 강조하며, 정부는 창업·일자리·인프라 개선을 통해 청년의 농촌 정착을 유도하고 있다.
5단락 요약: 도시와 농촌의 균형 발전은 메가시티 건설과 농촌 자생력 강화의 조화로 가능하다. 산업 육성, 청년 정착, 주민 참여형 지속 가능 발전과 삶의 질 향상이 필수적이다.

기사의 구조적 접근을 꼭 알아야 해요!

1) 서론: 도시·농촌 간 불균형의 심화와 새로운 해법의 필요성
수도권 집중과 농촌 인구 감소는 지역 소멸 위기를 초래하고 있다. 농촌 활성화 정책에도 불구하고 격차는 여전하며, 도시·농촌 간 균형 발전을 위한 새로운 전략이 요구된다.

2) 본론: 메가시티 구상과 그 효과, 우려 그리고 대안
광역권 중심의 메가시티 건설은 지역 자생력 강화에 도움을 줄 수 있으나, 또 다른 집중을 초래할 가능성도 있다. 따라서 농촌 자생력 강화 정책과 병행 추진되어야 하며, 청년층 정착을 위한 지원 정책도 함께 마련되어야 한다.

3) 결론: 균형 발전을 위한 통합 전략의 중요성
도시와 농촌이 상생하기 위해서는 물리적 인프라 구축을 넘어서 지역 산업 육성, 삶의 질 향상, 주민 참여형 정책이 필요하다. 이를 통해 지속 가능한 국가 균형 발전이 가능해질 것이다.

비판적 사고 키워 볼까요? ✚

1 다음 중 본문의 내용으로 적절하지 <u>않은</u> 것은?

중요

① 수도권과 대도시로의 인구 집중은 농촌 지역의 인구 감소와 지역 소멸 위기를 심화시킨다.

② 국토연구원은 메가시티 구상이 지역 간 불균형을 초래하고 국토 균형 발전을 저해할 가능성이 있다고 분석하며, 이에 대한 신중한 접근이 필요하다고 주장했다.

③ 메가시티는 대도시권의 경쟁력을 강화하고 주변 지역 발전을 도모하는 전략으로 추진되고 있다.

④ 청년층의 지역 정착을 위해 일자리 창출과 문화시설 확충이 필요하다는 지적이 있다.

⑤ 도시와 농촌의 균형 발전을 위해서는 자생력 강화와 메가시티 건설이 병행되어야 한다.

2 <보기>의 내용을 바탕으로 도파민 중독에 해당하지 <u>않는</u> 사례는?

보기

> 정부는 지역 불균형 해소를 위해 메가시티 건설을 추진하고 있으며, 동시에 청년층의 농촌 정착을 위한 정책도 병행하고 있다. 특히 지방 대학과 연계한 창업 지원, 지역 일자리 창출, 생활 인프라 개선 등의 노력을 통해 지역의 자생력을 키우고자 한다.

① 정부는 권역별 메가시티 구상을 통해 지역의 경제적 자립 기반을 마련하고자 한다.

② 청년층 유입을 위한 정책 중에는 지방대학과의 협업을 통한 창업 지원이 포함된다.

③ 생활 인프라와 문화시설을 개선하는 것은 청년들이 안정적으로 정착할 수 있도록 지원하는 중요한 요소이며, 지역 사회의 지속적인 발전에도 기여한다.

④ 수도권을 중심으로 메가시티를 집중 개발하여 도시의 생활·경제 인프라를 강화하고, 이를 통해 농촌 인구의 유입을 촉진하려는 정책이 추진되고 있다.

⑤ 지역 맞춤형 일자리 정책은 청년층의 농촌 정착을 촉진하기 위한 방안이다.

3 본문에서 메가시티 건설이 가져올 수 있는 부정적 영향을 서술하시오.

4 '도시와 농촌의 균형 발전을 위해 정부가 추진해야 할 정책 방향'을 주제로 자신의 생각을 서론, 본론, 결론의 형식으로 서술하시오.

5 본문의 제목으로 '메가시티는 농촌을 살릴 수 있을까?: 균형 발전을 향한 모색'이 적절한지 평가하고 이유를 서술하시오.

6 다음 '메가시티 건설은 지역 불균형 해소의 최적 해법이다'라는 논제를 바탕으로 찬성과 반대의 생각을 서술하시오.

찬성	반대

아보하 트렌드 - 새로운 삶의 방식

최근 몇 년간 '아보하(Avoha)'라는 단어가 단순한 과일을 넘어 하나의 문화 트렌드로 자리 잡았다. 아보하란 '아보카도'와 하와이의 인사말인 '알로하'를 결합한 단어로 라이프스타일과 식습관을 의미하며, 건강과 웰빙을 중시하는 현대인들에게 큰 인기를 끌고 있다. 아보카도는 중남미가 원산지인 과일로, 그 영양가가 높아 '슈퍼푸드❶'로 알려져 있다. 비타민 E, K, C와 같은 다양한 영양소와 건강한 지방이 풍부해 다이어트와 피부 건강에 효과적이다. 2010년대 초반, 아보카도의 인기가 급증하면서 이를 활용한 다양한 요리와 레시피가 등장했다. 특히, 아보카도 토스트는 식사 대용으로 간편하게 즐길 수 있는 메뉴로 많은 사랑을 받았다. 인스타그램과 같은 소셜 미디어의 발전은 이러한 트렌드를 가속화시켰으며, 아보카도를 이용한 화려한 요리 사진이 공유되면서 젊은 세대 사이에서 아보하 문화가 확산되기 시작했다.

아보하 트렌드는 단순한 식습관을 넘어 다양한 삶의 방식과 연관되어 있다. 첫째, 건강 중심의 식사이다. 아보카도는 고지방이지만 건강한 지방을 함유하고 있어 포만감을 주며, 다이어트에도 도움이 된다. 많은 사람들이 아보카도를 포함한 샐러드, 스무디, 그리고 다양한 요리를 통해 건강한 식단을 유지하고 있다. 둘째, 지속 가능성❷과 환경 보호에 대한 관심이 높아지고 있다. 아보카도는 유기농으로 재배되는 경우가 많아 환경 친화적❸인 선택으로 여겨진다. 아보하를 지향하는 사람들은 환경을 생각하며 소비하고, 지역 농산물을 선호하는 경향이 있다. 이는 소비자들이 단순히 맛있는 음식을 찾는 것을 넘어, 지구와 사회에 긍정적인 영향을 미치고자 하는 의식을 반영한다. 셋째, 아보하 트렌드는 소셜 미디어와 밀접하게 연관되어 있다. 인스타그램, 틱톡 등에서 아보카도를 활용한 요리법이나 팁을 공유하는 콘텐츠가 폭발적으로 증가하고 있다. 이로 인해 사람들은 아보카도를 단순한 식재료가 아닌, 자신을 표현하는 수단으로 삼고 있다. 아보하 트렌드는 건강과 웰빙을 중시하는 현대인들의 가치관을 반영하고 있다. 이는 단순히 개인의 식습관을 변화시키는 것에 그치지 않고, 사회 전반에 긍정적인 영향을 미치고 있다. 첫째, 건강한 식습관의 확산이다. 아보하 트렌드를 통해 많은 사람들이 건강한 식단을 중요하게 여기고, 이를 실천하기 위해 노력하고 있다. 이는 비만과 같은 건강 문제를 예방하고, 전반적인 삶의 질을 향상시키는 데 기여하고 있다. 둘째, 지역 농산물의 소비 촉진이다. 아보하 트렌드는 지역 농산물에 대한 관심을 높이고, 이를 통해 지역 경제에 긍정적인 영향을 미친다. 지속 가능한 소비를 지향하는 사람들은 아보카도를 포함한 다양한 지역 농산물을 적극적으로 구매하며, 이는 농업 발전에도 기여하게 된다. 셋째, 커뮤니티[4] 형성이다. 아보하를 좋아하는 사람들은 온라인 및 오프라인에서 새로운 커뮤니티를 형성하고 있다. 요리 클래스나 팝업 레스토랑, 아보카도 관련 행사 등이 열리면서 사람들은 아보하를 매개로 소통하고, 경험을 공유하게 된다. 이러한 커뮤니티는 서로의 관심사를 나누고, 새로운 친구를 만들 수 있는 기회를 제공한다.

꼭 기억하렴

① 슈퍼푸드: 영양가가 높아 건강에 매우 좋은 식품을 의미한다.
② 지속 가능성: 현재의 필요를 충족하면서 미래 세대의 필요도 고려하는 개념을 말한다.
③ 환경 친화적: 환경에 해를 끼치지 않고 보호하는 성질을 뜻한다.
④ 커뮤니티: 특정한 관심사나 목적을 가진 사람들의 집단을 의미한다.

국어 공신 선생님

아보하 트렌드는 단순한 과일의 인기를 넘어서, 건강한 삶의 방식과 지속 가능한 소비를 지향하는 현대인들의 가치관을 반영하고 있다. 아보카도를 중심으로 한 다양한 요리와 라이프스타일은 사람들에게 건강과 웰빙, 그리고 사회적 책임감을 강조하고 있다. 이 트렌드는 또한 지역 농산물의 소비를 촉진하고, 환경 보호에 대한 인식을 높이는 데 기여한다. 앞으로 아보하 트렌드가 어떻게 발전할지는 알 수 없지만, 이는 분명히 현대 사회에서 중요한 문화 현상으로 자리 잡을 것이다. 아보카도를 통해 우리는 더 건강하고 지속 가능한 삶을 추구할 수 있으며, 이러한 변화는 개인과 사회 모두에 긍정적인 영향을 미칠 것이다. 아보하가 가져오는 새로운 가치들은 앞으로의 식문화와 소비 패턴에 큰 변화를 이끌 것으로 기대된다.

 좀 더 깊이 생각해 보기

• 학교 교육에서 웰빙을 통합한 교육 프로그램이 도입된다면, 학생들은 어떤 방식으로 정신적, 정서적 건강을 증진할 수 있을까요?

학교 교육에서 웰빙을 통합한 교육 프로그램이 도입된다면, 학생들은 정신적 및 정서적 건강을 다양한 방식으로 증진할 수 있다. 첫째, 정서 관리와 스트레스 해소를 위한 프로그램이 제공되어, 학생들이 감정을 인식하고 표현하는 법을 배우게 된다. 이를 통해 감정 조절 능력이 향상되고, 스트레스 상황에서도 더 효과적으로 대처할 수 있다. 둘째, mindfulness(마인드풀니스)와 같은 명상 및 집중 훈련이 포함되어, 학생들은 현재 순간에 집중하고 마음을 안정시키는 방법을 배운다. 이는 불안감을 줄이고, 집중력을 높이는 데 도움을 준다.

• 각국의 전통 음식에서 발견된 슈퍼푸드가 현대 웰빙 트렌드에 어떻게 반영될 수 있을까?

각국의 전통 음식에서 발견된 슈퍼푸드는 현대 웰빙 트렌드에 다양한 방식으로 반영될 수 있다. 예를 들어, 한국의 김치는 발효식품으로, 유익한 프로바이오틱스를 풍부하게 포함하고 있어 장 건강에 도움을 준다. 현대인들은 장 건강과 면역력 강화를 중시하므로, 김치와 같은 전통 발효식품의 인기가 높아지고 있다. 또한, 일본의 미소는 단백질과 미네랄이 풍부하며, 항산화 성분도 포함되어 있어 웰빙 식단에 적합하다. 미소를 활용한 다양한 요리가 현대식으로 재해석되면서 건강한 식습관을 지향하는 사람들에게 사랑받고 있다. 인도의 커큐민이 풍부한 강황은 항염증 효과로 주목받으며, 현대 웰빙 트렌드에 맞춰 다양한 스무디나 차로 소비되고 있다. 이러한 전통 슈퍼푸드들은 건강과 맛을 동시에 추구하는 소비자에게 매력적으로 다가가며, 지속 가능한 농업과 지역 경제의 활성화에도 기여한다. 결국, 각국의 전통 음식에서 발견된 슈퍼푸드는 현대 웰빙 트렌드와 접목되어, 건강한 식생활을 추구하는 소비자들에게 더 많은 선택지를 제공하고 있다.

• 아보하 트렌드가 가정식 문화에 어떤 변화를 가져올 수 있을까요?

아보하 트렌드는 미래의 가정식 문화에서 큰 변화를 일으킬 것이다. 가족들이 함께 참여하여 아보카도 기반의 요리를 만드는 문화가 확산되면서, 요리가 단순한 일상이 아닌 소통의 장으로 변모할 것이다. 부모와 자녀가 함께 아보카도 토스트를 만들거나, 아보카도를 활용한 다양한 디저트를 만드는 활동은 가족 간의 유대감을 강화할 것이다. 또한, 이러한 요리는 인스타그램 등의 소셜 미디어에 공유되면서, 요리의 재미와 창의성을 더욱 부각시킬 것이다. 아보하 트렌드는 건강한 식습관을 유지하면서도 가정의 따뜻한 분위기를 만들어내는 중요한 요소로 자리 잡을 것이다.

정리해 볼까요?

그룹 생각

기사에 대해서 알아볼까요?

주제: 아보하 트렌드: 건강과 웰빙을 중시하는 현대인의 라이프스타일 변화
핵심어휘: 아보하,슈퍼푸드,지속 가능성,지역 농산물,커뮤니티

1단락 요약: 아보하란 아보카도를 중심으로 한 라이프스타일과 식습관을 의미하며, 건강과 웰빙을 중시하는 현대인들에게 큰 인기를 끌고 있다. 아보카도의 영양가가 높고 다양한 요리에 활용될 수 있어 많은 사람들이 이를 선호하게 되는 이유가 되고 있다.

2단락 요약: 아보하 트렌드는 건강 중심의 식사, 지속 가능성, 그리고 소셜 미디어와 밀접하게 연관되어 있으며, 이는 사회 전반에 긍정적인 영향을 미친다. 아보카도를 활용한 다양한 요리와 레시피가 소셜 미디어를 통해 공유되면서, 사람들은 이를 통해 새로운 식사 아이디어와 건강한 생활 방식을 배우게 된다.

3단락 요약: 아보하 트렌드는 건강한 삶과 지속 가능한 소비를 지향하며, 식문화와 소비 패턴 변화에 영향을 줄 것으로 기대된다. 이는 개인 건강뿐만 아니라 환경 보호와 지속 가능한 농업에도 기여하며, 의식적인 소비를 유도하는 데 중요한 역할을 한다.

기사의 구조적 접근을 꼭 알아야 해요!

꼭 기억하렴

1) 서론: 아보하의 출현
'아보하'는 아보카도를 중심으로 건강과 웰빙을 중시하는 라이프스타일을 의미하며, 소셜 미디어에서 인기를 끌고 있다. 다양한 요리법과 영양적 장점은 현대인의 식습관에 영향을 미치며, 특히 젊은 세대에서 두드러진다. 이는 삶의 질 향상으로 이어지고 있다.

2) 본론: 아보하의 영향
아보하 트렌드는 건강한 식습관과 지속 가능성을 강조하며, 지역 농산물 소비를 촉진해 경제에 긍정적 영향을 미친다. 또한, 커뮤니티 형성을 통해 소통을 강화하고, 사회적 책임을 실천하는 방향으로 변화하고 있다.

3) 결론: 아보하의 미래
아보하 트렌드는 건강한 삶과 지속 가능한 소비를 강조하며, 식문화와 소비 패턴 변화에 영향을 줄 것으로 기대된다. 이는 개인 건강뿐만 아니라 환경 보호에도 기여하며, 의식적인 소비와 건강한 삶을 추구하는 데 영감을 준다. 이러한 흐름은 지속 발전할 가능성이 크다.

비판적 사고 키워 볼까요? ✦

1 다음 중 아보하 트렌드에 대한 설명으로 옳지 않은 것은 무엇인가?

① 아보하라는 용어는 단순한 아보카도 과일을 넘어, 건강과 웰빙을 중요하게 생각하는 현대인들의 식습관과 생활 방식을 포괄하는 의미를 담고 있다.

② 아보카도는 비타민과 건강한 지방이 풍부한 슈퍼푸드로, 다이어트와 피부 건강에 유익한 영양소를 함유하고 있다.

③ 글에 따르면 아보하 트렌드는 건강한 식습관에 초점을 맞추지만, 지속 가능한 소비나 환경 보호와는 직접적인 관련이 없다고 설명하고 있다.

④ 아보카도를 활용한 다양한 레시피 중 아보카도 토스트는 간단하게 만들어 식사 대신 즐길 수 있어 많은 사람들에게 인기를 얻고 있는 메뉴 중 하나이다.

⑤ 소셜 미디어에서 아보카도 관련 콘텐츠가 활발히 공유되면서, 젊은 세대 중심으로 '아보하' 문화가 빠르게 확산되었다.

2 <보기>의 '아보하 트렌드'를 지속 가능한 소비의 관점에서 긍정적으로 평가할 때, 그 이유로 적절하지 **않은** 것은?

 보기

 아보하 트렌드는 단순한 식재료 트렌드를 넘어, 소비자의 행동과 가치관에 영향을 미치는 새로운 문화 현상이다. 사람들은 아보카도를 활용한 건강한 요리와 함께, 유기농 식재료와 지역 농산물을 선호하며, 인스타그램 등을 통해 자신만의 아보하 라이프스타일을 표현한다. 또한, 이러한 소비는 건강과 환경을 고려한 선택으로 인식되어, 지속 가능한 삶에 대한 관심을 높이고 있다. 많은 이들은 아보하를 통해 자신의 삶을 변화시키고 있으며, 이는 개인을 넘어 사회적 영향을 확대하는 모습으로 나타난다.

① 아보하 트렌드는 유기농 재배와 지역 농산물 소비를 장려하여 환경 친화적인 소비를 유도한다.

② 아보하 트렌드는 소셜 미디어를 통해 개성과 창의성을 표현하는 수단으로 기능하고 있다.

③ 아보하 트렌드는 건강한 식습관을 장려함으로써 음식 낭비를 줄이는 데 기여할 수 있다.

④ 아보하 트렌드를 따르는 사람들은 소비 선택이 환경과 사회에 미치는 영향을 고려한다.

⑤ 아보하 트렌드는 공동체 형성과 경험 공유를 통해 지속 가능한 삶의 가치를 확산시킨다.

3 아보하 트렌드가 현대인의 식습관에 미치는 영향을 서술하시오.

4 '아보하 트렌드의 미래 가능성'에 대해 서론, 본론, 결론의 형식으로 서술하시오.

중요

5 아보하 트렌드가 개인의 삶에 미치는 긍정적인 영향에 대해 서술하시오.

6 다음 '아보하 트렌드가 패스트푸드 소비를 줄인다'라는 논제를 바탕으로 찬성과 반대의 생각을 서술하시오.

찬성	반대

10 챌린지의 두 얼굴
- 디지털 문화 속 책임 있는 선택

최근 소셜 미디어 플랫폼[1]인 틱톡과 유튜브에서 다양한 챌린지가 유행하며 전 세계 사용자들의 참여를 이끌어내고 있다. 이러한 챌린지[2]는 긍정적인 영향과 부정적인 영향을 동시에 지니고 있어, 그 경계에 대한 논의가 필요하다. 특히, 청소년과 청년층이 주로 참여하는 이러한 챌린지의 영향력은 사회적으로 큰 파장을 일으킨다. 참여자들은 단순한 재미를 넘어 사회적 이슈에 대한 관심을 가지거나 자신의 영향력을 활용해 선한 영향력을 행사하기도 하지만, 일부 챌린지는 참가자들에게 위험을 초래하거나 잘못된 정보가 확산되는 부작용을 낳고 있어 신중한 접근이 필요하다.

긍정적인 측면에서 SNS 챌린지는 사회적 연대감과 공동체 의식을 강화하는 데 기여한다. 2014년에 시작된 아이스 버킷 챌린지는 루게릭병(ALS)에 대한 인식을 높이고 기금[3] 모금을 촉진해 전 세계적인 참여를 이끌어냈다. 또한, 한국에서 진행된 챌린지는 코로나19 방역에 힘쓴 의료진에게 감사의 메시지를 전달하며 긍정적인 반응을 얻는다. 이러한 챌린지는 사회적 이슈에 대한 관심을 높이고 사람들 간의 연결성을 강화하는 역할을 한다. 이뿐만 아니라, 친환경, 기부, 자선 활동과 연계된 챌린지는 개인의 작은 실천이 모여 큰 변화를

루게릭병(ALS) 아이스 버킷 챌린지

만들어낼 수 있어 긍정적인 평가를 받는다.

그러나 부정적인 영향도 존재한다. 일부 챌린지는 위험한 행동을 조장하거나 사회적으로 부적절한 메시지를 전달한다. 블루 웨일 챌린지와 같은 위험한 챌린지는 참가자들에게 자해를 유도하며 심각한 문제를 야기했다. 또한, 코로나 파티 챌린지는 팬데믹 상황에서 방역 지침을 무시하는 행동을 조장했다. 최근 틱톡에서 유행한 밀크 크레이트 챌린지는 불안정한 우유 상자를 쌓고 그 위를 걷는 도전으로 많은 참가자가 심각한 부상을 입으며 논란이 됐다. 이처럼 부정적인 챌린지는 개인의 안전과 사회적 질서를 해칠 뿐만 아니라, 잘못된 정보가 확산되면서 특정 집단이나 개인에게 피해를 준다.

전문가들은 이러한 챌린지의 영향력을 고려해 사용자들의 비판적 사고와 미디어 리터러시[4] 교육의 중요성을 강조한다. 한국언론진흥재단의 연구에 따르면, 청소년들의 미디어 이용 습관과 미디어 리터러시 수준은 그들의 사회적 행동에 직접적인 영향을 미친다. 특히, 청소년들은 챌린지를 단순한 유행으로 받아들이기 쉬우며, 이에 따른 위험성을 인지하지 못하는 경우가 많다. 따라서, 청소년들이 SNS 콘텐츠를 비판적으로 수용하고 올바른 판단을 내릴 수 있도록 학교 교육과 가정 내 지도가 필요하다. 부모와 교사는 청소년들에게 챌린지의 긍정적인 효과와 부정적인 위험을 모두 설명하며 신중한 참여를 유도해야 한다.

플랫폼 기업들의 책임도 중요하다. 틱톡과 유튜브와 같은 대형 플랫폼은 사

꼭 기억하렴

① 플랫폼: 플랫폼은 다양한 사용자들이 모여 콘텐츠를 공유하고 상호작용할 수 있는 온라인 공간이다.
② 챌린지: 챌린지는 특정 행동이나 미션을 수행하고 이를 영상으로 기록해 소셜 미디어에 공유하는 활동을 의미한다.
③ 기금: 어떤 목적이나 사업, 행사 따위에 쓸 기본적인 자금을 말한다.
④ 미디어 리터러시: 미디어 리터러시는 미디어에서 제공하는 정보를 비판적으로 분석하고 올바르게 판단할 수 있는 능력을 말한다.

국어 공신 선생님

용자들의 안전을 보장하기 위해 위험한 콘텐츠를 모니터링하고, 부적절한 챌린지를 제한하는 정책을 강화해야 한다. 유튜브는 위험한 챌린지와 장난 영상을 금지하는 정책을 도입해 사용자들의 안전을 도모하며, 틱톡 또한 AI 기술을 활용해 유해 콘텐츠를 자동 감지하고 삭제하는 시스템을 운영한다. 그러나 이러한 조치가 충분하지 않다는 지적도 있다. 플랫폼 기업들은 단순히 유해 콘텐츠를 삭제하는 것에서 나아가 챌린지의 사회적 영향을 고려한 가이드라인을 마련하고, 사용자들에게 올바른 정보를 제공하는 역할을 수행해야 한다.

결국, SNS 챌린지의 긍정적 영향과 부정적 영향을 균형 있게 바라보고 사용자들의 책임 있는 참여와 플랫폼의 적극적인 관리가 필요하다. 챌린지는 단순한 유행이 아니라 개인과 사회에 큰 영향을 미치는 행위라는 점을 인식해야 한다. 이를 위해 정부, 교육기관, 플랫폼 기업, 사용자 모두가 함께 노력해야 하며, 건강한 디지털 문화를 형성하고 사회적 가치를 실현할 수 있는 방향으로 나아가야 한다.

국어 공신 선생님의 감상 꿀팁!

 한걸음 더 깊이 생각해 보기

• SNS 챌린지의 부작용을 줄이기 위해 사용자가 실천할 수 있는 방안은 무엇인가?
SNS 챌린지의 부작용을 줄이기 위해 사용자가 실천할 수 있는 방안은 다음과 같다. 첫째, 챌린지의 내용과 목적을 비판적으로 분석하고, 그 위험성을 스스로 판단하는 습관이 필요하다. 단순한 재미나 유행에 따라 행동하기보다는, 챌린지가 사회에 미치는 영향과 본인의 안전에 어떤 영향을 줄 수 있는지를 고려해야 한다. 둘째, 유해하거나 위험한 챌린지에 대해 적극적으로 신고하고 공유를 자제하는 태도가 필요하다. 틱톡이나 유튜브 등 주요 플랫폼에는 유해 콘텐츠 신고 기능이 있으며, 사용자가 직접 신고함으로써 부정적 콘텐츠의 확산을 막을 수 있다. 셋째, 주변 친구나 가족에게 챌린지의 긍정적·부정적 사례를 함께 공유하며 건전한 디지털 문화를 형성해 나가는 것도 중요하다. 모두가 책임 있는 사용자가 될 때, 부작용 없는 SNS 챌린지 문화가 만들어질 수 있다.

• SNS 챌린지의 문제 해결을 위해 국제적 협력이 필요한 이유는 무엇인가?

SNS 챌린지의 부작용은 특정 국가에만 국한되지 않으며, 전 세계적으로 동시에 확산되는 특성이 있다. 첫째, 틱톡이나 유튜브 같은 글로벌 플랫폼에서 유행하는 챌린지는 국경을 넘어 빠르게 퍼지기 때문에, 개별 국가의 규제만으로는 한계가 있다. 둘째, 위험하거나 부적절한 챌린지의 대응 기준이 국가마다 다르기 때문에, 국제적인 기준 마련과 플랫폼 공조 체계가 필요하다. 예를 들어, 특정 국가에서 금지된 챌린지가 다른 나라에서는 계속 유통될 경우 실질적인 차단이 어렵다. 셋째, 글로벌 협력을 통해 AI 감지 시스템, 유해 콘텐츠 필터링 기술 등을 공동 개발하거나 공유하면, 전 세계적으로 안전한 콘텐츠 이용 환경을 구축하는 데 효과적이다. 이처럼 SNS 챌린지의 부작용을 줄이기 위해서는 각국 정부, 플랫폼, 국제기구가 함께 협력하는 노력이 필요하다.

• AI 기술 발전이 SNS 챌린지 관리에 미치는 영향을 분석하시오.

AI 기술 발전은 SNS 챌린지 관리에 긍정적 기회를 제공하지만, 새로운 과제도 만든다. AI는 이미지, 텍스트, 영상 분석을 통해 유해하거나 위험한 챌린지를 자동 탐지하고 차단하며, 이를 통해 사용자 보호가 가능하다. 하지만 AI 추천 시스템이 잘못 활용될 경우 부적절한 챌린지가 더욱 확산될 수 있다는 우려도 있다. 알고리즘이 조회 수와 참여율만을 기준으로 콘텐츠를 추천하면, 자극적이거나 위험한 챌린지가 증가할 가능성이 크다. 따라서 AI 기술을 활용해 콘텐츠 생성, 유통, 소비 과정을 투명하게 관리해야 하며, 윤리적 기준을 반영한 알고리즘 설계가 필수적이다. AI는 SNS 챌린지의 긍정적 측면을 확산시키는 유용한 도구가 될 수 있지만, 사회적 가치와 책임을 고려한 접근이 필요하다.

정리해 볼까요?

그룹 생각

기사에 대해서 알아볼까요?

주제: SNS 챌린지의 사회적 영향과 건강한 디지털 문화 형성을 위한 대응 방안
핵심어휘: SNS 챌린지, 미디어 리터러시, 사회적 연대감, 플랫폼 책임, 디지털 문화

1단락 요약: SNS에서 챌린지가 유행하며, 청소년·청년층이 주로 참여하고 사회적 이슈 관심을 유도하지만, 잘못된 정보 확산과 위험한 행동을 초래할 수 있다.

2단락 요약: 아이스 버킷 챌린지, 덕분에 챌린지는 사회적 이슈 인식을 높이고 공동체 의식을 강화한다. 친환경·기부 챌린지는 작은 실천으로 큰 변화를 만든다.

3단락 요약: 블루 웨일 챌린지, 코로나 파티 챌린지, 밀크 크레이트 챌린지와 같이 위험하거나 비윤리적인 챌린지는 신체적 피해와 사회 질서 훼손을 초래할 수 있으며, 잘못된 정보가 확산되면서 사회적 문제를 유발한다.

4단락 요약: 전문가들은 미디어 리터러시 교육을 통해 청소년이 챌린지를 비판적으로 인식하고, 신중하게 참여할 수 있도록 해야 한다고 강조한다. 가정과 학교의 역할이 중요하다.

5단락 요약: 틱톡, 유튜브 등 플랫폼은 유해 콘텐츠 감지 및 삭제 기술을 운영하지만 한계가 있다. 단순 삭제를 넘어 가이드라인 정비와 정보 제공이 필요하다.

6단락 요약: 챌린지는 단순한 유행이 아니라 사회적 영향력을 가진 행동이다. 건강한 디지털 문화를 위해 정부, 교육기관, 플랫폼, 사용자 모두의 협력이 필요하다.

기사의 구조적 접근을 꼭 알아야 해요!

1) 서론: SNS 챌린지의 확산과 그 이면
틱톡과 유튜브 등에서 챌린지가 확산되며 사회적 영향력을 갖게 되었고, 이에 대한 긍정·부정적 평가가 공존한다.

2) 본론: 긍정적 사례 vs 부정적 사례, 그리고 대응 필요성
아이스 버킷 챌린지와 덕분에 챌린지 같은 긍정적 SNS 챌린지는 사회 참여와 연대감을 높인다. 반면, 자해 유도·방역 수칙 위반 챌린지는 청소년 안전과 사회 질서를 해칠 수 있다. 이를 해결하려면 미디어 리터러시 교육 강화와 플랫폼 기업의 책임 이행이 필요하다.

3) 결론: 균형 있는 인식과 협력을 통한 디지털 문화 형성
챌린지는 단순한 놀이가 아닌 사회적 행위로 바라보아야 하며, 이를 위해 다양한 주체들이 공동으로 노력해야 한다.

1 다음 중 본문의 내용과 일치하지 않는 것은?

① 아이스 버킷 챌린지는 루게릭병에 대한 인식을 높이고 기부를 유도한 긍정적 사례이다.

② 밀크 크레이트 챌린지는 철저한 안전 관리 속에서 진행되었으며, 참가자들의 긍정적인 반응과 활발한 참여를 이끌어내며 화제를 모았다.

③ 틱톡, 유튜브와 같은 플랫폼은 유해 챌린지를 감지하는 시스템을 운영하고 있다.

④ 청소년은 챌린지를 단순한 유행으로 받아들이는 경향이 있어 신중한 교육이 필요하다.

⑤ 챌린지는 단순한 놀이가 아닌 사회에 긍정적 또는 부정적 영향을 줄 수 있는 행위이다.

2 <보기> 내용을 참고하여 본문과 관련이 적은 사례를 고르시오.

> SNS 챌린지는 사회적 메시지를 전달하거나 유행에 따른 놀이 문화로 작용하지만, 그 과정에서 안전 문제나 정보 왜곡의 우려가 발생하기도 한다. 따라서 사용자 스스로 콘텐츠를 비판적으로 판단하고, 플랫폼과 교육 기관은 책임 있는 환경을 조성해야 한다.

① 아이스 버킷 챌린지는 질병 인식을 높이고 기부 문화를 확산시키는 데 기여했으며, 많은 사람이 캠페인에 동참하면서 사회적 관심을 불러일으켰다.

② 밀크 크레이트 챌린지는 신체적 위험성을 높여 안전사고를 유발했다.

③ 플랫폼은 유해 챌린지를 방치해 콘텐츠의 자율성을 보장한다.

④ 미디어 리터러시 교육은 청소년이 챌린지의 위험성을 인식하고, 정보의 신뢰성을 판단하며, 안전한 온라인 참여를 위해 비판적 사고를 기르는 데 도움을 준다.

⑤ SNS 챌린지는 사회적 참여를 촉진하고 공동체 연대감을 형성하는 강력한 매체로 활용될 수 있으며, 다양한 캠페인을 통해 사람들의 관심과 참여를 유도한다.

3 본문에서 SNS 챌린지의 부정적 영향에 대해 서술하시오.

4 'SNS 챌린지의 건전한 문화를 형성하기 위해 학교와 플랫폼이 해야 할 역할'에 대한 생각을 서론, 본론, 결론의 형식으로 서술하시오.

중요

5 본문의 제목으로 '챌린지의 이면: 유익한 참여인가, 위험한 유행인가?'는 적절한가? 그 이유를 서술하시오.

집중

6 다음 '플랫폼 기업은 SNS 챌린지로 인한 사회적 책임을 다해야 한다'라는 논제를 바탕으로 찬성과 반대의 생각을 서술하시오.

찬성	반대

11 디지털 격차가 만든 교육 불평등, 해법은?

디지털 기술이 학습의 필수 요소가 되면서 교육 환경이 빠르게 변화하고 있다. 그러나 학생마다 디지털 환경 접근성이 달라 교육 불평등[1]이 심화되고 있다. 가정의 경제적 여건, 지역 간 인프라[2] 차이, 디지털 기기 활용 능력의

학생이 AI디지털교과서로 수업을 듣고 있다.

격차는 학습 성취도에 영향을 미치며, 사회적 불평등을 더욱 고착화하는 원인이 된다. 디지털화된 교육 환경에서 모든 학생이 동등한 학습 기회를 제공받을 수 있도록 해결책을 마련해야 한다는 목소리가 커지고 있다.

디지털 격차[3]는 단순한 기기 보급의 문제가 아니라 학습 기회의 차이를 만든다. 경기도교육연구원의 조사에 따르면, 경제적 수준에 따라 원격 학습 참여율이 다르게 나타났다. 경제적으로 여유로운 가정의 학생들은 학습에 필요한 디지털 기기를 원활하게 사용할 수 있었지만, 저소득층 학생들은 기기 부족이나 인터넷 환경 불안정 등의 문제를 겪고 있었다. 또한, 농어촌이나 도서 지역에서는 교육 인프라가 부족해 온라인 학습에 어려움을 겪고 있으며, 이로 인해 도농 간 학력 격차가 더욱 심화되고 있다.

디지털 교육이 확대되면서 학습 방법의 차이도 교육 불평등을 심화하는 요소가 되고 있다. 강원도교육연구원의 조사에 따르면, 원격 수업을 경험한 학생

들 중 상당수가 집중력이 떨어지거나 수업 내용을 이해하기 어렵다고 응답했다. 특히 교사와의 소통이 줄어들면서 학습 과정에서 어려움을 겪는 경우가 많다. 경제적 여건이 좋은 학생들은 사교육이나 가정 내 지원을 통해 부족한 부분을 보완할 수 있지만, 그렇지 못한 학생들은 학습 격차가 더욱 커질 수밖에 없다.

이러한 문제를 해결하기 위해서는 정책적 노력이 필요하다. 정부와 교육 당국은 경제적 취약 계층의 학생들에게 디지털 기기 지원을 확대하고 안정적인 인터넷 환경을 구축해야 한다. 또한, 교사들의 디지털 역량 강화를 위한 교육을 제공하고, 학생들이 디지털 학습을 원활히 활용할 수 있도록 맞춤형 교육 프로그램을 개발해야 한다.

학생들 스스로 디지털 환경에서 학습할 수 있는 능력을 키우는 것도 중요하다. 이를 위해 디지털 리터러시[4] 교육을 강화하여 온라인 학습 자료를 비판적으로 분석하고 활용하는 능력을 길러야 한다. 공공기관과 민간 부문이 협력하여 디지털 격차 해소를 위한 지원 프로그램을 마련하는 것도 필요하다. 공공 도서관과 지역 학습 센터를 활용해 무료 학습 기회를 제공하고, 기업과 협력해 디지털 기기 지원을 확대해야 한다.

디지털 시대가 도래하면서 교육 방식이 변화하고 있지만, 그 과정에서 발생

❶ 교육 불평등: 교육 불평등은 사회적, 경제적, 지역적 요인으로 인해 학생들 간에 교육 기회나 성취도가 차이나는 현상을 의미한다.
❷ 인프라: 인프라는 사회나 조직이 기능을 수행하는 데 필요한 기초적인 시설과 시스템을 의미한다.
❸ 디지털 격차: 디지털 격차는 정보통신 기술을 이용할 수 있는 사람과 그렇지 못한 사람 간의 차이를 의미한다.
❹ 디지털 리터러시: 디지털 리터러시는 디지털 기기와 정보를 비판적으로 이해하고 활용할 수 있는 능력을 뜻한다.

국어 공신 선생님

하는 격차를 해소하지 않으면 교육 불평등 문제는 더욱 심화될 것이다. 정부, 교육 기관, 사회 각계가 협력하여 모든 학생이 동등한 학습 기회를 가질 수 있도록 지속적인 관심과 정책적 지원이 필요하다. 디지털 교육이 특정 계층에만 혜택이 집중되지 않고, 모든 학생에게 공평한 기회를 제공할 수 있도록 실질적인 교육의 질을 높여야 한다. 이를 통해 교육 불평등을 해소하고, 모든 학생이 자신의 잠재력을 발휘할 수 있는 사회를 만들어가야 한다.

국어 공신 선생님의 감상 꿀팁!

 좀 더 깊이 생각해 보기

• 디지털 시대의 학습 격차 해소를 위해 민간 기업이 어떤 역할을 할 수 있을까?

디지털 시대에 학습 격차를 줄이기 위해서는 정부와 교육기관뿐 아니라 민간 기업의 참여도 중요하다. 민간 기업은 첫째, 저소득층 학생을 위한 디지털 기기나 인터넷 데이터 지원 사업을 후원할 수 있다. 예를 들어, 통신사는 교육 전용 요금제를 운영하거나 기기 할인 프로그램을 제공할 수 있다. 둘째, IT 기업은 무료 온라인 교육 콘텐츠나 학습 플랫폼을 개발해 교육 접근성을 높이는 데 기여할 수 있다. 셋째, 지역 커뮤니티와 연계한 교육 봉사 활동이나 멘토링 프로그램을 지원함으로써 학생들의 실질적인 학습 환경 개선에 도움을 줄 수 있다. 이러한 민관 협력은 공공의 역할을 보완하고 교육 격차 해소를 가속화할 수 있는 중요한 방안이다.

• 디지털 리터러시 교육이 왜 중요한지, 학생에게 어떤 영향을 미칠 수 있을까?

디지털 리터러시 교육은 학생들이 디지털 환경에서 정보를 올바르게 이해하고 활용하는 능력을 키우는 교육이다. 이 교육은 단순한 기기 사용법을 넘어서, 온라인 자료를 비판적으로 분석하고 필요한 정보를 선별하며, 디지털 윤리를 실천할 수 있도록 돕는다. 디지털 시대에는 수많은 정보와 콘텐츠가 인터넷에 넘쳐나는데, 이를 무비판적으로 받아들이는 것은 잘못된 정보에 노출되거나 사이버 위협에 취약해지는 결과를 초래할 수 있다. 따라서 디지털 리터러시 교육은 학생들의 학습 능력을 향상시키고, 더 나아가 책임 있는 디지털 시민으로 성장하는 데 중요한 기반이 된다.

• 디지털 교육이 오히려 학습 동기를 약화시킬 수 있다는 주장에 대해 어떻게 생각하는가?

디지털 교육은 학습 자율성과 접근성을 높이는 장점이 있지만, 학습 동기를 약화시킬 수 있다는 주장도 타당하다. 온라인 수업은 직접적인 상호작용이 줄어들기 때문에 학생들이 쉽게 집중력을 잃거나 수업에 흥미를 느끼지 못할 수 있다. 특히, 자기 주도 학습 능력이 부족한 학생은 과제나 진도를 스스로 관리하기 어려워 학습에 대한 동기를 잃기 쉽다. 그러나 이는 교육 방식의 문제라기보다 지원 구조의 문제로 볼 수 있다. 디지털 교육이 효과적으로 운영되려면 정서적 동기 부여와 피드백 시스템이 함께 작동해야 하며, 교사와 학생 간의 상호작용을 강화하는 방안이 마련되어야 한다. 결국, 디지털 교육이 학습 동기를 저하시킬 수도 있지만, 그 부작용은 교육 설계와 지원을 통해 충분히 개선할 수 있다.

• 디지털 격차 문제를 사회적 책임 관점에서 바라볼 때, 왜 공동체적 대응이 필요할까? 그리고 어떤 공동체적 대응을 필요로할까?

디지털 시대 교육은 학교와 교사만의 노력으로는 부족하다. 온라인 수업과 학습 플랫폼 확산으로 디지털 접근성이 학습 기회의 평등성과 직결되지만, 모든 학생이 동등한 환경에 놓이지 못해 디지털 격차가 발생하고 교육 불평등으로 이어진다. 이는 경제적, 지리적, 문화적 요인이 얽힌 구조적 문제로, 정부만의 노력으로 해결하기 어렵다. 따라서 기업의 기기 지원, 지자체의 교육 인프라 확충, 시민사회의 리터러시 교육 등 다층적이고 공동체적인 대응이 필요하다. 유기적 협력을 통해 모든 아이가 평등한 교육 기회를 가질 수 있는 사회를 만들어야 한다.

정리해 볼까요? 그룹 생각

기사에 대해서 알아볼까요?

주제: 디지털 교육 격차 해소와 교육 불평등 극복을 위한 방안
핵심어휘: 디지털 격차, 교육 불평등, 디지털 리터러시, 학습 인프라, 맞춤형 지원

1단락 요약: 디지털 기술 발전으로 교육 환경이 변화하지만, 학생마다 학습 조건이 다르다. 경제력, 지역 인프라, 디지털 활용 능력 차이가 학습 성취도에 영향을 주며 교육 불평등을 심화시킨다. 해결책이 필요하다.

2단락 요약: 디지털 격차는 단순한 기기 보유 문제가 아니라 학습 참여율과 결과에도 영향을 미친다. 소득 수준이 높은 학생은 원격 학습에 적극적인 반면, 저소득층·농어촌 학생은 기기·인터넷·인프라 부족으로 어려움을 겪는다.

3단락 요약: 디지털 교육 확대는 수업 참여 방식, 이해도, 집중력에 차이를 초래한다. 교사와의 소통 감소로 학습 흥미가 낮아지고, 사교육 활용 가능 여부에 따라 가정 간 격차가 심화된다.

4단락 요약: 디지털 교육 문제 해결을 위해 정부의 기기 지원, 안정적 인터넷 환경 제공, 교사 역량 강화가 필요하며, 학생의 디지털 활용 교육도 병행해야 한다.

5단락 요약: 공공기관, 기업, 지역 사회가 협력해 디지털 리터러시, 무료 학습 공간, 기기 기부를 확대해야 한다. 이를 통해 교육 기회를 평등하게 제공하고, 모든 학생이 공정한 출발선에서 학습할 수 있도록 해야 한다.

기사의 구조적 접근을 꼭 알아야 해요!

1) 서론: 디지털 격차가 만든 새로운 교육 불평등
디지털 시대의 교육 환경 변화 속에서 인프라와 학습 역량 격차가 교육 불평등을 초래하며, 해결하지 않으면 기술 발전의 혜택이 일부에만 집중될 수 있다.

2) 본론: 현실과 과제
디지털 기기·인터넷 환경 차이는 원격 수업 참여율과 학습 효과에 영향을 주며, 지역·경제적 배경에 따라 격차가 발생한다. 교사와의 소통 부족과 학습 보완 기회 차이는 사교육 유무에 따라 학습 성과 격차로 이어진다. 이를 해결하려면 장비 지원, 디지털 리터러시 교육 강화, 공공 인프라 확대가 필요하다.

3) 결론: 모두를 위한 디지털 교육, 평등의 기반 위에서
디지털 교육은 기술 도입을 넘어 공정한 교육 기회 제공이 핵심이다. 모든 학생이 디지털 학습 환경을 누릴 수 있도록 제도·사회적 지원이 필요하며, 교육 평등은 사회 평등으로 이어지는 공동 과제다.

비판적 사고 키워 볼까요? ✦

1 다음 중 본문의 내용으로 적절하지 <u>않은</u> 것은?

① 디지털 기술 발전은 교육 환경에 많은 변화를 가져왔다.

② 저소득층 가정의 학생들은 디지털 기기 부족이나 인터넷 환경 문제를 겪고 있다.

③ 농어촌 지역 학생들은 양질의 교육 인프라로 인해 온라인 학습에 적극적으로 참여하고 있다.

④ 디지털 격차는 학습 기회에 영향을 미쳐 교육 불평등을 심화시키며, 정보 접근성의 차이가 학업 성취도와 미래의 진로 선택에도 영향을 줄 수 있다.

⑤ 공공기관과 민간이 협력하여 디지털 격차 해소를 위한 프로그램을 운영할 수 있다.

2 <보기>를 참고할 때, 본문의 내용과 관련 <u>없는</u> 사례는?

 보기

> 디지털 교육의 확대는 학습 기회의 평등을 위한 좋은 수단이지만, 모든 학생이 그 혜택을 고르게 누리지는 못하고 있다. 디지털 기기의 접근성, 인터넷 환경, 가정의 지원 수준, 학습 공간 유무 등이 학생 간의 격차를 만들고 있으며, 이는 교육의 질적 불평등으로 이어질 수 있다.

① 저소득층 학생들은 디지털 기기 부족으로 원격 수업에 원활히 참여하기 어려우며, 이에 따라 학습 기회가 제한되고 교육 격차가 더욱 심화될 수 있다.

② 일부 지역에서는 교육 인프라가 부족해 온라인 학습이 원활하지 않으며, 디지털 환경이 미비한 탓에 학생들의 학습 기회가 제한되고 교육 격차가 더욱 심화될 우려가 있다.

③ 고소득층 학생들은 원격 수업을 거부하고 대부분 대면 수업만을 고집한다.

④ 디지털 격차는 경제적 불평등과 맞물려 학습 기회의 차이를 더욱 확대하며, 이는 결국 학력 격차를 심화시키는 중요한 요인으로 작용한다.

⑤ 디지털 교육의 혜택이 특정 계층에 집중되지 않도록 정책적 조치가 필요하다.

3 본문에서 디지털 격차가 교육에 미치는 영향을 서술하시오.

4 '디지털 교육 격차 해소를 위해 정부와 학교가 해야 할 역할'에 대해서론, 본론, 결론의 형식으로 서술하시오.

5 본문의 제목으로 '디지털 시대, 교육 격차를 넘어 공정한 미래로'가 적절한지 평가하시오.

6 다음 '디지털 기기 보급은 교육 불평등 해소의 충분조건이다'라는 논제를 바탕으로 찬성과 반대의 생각을 서술하시오.

찬성	반대

12 젠더 평등 - 변화하는 사회의 흐름

최근 몇 년간 젠더 평등[1]이란 주제는 전 세계적으로 큰 주목을 받고 있다. 특히, 소셜 미디어의 발전과 함께 다양한 목소리가 힘을 얻으면서 젠더 관련 이슈가 더욱 폭넓게 논의되고 있다. 미투(Me Too) 운동과 같은 캠페인은 성폭

서울 광화문광장에서 열린 '한국여성대회' 행사에서 참가자들이 미투 운동에 참여하고 있다.

력과 성차별에 대한 인식을 높이고, 피해자들이 목소리를 낼 수 있는 환경을 조성하는 데 중요한 역할을 하고 있다. 그러나 아직도 많은 사회에서 성별에 따른 차별과 불평등이 존재하며, 이에 대한 해결책을 모색하는 과정이 필요하다. 이러한 문제는 단순히 개인의 차원을 넘어 사회 전반에 걸쳐 나타나는 현상으로, 젠더 평등을 위한 지속적인 노력이 요구된다. 각국 정부와 기업이 함께 협력하여 실질적인 변화를 이끌어내야 할 시점이다. 젠더 평등은 모든 사람의 권리이며, 이를 실현하기 위한 사회적 합의와 행동이 절실히 필요하다.

젠더 평등은 단순한 이론적 개념이 아니라, 사회의 모든 구성원이 공평하게 대우받아야 한다는 기본적인 권리이다. 여성과 남성 모두에게 동등한 기회와 대우가 보장될 때, 사회는 건강하게 발전할 수 있다. 그러나 현실은 그렇지 않다. 많은 직장에서 여성은 여전히 남성보다 낮은 임금을 받고, 관리직으로의 승진 기회도 적다. 이러한 불평등은 단순히 개인의 문제를 넘어 사회 전체의 발전

을 저해하는 요소로 작용한다. 이를 해결하기 위해서는 기업과 정부의 노력이 필요하며, 교육을 통한 인식 개선[2]도 필수적이다. 젠더 평등에 대한 교육은 어릴 때부터 시작되어야 하며, 성별에 관계없이 모든 사람에게 동등한 기회를 제공하는 가치가 내재화되어야 한다. 최근 젠더 평등을 위한 다양한 운동과 캠페인이 전 세계적으로 확산되고 있다. 미투 운동은 성폭력 피해자들이 목소리를 내도록 격려하며, 성별에 관계없이 모든 사람이 안전하게 생활할 수 있는 환경을 조성하기 위한 중요한 계기가 되었다. 이러한 운동은 단순한 불만을 넘어 사회적 변화로 이어지고 있으며, 많은 사람들이 자신의 경험을 공유함으로써 보다 나은 사회를 위한 연대감[3]을 형성하고 있다. 또한, 다양한 기업들이 젠더 평등을 위한 정책을 도입하고, 이를 지키기 위해 노력하는 모습도 긍정적인 변화로 평가받고 있다. 이러한 변화는 단순히 법률 제정에 그치지 않고, 실제로 기업 문화와 사회적 인식에까지 영향을 미치는 중요한 전환점이 되고 있다. 젠더 평등의 미래는 모두가 함께 참여하는 과정에서 더욱 밝아질 것이다. 다양한 성 정체성을 인정하고 존중하는 문화가 자리 잡을수록, 개인의 권리와 자유가 보장되는 사회가 만들어질 것이다. 이를 위해서는 모든 개인이 자신의 목소리를 내고, 서로의 경험을 공유하는 것이 중요하다. 사회 각 분야에서 젠더 평등을 위한 변화가 이루어지는 만큼, 우리는 이 과정에서 지속적으로 학습하고 성장해야 한다. 또한, 남성과 여성이 함께 문제를 해결하고, 서로를 지지하는 문화가 형성되어야 한다. 성별에 관계없이 모두가 동등한 권리를 누릴 수 있는 사회는 우리

꼭 기억하렴

① 젠더 평등: 성별에 관계없이 동등한 권리와 기회를 보장하는 개념을 뜻한다.
② 인식 개선: 사회적 이해를 높이기 위해 사람들의 사고방식을 변화시키는 과정을 의미한다.
③ 연대감: 공통의 목표나 경험을 공유함으로써 형성되는 공동체 의식을 뜻한다.
④ 고정관념: 특정 집단이나 개인에 대해 고착화된 생각이나 이미지를 말한다.

국어 공신 선생님

가 함께 만들어 나가야 할 목표이다.

젠더 평등은 단순한 이슈가 아니라 인류의 발전과 직결된 중요한 과제이다. 현재 진행 중인 변화와 운동들은 긍정적인 방향으로 나아가고 있지만, 여전히 많은 도전과제가 남아 있다. 특히 성별에 따른 임금 격차, 직장 내 성희롱, 그리고 전통적인 성 역할에 대한 고정관념[4]은 여전히 해결해야 할 문제로 남아 있다. 우리는 이러한 문제를 해결하기 위해 지속적으로 노력해야 하며, 모든 사람이 동등한 기회를 누릴 수 있는 사회를 만들어 나가야 한다. 이를 위해 교육과 인식 개선이 필수적이다. 젠더 평등이 실현될 때, 우리는 더욱 풍요롭고 건강한 사회를 경험할 수 있을 것이다. 이는 단순한 이상이 아니라, 현실로 만들기 위해 우리 모두가 함께 나아가야 할 길이다. 모든 개인이 자신의 목소리를 내고, 서로의 경험을 존중할 때, 진정한 변화가 이루어질 것이다.

국어 공신 선생님의 감상 꿀팁!

 한걸음 더 깊이 생각해 보기
집중!

• 성평등을 고려한 교육 시스템이 구축된다면, 학생들이 성별에 관계없이 어떤 역량을 발전시킬 수 있을까요?

성평등을 고려한 교육 시스템이 구축된다면, 학생들은 성별에 관계없이 다양한 역량을 발전시킬 수 있다. 첫째, 창의성과 비판적 사고 능력이 향상될 것이다. 성평등 교육은 학생들이 서로 다른 관점을 존중하고, 다양한 문제를 다각적으로 접근할 수 있게 도와준다. 둘째, 의사소통 및 협력 능력이 강화된다. 서로 다른 성별의 학생들이 함께 팀 프로젝트에 참여하면서, 효과적인 의사소통과 협력의 중요성을 배우게 된다. 셋째, 리더십 역량이 발전할 수 있다. 성별에 관계없이 모두가 리더십을 발휘할 수 있는 기회를 제공받으며, 이는 자신감과 자기 주도성을 키우는 데 기여한다. 넷째, 감정 지능이 향상된다. 다양한 성 역할과 감정 표현에 대한 교육을 통해 학생들은 타인의 감정을 이해하고 공감하는 능력을 키울 수 있다. 마지막으로, 이러한 교육 시스템은 학생들이 성별 고정관념을 극복하고, 자신의 잠재력을 최대한 발휘할 수 있는 환경을 조성하여, 미래 사회의 다양한 분야에 기여할 수 있는 인재로 성장하는 데 도움을 줄 것이다.

● 양성평등이 확산된 사회에서 미디어는 성별 표현을 어떻게 다루게 될 것이며, 이는 대중의 인식에 어떤 변화를 가져올까요?

양성평등이 확산된 사회에서 미디어는 성별 표현을 더욱 다양하고 포괄적으로 다루게 될 것이다. 전통적인 성 역할 고정관념에서 벗어나, 남성과 여성, 성 소수자 모두가 다양한 역할과 특성을 가진 인물로 묘사될 것이다. 이는 광고, 영화, 드라마 등 다양한 매체에서 성별의 경계를 허물고, 각자의 개성과 능력을 강조하는 방향으로 진행될 것이다. 이러한 변화는 대중의 인식에도 긍정적인 영향을 미친다. 성별에 대한 고정관념이 줄어들면서, 사람들은 서로 다른 성별과 정체성을 존중하고 이해하는 데 더 개방적이게 된다. 또한, 다양한 성별 표현의 수용은 젊은 세대에게 긍정적인 롤모델을 제공하여, 그들이 자신의 정체성을 자유롭게 표현할 수 있는 환경을 조성한다.

● 젠더 관련 이슈에서 '남성성'의 재정의가 왜 중요한가요?

젠더 관련 이슈에서 '남성성'의 재정의는 매우 중요하다. 전통적인 남성성은 종종 강함, 공격성, 감정 억제를 강조하며, 이는 남성들에게 심리적 부담을 주고, 건강한 관계 형성을 방해할 수 있다. 남성성의 재정의는 남성이 자신의 감정을 표현하고, 취약함을 인정할 수 있는 문화를 조성하는 데 기여한다. 이는 성별에 관계없이 모든 개인이 자신의 정체성을 자유롭게 탐색할 수 있게 하며, 성차별적 고정관념을 줄이는 데도 도움이 된다. 예를 들어, 남성들이 육아에 적극 참여하고, 가사 분담에 나서는 모습은 젠더 평등을 촉진하며, 가족 내의 관계도 더욱 건강하게 만든다. 궁극적으로, 남성성의 재정의는 사회 전체의 긍정적인 변화를 이끌어내는 중요한 요소가 된다.

정리해 볼까요?

기사에 대해서 알아볼까요?

주제: 젠더 평등은 모두의 권리이며, 이를 위한 사회 전체의 협력과 실천이 필요하다.

핵심어휘: 젠더 평등, 성차별, 인식 개선, 사회적 변화, 권리

1단락 요약: 젠더 평등이 주목받고 있지만, 여성과 성 소수자에 대한 차별은 여전히 존재한다. 사회·경제적 분야에서 만연한 차별은 개인의 삶에 부정적 영향을 미치며, 사회 발전을 저해한다. 이를 해결하기 위한 노력이 필요하다.

2단락 요약: 젠더 평등을 위해 교육과 인식 개선이 필수적이다. 학교·커뮤니티에서 젠더 교육을 통해 올바른 가치관을 심어야 하며, 이는 젊은 세대가 성별과 관계없이 동등한 기회를 갖도록 돕는다. 사회 전반의 인식 개선은 차별적 관행을 줄이고, 존중받는 환경을 조성하는 데 중요하다.

3단락 요약: 젠더 평등은 인류 발전과 연결된 과제로, 임금 격차·고정관념 문제 해결을 위한 지속적 노력이 필요하다. 기업과 정부는 정책·프로그램을 마련하고, 사회 구성원 모두가 성별과 관계없이 역량을 발휘할 환경을 조성해야 한다.

기사의 구조적 접근을 꼭 알아야 해요!

1) 서론: 젠더 평등의 중요성
최근 젠더 평등은 전 세계적으로 큰 주목을 받고 있으며, 소셜 미디어의 발전으로 성폭력과 성차별 문제에 대한 인식이 높아지고 있다. 그러나 여전히 많은 사회에서 성별에 따른 차별이 존재하며, 이를 해결하기 위한 지속적인 노력이 필요하다. 각국 정부와 기업의 협력이 중요하다.

2) 본론: 젠더 평등을 위한 노력
젠더 평등은 모든 구성원이 공평하게 대우받아야 한다는 기본적인 권리이며, 이를 위해 기업과 정부의 노력이 필요하다. 다양한 젠더 평등 운동과 캠페인이 사회적 변화를 이끌고 있으며, 교육을 통한 인식 개선이 필수적이다. 미래에는 다양한 성 정체성을 인정하고 존중하는 사회가 필요하다.

3) 결론: 젠더 평등의 미래
젠더 평등은 인류 발전과 직결된 과제로, 성별에 따른 임금 격차와 고정관념 문제를 해결해야 한다. 지속적인 노력과 교육이 필요하며, 모든 개인이 목소리를 내고 서로를 존중할 때 진정한 변화가 이루어질 것이다. 젠더 평등을 실현하면 더욱 풍요롭고 건강한 사회를 경험할 수 있다.

비판적 사고 키워 볼까요? ✚

1 다음 중 이 글의 내용과 일치하지 <u>않는</u> 것은 무엇인가?

① 젠더 평등은 모든 사회 구성원이 성별에 관계없이 동등한 대우와 기회를 받을
   권리를 가지는 것으로, 이는 인간의 기본적인 권리에 해당한다.
② 미투(#MeToo) 운동은 성폭력 피해자가 경험을 공개하며 사회적 변화를 촉진하는
   데 큰 역할을 했다.
③ 사회가 젠더 평등을 실현하고 모든 성별의 구성원들이 공정하게 대우받으며 잠
   재력을 발휘할 수 있을 때, 사회는 더욱 건강하고 조화롭게 발전할 수 있다.
④ 젠더 평등은 성별 차별이나 불평등이 오직 개인적인 경험이나 문제에 국한되는
   것으로, 사회 전체의 구조적 문제와는 관련이 없다는 관점을 제시한다.
⑤ 다양한 형태의 젠더 평등을 위한 사회 운동과 노력들이 활발히 전개되면서, 성
   별에 기반한 불평등을 해소하고 사회 구조와 인식을 변화시키는 중요한 동력이
   되고 있다.

2 다음 <보기>를 바탕으로 젠더프리 사회의 특징으로 가장 적절한 것을 고르시오.

> 젠더프리 사회는 성별에 관계없이 모든 개인이 동등한 기회를 누릴 수 있는 환
> 경을 지향한다. 예를 들어, 직장에서 남성과 여성 모두가 동일한 임금을 받고,
> 역할에 대한 고정관념 없이 자유롭게 경력을 쌓을 수 있는 사회를 상상할 수
> 있다.

① 젠더프리 사회는 성별을 기준으로 특정 직무나 역할을 제한하여, 개인이 자신의 능
   력과 상관없이 기회를 얻거나 선택하는 데 제약이 따르는 특징을 보인다.
② 젠더프리 사회는 성별에 따른 차별 없이 모든 개인이 직장이나 사회생활에서 동등
   한 임금을 받고 고정관념 없이 자유롭게 기회를 얻는 것을 지향한다.
③ 젠더프리 사회에서는 사회가 남성과 여성 각각에게 기대하는 전통적이거나 고정
   적인 역할 구분을 매우 엄격하게 적용하여, 개인의 자유로운 선택을 제한한다.
④ 젠더프리 사회는 성별에 따라 임금 수준이나 승진 기회에서 차별이 존재하여, 개인
   이 성별로 인해 경제적 불이익을 받게 되는 환경을 의미한다.
⑤ 젠더프리 사회에서는 특정 성별에게 다른 성별보다 더 많은 혜택이나 기회를 부여
   하는 특별 우대 정책을 적극적으로 시행하여 형평성을 맞추려고 노력한다.

3 이 글을 바탕으로 젠더 평등의 필요성을 서술하시오.

4 '젠더 평등의 미래를 위해 필요한 변화'에 대해 서론, 본론, 결론의 형식으로 서술하시오.

중요

5 젠더 평등을 이루기 위해 개인이 할 수 있는 역할은 무엇인가요?

6 다음 '젠더 중립 언어 사용은 성별에 대한 고정관념을 줄이고, 모든 개인의 존엄성을 존중하는 데 기여한다'라는 논제를 바탕으로 찬성과 반대의 생각을 서술하시오.

찬성	반대

13 제로 웨이스트 사회
- 쓰레기 없는 꿈의 실현

최근 몇 년 간 환경 문제[1]에 대한 관심이 높아지면서 '제로 웨이스트(zero waste)[2]'라는 개념이 주목받고 있다. 제로 웨이스트 사회란 가능한 한 쓰레기를 줄이고 자원을 효율적으로 사용하여 쓰레기를 발생시키지 않는 사회를 의미한다. 이는 단순히 쓰레기를 줄이는 것을 넘어 지속 가능한 삶의 방식을 추구하는 것이다. 전 세계적으로 매립지와 소각장이 포화 상태에 이르렀고, 해양 쓰레기로 인한 생태계 파괴

UN 캠페인 '제로 웨이스트를 향하여'

도 심각한 문제로 대두되고 있다. 매년 약 30억 톤의 쓰레기가 발생하고, 이 중 상당 부분이 재활용[3]되지 않고 버려진다. 이러한 현실은 우리의 건강과 지구 환경에 부정적인 영향을 미치고 있으며, 이는 기후 변화와 생물 다양성 감소로 이어질 수 있다. 각종 동식물의 서식지가 파괴되면서 생태계의 균형이 무너지고, 이는 결국 인간의 삶에도 악영향을 미친다. 따라서 제로 웨이스트는 더 이상 선택이 아닌 필수가 되었다. 우리가 이러한 문제를 인식하고 행동으로 옮길 때, 미래 세대를 위한 건강한 지구를 지킬 수 있으며, 지속 가능한 발전을 이루는 초석이 될 것이다.

제로 웨이스트 사회를 실현하기 위해서는 몇 가지 원칙이 필요하다. 대표적

으로 '5R' 전략이 있다. 첫째, Refuse(거부하기)는 불필요한 물건이나 일회용품을 거부하는 것이다. 예를 들어, 카페에서 일회용 컵 대신 개인 텀블러를 사용하는 것이 있다. 둘째, Reduce(줄이기)는 소비를 줄이고 필요한 것만 구매하는 습관을 기르는 것이다. 물건이 쌓이지 않도록 미니멀리즘[4]을 실천하는 것도 좋은 방법이다. 셋째, Reuse(재사용하기)는 사용한 물건을 다시 활용하는 것이다. 예를 들어, 유리병이나 플라스틱 용기를 재사용하여 저장 용기로 활용할 수 있다. 넷째, Recycle(재활용하기)는 재활용 가능한 자원을 분리하여 재활용하는 것이다. 이는 자원을 효율적으로 활용하고 쓰레기를 줄이는 데 도움이 된다. 마지막으로, Rot (퇴비화[5]하기)는 음식물 쓰레기나 유기물을 퇴비로 만들어 자연으로 되돌리는 것이다. 이는 자연 순환을 촉진하는 좋은 방법이다.

제로 웨이스트 사회를 만들기 위해서는 개인과 지역 사회의 노력이 필수적이다. 예를 들어, 많은 도시에서는 제로 웨이스트 가게가 생겨나고 있다. 이곳은 포장 없이 상품을 판매하며 소비자들이 자신의 용기를 가져와 필요한 만큼 구매할 수 있도록 한다. 이러한 가게는 쓰레기를 줄이는 데 큰 도움이 된다. 또한, 많은 사람들이 자신의 생활 방식을 변화시키고 있다. 예를 들어, 일회용 제품 대신 재사용 가능 제품을 사용하고, 대체 가능한 제품을 찾아 소비하는 것이다. 요즘은 다양한 제로 웨이스트 관련 커뮤니티와 온라인 플랫폼이 생겨, 정보 공유와 상호 지원이 이루어지고 있다.

제로 웨이스트 사회를 실현하기 위해서는 개인의 의식 변화가 중요하다. 우

꼭 기억하렴!

❶ 환경 문제: 자연과 인간의 건강에 영향을 미치는 문제들을 의미한다.
❷ 제로 웨이스트: 쓰레기를 최소화하여 자원을 효율적으로 사용하는 사회를 말한다.
❸ 재활용: 사용한 자원을 다시 활용하는 과정을 말한다.
❹ 미니멀리즘: 필요 없는 물건을 줄이고 간소한 생활을 추구하는 철학을 뜻한다.
❺ 퇴비화: 유기물을 분해하여 비료로 만드는 과정을 의미한다.

국어 공신 선생님

리는 작은 변화부터 시작할 수 있다. 예를 들어, 장바구니를 가지고 다니고, 일회용 비닐봉투를 거부하며, 재활용 분리배출을 철저히 하는 습관을 기르는 것이다. 이러한 일상적인 실천은 작은 것처럼 보이지만, 모이면 큰 변화를 만들어 낼 수 있다. 또한, 지역 사회의 제로 웨이스트 캠페인에 참여하거나 친구와 가족에게 제로 웨이스트의 중요성을 알리는 것도 좋은 방법이다. 이러한 정보의 공유는 주변 사람들에게 긍정적인 영향을 미칠 수 있다. 더 나아가, 기업과 정부의 역할도 중요하다. 기업은 지속 가능한 제품과 포장 방법을 개발하고, 소비자들에게 친환경적인 선택을 제공해야 한다. 정부는 제로 웨이스트 정책을 추진하여 재활용 인프라를 개선하고, 시민들이 제로 웨이스트를 실천할 수 있도록 지원해야 한다. 이를 통해 보다 나은 환경을 조성할 수 있다. 제로 웨이스트 사회는 단순한 유행이 아니라 우리 모두가 지구를 지키기 위해 실천해야 할 필수적인 목표이다.

국어 공신 선생님의 감상 꿀팁!

좀 더 깊이 생각해 보기

• 퇴비화가 환경에 미치는 긍정적인 효과는 무엇인가요?

퇴비화는 환경에 긍정적인 영향을 미친다. 유기물 분해를 통해 자연 비료를 생성하여 토양 비옥도를 높이고, 농업 생산성을 향상시킨다. 음식물 쓰레기 등 유기 폐기물이 매립지로 유입되는 것을 줄여 매립지 포화 문제를 완화하며, 온실가스 배출 감소로 기후 변화 대응에 기여한다. 또한, 자연 순환을 촉진해 생태계를 건강하게 유지하며, 지역 사회의 자원 순환을 강화한다. 퇴비화는 지속 가능한 생활 방식을 확산하고 환경 보호를 실현하는 중요한 방법으로, 단순한 폐기물 처리 그 이상으로 작용한다.

• 제로 웨이스트 가게가 모든 도시에서 운영된다면, 소비자들의 구매 방식은 어떻게 변화할까요?

제로 웨이스트 가게가 모든 도시에서 운영된다면, 소비자들의 구매 방식은 크게 변화할 것이다. 우선, 소비자들은 포장 없는 상품을 구매하는 데 익숙해지며, 불필요한 쓰레기를 줄이는 방향으로 행동하게 된다. 많은 소비자들이 개인 용기를 가져와 필요한 만큼만 제품을 담아가는 방식이 일반화될 것이다. 이는 소비자들이 자신의 소비량을 보다 신중하게 고려하게 만들어, 무분별한 소비를 줄이는 효과를 가져온다. 또한, 소비자들은 제품의 재질과 생산 과정을 더욱 중시하게 된다. 환경 친화적인 브랜드와 지속 가능한 제품을 선호하게 되며, 이에 따라 기업들도 친환경 제품을 개발하는 방향으로 나아갈 것이다. 소비자들 사이에서는 제로 웨이스트에 대한 인식이 높아져, 지역 사회의 지속 가능성을 위한 행동에 동참하는 경향이 강해질 것이다. 제로 웨이스트 가게의 확산은 소비자들의 구매 습관을 변화시키고, 환경 보호에 대한 책임감을 강화하며, 지속 가능한 발전에 기여하는 사회적 분위기를 조성하는 데 중요한 역할을 하게 된다.

• 퇴비화 시스템을 가정에서 쉽게 시작할 수 있는 방법은 무엇일까요?

퇴비화 시스템을 가정에서 쉽게 시작하는 방법은 간단하고 실용적이다. 첫째, 작은 퇴비통이나 퇴비 더미를 마련한다. 주방에서 나오는 음식물 쓰레기를 모을 수 있는 용기를 준비하고, 야외에 퇴비 더미를 만들 수 있는 공간을 확보한다. 둘째, 퇴비화에 적합한 유기물을 분리하여 모은다. 음식물 쓰레기, 과일 껍질, 채소 찌꺼기, 커피 찌꺼기 등을 수집하고, 정원에서 나오는 잔디 깎기 잔여물이나 나뭇잎도 추가할 수 있다. 셋째, 퇴비화 과정에서 공기 순환을 고려해야 한다. 모은 유기물은 층을 이루어 쌓고, 주기적으로 뒤집어 주어 미생물이 잘 활동할 수 있도록 한다. 넷째, 퇴비화 과정에서 수분을 유지하는 것도 중요하다. 유기물이 너무 건조하지 않도록 적절한 수분을 추가하고, 필요 시 물을 뿌려 준다. 마지막으로, 퇴비화가 완료된 후에는 완성된 퇴비를 정원이나 화초에 비료로 사용하여 자연 순환에 기여할 수 있다. 이러한 간단한 단계를 통해 누구나 손쉽게 퇴비화를 시작할 수 있다.

정리해 볼까요?

기사에 대해서 알아볼까요?

주제: 제로 웨이스트 사회의 필요성과 개인 및 사회의 실천 방안.
핵심어휘: 제로 웨이스트, 5R, 퇴비화, 재활용, 환경 문제

1단락 요약: 최근 환경 문제에 대한 관심이 높아지면서 제로 웨이스트라는 개념이 주목받고 있으며, 이는 지속 가능한 삶의 방식을 추구하는 것이다. 제로 웨이스트 사회는 쓰레기를 발생시키지 않고 자원을 효율적으로 사용하여 건강한 지구를 지키는 목표를 가지고 있다.

2단락 요약: 제로 웨이스트 사회를 실현하기 위해서는 "5R" 전략을 통해 불필요한 물건을 거부하고, 소비를 줄이며, 재사용과 재활용을 실천하는 것이 필요하다. 이러한 원칙들은 개인의 일상에서 쉽게 적용할 수 있으며, 작은 변화가 큰 영향을 미칠 수 있다.

3단락 요약: 제로 웨이스트 사회를 위해서는 개인의 의식 변화와 함께 지역 사회의 참여, 기업과 정부의 역할이 중요하며, 이를 통해 더 나은 환경을 조성할 수 있다. 이러한 통합적인 노력은 지속 가능한 발전을 이루는 데 필수적이며, 모두의 참여가 필요하다.

기사의 구조적 접근을 꼭 알아야 해요!

1) 서론: 제로 웨이스트의 필요성
최근 환경 문제에 대한 관심이 높아지면서 제로 웨이스트라는 개념이 주목받고 있다. 이는 쓰레기를 줄이고 자원을 효율적으로 사용하는 지속 가능한 삶의 방식을 의미한다. 매립지와 소각장이 포화 상태에 이르고, 해양 쓰레기로 인한 생태계 파괴가 심각해지는 현실에서 제로 웨이스트는 선택이 아닌 필수가 되었다.

2) 본론: 제로 웨이스트를 위한 5R 전략
제로 웨이스트 사회를 실현하기 위해서는 '5R' 전략이 필요하다. 불필요한 물건이나 일회용품을 거부하고, 소비를 줄이며, 사용한 물건을 재사용하는 것이 중요하다. 또한, 재활용 가능한 자원을 분리하고 퇴비화를 통해 자연 순환을 촉진해야 한다.

3) 결론: 지속 가능한 사회를 위한 실천
제로 웨이스트 사회를 만들기 위해서는 개인의 의식 변화와 함께 기업 및 정부의 역할도 중요하다. 일상에서 작은 변화부터 시작하여, 주변 사람들에게 제로 웨이스트의 중요성을 알리는 것이 필요하다. 기업은 친환경적인 제품을 개발하고, 정부는 재활용 인프라를 개선해야 한다.

비판적 사고 키워 볼까요? +

1 제로 웨이스트 사회의 핵심 원칙 중 하나가 <u>아닌</u> 것은 무엇인가?

① 필요 없는 물건이나 환경에 해로운 제품, 특히 일회용품과 과대 포장을 거부하는 것(Refuse)은 쓰레기 발생을 줄이는 첫걸음이다.

② 불필요한 소비를 줄이고 필요한 물건만 구매해 자원 낭비를 최소화하는 노력, 즉 사용량 줄이기(Reduce)는 제로 웨이스트의 핵심 원칙이다.

③ 사용한 물건과 폐기물을 적절히 가공해 새로운 제품으로 재활용하는 것(Recycle)은 자원 순환을 위한 필수적인 활동이다.

④ 물건을 한 번 사용 후 버리지 않고 깨끗이 관리해 같은 용도나 다른 용도로 재사용(Reuse)하면 쓰레기 발생을 크게 줄일 수 있다.

⑤ 새로운 자원을 '갱신하기(Renew)'는 '5R'전략 중 가장 핵심적인 전략으로 제로웨이스트를 실천하기 위해서 꼭 필요하다.

2 <보기>의 내용을 참고하여 본문의 내용과 관련 <u>없는</u> 사례를 고르시오.

> 제로 웨이스트 사회는 단순히 쓰레기를 줄이는 것을 넘어, 지속 가능한 삶의 방식을 추구하는 사회이다. 이를 위해 개인과 지역 사회의 노력이 필수적이며, 다양한 제로 웨이스트 가게와 커뮤니티가 생겨나고 있다. 이러한 가게는 포장 없이 상품을 판매하고 소비자들이 자신의 용기를 가져와 필요한 만큼 구매할 수 있도록 돕는다.

① 제로 웨이스트 가게는 환경 보호를 위해 불필요한 포장재 사용을 최소화하므로, 이미 개별 포장된 다양한 상품들을 주로 진열하여 판매하는 특징을 가진다.

② 제로 웨이스트 가게에서는 소비자가 개인 용기나 장바구니를 가져와 원하는 상품을 담아가며 환경을 고려한 소비를 실천한다.

③ 제로 웨이스트 가게는 소비자가 필요한 만큼만 저울에 달아 구매하며, 정해진 양이 아닌 맞춤형 구매로 낭비를 줄이는 것이 특징이다.

④ 상품 구매와 포장에서 플라스틱 봉투·비닐랩 등 일회용품 사용을 최소화하여 쓰레기 발생을 줄이는 것을 지향한다.

⑤ 포장재 절감, 리필 방식 도입, 개인 용기 사용을 장려하여 상품 소비 과정에서 불필요한 쓰레기를 효과적으로 줄인다.

3 제로 웨이스트 사회를 실현하기 위한 개인과 지역 사회의 노력이 어떤 방식으로 이루어
질 수 있는지를 설명하시오.

4 제로 웨이스트 생활을 실천하기 위해 개인이 일상에서 적용할 수 있는 창의적인 아이디
어를 제시하고, 그 효과를 서론, 본론, 결론의 형식으로 서술하시오.

5 제로 웨이스트 운동이 소수의 실천을 넘어 우리 사회 전반에 뿌리내리기 위해 어떤 변화가 필요할까?

집중

6 다음 '환경 보호와 자원 효율성을 위해 제로 웨이스트 운동은 우리 사회에 필수적인가?'라는 논제를 바탕으로 찬성과 반대의 생각을 서술하시오.

찬성	반대

14 소유에서 공유로, 소비 방식의 변화

공유경제[1]는 전 세계적으로 빠르게 확산되며 우리의 소비 방식을 혁신적으로 변화시키고 있다. 과거에는 물건을 소유하는 것이 부와 성공의 상징이었지만, 최근에는 필요할 때만 사용하고 소유에 따른 책임과 비용을 최소화하려는 경향이 강해지고 있다. 이러한 변화는 자원 활용의 효율성을 높이고, 환경 보호와 경제적 이익을 동시에 추구하는 지속 가능한[2] 경제 모델로 자리 잡고 있다. 특히 밀레니얼 세대와 Z세대를 중심으로 이러한 흐름이 더욱 뚜렷하게 나타나고 있다.

공유경제란 개인이 소유한 유휴 자산[3]을 타인과 공유하여 가치를 창출하는 경제 활동을 의미한다. 이는 자동차, 주거 공간, 의류 등 다양한 분야에서 활용되며, 디지털 플랫폼을 통해 더욱 활성화되고 있다. 차량 공유 서비스인 우버(Uber)와 숙박 공유 플랫폼인 에어비앤비(Airbnb)는 전 세계적으로 큰 성공을 거두며 공유경제의 대표적인 사례가 되었다. 이러한 플랫폼은 자원을 효율적으로 활용하고, 소비자에게 경제적 혜택을 제공하며, 공급자에게 추가 수익을 창출할 기회를 준다.

한국에서도 공유경제의 영향력은 점점 확대되고 있다. 서울시의 공공자전거 서비스 '따릉이'는 저렴한 가격과 편리한 접근성으로 시민들의 큰 호응을 얻고 있으며, 이용자가 지속적으로 증

서울시 공공자전거 서비스 '따릉이'

가하고 있다. 차량 공유 서비스인 쏘카 (Socar)와 그린카(GreenCar) 역시 차량 소유에 따른 경제적 부담을 줄이며, 필요한 시간에만 차량을 이용하려는 소비자들의 요구를 충족시키고 있다. 이러한 서비스들은 도시 내 교통 혼잡을 줄이

차량 공유 서비스 '쏘카'

고, 환경 오염을 감소시키는 데 기여하면서 지속 가능한 도시 환경 조성에 중요한 역할을 하고 있다. 또한 최근에는 의류, 도서, 사무 공간 공유 등 다양한 분야로 확장되면서 공유경제의 영역이 점점 넓어지고 있다.

공유경제의 확산은 소비자들의 가치관 변화와도 밀접한 관련이 있다. 밀레니얼 세대와 Z세대는 소유보다 경험을 중시하며, 환경 보호와 지속 가능성에 대한 관심이 높다. 이에 따라 불필요한 소비를 줄이고 필요한 순간에만 자원을 활용하는 방식이 선호되고 있다. 기업들도 이러한 소비 트렌드에 맞춰 구독 경제(Subscription Economy) 모델을 도입하며, 공유경제를 더욱 활성화하는 방향으로 나아가고 있다.

그러나 공유경제의 확산에는 해결해야 할 과제도 존재한다. 첫째, 기존 산업과의 충돌이다. 차량 공유 서비스인 우버는 기존 택시 산업과의 갈등을 초래했고, 숙박 공유 플랫폼인 에어비앤비 역시 호텔 업계와의 경쟁 속에서 규제 논란이 이어지고 있다. 둘째, 신뢰 문제다. 개인 간 거래가 중심이 되는 공유경제에

꼭 기억하렴

① 공유 경제: 공유경제는 개인이 소유한 자산을 타인과 공유함으로써 효율적인 자원 활용과 수익 창출을 동시에 이루는 경제 활동을 말한다.
② 지속 가능한: 현재의 자원을 낭비하지 않으면서 미래 세대도 사용할 수 있도록 하는 원칙을 의미한다.
③ 유휴 자산: 유휴 자산은 사용되지 않고 있는 자산을 의미한다.

국어 공신 선생님

서는 서비스 제공자와 이용자 간의 신뢰 구축이 필수적이며, 이를 보장하기 위한 제도적 장치가 필요하다. 셋째, 공유경제의 혜택이 특정 계층에 집중될 가능성이 있다. 공유경제는 주로 도심 지역과 디지털 기술을 잘 활용하는 소비자들에게 유리하게 작용하며, 농촌 지역이나 디지털 접근성이 낮은 계층에서는 상대적으로 혜택이 적을 수 있다. 또한, 비정규직 노동을 확대하는 등 노동 환경에 부정적인 영향을 미칠 가능성도 제기된다.

공유경제는 우리의 소비 방식을 근본적으로 변화시키며, 자원 활용의 효율성과 환경 보호, 경제적 이익을 동시에 추구하는 지속 가능한 모델로 자리 잡고 있다. 앞으로도 이러한 흐름은 계속될 것으로 예상되며, 이에 따른 사회적, 경제적 변화에 대한 적극적인 대응과 준비가 필요하다. 정부와 기업, 그리고 소비자 모두가 함께 노력하여 공유경제의 긍정적인 영향을 극대화하고, 부정적인 측면을 최소화하는 방안을 모색해야 한다. 이를 통해 공유경제가 단순한 유행을 넘어, 지속 가능한 경제 모델로 자리 잡을 수 있도록 해야 한다.

국어 공신 선생님의 감상 꿀팁!

 한걸음 더 깊이 생각해 보기

• 공유경제가 청소년에게 긍정적인 영향을 줄 수 있는 이유는 무엇인가?
공유경제는 청소년들에게 자원 절약과 환경 보호의 중요성을 자연스럽게 인식하게 해주는 사회적 교육의 장이다. 물건을 소유하는 대신 함께 나누고 사용하는 경험을 통해 자원의 가치와 절약의 의미를 체득할 수 있다. 또한, 소유보다 경험을 중시하는 공유경제의 특성은 청소년이 물질 중심의 사고에서 벗어나 지속 가능한 삶의 방식에 대해 고민하게 만든다. 아울러, 자전거 대여, 공유 도서관, 지역 기반 플랫폼 참여 등은 청소년에게 공동체 구성원으로서의 역할을 자

각하게 하고, 시민의식과 사회 참여 태도를 기를 수 있는 계기가 된다.

• 공유경제가 지역 간 격차를 심화시킬 수 있는 이유는 무엇인가?

공유경제는 주로 대도시와 같은 인프라가 잘 갖춰진 지역에서 활성화되는 경향이 있다. 도심 지역은 디지털 접근성이 높고 수요가 집중되어 있어 다양한 공유 서비스가 운영되기 쉽다. 반면, 농촌이나 도서 지역은 인프라 부족과 낮은 이용률로 인해 공유경제 서비스의 적용이 제한된다. 이로 인해 지역 주민은 정보와 서비스에서 소외되고, 경제적 기회 역시 감소하게 된다. 결과적으로 공유경제는 자칫하면 지역 간 불균형을 더욱 심화시키는 요인이 될 수 있으며, 이를 해소하기 위한 정책적 배려가 필요하다.

• 공유경제가 기존 산업과 충돌하는 이유는 무엇인가?

공유경제는 새로운 소비 구조를 만들면서 전통적인 산업과의 갈등을 유발한다. 대표적으로 우버는 택시 업계와의 경쟁을 통해 기존 교통 시스템에 큰 변화를 일으켰고, 에어비앤비는 숙박업계와의 마찰을 야기했다. 이러한 서비스는 규제 사각지대를 이용하거나 기존 규제와 충돌하는 경우가 많아 사회적 논란으로 이어지기도 한다. 기존 산업은 오랜 시간 형성된 규칙 속에서 운영되어 왔기 때문에, 급격한 변화에 유연하게 대응하기 어려운 측면이 있다. 공유경제가 지속 가능한 모델로 발전하기 위해서는 공정한 경쟁과 제도적 정비가 반드시 필요하다.

• 공유경제의 신뢰 문제를 해결하기 위한 방안은 무엇인가?

공유경제는 개인 간의 거래가 중심이 되므로 신뢰를 확보하는 것이 핵심 과제다. 이를 해결하기 위해서는 사용자 평가 시스템, 보증 제도, 실명 인증과 같은 안전장치를 플랫폼에서 철저히 갖추어야 한다. 예를 들어, 평점이나 리뷰를 기반으로 한 신뢰도 평가 시스템은 서비스 이용자의 판단을 돕는다. 또한, 보험을 통해 발생 가능한 사고에 대비하고, 이용자 신원 확인 절차를 강화하는 것도 필요하다. 정부 차원의 규제 마련과 시민 대상의 공유경제 교육이 함께 병행될 때, 공유경제는 더욱 안정적이고 지속 가능한 방향으로 나아갈 수 있다.

정리해 볼까요?

기사에 대해서 알아볼까요?

주제: 공유경제의 확산과 지속 가능한 소비문화 형성을 위한 과제
핵심어휘: 공유경제, 플랫폼, 유휴 자산, 지속 가능성, 신뢰 문제, 소비자 인식 변화

1단락 요약: 소유 중심 소비에서 공유 중심 소비로 변화하는 경향은 환경 보호와 자원 절약이라는 측면에서 주목받고 있으며, 이는 밀레니얼과 Z세대를 중심으로 확대되고 있다.
2단락 요약: 공유경제는 유휴 자산을 활용해 가치를 창출하는 경제 활동으로, 우버와 에어비앤비 같은 디지털 플랫폼이 대표 사례다.
3단락 요약: 한국에서도 따릉이, 쏘카 같은 공유 서비스가 확대되며 환경과 경제 모두에 긍정적 영향을 주고 있다. 이러한 흐름은 의류, 공간 등 다양한 분야로 확산되고 있다.
4단락 요약: 소유보다 경험을 중시하는 젊은 세대의 가치관 변화는 공유경제의 확산을 촉진하고 있으며, 기업들도 이에 발맞춰 구독경제 모델을 도입하고 있다.
5단락 요약: 하지만 기존 산업과의 충돌, 신뢰 문제, 혜택의 불균형 등 공유경제의 부작용도 존재하며, 제도적 보완과 사회적 논의가 필요하다.
6단락 요약: 공유경제는 지속 가능한 소비문화로 나아가기 위한 핵심 모델이며, 정부, 기업, 소비자 모두의 협력을 통해 부작용을 줄이고 장점을 극대화하는 노력이 필요하다.

기사의 구조적 접근을 꼭 알아야 해요!

1) 서론: 새로운 경제 모델의 지표, 공유경제
공유경제는 전통적인 소비 방식을 변화시키며 자원 효율성, 경제적 이익, 환경 보호를 동시에 달성하려는 새로운 경제 모델로 자리 잡고 있다.

2) 본론: 공유경제의 장단점
우버, 에어비앤비 등의 성공 사례와 함께, 따릉이, 쏘카 등 국내 확산 사례를 통해 공유경제의 장점이 소개된다. 동시에 기존 산업과의 마찰, 신뢰 문제, 지역 격차 등의 문제점도 함께 제시된다.

3) 결론: 지속 가능한 공유경제의 중요성
공유경제의 장점을 살리고 단점을 보완하기 위해서는 제도적 정비, 기술 기반 신뢰 시스템, 시민 의식 향상이 필요하다. 이는 지속 가능한 사회로 가는 중요한 과정이다.

비판적 사고 키워 볼까요? ✚

1 다음 중 본문의 내용으로 적절하지 <u>않은</u> 것은?

① 공유경제는 소유 중심의 소비 문화에서 경험 중심의 소비 문화로의 전환을 보여 준다.

② 에어비앤비는 차량을 공유하는 대표적인 공유경제 플랫폼이다.

③ 따릉이와 쏘카 같은 공유 교통 서비스는 시민들에게 편리한 이동 수단을 제공하며, 이를 통해 도시 내 교통 혼잡을 완화하고 친환경 교통 문화 확산에도 기여하고 있다.

④ 공유경제는 밀레니얼과 Z세대를 중심으로 빠르게 확산되고 있다.

⑤ 공유경제는 자원의 효율적 활용과 환경 보호라는 두 가지 가치를 동시에 실현한다.

2 아래 <보기>에 해당되는 효과에 대한 설명으로 적절하지 <u>않은</u> 것은?

 보기

> 공유경제는 유휴 자산을 효율적으로 활용하여 소비자의 비용을 절감하고 공급자에게 수익을 제공한다. 그러나 기존 산업과의 충돌, 이용자 간 신뢰 문제, 특정 계층에 편중된 혜택은 해결해야 할 과제다.

① 따릉이는 공공자전거를 시민과 공유함으로써 교통 혼잡을 줄이고, 친환경 이동 수단을 확산시켜 도시 교통 환경을 개선하는 데 기여하고 있다.

② 에어비앤비는 숙박 공간 공유를 통해 여행 비용을 줄여주고 있다.

③ 일부 공유경제 플랫폼은 정부의 재정 지원을 바탕으로 운영되며, 이를 통해 안정적인 서비스 제공과 지속 가능한 운영을 가능하게 하고 있다.

④ 차량 공유 서비스는 이동 편의를 높이고 교통 비용을 절감하는 대안으로 자리 잡으면서, 개인 차량 구매 감소에 영향을 미쳐 친환경 교통 문화 확산에 기여하고 있다.

⑤ 공유경제는 디지털 플랫폼의 급속한 발전과 함께 다양한 산업으로 확장되며, 접근성과 효율성을 높여 경제 구조 변화에 큰 영향을 미치고 있다.

3 본문에서 공유경제가 환경 보호에 기여할 수 있는 이유를 서술하시오.

4 '공유경제의 확산을 위해 정부가 해야 할 역할'에 대한 생각을 서론, 본론, 결론의 형식으로 서술하시오.

중요

5 본문의 제목으로 '공유경제, 지속 가능성을 향한 새로운 소비 혁명'이 적절한지 평가하고
이유를 서술하시오.

6 다음 '공유경제는 불평등을 해소하기보다 오히려 심화시킬 수 있다'라는 논제를 바탕으로
찬성과 반대의 생각을 서술하시오.

찬성	반대

15 데이터 프라이버시 - 디지털 시대의 새로운 권리와 책임

데이터 프라이버시[1]는 개인의 정보가 안전하게 보호되고, 무단으로 접근되거나 사용되지 않도록 하는 중요한 개념이다. 현대 사회에서 데이터는 기업의 경쟁력과 개인의 권리 모두에 중대한 영향을 미친다. 특히, 디지털 기술의 발전과 함께 개인의 데이터가 쉽게 수집, 저장, 분석될 수 있는 환경이 조성되면서 데이터 프라이버시의 중요성이 더욱 부각되고 있다.

우선, 데이터 프라이버시는 개인의 권리를 보호하는 데 필수적이다. 개인 정보가 유출되거나 악용될 경우, 이는 개인의 사생활 침해로 이어질 수 있으며, 심각한 사회적 문제를 야기할 수 있다. 예를 들어, 신원 도용[2], 금융 사기, 개인적인 정보의 악용 등은 데이터 프라이버시가 제대로 보호되지 않을 때 발생할 수 있는 부정적인 결과들이다. 이러한 이유로 데이터 프라이버시의 강화는 개인의 안전을 지키는 것뿐만 아니라, 사회 전반의 신뢰를 구축하는 데도 기여한다. 또한, 기업의 입장에서도 데이터 프라이버시는 중요한 요소이다.

소비자들은 자신의 정보가 안전하게 보호받고 있다는 사실을 알고 있어야만 기업에 대한 신뢰를 가질 수 있다. 데이터 유출 사건이 발생할 경우, 기업은 막대한 금전적 손실뿐만 아니라, 브랜드 이미지와 고객 신뢰도에도 치명적인 타격을 입게 된다. 따라서 기업들은 데이터 프라이버시를 강화하는 데 투자해야 하며, 이를 통해 고객과의 신뢰 관계를 구축하고 유지할 필요가 있다. 현재, 많은 국가들이 데이터 프라이버시를 보호하기 위한 법률과 규제[3]를 제정하고 있다. 예를 들어, 유럽연합의 일반 데이터 보호 규정(GDPR)은 개인의 데이터 보호를 강화하는 중요한 법적 틀을 제공한다. GDPR은 개인이 자신의 데이터를 제어할 수 있는 권리를 보장하며, 기업이 데이터를 수집하고 처리하는 방식에 대해 엄격한 기준을 설정하고 있다. 이러한 법적 규제는 데이터 프라이버시를 보호하는 데 중요한 역할을 하고 있으며, 기업들이 이에 맞춰 데이터 관리 방식을 개선하도록 유도하고 있다. 그러나 데이터 프라이버시를 보호하는 데 있어 여전히 해결해야 할 과제가 존재한다. 기술의 발전 속도가 빠르기 때문에 법적 규제가 이에 따라가지 못하는 경우가 많다. 예를 들어, 인공지능(AI)과 빅데이터 기술의 발전은 데이터 수집과 분석의 효율성을 높이고 있지만, 이로 인해 개인의 프라이버시가 침해될 위험도 증가한다. 따라서 지속적인 법적 개선과 기술적 대응이 필요하다.

데이터 프라이버시는 개인의 권리와 기업의 신뢰를 보호하는 중요한 요소이며, 이를 강화하기 위한 노력이 필수적이다. 기술 발전에 발맞춰 법적 규제를 지속적으로 개선하고, 기업들은 데이터 관리 방침을 강화하여 소비자 신뢰를 구축해야 한다. 데이터 프라이버시가 보장된 사회는 개인의 안전과 기업의 지속 가능성을 동시에 확보할 수 있을 것이다.데이터 프라이버시는 개인의 권리와 기업의 신뢰를 보호하는 중요한 요소이며, 이를 강화하기 위한 노력이 필수적이다. 현재 디지털 환경에서 개인의 정보가 쉽게 수집되고 있는 만큼 이러한 보호 조치는 더욱 시급해졌다. 예를 들어, 소셜 미디어와 온라인 쇼핑 등에서 개

꼭 기억하렴

❶ 프라이버시: 개인의 사생활이나 정보가 외부에 노출되지 않는 권리를 말한다.
❷ 신원 도용: 타인의 개인 정보를 무단으로 사용하여 범죄를 저지르는 행위를 의미한다.
❸ 규제: 법이나 정책에 의해 특정 행동을 제한하거나 통제하는 것을 뜻한다.
❹ 투명성: 정보가 명확하게 공개되어 이해하기 쉽고 숨김이 없는 상태를 나타낸다.

국어 공신 선생님

인 정보가 유출될 경우, 악용될 수 있는 사례가 급증하고 있다. 따라서 기술 발전에 발맞춰 법적 규제를 지속적으로 개선하고, 기업들은 데이터 관리 방침을 강화하여 소비자 신뢰를 구축해야 한다. 고객의 신뢰를 얻기 위해서는 투명성과 책임감이 요구되며, 기업은 이를 통해 브랜드 충성도를 높일 수 있다. 데이터 프라이버시가 보장된 사회는 개인의 안전과 기업의 지속 가능성을 동시에 확보할 수 있을 것이다. 이것은 단순한 개인의 문제가 아니라, 기업의 경쟁력에도 큰 영향을 미치기 때문에 모든 이해관계자들이 각자의 역할을 다해야 한다. 이러한 방향으로 나아가기 위해서는 사회 전반의 인식 개선과 함께, 개인과 기업, 정부 모두가 협력하여 데이터 프라이버시를 보호하는 문화를 만들어가야 한다. 시민들은 자신의 정보를 지킬 수 있는 권리를 알고, 기업들은 이러한 소비자의 요구를 적극 반영해야 하며, 정부는 효과적인 법적 장치를 마련하여 전체 시스템이 원활하게 작동하도록 해야 한다. 법과 정책뿐만 아니라, 기술적 솔루션과 교육 프로그램을 통해 데이터 프라이버시 보호에 대한 인식을 높이는 것이 필요하다. 결국 이는 우리가 보다 안전하고 신뢰받는 디지털 사회로 나아가는 초석이 될 것이다.

국어 공신 선생님의 감상 꿀팁!

🧢 한걸음 더 깊이 생각해 보기

• 기업은 데이터 프라이버시를 어떻게 강화할 수 있을까요?
기업은 데이터 프라이버시를 강화하기 위해 여러 가지 전략을 채택할 수 있다. 첫째, 강력한 데이터 보호 정책을 수립하고 이를 전 직원에게 교육하여 모든 직원이 개인정보 보호의 중요성을 인식하도록 해야 한다. 둘째, 데이터 암호화 기술을 활용하여 저장된 개인정보를 안전하게 보호하고, 접근 권한을 엄격히 관리하여 무단 접근을 차단해야 한다. 셋째, 정기적인 보안 점검과 감사 절차를 통해 시스템의 취약점을 식별하고 이를 개선하는 것이 중요하다. 넷째, 고객에게 투명한 개인정보 처리 방침을 제공하고, 데이터 수집 및 사용에 대한 명확한 동의를 받는 과정을 마련해야 한다. 마지막으로, 데이터 유출 사고 발생 시 신속하게 대응할 수 있는 비상 계획을 수립하고, 관련 법규를 철저히 준수하여 법적 리스크를 최소화해야 한다. 이러한 노력을 통해 기업은 고객의 신뢰를 구축하고 데이터 프라이버시를 효과적으로 강화할 수 있다.

● 기술 발전과 데이터 프라이버시 사이의 갈등은 어떤 모습일까요?

기술 발전과 데이터 프라이버시 사이의 갈등은 현대 사회에서 점점 더 두드러지고 있다. 인공지능(AI), 빅데이터, 클라우드 컴퓨팅과 같은 혁신적인 기술들은 데이터를 수집하고 분석하는 효율성을 획기적으로 높여주지만, 이로 인해 개인의 프라이버시가 침해될 위험도 증가하고 있다. 예를 들어, AI 알고리즘은 사용자 행동을 분석하여 맞춤형 광고를 제공하는 데 사용되지만, 이 과정에서 개인정보가 무단으로 수집되거나 오용될 가능성이 있다. 또한, IoT(사물인터넷) 기기의 확산은 개인의 일상생활에서 생성되는 데이터의 양을 기하급수적으로 증가시킨다. 이러한 데이터는 유용한 정보로 활용될 수 있지만, 동시에 개인의 사생활을 침해할 수 있는 잠재적 위험 요소로 작용한다. 데이터 유출 사건이나 해킹 공격이 발생할 경우, 개인의 민감한 정보가 악용될 수 있으며, 이는 개인의 안전과 신뢰를 크게 위협한다.

따라서 기술 발전과 데이터 프라이버시 간의 갈등은 단순히 기술적 문제를 넘어서, 윤리적이고 사회적인 문제로도 이어진다. 기업들은 기술 혁신을 통해 얻은 이점을 누리면서도, 데이터 보호를 위한 법적, 윤리적 기준을 준수해야 한다.

정리해 볼까요?

기사에 대해서 알아볼까요?

주제: 데이터 프라이버시의 중요성과 보호 방안
핵심어휘: 데이터 프라이버시, 개인 정보, 법적 규제, 기업 신뢰, 사회적 안전

1단락 요약: 데이터 프라이버시는 개인 정보 보호의 핵심 개념으로, 디지털 기술 발전으로 중요성이 커지고 있다. 데이터 유출은 사생활 침해와 사회적 문제를 초래할 수 있어 보호 노력이 필수적이다.

2단락 요약: 데이터 프라이버시는 소비자 신뢰 구축의 핵심 요소로, 정보 보호가 기업 신뢰에 영향을 미친다. 유출 사건은 금전적 손실과 이미지 훼손을 초래해, 기업은 프라이버시 강화를 지속해야 한다.

3단락 요약: 데이터 프라이버시는 개인의 권리와 기업 신뢰를 지키는 필수 요소로, 법적 규제 부족 속에서도 지속적 개선과 대응이 필요하다. 개인·기업·정부 협력으로 안전한 디지털 사회를 조성해야 한다.

기사의 구조적 접근을 꼭 알아야 해요!

1) 서론: 데이터 프라이버시의 중요성

데이터 프라이버시는 개인 정보가 안전하게 보호되고 무단으로 사용되지 않도록 하는 중요한 개념이다. 디지털 기술의 발전으로 데이터 수집이 용이해지면서, 개인의 데이터 유출은 사생활 침해와 사회적 문제를 야기할 수 있어, 이를 보호하기 위한 노력이 필수적이다.

2) 본론: 기업과 법의 역할

기업에게 데이터 프라이버시는 소비자 신뢰를 구축하는 중요한 요소이다. 데이터 유출 시 기업은 금전적 손실과 브랜드 이미지 훼손을 겪을 수 있다. GDPR과 같은 법적 규제는 데이터 프라이버시를 보호하는 중요한 역할을 하며, 기업들이 데이터를 안전하게 관리하도록 유도한다. 그러나 기술 발전 속도가 법적 규제를 앞서가고 있어 지속적인 개선이 필요하다.

3) 결론: 협력적 접근의 필요성

데이터 프라이버시는 개인의 권리와 기업의 신뢰를 동시에 지키는 필수 요소이다. 개인, 기업, 정부가 협력하여 데이터 프라이버시 보호 문화를 조성해야 하며, 이를 통해 안전하고 신뢰받는 디지털 사회로 나아가야 한다. 사회 전반의 인식 개선과 기술적 솔루션이 함께 이루어져야 한다.

비판적 사고 키워 볼까요? +

1 데이터 프라이버시의 중요성에 대해 올바르게 설명한 것은 무엇인가?

① 데이터 프라이버시는 개인이 가진 정보가 불법적인 수집, 저장, 활용, 유출로부터 안전하게 지켜지고 통제될 수 있도록 보호되는 상태를 의미한다.

② 데이터 프라이버시를 중요하게 여기는 것은 기업의 경쟁력 강화나 수익 창출보다는 오로지 기업의 이익을 극대화하는 데에만 초점을 맞춘다.

③ 데이터 프라이버시 문제는 정보 기술의 발전이나 인공지능, 빅데이터 기술의 확산과는 전혀 관계가 없으며 별개의 영역으로 존재한다.

④ 기업이나 서비스 제공자가 사용자의 데이터를 얼마나 안전하게 다루는지는 소비자들이 해당 기업이나 서비스를 신뢰하는 데 아무런 영향을 미치지 않는다.

⑤ 데이터 프라이버시를 보호하기 위한 법률이나 제도적 장치는 불필요하며, 개인 정보 보호는 오직 개인의 자율적인 노력에만 달려 있다.

2 다음 <보기>를 바탕으로 데이터 프라이버시가 강화되지 않을 경우 발생할 수 있는 사회적 문제는 무엇인가?

> 보기

> 2020년 유명 소셜 미디어 플랫폼에서 발생한 사건에서는 5천만 명 이상의 사용자 정보가 해킹당했다. 이 사건으로 이메일 주소와 전화번호가 유출되어 사용자들은 다양한 스팸 및 피싱 공격의 표적이 되었다. 이 사건은 플랫폼에 대한 신뢰를 크게 저해하는 논란을 일으켰다.

① 데이터 프라이버시가 제대로 보호되지 않으면 개인의 이름, 연락처, 민감한 정보 등이 유출되어 신원 도용, 금융 사기 등 심각한 사회적 피해가 발생할 수 있다.

② 데이터 프라이버시가 약화되면 기술의 발전이 용이해질 수도 있지만, 정보 유출로 인한 피해는 사회 전반의 신뢰를 떨어뜨릴 수 있다.

③ 프라이버시가 미흡하게 보호되면 일시적으로 서비스 효율성이 높아질 수 있으나, 장기적으로는 사용자 이탈 및 기업 이미지 하락으로 이어질 수 있다.

④ 데이터 프라이버시 문제가 반복되면 일부 사용자는 피해 사실을 인지하지 못한 채 정보가 악용되는 경우도 있어, 사후 대응이 어렵다는 문제가 생긴다.

⑤ 데이터 프라이버시 침해가 빈번해질 경우, 규제 강화에 대한 논의가 많아지지만 단기간에 해결되지 않아 사회적 불안과 정보 신뢰도 저하가 이어질 수 있다.

3 데이터 프라이버시 보호를 위해 기업과 정부가 협력해야 하는 이유는 무엇인가?

4 '데이터 프라이버시의 중요성과 이를 보호하기 위한 사회적 노력'을 서론, 본론, 결론의 형식으로 서술하시오.

중요

5 '데이터 프라이버시 보호를 위한 개인의 책임은 무엇인가?'에 대해서 서술하시오.

6 '캐릭터 AI는 안전한가'라는 논제를 바탕으로 찬성과 반대의 생각을 서술하시오.

찬성	반대

16 로봇과 인공지능의 시대 미래 직업은 어떻게 변할까?

로봇과 인공지능(AI)의 발전은 현대 사회의 다양한 분야에 혁신을 가져오고 있다. 이러한 기술의 진보는 생산성 향상과 새로운 서비스 창출 등 긍정적인 영향을 미치는 한편, 기존 일자리의 대체 가능성에 대한 우려도 함께 제기되고 있다. 특히, 인공지능 기술의 발전이 노동시장에 미치는 영향과 그에 따른 사회적 대응 방안에 대한 논의가 활발히 이루어지고 있다. 이에 따라, 인공지능과 로봇 기술이 미래 직업 환경에 미칠 영향을 예측하고, 이에 대비하기 위한 체계적인 대응이 필요한 시점이다.

한국개발연구원(KDI)의 보고서에 따르면, 인공지능 기술은 단순 반복적인 업무를 자동화⁰하여 생산성을 향상시키는 동시에, 새로운 일자리 창출의 가능성도 지니고 있다. 그러나 이러한 기술 발전이 모든 일자리에 긍정적인 영향을 미치는 것은 아니다. 특히, 제조업과 같은 전통적인 산업 분야에서는 로봇과 인공지능의 도입으로 인해 일자리 감소가 우려되고 있다. 반면, 인공지능 기술을 활용한 새로운 서비스 산업의 등장은 새로운 형태의 일자리를 창출할 수 있는 가능성을 보여준다. 이러한 변화는 기존 직업군의 역할을 변화시키며, 창의적이고 인간의 감성을 필요로 하는 직업이 더욱 주목받게 될 것이다.

로봇과 인공지능의 발전은 지역 경제에도 영향을 미치고 있다. 한국과학기술연구원(KIST)의 융합연구리뷰에 따르면, 로봇 산업은 제조업, 서비스업, 연구개발업 등 다양한 산업과 밀접하게 연관되어 있어 지역 경제에 실질적인 파급 효과를 미치고 있다. 특히, 로봇 산업의 발전은 지역 내 고용 창출과 경제 성장에 긍정적인 영향을 줄 수 있다. 그러나 이러한 영향은 지역별로 차이가 있을 수 있으며, 로봇 산업의 발

산업용 로봇이 일의 효율성과 성과에 초점을 두었다면, 지능형로봇은 모든 행동과 초점을 인간에 맞춘다.

전 수준과 지역 경제의 특성에 따라 그 효과가 다르게 나타날 수 있다. 따라서, 각 지역의 특성과 경제 구조를 고려한 맞춤형 정책이 필요하다.

　인공지능 기술의 발전은 노동시장의 구조적 변화를 가져올 것으로 예상된다. 소프트웨어정책연구소(SPRi)의 연구에 따르면, 인공지능과 로봇 기술의 발전으로 인해 미래에 일자리가 줄어들거나 직무에 변화가 생길 것이라는 전망이 나오고 있다. 특히, 법률 분야에서도 인공지능의 도입으로 인해 자동화가 가능해지면서 일부 직무의 변화❷가 예상되고 있다. 그러나 이러한 변화는 단순히 일자리의 감소로만 볼 수 없으며, 새로운 기술에 적응하고 활용할 수 있는 능력을 갖춘 인재의 수요가 증가할 것으로 보인다. 이에 따라, 데이터 분석가, 인공지능 윤리 전문가, 로봇 공학자 등 새로운 직업군이 등장할 것이며, 창의성과 문제 해결 능력을 갖춘 인재의 중요성이 더욱 커질 전망이다.

　로봇과 인공지능의 발전이 노동시장에 미치는 영향을 정확히 예측하는 것은

꼭 기억하렴

❶ 자동화: 자동화는 인간의 개입 없이 기계나 시스템이 스스로 작업을 수행하도록 만드는 과정을 의미한다.
❷ 직무 변화: 직무 변화는 기술 발전이나 산업 구조의 변화에 따라 개인의 업무 내용이나 수행 방식이 달라지는 현상을 말한다.
❸ 감성 소통: 감성 소통은 감정과 공감을 바탕으로 한 의사소통을 의미한다.

국어 공신 선생님

어렵다. 그러나 이러한 기술의 발전이 불가피한 현실인 만큼, 이에 대한 대비가 필요하다. 정부와 기업은 노동시장의 변화에 대응하기 위한 정책과 전략을 마련해야 하며, 노동자들은 새로운 기술에 대한 학습과 적응력을 키워야 한다. 또한, 교육 기관은 미래의 노동시장에 필요한 역량을 갖춘 인재를 양성하기 위한 교육 프로그램을 개발해야 한다. 특히, 창의적 사고와 감성적 소통[3]이 요구되는 직무에 대한 교육을 강화하는 것이 중요하다. 이러한 노력을 통해 로봇과 인공지능의 발전이 가져올 수 있는 부정적인 영향을 최소화하고, 긍정적인 효과를 극대화할 수 있을 것이다. 기술 발전과 인간의 협력이 조화를 이루는 미래를 만들기 위한 노력이 지금부터 시작되어야 한다.

국어 공신 선생님의 감상 꿀팁!

 좀 더 깊이 생각해 보기

• **인공지능 시대에 청소년이 갖추어야 할 핵심 역량은 무엇인가?**
인공지능 시대를 살아갈 청소년은 단순한 지식 습득을 넘어서 창의력과 문제해결력을 키워야 한다. 다양한 정보를 융합하고 해석하는 능력, 즉 융합적 사고력과 비판적 사고력이 필수적이다. 또한, 디지털 기술의 기반이 되는 코딩, 프로그래밍, 데이터 분석 등 디지털 소양을 갖추어야 한다. 인간 고유의 능력인 감성적 판단력과 윤리적 사고도 중요하다. AI가 대체할 수 없는 감정 공감 능력, 도덕적 판단 능력을 함께 기르는 것이 필요하다. 이와 함께 협업과 소통 능력을 바탕으로 다양한 직업 환경에서 유연하게 적응하는 역량도 요구된다. 미래 사회는 지식보다 '어떻게 생각하고 소통하느냐'가 더 중요해진다.

• **인공지능으로 인해 새롭게 생겨나는 직업의 예는 무엇이며, 그 특징은 무엇인가?**

인공지능 기술의 발전은 완전히 새로운 직업군을 만들어내고 있다. 대표적으로 AI 윤리 전문가, 데이터 트레이너, 로봇 코디네이터, 가상환경 설계자 등이 있다. 이들 직업은 인간과 기술 사이의 조화와 책임 있는 사용을 중시하는 특징이 있다. 예를 들어, AI 윤리 전문가는 알고리즘의 편향성이나 차별 문제를 검토하고 사회적 기준을 제시한다. 로봇 코디네이터는 사람과 협력하는 로봇을 실제 업무 환경에 적응시키는 역할을 맡는다. 이처럼 새로운 직업은 단순 반복 업무가 아닌 창의력, 인간 중심 사고, 판단력을 요구한다. 자동화가 어려운 영역이라는 점에서 지속 가능성이 높으며, 향후 성장 가능성이 크다.

• AI 도입으로 인한 일자리 감소를 완화하기 위해 기업이 해야 할 역할은 무엇인가?

기업은 인공지능 도입에 따른 일자리 감소 문제에 적극적으로 대응해야 한다. 먼저 기존 인력을 해고하기보다는 재교육과 직무 전환 기회를 제공해야 한다. 이를 위해 사내 직무 전환 교육, 디지털 역량 강화 프로그램을 운영하는 것이 효과적이다. 특히, 기술을 다룰 수 있는 능력과 창의성을 함께 키울 수 있도록 해야 한다. 또한 AI의 윤리적 사용을 위한 기준을 마련하고, 인간 중심의 업무 환경을 조성하는 것도 중요하다. 기술만을 우선시하기보다는 사람의 가치와 협업의 중요성을 반영한 전략이 필요하다. 기업은 사회적 책임을 다하면서도 기술 혁신과 고용의 균형을 유지해야 한다. 이를 통해 지속 가능한 산업 구조를 만들 수 있다.

• 로봇과 AI 기술이 지역 경제에 미치는 영향을 어떻게 보아야 하는가?

로봇과 인공지능 기술은 지역 경제에 다양한 방식으로 영향을 미친다. 첨단 기술 기반의 산업이 발달한 지역은 로봇 제조 및 서비스 산업이 활성화되며 고용 창출과 스타트업 성장에 긍정적인 효과를 낸다. 실제로 일부 지역은 로봇 클러스터를 중심으로 경제적 활력을 되찾고 있다. 그러나 반대로 기술 인프라가 부족한 지역은 산업 재편에 뒤처지고 격차가 심화될 우려가 있다. 특히 농촌이나 낙후 지역은 로봇 기술을 적용하기 위한 기반 시설과 인재 부족 문제가 발생할 수 있다. 이러한 격차를 줄이기 위해 정부는 지역 특성을 고려한 맞춤형 정책을 추진해야 한다. 기술 혜택의 지역 간 불균형을 해소하려는 노력이 필요하다.

정리해 볼까요?

기사에 대해서 알아볼까요?

주제: 노화 방지 기술의 발전과 건강한 삶을 위한 통합적 접근 방안
핵심어휘: 노화 방지, 텔로미어, 항산화제, 콜라겐, 생활 습관, 정신 건강, 유전자 연구, 건강 보조식품, 피부 관리, 종합적 전략

1단락 요약: 노화는 유전, 환경, 생활 습관 등의 영향을 받는 생물학적 과정이며, 조절 가능성이 있다. 특히, 텔로미어 같은 유전적 요인이 주목받는다.
2단락 요약: 텔로미어 단축은 세포 노화를 유발하며, 이를 보호하는 기술과 항산화제가 노화 지연에 기여한다. 건강 보조식품 개발과 소비도 활발하다.
3단락 요약: 피부 미용 기술이 발전하며, 다양한 시술과 제품이 주름 개선과 탄력 유지에 도움을 준다. 콜라겐 촉진과 세포 재생 기술도 노화 방지에 기여한다.
4단락 요약: 건강한 생활 습관은 노화 지연에 필수적이며, 운동, 식습관, 수면, 스트레스 관리가 중요하다. 오메가-3 등 항염 식품도 도움이 된다.
5단락 요약: 정신 건강은 노화 방지에 중요하며, 명상, 취미, 사회적 관계 유지가 안정과 행복을 높여 건강한 노후를 돕는다.
6단락 요약: 노화 방지는 유전자, 생활 습관, 피부 관리, 정신 건강을 포함한 종합 전략이며, 기술 발전과 함께 삶의 질 향상이 중요하다.

기사의 구조적 접근을 꼭 알아야 해요!

1) 서론: 노화, 피할 수 없는 과제가 아닌 관리 가능한 변화
노화는 단순한 생물학적 현상이 아니라 조절 가능한 과정으로, 이를 늦추고 건강한 삶을 유지하기 위한 기술과 전략이 지속적으로 발전하고 있다. 노화 방지는 단순한 미용이 아닌 삶의 질 향상을 위한 필수적 주제로 부상하고 있다.

2) 본론: 기술과 생활의 결합 – 실질적 대응 방안
텔로미어 연구와 항산화제 개발은 과학적으로 노화 속도를 늦추는 가능성을 보여준다. 동시에 피부 탄력 개선을 위한 시술, 건강 보조식품 활용, 영양과 운동, 정신 건강 관리 등 생활 속 실천이 종합적으로 이뤄져야 효과적이다. 기술과 생활습관, 정신적 건강이 상호작용하며 노화 방지의 핵심 축을 이룬다.

3) 결론: 건강한 노후, 기술과 태도의 균형에서 시작된다
노화 방지 기술은 과학적 발전과 함께 개인의 태도와 실천이 필수적이다. 신체 건강, 정신 안정, 사회적 유대가 조화를 이루는 삶이 진정한 노화 방지이며, 누구에게나 열려 있다. 노화는 피할 수 없지만, 이를 지연시키고 건강하게 맞이하는 미래는 우리의 선택과 노력으로 만들어갈 수 있다.

비판적 사고 키워 볼까요? +

1 다음 중 본문의 내용으로 적절하지 않은 것은?

① 로봇과 인공지능 기술은 단순 반복 업무를 자동화하여 효율성을 극대화하고, 이를 통해 생산성을 향상시키며 산업 전반에서 작업의 정확성과 속도를 개선하는 데 기여한다.

② 인공지능 기술은 제조업을 비롯한 전통 산업에 고용 확대 효과를 주고 있다.

③ 로봇 산업은 지역 경제에 긍정적인 영향을 줄 수 있으며, 산업 간 융합 효과도 크다.

④ 인공지능과 로봇 기술은 감성적 소통과 창의력을 중시하는 직무의 가치를 높인다.

⑤ 미래에는 인공지능 윤리 전문가, 데이터 분석가, 로봇 코디네이터 등의 직업군이 새롭게 등장할 것이다.

2 <보기>의 내용을 참고하여 본문의 내용과 관련 없는 사례를 고르시오.

 보기

로봇과 인공지능 기술의 발전은 산업구조를 변화시키고 직무 재편을 유도한다. 이에 따라 정부와 기업은 인재 재교육, 일자리 전환 지원, 지역 간 기술 격차 해소 등의 노력을 병행해야 하며, 교육 기관은 감성 소통과 창의성 중심의 미래 역량 교육을 강화해야 한다.

① 로봇 기술은 지역 내 스타트업 생태계를 활성화하고, 혁신적인 산업 환경을 조성함으로써 새로운 일자리 창출과 경제 성장에 긍정적인 영향을 미칠 수 있다.

② 데이터 분석가, AI 윤리 전문가 등 새로운 직업군이 등장하면서, 디지털 기술 발전과 함께 더욱 다양해진 전문 분야가 미래 산업의 성장과 고용 창출에 중요한 역할을 하고 있다.

③ 로봇 도입으로 인해 모든 산업 분야에서 일자리가 급증하고 있다.

④ 교육기관은 인성 교육과 디지털 교육을 균형 있게 강화하여 학생들이 올바른 가치관을 형성하고, 디지털 환경에서 책임 있는 활용 능력을 갖출 수 있도록 지원해야 한다.

⑤ 정부는 기술 격차 해소를 위한 지역 맞춤형 정책을 마련해야 한다.

3 노화 방지 기술이 발전하면서 개인의 삶의 질이 어떻게 변화할 수 있을지 서술하시오.

4 노화 방지 기술의 중요성에 대해서 서론, 본론, 결론의 형식으로 서술하시오.

중요

5 노화 방지 기술의 발전이 개인의 가치관에 미치는 영향에 대해 서술하시오.

6 다음 '노화 방지 기술이 자연스러운 노화 과정을 방해한다'라는 논제를 바탕으로 찬성과 반대의 생각을 서술하시오.

찬성	반대

17 가상 인간과 디지털 휴먼, 새로운 시대의 도래

　최근 기술의 발전으로 가상 인간과 디지털 휴먼이 현실과 가상의 경계를 허물며 다양한 분야에서 주목받고 있다. 가상 인간은 인공지능(AI)과 컴퓨터 그래픽스(CG) 기술을 활용해 소프트웨어적으로 구현된 가상의 인물로, 엔터테인먼트, 광고, 교육, 의료 등 여러 산업에서 활용되고 있다. 특히, 가상 인간의 표현이 더욱 정교해지면서 그 역할이 확대되고 있으며, 실제 사람과 구분하기 어려울 정도로 발전하고 있다. 이제 가상 인간은 단순한 기술적 시도가 아니라, 사회와 경제 전반에 걸쳐 영향을 미치는 중요한 요소로 자리 잡고 있다.

　가상 인간의 발전은 AI와 3D 그래픽 기술의 비약적인 향상에 기인한다. 한국전자통신연구원(ETRI)의 이승욱 박사는 중·저품질의 디지털 휴먼을 실감 나는 고품질 디지털 휴먼으로 변환하는 기술을 개발해, 가상 인간의 현실감을 더욱 높였다. 이러한 기술은 기존의 영상 제작 방식과 비교했을 때 시간과 비용을 절감하면서도 더욱 정밀한 표현을 가능하게 한다. 이에 따라 가상 인간은 연예인이나 모델을 대체하는 수준을 넘어, 교육과 의료, 공공서비스 등에서도 적극적으로 활용될 수 있을 것으로 전망된다. 예를 들어, 가상 인간을 활용한 가상 교사는 교육 콘텐츠를 보다 생동감 있게 전달할 수 있으며, 의료 상담 서비스에서도 AI 기반 디지털 휴먼이 환자와의 소통을 지원하는 역할을 할 수 있다.

　가상 인간의 등장은 우리의 일상생활에도 변화를 가져오고 있다. 이미 많은 기업들이 가상 인간을 광고 모델로 기용하고 있으며, 뉴스 진행자나 브랜드 홍보대사로 활용하는 사례도 늘어나고 있다. 대표적인 예로, 롯데홈쇼핑의 가상 인간 '루시', 신한라이프의 '로지' 등이 있다. 이들은 실제 사람처럼 자연스러운 표정과 음성을 구현해 고객과 소통하며, 브랜드의 이미지를 강화하는 역할을 수행하고 있다. 기업 입

신한라이프, 가상 모델 '로지'

장에서 가상 인간은 24시간 활동이 가능하고, 스캔들 등의 위험이 없으며, 인건비 부담이 적다는 점에서 매력적인 선택지로 떠오르고 있다. 또한, 가상 아이돌 그룹이 등장해 음원을 발매하고 공연을 진행하는 등 엔터테인먼트 산업에서도 새로운 트렌드가 형성되고 있다.

그러나 가상 인간의 발전에는 윤리적, 사회적 논의도 필요하다. 기술이 발전할수록 실제 인간과의 구분이 어려워지면서, 이를 악용한 범죄나 사회적 혼란이 발생할 가능성이 제기되고 있다. 가짜 뉴스나 허위 정보가 가상 인간을 통해 더욱 정교하게 만들어질 수 있으며, 특정 인물의 얼굴과 음성을 복제한 '딥페이크(Deepfake)[2]' 기술이 범죄에 악용될 수도 있다. 따라서 가상 인간을 활용한 콘텐츠가 신뢰할 수 있는 정보인지 확인할 수 있는 법적 · 윤리적 기준이 마련되어야 한다. 또한, 가상 인간의 대중화로 인해 기존의 직업군이 위협받을 가능성도 존재한다. 예를 들어, 모델, 방송인, 성우 등 일부 직업군은 가상 인간으로 대체될 가능성이 있으며, 이에 대한 사회적 대비가 필요하다.

❶ 가상 인간: 가상 인간은 인공지능(AI)과 컴퓨터 그래픽스(CG) 기술을 활용해 소프트웨어적으로 구현된 가상의 인물이다.
❷ 딥페이크: 딥페이크는 인공지능 기반 딥러닝(deep learning) 기술을 이용해 특정 인물의 얼굴이나 음성을 정교하게 모방하는 기술을 의미한다.

국어 공신 선생님

가상 인간과 디지털 휴먼의 등장은 기술 발전이 가져온 새로운 패러다임이다. 기술이 발전함에 따라 가상 인간은 점점 더 정교해지고, 우리 생활 속에서 중요한 역할을 수행하게 될 것이다. 그러나 이러한 변화가 사회에 긍정적인 영향을 미치려면 기술 개발과 함께 윤리적, 사회적 논의가 병행되어야 한다. 법과 제도를 정비하고, 기술의 활용 범위를 명확히 규정하며, 인간과 가상의 존재가 조화를 이루는 방향으로 발전할 수 있도록 노력해야 한다. 이를 통해 가상 인간이 우리의 삶에 긍정적인 영향을 미치고, 사회적 가치를 창출할 수 있도록 해야 할 것이다.

 좀 더 깊이 생각해 보기

• 가상 인간이 다양한 산업에서 활용되고 있다. 앞으로 어떤 분야에서 가상 인간이 더 활발히 사용될 수 있을까? 그 이유는 무엇일까?

가상 인간은 앞으로 '심리 상담 분야'에서 더욱 활발히 사용될 수 있다고 생각한다. 많은 사람들이 정신 건강 문제를 겪고 있지만, 비용이나 시간, 거리 등의 문제로 전문가 상담을 받기 어려운 경우가 많다. 이때 인공지능 기술이 탑재된 가상 인간이 상담사의 역할을 일부 대신할 수 있다면, 접근성이 크게 향상될 것이다. 실제로 해외에서는 우울증 환자들을 대상으로 가상 인간 상담 프로그램을 실험하고 있으며, 일정한 효과를 보고 있다고 한다. 물론 인간 상담사처럼 깊은 감정 공감은 어려울 수 있지만, 초기에 마음을 열거나 일상적인 고민을 나누는 데는 유용할 수 있다. 이러한 기술이 사회적 약자를 위한 공공서비스로 활용된다면 큰 도움이 될 것이다.

중등 신문 읽기

• 가상 인간 교사나 의료 상담사가 등장하고 있다. 이런 기술이 교육과 의료에 어떤 긍정적·부정적 영향을 줄 수 있을까?

가상 인간 교사나 의료 상담사는 접근성이 떨어지는 지역에 있는 사람들에게 큰 도움이 될 수 있다. 예를 들어, 농촌 지역에 있는 학생들이 도시의 유명 강사의 강의를 가상 인간을 통해 실감 나게 듣거나, 병원이 부족한 지역에서 기본적인 건강 상담을 가상 상담사가 해준다면 큰 도움이 된다. 그러나 부정적인 측면도 있다. 기술의 의존이 지나치면 사람 간의 소통 능력이 떨어질 수 있으며, 정서적 지지나 복잡한 판단이 필요한 상황에서는 인간 전문가가 더 적절할 수 있다. 특히 어린아이들이 인공지능에만 의존하게 되면 비판적 사고나 감정 표현 능력이 부족해질 우려도 있다. 따라서 기술은 도구로서 활용되어야 하며, 사람과 기술이 협력하는 구조를 마련하는 것이 중요하다.

• 가상 인간이 인간과 조화를 이루며 사회에 긍정적인 영향을 미치기 위해 우리는 어떤 방향으로 기술을 발전시켜야 할까?

가상 인간이 인간과 조화를 이루기 위해서는 기술 중심이 아니라 '사람 중심의 기술 개발'이 필요하다. 기술이 아무리 정교하더라도, 인간의 가치와 생명을 최우선으로 고려하지 않으면 오히려 사회에 해를 끼칠 수 있다. 예를 들어, 인간과 닮은 존재를 만들면서도, 그 존재가 인간을 대신해 지배하거나 감시하는 역할을 하지 않도록 제한하는 기준이 필요하다. 또한, 기술 개발 단계에서부터 윤리 전문가와 사회학자, 교육자 등이 함께 참여해 기술이 실제 사회에 어떤 영향을 줄지 함께 고민해야 한다. 아울러, 가상 인간이 인간의 능력을 보완하고 도와주는 조력자 역할을 하도록 설계해야 한다. 인간과 가상이 경쟁하는 것이 아니라, 함께 더 나은 사회를 만드는 데 기여하도록 하는 것이 미래 기술의 올바른 방향일 것이다.

정리해 볼까요?

기사에 대해서 알아볼까요?

주제: 가상 인간 시대의 도래와 기술 발전에 따른 사회적 대응의 필요성
핵심어휘: 가상 인간, 디지털 휴먼, 인공지능, 딥페이크, 윤리적 기준, 직업 대체, 정보 신뢰성

1단락 요약: AI와 CG 기술의 발달로 현실과 가상의 경계를 허무는 가상 인간이 다양한 산업에서 활용되고 있다. 이는 단순한 기술 시도를 넘어 사회·경제적 영향력을 지닌 요소로 성장하고 있다.
2단락 요약: ETRI 등 연구 기관의 기술 발전으로 고품질 디지털 휴먼 제작이 가능해졌고, 이를 통해 교육, 의료, 공공서비스 분야까지 그 활용 범위가 넓어지고 있다. 가상 교사, 의료 상담 서비스 등은 그 대표적인 예다.
3단락 요약: 기업들은 가상 인간을 광고 모델, 뉴스 앵커, 아이돌 등으로 활용하며, 실제 인물처럼 활동해 비용과 리스크 절감에 효과적이다.
4단락 요약: 딥페이크, 가짜 뉴스 등 범죄 악용 우려와 직업 대체로 인한 갈등이 발생할 수 있어 법적·제도적 대응이 필요하다.
5단락 요약: 가상 인간은 새로운 시대의 패러다임이지만, 기술 발전이 사회에 긍정적인 영향을 미치기 위해서는 인간 중심의 윤리 기준과 제도적 정비가 병행되어야 하며, 사회 전반의 조화가 중요하다.

기사의 구조적 접근을 꼭 알아야 해요!

1) 서론: 가상 인간 기술의 확산과 사회적 영향력 확대
AI와 3D 그래픽 기술이 발전하면서 가상 인간은 엔터테인먼트를 넘어 공공서비스와 교육 등 전방위적으로 활용되고 있다. 이는 기술 발전이 가져온 새로운 사회적 전환점을 보여준다.

2) 본론: 산업적 가능성과 사회적 쟁점의 공존
가상 인간은 기업 운영 효율성과 콘텐츠 혁신을 가능하게 하지만, 딥페이크를 통한 정보 왜곡, 직업군 대체 등 사회적 부작용도 함께 따른다. 이러한 문제는 기술 진보의 속도보다 윤리적·제도적 정비가 뒤처졌다는 것을 시사한다.

3) 결론: 기술과 윤리의 균형을 위한 사회적 대응 필요
가상 인간이 우리 삶에 긍정적으로 자리잡기 위해서는 인간의 존엄성을 고려한 기술 활용이 이루어져야 하며, 법적 기준과 사회적 합의가 함께 마련되어야 한다. 기술과 인간이 조화를 이루는 사회가 미래를 위한 바람직한 방향이다.

비판적 사고 키워 볼까요? ✦

1 다음 중 본문의 내용으로 적절하지 않은 것은?

① 가상 인간은 AI와 CG 기술로 구현되며, 의료·교육 등 다양한 산업에서 활용된다.

② 가상 인간은 실제 사람처럼 24시간 활동할 수 있으며, 감정적 또는 윤리적 논란에서 자유로워 스캔들의 위험이 없고, 안정적인 브랜드 이미지 유지에도 기여할 수 있다.

③ 가상 인간은 광고, 방송, 연예 등에서만 활용되며, 교육과 공공서비스에는 적용되지 않는다.

④ 딥페이크 기술은 가상 인간 기술이 악용될 가능성을 보여주는 대표적인 사례로 언급되며, 이는 정보 조작과 사생활 침해 등 다양한 윤리적 문제를 야기할 수 있다.

⑤ 가상 인간은 기존 직업군을 일부 대체할 가능성이 있어 사회적 대비가 필요하다.

2 <보기>의 내용을 참고하여 본문과 관련 없는 사례를 고르시오.

> 가상 인간은 AI와 3D 그래픽 기술을 활용하여 개발되며, 사회적 영향력과 경제적 파급력을 동시에 지닌 기술이다. 그러나 기술 남용에 따른 사회적 혼란 가능성도 존재하므로, 법적·윤리적 기준 마련과 직업 전환에 대한 사회적 대비가 필요하다.

① 가상 인간은 브랜드 홍보, 뉴스 진행, 가상 아이돌 등 다양한 영역에서 활동하고 있다.

② 고품질 디지털 휴먼 기술은 제작 시간과 비용을 절감하면서도 높은 몰입감을 제공한다.

③ 가상 인간은 윤리적 논란을 피해갈 수 있으며 규제는 필요하지 않다.

④ 딥페이크 기술은 가짜 뉴스 생성과 정보 조작을 가능하게 하여 사회적 혼란을 초래할 수 있으며, 이에 대한 대응과 윤리적 규범 마련이 점점 더 중요해지고 있다.

⑤ 가상 인간의 확산은 일부 직업군의 대체를 유발할 수 있어 사회적 대응이 필요하다.

3 본문에서 가상 인간이 사회에 미치는 부정적인 영향을 서술하시오.

4 '가상 인간 기술의 발전에 대응하기 위해 정부와 사회가 해야 할 역할'에 대해서 서론, 본론, 결론의 형식으로 서술하시오.

중요

5 본문의 제목으로 '가상 인간과 디지털 휴먼, 새로운 시대의 도래'가 적절한지 평가하고 이유를 서술하시오.

6 다음 '가상 인간은 인간의 직업을 대체하기보다 인간과 협업하는 새로운 파트너가 되어야 한다'라는 논제를 바탕으로 찬성과 반대의 생각을 서술하시오.

찬성	반대

시간을 거스르는 과학
- 노화 방지 기술의 혁신과 미래

노화 방지 기술은 현대 사회에서 점점 더 중요한 연구 분야로 자리 잡고 있으며, 이는 단순한 미용을 넘어 건강과 삶의 질 향상에 기여하고 있다. 노화는 생물학적 과정으로, 시간이 지나면서 신체와 정신의 기능이 점차 감소하는 현상이다. 이러한 과정은 유전적 요인, 환경적 요인, 생활 습관 등 다양한 요소에 의해 영향을 받는다. 최근의 연구들은 노화가 단순히 나이와 관련된 자연적인 현상이 아니라, 특정 유전자의 작용이나 환경적 요인에 의해 조절될 수 있다는 사실을 밝혀내고 있다. 특히 텔로미어의 길이와 같은 유전적 요소가 노화 속도에 미치는 영향이 주목받고 있으며, 이는 노화 방지 기술의 발전에 있어 중요한 기초가 되고 있다. 이러한 발견은 과학자들이 노화 과정을 지연시키기 위한 새로운 전략을 개발하는 데 기여하고 있으며, 이는 미래의 건강한 노후를 위한 중요한 열쇠가 될 것이다.

특히 텔로미어(telomere)[1]라는 염색체 끝부분의 구조가 세포 분열 시 점차 짧아지며, 텔로미어가 짧아지면 세포는 더 이상 분열하지 않게 되어 노화가 가속화된다는 점이 주목받고 있다. 이로 인해 과학자들은 텔로미어를 연장하거나 보호하는 방법을 모색하고 있으며, 이는 노화 방지에 실질적인 기여를 할 수 있는 가능성을 제시하고 있다. 또한, 항산화제[2]의 역할도 빼놓을 수 없다. 항산화제는 활성산소로 인한 세포 손상을 예방하는 물질로, 비타민 C, 비타민 E, 셀레늄 등이 포함된다. 이러한 항산화제는 세포의 노화를 늦추고 다양한 질병의 예방에도 도움을 준다. 최근에는 특정 영양 보충제가 노화 방지에 효과적이라는 연구 결과가 나오고 있으며, 이를 활용한 건강 보조식품이 인기를 끌고 있다. 예를 들어, 니코틴아미드 아다민(NAD+)이나 레스베라트롤(resveratrol)과 같은 성분은 세포의 에너지 생산을 촉진하고 노화 관련 질병의 발병을 늦추는 데 기여할 수 있는 것으로 알려져 있다. 피부 관리 및 미용 기술 또한 발전하고 있으며, 레이저 치료, 필링, 보톡스, 히알루론산 주사 등의 다양한 피부 관리 기술이 개발되어 주름을 줄이고 피부 탄력을 개선하는 데 도움을 준다. 이러한 기술들은 피부의 콜라겐[3] 생성을 촉진하고 세포 재생을 도와 노화의 징후를 최소화하는 데 기여하고 있다. 또한, 최근에는 스킨케어 제품에서도 노화 방지 성분이 포함된 제품이 증가하고 있으며, 소비자들은 이러한 제품을 통해 더 젊고 건강한 피부를 유지하려고 노력하고 있다. 그러나 노화 방지 기술은 단순히 외부적인 기술에 국한되지 않는다. 건강한 생활 습관이야말로 노화 방지의 가장 중요한 요소 중 하나이다. 규칙적인 운동, 균형 잡힌 식사, 충분한 수면, 스트레스 관리 등은 신체의 건강을 유지하고 노화를 늦추는 데 필수적이다. 운동은 혈액 순환을 개선하고 심혈관 건강을 증진시키며, 정신적 안정에도 기여한다. 또한, 올바른 영양 섭취는 세포의 기능을 유지하고 면역력을 강화하는 데 중요한 역할을 한다. 오메가-3 지방산[4]이 풍부한 식품은 항염 효과가 있어 노화 방지에 긍정적인 영향을 미친다.

---

① 텔로미어: 염색체의 끝부분으로, 세포 분열 시 점차 짧아져 노화에 영향을 주는 걸 의미한다.
② 항산화제: 활성산소로 인한 세포 손상을 예방하는 물질로, 노화 지연에 도움을 주는 물질을 말한다.
③ 콜라겐: 피부와 결합 조직의 주요 단백질로, 피부 탄력을 유지하는 데 중요한 역할을 한다.
④ 오메가-3 지방산: 항염 효과가 있는 지방산으로, 심혈관 건강 및 노화 방지 기능을 가지고 있다.

국어 공신 선생님

마지막으로 정신적 건강 또한 노화 방지에 중요한 요소로 자리 잡고 있다. 긍정적인 마음가짐과 스트레스 관리가 노화 속도에 큰 영향을 미친다는 연구 결과가 많다. 명상, 요가, 취미 활동 등은 정신적 안정을 도와주며, 이는 전반적인 건강에도 긍정적인 영향을 미친다. 사회적 관계를 유지하고 지속적인 학습과 자기 계발도 정신적 건강을 증진시키는 데 중요한 역할을 한다. 이러한 정신적 건강 관리 방법들은 스트레스를 줄이고 행복감을 높이며, 결과적으로 노화를 늦추는 데 기여한다. 종합적으로, 노화 방지 기술은 다양한 분야에서 발전하고 있으며, 이는 단순한 미용을 넘어 건강과 삶의 질을 향상시키는 데 기여하고 있다. 유전자 연구, 항산화제, 피부 관리 기술, 생활 습관 개선, 정신적 건강 관리 등 다양한 접근 방식이 통합되어 노화 방지에 대한 종합적인 해결책을 제공하고 있다. 앞으로도 기술의 발전과 함께 노화 방지를 위한 연구가 계속될 것이며, 이는 더욱 건강하고 활기찬 노후를 위한 중요한 발판이 될 것이다. 건강한 삶을 위한 노력이 결합된 노화 방지 기술은 우리 모두에게 더 나은 미래를 선사할 수 있을 것이다.

국어 공신 선생님의 감상 꿀팁!

🧢 좀 더 깊이 생각해 보기

• 텔로미어 식단이 노화 방지에 어떻게 기여할 수 있으며, 구체적으로 어떤 식품을 포함해야 할까요?

텔로미어 식단은 세포의 노화 과정을 늦추는 데 중요한 역할을 한다. 텔로미어는 염색체의 끝부분으로, 이 길이가 줄어들면 세포 분열이 제한되고 노화가 가속화된다. 따라서, 텔로미어를 보호하고 연장하는 데 도움이 되는 식품을 섭취하는 것이 중요하다. 주로 항산화 성분이 풍부한 신선한 과일과 채소, 특히 베리

류, 시금치, 견과류 등을 추천한다. 또한, 오메가-3 지방산이 풍부한 생선과 아보카도와 같은 건강한 지방도 포함해야 한다. 이 외에도, 정제된 탄수화물 대신 통곡물을 선택하고, 가공식품을 피하는 것이 텔로미어 보호에 긍정적인 영향을 미친다. 이러한 식단은 염증을 줄이고, 세포 건강을 증진시켜 노화 방지에 기여할 수 있다.

• 저속노화 기술이 인공지능과 결합할 수 있는 가능성은?

저속노화 기술이 인공지능(AI)과 결합할 수 있는 가능성은 매우 크며, 이는 여러 측면에서 혁신을 가져온다. 첫째, AI는 대량의 생물학적 데이터와 개인의 건강 기록을 분석하여 노화 관련 유전자와 환경 요인을 파악하는 데 도움을 준다. 이를 통해 개인 맞춤형 노화 방지 솔루션을 제안하고, 효과적인 예방 전략을 개발할 수 있다. 둘째, AI 기반의 건강 관리 앱은 사용자의 생활 습관, 식단, 운동 패턴을 모니터링하고, 최적의 건강 관리 방안을 실시간으로 제공하여 저속노화를 촉진할 수 있다. 셋째, AI는 머신러닝 기술을 활용하여 노화 과정을 예측하고, 개인의 생리적 변화를 모니터링함으로써 조기 경고 시스템을 구축한다. 이러한 접근은 개인의 노화 속도에 맞춘 맞춤형 건강 관리와 치료를 가능하게 하여, 건강한 노후를 지원하는 데 큰 기여를 한다.

• 미생물과 노화의 관계는 무엇이며, 이를 통해 노화 방지를 어떻게 할 수 있나요?

미생물, 특히 장내 미생물군은 노화 과정에 중요한 역할을 한다. 장내 미생물은 소화 및 영양소 흡수뿐만 아니라 면역 체계와 대사에 영향을 미친다. 연구에 따르면, 건강한 미생물군은 염증을 줄이고, 면역 기능을 강화하여 노화 관련 질병의 위험을 감소시킬 수 있다. 반면, 미생물군의 불균형은 만성 염증을 유발하고, 이는 노화 속도를 가속화하는 원인이 된다. 예를 들어, 유익한 박테리아는 항염증 효과를 제공하며, 노화 관련 질병 예방에 기여한다. 따라서, 프로바이오틱스와 프리바이오틱스가 포함된 식단을 섭취함으로써 장내 미생물의 균형을 유지하는 것이 중요하다. 건강한 식습관과 함께 미생물 관리를 통해 노화 방지와 전반적인 건강 증진을 도모할 수 있다.

정리해 볼까요?

기사에 대해서 알아볼까요?

주제: 노화 방지 기술의 발전과 건강한 삶을 위한 통합적 접근 방안

핵심어휘: 노화 방지, 텔로미어, 항산화제, 콜라겐, 생활 습관, 정신 건강, 유전자 연구, 건강 보조식품, 피부 관리, 종합적 전략

1단락 요약: 노화는 유전, 환경, 생활 습관 등의 영향을 받는 생물학적 과정이며, 조절 가능성이 있다. 특히, 텔로미어 같은 유전적 요인이 주목받는다.

2단락 요약: 텔로미어 단축은 세포 노화를 유발하며, 이를 보호하는 기술과 항산화제가 노화 지연에 기여한다. 건강 보조식품 개발과 소비도 활발하다.

3단락 요약: 피부 미용 기술이 발전하며, 다양한 시술과 제품이 주름 개선과 탄력 유지에 도움을 준다. 콜라겐 촉진과 세포 재생 기술도 노화 방지에 기여한다.

4단락 요약: 건강한 생활 습관은 노화 지연에 필수적이며, 운동, 식습관, 수면, 스트레스 관리가 중요하다. 오메가-3 등 항염 식품도 도움이 된다.

5단락 요약: 정신 건강은 노화 방지에 중요하며, 명상, 취미, 사회적 관계 유지가 안정과 행복을 높여 건강한 노후를 돕는다.

6단락 요약: 노화 방지는 유전자, 생활 습관, 피부 관리, 정신 건강을 포함한 종합 전략이며, 기술 발전과 함께 삶의 질 향상이 중요하다.

기사의 구조적 접근을 꼭 알아야 해요!

1) 서론: 노화, 피할 수 없는 과제가 아닌 관리 가능한 변화

노화는 단순한 생물학적 현상이 아니라 조절 가능한 과정으로, 이를 늦추고 건강한 삶을 유지하기 위한 기술과 전략이 지속적으로 발전하고 있다. 노화 방지는 단순한 미용이 아닌 삶의 질 향상을 위한 필수적 주제로 부상하고 있다.

2) 본론: 기술과 생활의 결합 – 실질적 대응 방안

텔로미어 연구와 항산화제 개발은 노화 지연 가능성을 보여준다. 피부 시술, 보조식품, 영양, 운동, 정신 건강 관리 등 생활 속 실천이 종합적으로 이루어져야 효과적이며, 기술과 습관, 정신적 건강이 상호작용해 노화 방지의 핵심이 된다.

3) 결론: 건강한 노후, 기술과 태도의 균형에서 시작된다

노화 방지 기술은 과학뿐 아니라 개인의 실천이 함께할 때 효과적이다. 신체 건강, 정신 안정, 사회적 유대가 조화를 이루는 삶이 핵심이며, 노화를 지연시키고 건강하게 맞이하는 미래는 우리 모두가 만들어갈 수 있다.

1 다음 중 노화 방지 기술의 중요성과 관련된 내용이 아닌 것은 무엇인가?

① 노화 방지를 위한 여러 기술과 노력은 오직 겉모습을 젊게 유지하는 미용적인 측면에만 한정되며, 건강이나 신체 기능 개선과는 관계가 없다.

② 사람의 노화 과정은 타고난 유전적인 요인뿐만 아니라, 생활 습관, 식단, 환경 등 다양한 외부 환경적 요인에 의해서도 영향을 받는다.

③ 세포 분열과 관련된 염색체 말단의 '텔로미어' 길이가 짧아지는 것이 세포 노화와 연관되며, 이 길이가 노화 과정에 중요한 영향을 미친다는 연구 결과가 있다.

④ 항산화제는 활성 산소를 억제해 산화 스트레스를 줄이고 세포 손상을 막아 노화 과정을 늦추는 데 도움이 된다.

⑤ 규칙적인 운동, 균형 잡힌 식사, 충분한 수면 등 건강한 생활 습관을 유지하는 것이 노화 진행 속도를 늦추고 전반적인 건강 상태를 개선하는 데 매우 중요하다.

2 다음 <보기>를 바탕으로 노화 방지 기술의 발전에 따라 어떤 변화가 기대되는가?

> 건강한 노화를 위한 프로그램에 참여하는 노인들은 정기적인 운동과 사회적 활동을 통해 새로운 친구를 만나고, 서로의 경험을 공유하며 긍정적인 관계를 형성하고 있다. 이러한 활동은 노화 방지 기술이 활성화된 사회에서는 노인들이 더 활발하게 참여하고, 건강한 커뮤니티를 형성할 수 있다.

① 노화 방지 기술 발전은 노화 관련 질병 발생률을 낮추고 사람들의 전반적인 건강 상태를 개선시켜 건강한 수명을 연장할 것으로 기대한다.

② 노화로 인한 신체적, 정신적 제약을 완화시켜 개인이 더 오래 활동적인 삶을 살며 삶의 만족도와 행복도를 높이는 데 기여할 것으로 기대한다.

③ 사람들이 더 건강하게 노화하면서 질병 발생이 줄어들고 의료기관 이용 빈도가 감소하여 개인 및 사회 전체의 의료 비용 부담이 줄어들 것으로 기대한다.

④ 노화 방지 기술 발달이 노년층의 사회 적응을 어렵게 하고 기술 격차를 심화시켜, 오히려 사회 구성원들과의 교류가 줄어들고 고립될 수 있다.

⑤ 노화 방지 기술을 통해 신체 및 정신 건강이 유지되어 노년층이 활동적인 삶을 살고 취미, 사회 활동 등에 적극 참여하며 건강한 노후 생활을 누릴 것으로 기대한다.

3 노화 방지 기술이 발전하면서 개인의 삶의 질이 어떻게 변화할 수 있을지 서술하시오.

4 노화 방지 기술의 중요성에 대해서 서론, 본론, 결론의 형식으로 서술하시오.

중요

5 노화 방지 기술의 발전이 개인의 가치관에 미치는 영향에 대해 서술하시오.

6 다음 '노화 방지 기술이 자연스러운 노화 과정을 방해한다'라는 논제를 바탕으로 찬성과 반대의 생각을 서술하시오.

찬성	반대

문화

감성의 힘

삶의 흔적을 기록하고 나누는
문화의 세계

청소년의 팬픽(Fan Ficion)
-2차 창작 문화

청소년 사이에서 팬픽(Fan Fiction)[1]과 같은 2차 창작 문화가 활발하게 이루어지고 있다. 팬픽은 기존의 이야기, 영화, 드라마, 웹툰, 게임 등의 등장인물이나 설정을 바탕으로 새로운 이야기를 만드는 활동이다. 청소년들은 자신이 좋아하는 캐릭터에 감정을 이입하고, 상상 속 상황을 새롭게 그리며 자신만의 이야기를 만들어 간다. 이처럼 팬픽은 단순한 '따라쓰기'가 아닌, 기존 콘텐츠를 바탕으로 한 창의적 재해석이자, 또 다른 창작의 시작점이 된다.

BTS 팬픽

이러한 2차 창작 활동은 국어 교과에서 배우는 서사 구조와 매우 밀접하게 연결된다. 팬픽을 쓰는 청소년들은 자신이 만든 이야기 속에 도입, 전개, 위기, 절정, 결말의 구조를 자연스럽게 녹여내며 이야기의 흐름을 구성한다. 또한 대사와 장면을 세밀하게 조절하고, 인물 간의 갈등과 감정선을 설계하면서 구성력과 표현력을 키우게 된다. 이 과정에서 평소 수업 시간에 배운 문학 작품 분석 능력과 창의적 쓰기 능력이 자연스럽게 확장된다. 이는 글쓰기 수업이나 독서 활동에서 다루는 문학적 상상력과도 맞닿아 있으며, 청소년들이 문학을 실생활에서 실천하는 하나의 방식이 된다.

미술 교과와의 연계도 주목할 만하다. 최근에는 '텍스트 팬픽' 외에도, 자신이 만든 이야기에 어울리는 일러스트나 캐릭터 설정화를 직접 그리는 청소년들이 늘고 있다. 일부는 SNS에 웹툰 형태로 연재하거나, 디지털 드로잉 툴을 활용해 온라인 플랫폼에 업로드하기도 한다. 자신이 만든 서사에 어울리는 표정이나 배경, 색채를 고민하는 과정은 창작자로서의 감각을 자극하고 시각적 표현 능력을 기르도록 돕는다. 특히 이 과정에서 색채 조화, 구도, 인물 묘사 등 미술 수업에서 배운 개념이 실제 창작 활동으로 연결된다. 이러한 활동은 단순한 취미를 넘어 예술적 감수성과 디지털 창작 역량을 함께 성장시키는 계기가 된다.

팬픽은 팬덤 문화의 일부로서, 또래 집단과의 소통을 이끄는 중요한 매개체가 된다. 청소년들은 자신이 좋아하는 아이돌, 애니메이션 캐릭터, 게임 세계관을 공유하는 다른 친구들과 팬픽을 통해 감정을 나누고, 공감하며 집단 속에서의 소속감을 형성한다. 이는 온라인 커뮤니티나 소셜 미디어를 통해 더욱 활발하게 이루어지며, 사회적 상호작용 능력도 자연스럽게 향상된다. 팬픽 커뮤니티 내에서 서로의 작품에 피드백을 주고받거나 공동 창작을 하는 경우도 많아, 협업 능력과 소통 능력까지 키울 수 있다.

그러나 팬픽 활동이 모두 긍정적인 것만은 아니다. 팬픽은 대체로 기존 창작물을 바탕으로 하기 때문에 저작권과 초상권 문제가 따라온다. 원작자의 창작 권리를 침해하지 않기 위해선 팬픽 작성 시 저작권에 대한 인식과 기본적인

❶ 팬픽: 기존의 작품이나 캐릭터를 바탕으로 새로운 이야기를 창작하는 활동을 말한다.
❷ 침해: 남의 권리나 영역을 부당하게 침범하여 해를 끼치는 행위를 의미한다.
❸ 치부: 어떤 사실이나 대상을 하찮거나 부정적인 것으로 여기며 무시하거나 가볍게 여기는 태도를 뜻한다.

국어 공신 선생님

창작 윤리가 필요하다. 최근 일부 플랫폼에서는 원작자와의 협약을 바탕으로 팬픽 활동을 허용하거나, 비영리 창작물로 한정하여 공유하는 방식을 취하고 있다. 창작과 저작권의 균형을 고민하며 활동하는 것이 중요하다.

청소년의 팬픽과 2차 창작 활동은 창의적 사고와 자기 표현 능력을 키우는 효과적인 문화 활동이다. 국어 교과의 이야기 구성, 미술 교과의 시각 예술 표현, 그리고 사회적 관계 형성과 연결되는 팬덤 문화는 청소년의 삶을 더 풍요롭게 만든다. 따라서 어른들은 이를 단순한 취미로 치부[3]하지 말고, 긍정적인 창작 문화로 성장할 수 있도록 적절한 지도와 격려를 아끼지 않아야 한다. 이 과정에서 학생들은 문화의 소비자가 아닌, 적극적인 창작자이자 소통자로 성장하게 된다.

국어 공신 선생님의 감상 꿀팁!

 한걸음 더 깊이 생각해 보기

• 청소년의 팬픽 문화에 대한 사회적 인식을 개선하기 위한 방안은 무엇인가?

청소년 팬픽 문화에 대한 사회적 인식을 개선하기 위해 다음과 같은 노력이 필요하다. 첫째, 팬픽 활동의 교육적 가치를 소개하는 콘텐츠를 미디어와 학교 교육에서 적극적으로 다뤄야 한다. 예능, 뉴스, 교양 프로그램을 통해 팬픽이 단순한 놀이가 아니라 창의적 글쓰기와 시각 예술 표현을 결합한 학습 활동임을 알려야 한다. 둘째, 전문가와 교육계의 협력을 통해 팬픽 활동을 활용한 수업 사례나 연구 결과를 대중에게 소개함으로써 학부모나 교사의 인식을 긍정적으로 전환시킬 수 있다. 셋째, 청소년들이 창작한 팬픽 작품이 전시되거나 상호 피드백받을 수 있는 청소년 문화 축제나 창작 공모전 등을 정기적으로 개최해, 팬픽이 공감과 소통의 문화임을 강조해야 한다.

이러한 노력들은 팬픽 문화를 단순한 유행이 아닌 창작 교육의 하나로 자리매김하는 데 기여할 것이다.

• 청소년 팬픽 활동의 건전한 확산을 위한 기술적 접근 방법은 무엇인가?

청소년 팬픽 활동을 안전하고 창의적으로 확산시키기 위해 다음과 같은 기술적 접근이 필요하다. 첫째, 온라인 창작 플랫폼에 저작권 필터링 기능을 강화해 원작자의 권리를 침해하지 않으면서 2차 창작이 이루어지도록 해야 한다. 예를 들어, 비영리 공유, 출처 명시 등의 조건을 자동으로 안내하고 적용하는 시스템이 필요하다. 둘째, 청소년이 안전하게 팬픽을 올리고 소통할 수 있도록 청소년 전용 창작 커뮤니티나 앱을 개발해, 유해한 댓글이나 과도한 비난으로부터 보호받을 수 있도록 해야 한다. 셋째, 팬픽 작성을 지원하는 인공지능 기반 창작 도구(예: 이야기 흐름 추천, 서사 구조 분석기 등)를 제공해 창작의 질을 높이고 학습 효과도 함께 누릴 수 있도록 한다. 이러한 기술적 접근은 청소년의 디지털 창작 환경을 더욱 풍요롭고 안전하게 만드는 데 기여할 것이다.

• 청소년 팬픽 문화 활성화를 위한 기업과 교육 기관의 역할은 무엇인가?

기업과 교육 기관은 청소년 팬픽 문화 활성화에 중요한 책임을 가진다. 첫째, 교육 기관은 팬픽 활동을 국어, 미술, 정보 교육과 연계한 창의 융합 활동으로 정규 수업이나 방과후 프로그램에 적극 도입해야 한다. 이를 통해 청소년들은 글쓰기와 예술 표현을 통합적으로 배울 수 있다. 둘째, 출판사, 미디어 플랫폼, 웹툰/웹소설 기업 등은 청소년 팬픽 경연대회, 공모전, 창작 멘토링 프로그램 등을 운영해 청소년들의 재능을 발굴하고 육성하는 데 기여해야 한다. 셋째, 기업은 사회공헌(CSR) 차원에서 디지털 창작 교육 콘텐츠를 무상으로 제공하거나 창작 플랫폼의 안전성과 저작권 교육 기능을 강화하는 데 지원할 수 있다. 이러한 노력을 통해 청소년 팬픽 활동은 건전하고 지속 가능한 문화로 발전할 수 있으며, 동시에 사회의 창작 기반도 강화될 수 있다.

정리해 볼까요?

기사에 대해서 알아볼까요?

주제: 청소년 팬픽과 2차 창작 문화를 바탕으로 창의적 표현과 디지털 시대 문화 소통 능력을 기르는 창작 교육의 중요성.
핵심어휘: 팬픽, 서사 구조, 팬덤, 창작 윤리, 디지털 창작 교육

1단락 요약: 청소년 사이에서 활발하게 이루어지는 팬픽 활동은 취미를 넘어 창의적 표현과 공동체 소통 능력을 기르는 문화 활동이라는 점을 강조한다.
2단락 요약: 팬픽을 통해 청소년은 국어 교과에서 배우는 서사 구조를 실생활에 적용하고, 구성력과 상상력을 확장하는 과정에서 창작 역량을 키운다.
3단락 요약: 미술 교과와 연계한 팬픽 일러스트 창작 활동은 청소년들의 시각 표현 능력과 디지털 드로잉 역량을 향상시키는 데 기여한다.
4단락 요약: 청소년은 팬덤 활동을 통해 소통·협업 역량을 키우지만, 저작권 침해 등 윤리적 문제에 대한 인식도 함께 교육받아야 한다.
5단락 요약: 청소년의 팬픽 문화는 창작 교육의 자산이며, 학교는 이를 창의적 소통 활동으로 수용하고 윤리적 창작 태도를 지도해야 한다.

기사의 구조적 접근을 꼭 알아야 해요!

1) 서론: 청소년 팬픽 문화와 창작 교육의 연계 필요성
청소년 사이에서 확산되고 있는 팬픽과 2차 창작 활동은 단순한 유행이 아니라, 디지털 시대에 맞는 창의적 표현 방식으로 주목받고 있다. 이러한 활동은 국어와 미술 교과 학습과도 연계되며, 청소년의 창작 교육과 디지털 리터러시 향상에 긍정적인 역할을 한다.

2) 본론: 팬픽의 교육적 효과와 사회적 역할
청소년 팬픽 활동은 문학적 상상력과 창작 능력을 키우며, 디지털 아트와 시각 예술 교육과도 연계된다. 팬덤 내 협업과 피드백을 통해 사회적 소통 능력이 성장하고, 자아 정체성과 공동체 소속감에도 긍정적 영향을 준다. 그러나 저작권과 초상권 문제를 인식하며, 창작 윤리 교육과 저작권 인식 확산이 필요하다. 일부 플랫폼은 비영리 팬픽을 허용하고 저작권자와 협업하는 사례도 증가하고 있다.

3) 결론: 청소년의 팬픽 활동을 창작 교육의 기회로
청소년 팬픽과 2차 창작은 교육적·문화적 가치가 있는 창작 활동이며, 국어·미술 교육과 연계해 창작 역량과 윤리를 배울 지원이 필요하다. 성인의 긍정적 수용과 지도가 청소년을 창조자로 성장시키는 데 중요하다.

비판적 사고 키워 볼까요? +

1 다음 중 본문의 내용으로 적절하지 않은 것은?

① 팬픽은 기존 캐릭터와 세계관을 활용하지만, 이야기 구조와 표현에서 창의적 재해석의 성격을 가진다.

② 팬픽 활동은 주로 인터넷에 퍼져 있는 원작의 내용을 그대로 옮기는 작업이기 때문에, 창의력보다는 기술적인 전사 능력이 요구된다.

③ 청소년은 팬픽을 쓰며 자연스럽게 도입-전개-위기-절정-결말의 서사 구조를 적용하며, 이는 국어 시간의 이야기 구성 요소와 연결된다.

④ 팬픽 활동은 글쓰기 외에도 그림, 일러스트, 디지털 드로잉 등 시각 예술과 연계되어 표현력을 확장하는 데 도움이 된다.

⑤ 팬픽 활동을 통해 청소년은 같은 관심사를 가진 또래와 교류하고 협업하며, 사회적 소통 능력과 공동체 의식을 기를 수 있다.

2 다음 <보기>는 청소년의 팬픽 활동이 국어 교과와 어떻게 연계되는지를 설명한 내용이다. <보기>의 내용을 참고하여 본문의 내용과 적절하지 않은 것을 고르시오.

 보기

> 팬픽 활동은 청소년이 서사 구조를 학습하고, 문학적 상상력을 키우는 창작 과정으로 작용한다. 팬픽을 쓰는 과정에서 학생들은 도입, 전개, 위기, 절정, 결말의 흐름을 구성하고, 등장인물의 감정선과 갈등을 설정하는 경험을 하게 된다. 이는 국어 교과에서 배우는 이야기 구성 방식, 인물 분석, 창의적 글쓰기 능력과 밀접하게 연결된다.

① 청소년은 팬픽을 쓰며 인물 간 갈등과 감정을 표현하고, 문학 작품의 서사 구조와 갈래별 특징을 직접 적용해본다.

② 팬픽은 다양한 결말을 창작하며 독서 감상문의 논거 구성력을 익히고, 비문학 정보 탐색과 근거 제시 능력을 키우는 데 도움을 준다.

③ 팬픽 활동은 자연스럽게 서사 구조를 익히는 과정이며, 창의적 글쓰기 수업의 실천적 적용이 될 수 있다.

④ 팬픽 속 인물의 심리와 행동을 설정하면서 청소년들은 인물의 내면과 외면을 분석하는 능력을 기르게 된다. 이는 교과서 속 인물 이해 및 감정선 파악과 연계된다.

⑤ 팬픽을 통해 학생들은 문학 수업의 서사적 표현을 적용하며, 자신만의 이야기 세계를 구축하고 표현력과 구성력을 키운다.

3 본문에서 청소년의 팬픽 활동이 창의적 글쓰기 교육과 어떻게 연계되는지를 서술하시오.

4 청소년 팬픽 활동이 미술 교과와 연계되는 방식에 대하여 자신의 생각을 서론, 본론, 결론의 형식으로 서술하시오.

5 팬픽 활동을 건전한 창작 문화로 만들기 위해 필요한 조건을 서술하시오.

6 다음 '팬픽은 문학적 글쓰기 교육에 방해가 된다'라는 논제를 바탕으로 찬성과 반대의 생각을 서술하시오.

찬성	반대

MZ세대의 디지털 네이티브
- 새로운 시대의 주역

MZ세대는 밀레니얼 세대와 Z세대를 통칭하는 용어로, 디지털 환경에서 성장한 첫 세대이다. 이들은 인터넷과 스마트폰의 보급과 함께 자라났으며, 디지털 기기와 플랫폼을 통해 소통하고 정보를 습득하는 데 능숙하다. 이러한 디지털 네이티브[1] 특성은 MZ세대의 가치관, 소비 패턴, 사회적 행동에 큰 영향을 미친다. 이들은 정보 접근성이 높아지면서 스스로 원하는 정보를 찾아내고, 소셜 미디어를 통해 자신의 의견을 적극적으로 표현한다. 또한, 온라인 커뮤니티를 통해 다양한 사람들과 연결되고, 공통의 관심사를 기반으로 새로운 관계를 형성하는 데 능숙하다. 이러한 특성은 MZ세대가 전통적인 가치관과는 다른 새로운 사회적 기준을 세우는 데 기여하고, 기업과 사회가 이들의 요구를 반영할 필요성을 더욱 강조하게 만든다. MZ세대는 기술의 발전과 함께 변화하는 시대의 주역으로 자리 잡고 있으며, 그들의 행동 양식은 앞으로의 사회에 지속적인 영향을 미칠 것이다.

첫째, MZ세대는 정보 접근성의 혁신을 경험하였다. 과거에는 책이나 신문 등 오프라인 매체를 통해 정보를 얻었지만, 지금은 스마트폰과 인터넷을 통해 언제 어디서나 다양한 정보를 실시간으로 습득할 수 있다. 이는 MZ세대가 더 빠르게 변화하는 사회에 적응할 수 있는 능력을 키우게 한다. 특히, 소셜 미디어와 유튜브와 같은 플랫폼은 이들에게 정보의 생산자이자 소비자로서의 역할을 부여한다. 이로 인해 MZ세대는 자신이 원하는 정보를 직접 찾아보고, 공유하

중등 신문 읽기

며, 의견을 개진할 수 있는 환경에서 자라난다. 둘째, MZ세대는 소통 방식에서도 큰 변화를 가져왔다. 이들은 텍스트 메시지, 이모티콘, GIF, 비디오 등 다양한 형태의 커뮤니케이션 수단을 활용하여 감정과 생각을 표현한다. 이러한 소통 방식은 빠르고 효율적이며, 때로는 감정의 깊이를 전달하기 어려울 수 있지만, 상대방과의 연결을 강화하는 데 기여한다. 또한, MZ세대는 온라인 커뮤니티에서의 소통을 통해 새로운 관계를 형성하고, 공통의 관심사를 가진 사람들과의 연대를 중요시한다. 셋째, MZ세대는 소비 패턴에서도 디지털 네이티브 특성이 뚜렷하게 나타난다. 이들은 온라인 쇼핑과 소셜 미디어를 통해 제품 정보를 얻고 구매 결정을 내리는 경우가 많다. 특히, 인플루언서[2] 마케팅의 영향력은 이 세대의 소비 행태에 큰 변화를 가져온다. 유명 인플루언서가 추천하는 제품은 신뢰를 바탕으로 빠르게 판매되며, 이는 전통적인 광고 방식과는 다른 소비 구조를 형성한다. MZ세대는 가격과 품질뿐만 아니라 브랜드의 가치와 윤리적 소비[3]를 중요시하며, 이러한 요소들이 구매 결정에 큰 영향을 미친다. 넷째, MZ세대는 사회적 책임과 지속 가능성[4]에 대한 인식이 높다. 이들은 기후 변화, 환경 보호, 인권 문제 등 사회적 이슈에 대해 깊은 관심을 가지고 있으며, 이러한 가치가 소비와 행동에 반영된다. 예를 들어, 친환경 제품이나 사회적 가치를 지향하는 브랜드에 대한 선호도가 높아지고 있다. 이는 기업들이 MZ세대를 타겟으로 할 때, 단순한 제품 판매를 넘어 사회적 책임을 고려해야 함을 의미한다. 마지막으로, MZ세대는 일과 삶의 균형을 중요시한다. 이들은 직업에 대

꼭 기억하렴

❶ 디지털 네이티브: 디지털 환경에서 자라난 세대로, 기술에 친숙한 사람들을 말한다.
❷ 인플루언서: 소셜 미디어에서 영향력을 미치는 사람을 의미한다.
❸ 윤리적 소비: 환경이나 사회적 가치를 고려하여 소비하는 것을 뜻한다.
❹ 지속 가능성: 현재의 필요를 충족하면서 미래 세대의 필요도 고려하는 개념을 뜻한다.

국어 공신 선생님

한 가치관이 변화하면서, 단순히 높은 연봉이나 안정성보다는 개인의 행복과 삶의 질을 중시하게 된다. 재택근무와 유연 근무제와 같은 새로운 근무 형태를 선호하며, 이러한 변화는 기업 문화에도 큰 영향을 미친다. MZ세대가 선호하는 기업은 직원의 개인적 성장과 행복을 지원하는 문화를 갖춘 곳이다.

MZ세대는 디지털 네이티브로서 정보 접근성, 소통 방식, 소비 패턴, 사회적 책임, 일과 삶의 균형 등 다양한 면에서 기존 세대와는 다른 특징을 보인다. 이들은 빠르게 변화하는 디지털 환경 속에서 적응하며, 새로운 가치관과 행동 양식을 형성하고 있다. 이러한 MZ세대의 특성은 앞으로의 사회와 경제에 큰 영향을 미칠 것으로 예상되며, 기업과 사회는 이들의 요구와 가치에 맞춰 변화해야 할 필요성이 커진다. MZ세대의 디지털 네이티브 특성은 단순히 기술에 대한 친숙함을 넘어, 사회의 다양한 분야에서 긍정적인 변화를 이끌어내는 원동력이 된다.

국어 공신 선생님의 감상 꿀팁!

 좀 더 깊이 생각해 보기

• 미래의 인플루언서는 어떤 역할을 하게 될까?
미래의 인플루언서는 단순한 제품 홍보를 넘어, 사회적 이슈 해결에 적극 참여하는 역할을 하게 될 것이다. 예를 들어, 환경 문제나 사회적 불평등 문제에 대한 캠페인을 주도하며, 자신의 플랫폼을 통해 대중의 인식을 변화시키는 데 기여할 가능성이 크다. 이들은 AI 기술을 활용하여 개인 맞춤형 콘텐츠를 제공하고, 팬들과의 소통을 강화할 수 있다. 또한, 블록체인 기술을 통해 투명한 후원 시스템을 구축하여, 팬들이 직접적으로 사회적 프로젝트에 참여할 수 있도록 할 것이다. 이러한 변화는 인플루언서가 단순한 소비 자극자가 아니라, 사회적 변화를 이끌어내는 주체로 자리 잡게 만들 것이다. 인플루언서의 영향력이 더욱 커짐에 따라, 이들은 책임감을 가지고 행동해야 하며, 이를 통해 긍정적인 사회적 변화를 이끌어내는 원동력이 될 것이다.

• MZ세대의 하이브리드 근무가 기업에 미치는 영향은 무엇인가?

MZ세대의 하이브리드 근무는 기업에 다양한 긍정적 영향을 미친다. 첫째, 생산성이 향상된다. 자율적인 근무 환경에서 집중력과 창의성이 높아진다. 둘째, 유연한 근무 조건이 직원 만족도를 높여 직장과 개인 생활의 균형을 돕는다. 셋째, 인재 유치와 유지가 용이하다. MZ세대가 선호하는 근무 형태를 제공하면 기업은 경쟁력을 확보할 수 있다. 넷째, 원격과 오프라인 근무를 결합해 다양한 지역의 인재들과 협업할 기회가 확대된다. 다섯째, 기업의 혁신성이 증가한다. MZ세대는 새로운 기술과 트렌드에 민감하여, 하이브리드 근무를 통해 빠르게 변화하는 시장에 적응하고 혁신을 이끌 수 있다. 이러한 변화는 기업의 경쟁력 강화를 돕는다.

• 기업이 MZ세대를 효과적으로 공략하기 위한 전략은 무엇인가?

기업이 MZ세대를 효과적으로 공략하려면 몇 가지 전략이 필요하다. 첫째, 디지털 채널을 강화해야 한다. MZ세대는 소셜 미디어와 온라인 플랫폼을 중심으로 정보를 얻고 소비하므로, 기업은 이들과 직접 소통하고 참여할 수 있는 캠페인을 운영해야 한다. 둘째, 인플루언서 마케팅을 활용해 신뢰할 수 있는 인플루언서와 협업하며 브랜드 인지도를 높여야 한다. 셋째, 윤리적 소비와 사회적 책임을 강조해야 한다. MZ세대는 친환경 제품과 사회적 가치를 중시하므로, 기업은 지속 가능한 경영 방침을 통해 이를 반영해야 한다. 넷째, 개인 맞춤형 경험을 제공하는 것이 효과적이다. 데이터 분석을 활용해 소비자 취향을 반영한 제품 추천과 프로모션을 진행하면 충성도를 높일 수 있다. 이 전략들을 통해 기업은 MZ세대와 긍정적인 관계를 형성하고, 지속 가능한 성장을 이루어야 한다.

정리해 볼까요?

기사에 대해서 알아볼까요?

주제: MZ세대의 디지털 네이티브 특성과 사회적 영향
핵심어휘: 디지털 네이티브, 소비 패턴, 사회적 책임, 윤리적 소비, 일과 삶의 균형

1단락 요약: MZ세대는 디지털 환경에서 성장해 인터넷과 스마트폰을 능숙하게 활용하며 소통하고 정보를 습득한다. 다양한 온라인 플랫폼을 통해 친구, 가족, 전 세계 사람들과 즉각적으로 연결되며, 이는 커뮤니케이션 방식과 정보 소비 패턴에 큰 영향을 미쳤다.

2단락 요약: MZ세대는 혁신적 정보 접근성을 경험하며, 소셜 미디어와 메신저 앱을 통해 실시간으로 의견과 감정을 표현한다. 다양한 커뮤니케이션 수단을 활용해 효과적으로 소통하며, 이는 사회적 상호작용과 관계 형성 방식에 변화를 가져왔다.

3단락 요약: MZ세대는 기존 세대와 다른 특징을 보이며, 사회와 경제에 큰 영향을 미칠 가치관 변화를 겪고 있다. 개인의 가치와 사회적 책임을 중시하며, 환경 문제와 사회적 불평등에 높은 관심을 가진다. 이는 소비 패턴, 직장 문화, 정치적 참여 방식에 변화를 가져올 것으로 예상된다.

기사의 구조적 접근을 꼭 알아야 해요!

1) 서론: MZ세대의 디지털 네이티브 특성
MZ세대는 밀레니얼과 Z세대를 포함하는 디지털 네이티브로, 인터넷과 스마트폰의 발전과 함께 성장하였다. 이들은 정보 접근성과 소통 방식에서 혁신을 경험하며, 이러한 특성은 가치관과 사회적 행동에 큰 영향을 미친다.

2) 본론: MZ세대의 특징과 사회적 변화
MZ세대는 정보 접근성, 소통 방식, 소비 패턴, 사회적 책임, 일과 삶의 균형에서 기존 세대와 다른 특징을 보인다. 이들은 소셜 미디어를 통해 새로운 관계를 형성하고, 윤리적 소비를 중시하며, 기업 문화에도 영향을 미친다.

3) 결론: MZ세대의 미래 사회에 대한 영향
MZ세대의 디지털 네이티브 특성은 앞으로의 사회와 경제에 큰 영향을 미칠 것으로 예상된다. 기업과 사회는 이들의 요구와 가치를 반영해야 하며, MZ세대는 긍정적인 변화의 원동력이 될 것이다.

1 MZ세대의 디지털 네이티브 특성이 무엇을 의미하는가?

① MZ세대가 디지털 환경에 익숙하다는 특성은 변화를 거부하고 기성세대의 전통적인 사고방식이나 가치관만을 중요하게 여기며 고수하는 경향을 나타낸다.

② 어릴 때부터 인터넷과 스마트폰 등 디지털 기술을 자연스럽게 접하며 성장해, 새로운 기술을 빠르게 습득하고 능숙하게 활용하는 것을 의미한다.

③ MZ세대는 개인의 만족을 우선시하여 사회적 문제나 환경 문제 등에 대한 관심이 부족하고, 공동체에 대한 책임감을 다하지 않는다는 부정적인 특성을 나타낸다.

④ 디지털 환경보다 책, 신문 등 종이 매체나 텔레비전, 라디오와 같은 전통적인 오프라인 매체로부터 정보를 얻고 소통하는 것을 더 선호하는 경향을 보인다.

⑤ 상품이나 서비스를 구매할 때 가격이나 가치에 대한 고민 없이 충동적인 소비를 하거나, 지속 가능한 소비의 중요성에 대한 인식이 매우 낮은 편이다.

2 다음 <보기>를 바탕으로 MZ세대의 소통 방식이 사회에 미치는 긍정적인 영향은 무엇인가?

보기

> MZ세대는 소셜 미디어를 통해 다양한 정보를 습득하고, 자신의 의견을 적극적으로 표현하는 특징이 있다. 이들은 또한 온라인 커뮤니티를 통해 공통의 관심사를 가진 사람들과 연결된다.

① MZ세대의 온라인 소통은 정보 습득 경로의 다양성을 가져오지만, 특정 정보에만 편중되거나 잘못된 정보가 확산되어 사회 내 정보 접근의 격차나 비대칭성을 증대시킬 수 있다.

② 소셜 미디어와 온라인 커뮤니티를 활용하여 공통의 관심사를 가진 사람들과 쉽게 연결되고 교류하며, 이를 통해 사회적 유대감과 공동체 의식을 강화한다.

③ 디지털 플랫폼 중심의 소통이 확산됨에 따라 직접 대면하거나 편지를 주고받는 등 기존의 전통적인 소통 방식이 점차 사용 빈도가 줄고 약화되는 경향을 보이게 된다.

④ 온라인에서 자유롭게 의견을 표현할 수 있지만, 악성 댓글과 비난으로 인해 개인이 솔직하고 다양한 생각을 공유하는 데 부담을 느낄 수 있다.

⑤ 정보 탐색이나 소통 방식의 변화가 소비자의 제품 구매 결정 과정을 복잡하게 만들거나 다양한 선택지를 접하게 하여 소비 패턴을 단순화하기보다는 오히려 다양화하는 경향이 있다.

3 MZ세대가 디지털 네이티브로서 정보 접근성과 소통 방식에서 겪는 변화가 사회 전반에 미치는 영향에 대해 서술하시오.

4 'MZ세대의 디지털 네이티브 특성이 사회와 기업에 미치는 영향'에 대하여 자신의 생각을 서론, 본론, 결론의 형식으로 서술하시오.

중요

5 MZ세대가 디지털 네이티브로서 사회에 미치는 영향에 대해 자신의 의견을 서술하시오.

6 다음 '소셜 미디어가 사회적 연대감을 강화하는가, 약화하는가?'라는 논제를 바탕으로 찬성과 반대의 생각을 서술하시오.

찬성	반대

03 디지털 명상과 힐링 콘텐츠 열풍

최근 청소년들 사이에서 디지털 명상①과 힐링② 콘텐츠에 대한 관심이 꾸준히 높아지고 있다. 이는 스마트폰과 인터넷을 통해 언제 어디서나 간편하게 사용할 수 있다는 장점 덕분에 더욱 주목받고 있다. 시험 준비나 과제 수행, 친구와의 관계 등에서 오는 스트레스와 불안을 해소하기 위해 많은 청소년들이 이러한 콘텐츠를 적극 활용하고 있다. 특히 코로나19 이후 비대면 환경이 일상화되면서, 집에서도 스스로 심리적 안정을 찾고 감정을 조절하려는 시도가 늘고 있다.

디지털 명상은 주로 스마트폰 애플리케이션, 유튜브 영상, IPTV 프로그램 등을 통해 제공된다. 예를 들어, 국내에서 개발된 '코끼리' 앱은 심리 전문가들이 제작한 명상, 수면 유도, 심호흡 훈련 등의 콘텐츠를 포함해 사용자가 쉽게 따라 할 수 있도록 구성되어 있다. 해외에서는 '캄(Calm)'이나 '헤드스페이스(Headspace)' 같은 앱이 전 세

수면 명상앱 멘탈케어 '코끼리'

계적으로 인기를 끌고 있으며, 다양한 연령층을 위한 맞춤형 명상 프로그램을 제공한다. 사용자는 자신의 감정 상태나 환경에 맞는 콘텐츠를 골라 들을 수 있어, 마치 나만의 감정 상담실을 사용하는 느낌을 받을 수 있다.

이와 함께 유튜브와 같은 동영상 플랫폼에서도 자연의 소리, 잔잔한 음악, 명상 가이드 영상, ASMR, 슬로우TV 등의 다양한 힐링 콘텐츠가 제공된다. 특히 슬로우TV는 강이 흐르는 모습, 눈이 내리는 장면, 숲 속의 바람 소리처럼 일상에서 보기 어려운 자연의 풍경을 편집 없이 담아내어 시청자에게 몰입과 평온을 제공한다. 빠르게 변하는 세상 속에서 '느림의 미학'을 경험하며, 감정의 속도를 조절할 수 있게 돕는다.

이러한 디지털 명상과 힐링 콘텐츠는 중학교 교과 교육과도 밀접하게 연계된다. 국어 교과에서는 감정을 언어로 표현하고 이야기로 풀어내는 훈련에 도움이 되며, 미술 교과에서는 이미지나 색채를 통해 마음을 표현하고 해석하는 능력을 기른다. 도덕 교과에서는 자기 성찰[3], 타인의 감정 이해, 공감 능력을 함양하며, 체육 교과에서는 심신의 조화[4]와 건강한 라이프스타일을 탐색하는 과정과도 연결된다.

청소년들이 디지털 명상을 통해 마음을 돌아보는 활동은 단순한 콘텐츠 소비가 아니라 자기 성장과 정신 건강 유지에 필요한 중요한 습관 형성이라고 볼 수 있다. 하지만 디지털 콘텐츠도 과하면 독이 될 수 있다. 지나치게 화면을 오래 보는 것은 오히려 피로를 유발하고, 현실 속 경험에서 멀어질 수 있다. 따라서 명상 앱이나 유튜브 영상은 일정 시간 내에서 사용하는 것이 좋으며, 현실에서의 힐링 활동과 병행하는 것이 바람직하다. 예를 들어, 주말에는 가족과 함께 가까운 공원을 산책하거나, 친구들과 도서관에서 독서를 즐기고, 그림이나 글

꼭 기억하렴

❶ 명상: 자신의 내면에 집중하거나 아무 생각 없이 마음을 비우는 상태로, 정신을 안정시키는 활동을 말한다.
❷ 힐링: 신체적·정신적으로 지친 상태를 회복하고 치유하는 과정을 뜻한다.
❸ 자기 성찰: 자신의 감정, 생각, 행동을 되돌아보고 이해하는 과정을 의미한다.
❹ 조화: 여러 요소가 균형 있게 어우러져 전체적으로 잘 어울리는 상태를 말한다.

국어 공신 선생님

쓰기를 통해 감정을 표현하는 활동을 병행하면 더욱 효과적이다.

따라서 디지털 명상과 힐링 콘텐츠는 청소년들이 스트레스를 줄이고 마음의 안정을 찾는 데 큰 도움이 되는 유익한 도구이다. 학교와 가정에서는 이를 단순한 유행으로 치부하지 말고, 창의성, 자기이해, 감정조절을 기를 수 있는 교육적 자원으로 활용해야 한다. 적절하게 사용하면 디지털 명상은 청소년이 건강한 마음을 갖고 성장할 수 있도록 돕는 현대적인 감성 수업이 될 수 있다.

 한걸음 더 깊이 생각해 보기

• 청소년의 디지털 명상 콘텐츠 활용에 대한 사회적 인식을 개선하기 위한 방안은 무엇인가?

청소년의 디지털 명상 활용에 대한 사회적 인식을 개선하기 위해 다양한 노력이 필요하다. 먼저, 디지털 명상이 단순한 유행이 아니라 정신 건강 증진과 감정 조절에 도움을 주는 심리적 습관 형성 활동임을 강조해야 한다. 이를 위해 교육 기관과 언론은 명상의 긍정적 효과를 적극적으로 소개하고, 청소년들이 명상을 자연스럽게 받아들이도록 유도해야 한다. 또한, 교사와 교육 전문가들이 디지털 명상 콘텐츠를 실제 수업에 도입하고, 그 효과를 공유하는 것이 중요하다. 정규 교육 과정에서 디지털 명상이 감정 교육 도구로서 신뢰를 얻을 수 있도록 다양한 프로그램을 마련하고, 학생들이 명상을 체험하며 그 필요성을 직접 느낄 수 있도록 해야 한다. 더 나아가, 심리학자나 정신건강 전문가와 협력해 명상의 효과에 대한 연구 결과를 학부모와 교사에게 소개하는 것도 필요하다. 신뢰할 수 있는 연구 사례가 널리 알려질수록 명상에 대한 사회적 수용도가 높아지고, 청소년의 정신 건강 관리를 위한 주요 교육 자산으로 자리 잡게 될 것이다. 이러한 노력을 통해 디지털 명상은 청소년의 정서 안정과 감정 조절 능력을 키우는 중요한 활동으로 인식되며, 사회 전반에 걸쳐 긍정적인 영향을 미칠 것이다.

• 청소년의 디지털 명상 콘텐츠 활용을 위한 기술적 접근 방법은 무엇인가?

청소년들이 디지털 명상을 안전하고 효과적으로 활용하려면 다양한 기술적 접근이 필요하다. 먼저, 명상 앱과 유튜브 콘텐츠에 연령별 맞춤 추천 기능을 추가해 감정 상태와 상황에 맞는 콘텐츠를 제공해야 한다. 이를 통해 청소년들이 보다 적절한 명상 경험을 할 수 있다. 또한, 이용 시간 제한 기능을 도입해 과도한 사용을 방지하고, 일정 시간 이상 활용 시 현실 활동과 병행하도록 알림을 제공해야 한다. 이를 통해 청소년들이 명상과 일상생활의 조화를 유지하며 균형 잡힌 디지털 활용 습관을 형성할 수 있다. 더 나아가, AI 기반 감정 분석 시스템을 활용해 청소년이 입력한 기분과 고민을 분석하고, 그에 적합한 힐링 콘텐츠를 자동 추천하는 기능을 개발할 필요가 있다. 이 시스템은 사용자의 감정 변화를 반영하여 최적의 콘텐츠를 제공함으로써 명상의 효과를 극대화할 수 있다. 이러한 기술적 장치는 청소년들이 디지털 명상을 올바르게 활용하고 심리적 균형을 유지하는 데 중요한 역할을 하며, 지속적인 연구와 발전이 필요하다. 이를 통해 청소년들이 디지털 명상을 더욱 효과적으로 활용하고 건강한 정신적 습관을 형성할 수 있도록 지원해야 한다.

• 디지털 명상 콘텐츠 활성화를 위한 기업과 교육 기관의 역할은 무엇인가?

기업과 교육 기관은 디지털 명상 콘텐츠 확산과 활용에 중요한 역할을 한다. 교육 기관은 국어, 도덕, 체육 교과와 연계해 감정 조절 및 자기 성찰 도구로 명상 콘텐츠를 적극 활용해야 하며, 창의적 체험 활동과 진로 교육에도 적용할 수 있다. IT 기업과 콘텐츠 플랫폼은 청소년 맞춤형 기능을 강화하고, 콘텐츠 접근성을 높이기 위해 일부 기능을 무료 제공하는 방안을 고려해야 한다. 이를 통해 더 많은 청소년이 명상의 혜택을 누릴 수 있도록 해야 한다. 출판사와 미디어 교육 기관은 디지털 명상과 연계된 감정 일기 쓰기, 명상 후 감정 표현 활동 등을 포함한 통합형 워크북을 제작해 학교와 가정에서 쉽게 활용할 수 있도록 해야 한다. 이러한 기관 간 협력을 통해 디지털 명상은 효과적인 교육 도구로 자리 잡고, 청소년의 정신 건강 증진에 기여할 것이다. 명상 습관이 자연스럽게 형성되도록 지속적인 지원이 필요하다.

정리해 볼까요?

그룹 생각

기사에 대해서 알아볼까요?

주제: 디지털 명상과 힐링 콘텐츠는 청소년의 자기 성찰과 감정 조절을 돕는 창의적 교육 도구로 활용될 수 있다.

핵심어휘: 디지털 명상, 힐링 콘텐츠, 자기 성찰, 심신 조화, 감정 조절

1단락 요약: 디지털 명상과 힐링 콘텐츠에 대한 청소년들의 관심이 높아지고 있으며, 이는 시험, 과제, 대인관계로 인한 스트레스를 해소하는 데 활용된다.

2단락 요약: '코끼리', '캄(Calm)', '헤드스페이스'와 같은 앱을 통해 사용자 맞춤형 명상과 수면 유도 콘텐츠를 제공받으며 감정 조절 훈련이 가능하다.

3단락 요약: 유튜브, 슬로우TV, ASMR 등 다양한 힐링 영상은 자연의 풍경과 소리를 통해 시청자에게 심리적 안정감을 주며 '느림의 미학'을 경험하게 한다.

4단락 요약: 국어, 미술, 도덕, 체육 교과와 연계하여 디지털 명상은 감정 표현, 자기 이해, 예술적 해석, 건강한 생활습관 형성에 도움을 준다.

5단락 요약: 디지털 명상은 정신 건강을 위한 좋은 습관이 될 수 있지만, 과도한 사용은 피로와 현실 회피로 이어질 수 있으므로 균형 잡힌 활용이 필요하다.

6단락 요약: 디지털 명상은 청소년의 스트레스 완화와 성장에 도움이 되는 도구로, 교육적으로 적극 활용되어야 하며, 학교와 가정의 인식 전환이 요구된다.

기사의 구조적 접근을 꼭 알아야 해요!

꼭 기억하렴

1) 서론: 디지털 명상과 힐링 콘텐츠의 필요성
청소년들은 감정 조절과 스트레스 해소를 위해 디지털 명상과 힐링 콘텐츠를 활용하며, 이는 교육과도 밀접한 관련이 있다. 디지털 환경에서 정서적 안정을 찾는 활동은 자기 이해를 돕고, 정신 건강 유지 방법으로 주목받고 있다.

2) 본론: 디지털 명상의 활용 방식과 교육적 가치
사용자는 '코끼리'와 '캄' 같은 앱을 활용해 감정 조절 능력을 키우며, 자연 소리·슬로우TV 등의 콘텐츠로 평온함을 회복할 수 있다. 국어·미술·도덕·체육 등 교과와 연계된 교육 효과도 기대된다. 디지털 콘텐츠는 일정 시간 내에서 활용하고, 독서·산책·글쓰기 등 현실 활동과 병행할 때 효과가 극대화된다.

3) 결론: 감정 교육의 현대적 도구로서 디지털 명상의 의미
디지털 명상과 힐링 콘텐츠는 청소년의 심리적 성장과 감정 조절 능력을 향상시키는 현대적 교육 수단이 될 수 있다. 이를 정신 건강과 교과 역량을 아우르는 통합적 자원으로 활용하며, 학교와 가정의 협력이 필요하다.

비판적 사고 키워 볼까요? +

1 다음 중 본문의 내용으로 적절하지 않은 것은?

① 코로나19 이후 비대면 환경이 일상화되며, 청소년들은 디지털 명상을 통해 스스로 심리적 안정을 찾으려는 시도가 늘고 있다.

② 디지털 명상은 주로 유료로 제공되며, 비용 부담이 커서 청소년들이 쉽게 접근하기 어렵다.

③ 유튜브, ASMR, 슬로우TV 등 다양한 콘텐츠는 자연의 소리와 영상으로 몰입과 평온을 제공한다.

④ 디지털 명상은 국어, 미술, 도덕, 체육 교과와도 연계되며 감정 표현과 자기 성찰을 돕는다.

⑤ 명상 앱을 과도하게 사용할 경우 피로감을 유발할 수 있어, 현실 활동과 병행하는 것이 바람직하다.

2 다음 <보기>는 '느림의 미학'이 중학생들에게 미치는 영향은 무엇인가?'에 대한 토론 내용의 일부이다. 본문을 읽고 일치하지 않는 내용을 고르시오.

보기

> 디지털 명상과 슬로우TV는 감정 조절과 스트레스 완화에 도움을 주며, '느림의 미학'을 통해 마음의 속도를 조절할 수 있다. 국어, 미술, 도덕, 체육 등 다양한 교과에서 활용될 수 있어 교육적 가치가 높다. 그러나 과도한 사용은 피로를 유발하고 현실과의 단절을 초래할 수 있어 시간 조절과 오프라인 활동을 병행하는 것이 필요하다. 즐겁고 자율적인 활용이 중요하며, 창의성과 자기 이해를 키우는 감성 교육의 효과적인 도구가 될 수 있다.

① 디지털 명상은 학생들이 감정을 조절하고 스트레스를 줄이는 데 유익한 습관을 형성하는 데 도움이 된다.

② 디지털 콘텐츠는 교과 교육과의 연계 가능성이 높으며, 국어, 도덕, 체육 등 여러 과목에서 정서 발달을 도울 수 있다.

③ 슬로우TV는 자연의 흐름과 소리를 편집 없이 담아내어 빠른 일상에서 벗어나 몰입과 평온을 제공하는 데 효과적이다.

④ 디지털 콘텐츠는 무제한 자유롭게 활용하는 것이 가장 바람직하므로, 사용 시간이나 방식에 대한 제한은 불필요하다.

⑤ 디지털 콘텐츠는 오프라인 활동과 병행할 때 가장 효과적이며, 공원 산책이나 독서와 같은 현실 활동이 함께 이뤄질 때 긍정적이다.

3 본문에서 디지털 명상과 힐링 콘텐츠가 청소년에게 중요한 이유를 서술하시오.

4 '디지털 콘텐츠의 효과적 사용을 위해 개인과 학교가 할 수 있는 역할'에 대하여 자신의 생각을 서론, 본론, 결론의 형식으로 서술하시오.

중요

5 본문의 제목으로 '디지털 명상, 마음을 돌보는 새로운 습관'이 적절한지 평가하고 이유를 서술하시오.

6 다음 '디지털 명상은 단순한 콘텐츠 소비가 아닌 감정 교육의 도구다'라는 논제를 바탕으로 찬성과 반대의 생각을 서술하시오.

찬성	반대

04 색의 조화 - 그라데이션 K가 만들어내는 시각적 세계

그라데이션 K[1]는 디자인과 예술 분야에서 자주 사용되는 개념으로, 색상의 변화와 혼합을 통해 시각적 깊이[2]와 다양성을 창출하는 기법이다. 이 기법은 다양한 색상과 그라데이션을 조합하여 시각적으로 매력적인 효과를 만들어내며, 관객의 시선을 끌고 감정을 자극하는 데 중요한 역할을 한다. 그래픽 디자인, 웹 디자인, 패션, 인테리어 등 다양한 분야에서 활용되며, 각 분야의 특성에 맞춰 색상의 조화와 변화를 통해 독창적인 표현[3]을 가능하게 한다. 그라데이션 K는 감정이나 분위기를 전달하는 중요한 요소로 작용하며, 창의적인 디자인을 통해 사람들에게 강렬한 인상을 남길 수 있는 기회를 제공한다. 이러한 특성 덕분에 그라데이션 K는 현대 디자인의 필수적인 요소로 자리 잡고 있다.

그라데이션 K는 색상이나 밝기, 채도의 변화를 통해 부드럽게 전환되는 과정을 의미한다. 이는 한 색상에서 다른 색상으로의 변화가 자연스럽게 이루어지도록 하여, 시각적으로 매력적인 효과를 만들어낸다. 그라데이션 K는 단순히 색상 변화만을 다루는 것이 아니라, 다양한 요소들을 조합하여 복합적인 시각적 경험을 제공한다. 그라데이션 K의 종류로는 선형 그라데이션, 방사형 그라데이션, 그리고 다단계 그라데이션이 있다. 선형 그라데이션은 두 개 이상의 색상이 직선으로 배열되어 변하는 형태로, 가장 기본적인 형태이다. 예를 들어, 파란색에서 빨간색으로의 변화가 수평 또는 수직으로 진행되는 경우를 말한다. 방사형 그라데이션은 중심에서 바깥쪽으로 퍼져나가는 형태로, 중심 색상이 점점 외곽 색상으로 변화한다. 이는 깊이감과 입체감을 부여하는 데 효과적이다. 다단계 그라데이션은 여러 색상이 단계적으로 변하는 형태로, 복잡한 색조를 만들어낼 수 있다. 이 방법은 특히 아트웍이나 배경 디자인에서 많이 사용된다. 그라데이션 K는 다양한 분야에서 적용되고 있다. 그래픽 디자인에서는 포스터, 웹 배너, 로고 디자인 등에서 그라데이션 K를 활용하여 시각적 임팩트를 극대화하고 브랜드 아이덴티티를 강화할 수 있다. 예를 들어, 애플의 제품 광고에서는 그라데이션을 통해 제품의 세련됨과 현대적인 이미지를 강조한다. 패션 디자인에서는 의류와 액세서리에서 그라데이션 K를 사용하여 색상의 변화를 통해 트렌디한 느낌을 연출한다. 그라데이션 염색 기법을 이용한 티셔츠나 드레스는 시각적으로 매력적이며, 소비자에게 긍정적인 반응을 이끌어낸다. 인테리어 디자인에서는 벽면이나 가구에 그라데이션을 적용하여 공간의 분위기를 변화시킬 수 있다. 방의 한쪽 벽에 그라데이션 페인트를 사용하면 공간이 더 넓어 보이고 아늑한 느낌을 줄 수 있다.

그라데이션 K는 단순한 색상의 변화에 그치지 않고, 감정과 분위기를 전달하는 중요한 수단으로 작용한다. 색상은 감정과 깊은 연관이 있으며, 그라데이션을 통해 특정한 감정을 강조하거나 부드러운 분위기를 조성할 수 있다. 예를 들어, 따뜻한 색상의 그라데이션은 아늑함과 친근함을 느끼게 하고, 차가운 색상의 그라데이션은 차분함과 안정감을 전달할 수 있다.

꼭 기억하렴

❶ 그라데이션 K: 색상, 밝기, 채도가 부드럽게 변하면서 시각적인 깊이와 다양성을 만드는 기법을 말한다.
❷ 시각적 깊이: 색상이나 명암의 변화를 통해 느껴지는 공간감이나 입체감을 뜻한다.
❸ 독창적인 표현: 정해진 틀을 넘어선 새롭고 창의적인 방식으로 자신만의 아이디어를 나타내는 것을 뜻한다.

국어 공신 선생님

그라데이션 K는 디자인과 예술의 세계에서 중요한 역할을 하는 요소로, 색상의 변화와 혼합을 통해 시각적 깊이와 감정을 전달하는 기법이다. 이 기법은 단순히 색상의 변화를 넘어서, 다양한 감정과 분위기를 효과적으로 표현할 수 있는 수단으로 작용한다. 다양한 종류와 적용 사례를 통해 그라데이션 K는 우리 주변의 많은 분야에서 활용되고 있으며, 이는 사람들에게 시각적 즐거움과 감동을 제공한다. 그래픽 디자인, 패션, 인테리어 등 여러 분야에서 그라데이션 K를 활용한 작품들은 독창성과 매력을 더해 소비자와 관객의 관심을 끌고 있다. 앞으로도 그라데이션 K는 디자인의 중요한 도구로 자리 잡을 것이며, 새로운 색상의 조화와 창의적인 표현을 통해 더욱 발전할 것으로 기대된다. 이처럼 그라데이션 K는 현대 디자인의 핵심 요소로 자리매김하며, 앞으로도 다양한 혁신적인 방식으로 진화할 가능성이 크다.

국어 공신 선생님의 감상 꿀팁!

 좀 더 깊이 생각해 보기

• 그라데이션 K가 현대 디자인의 필수적인 요소로 자리 잡으면서, 이 기법이 가진 한계나 예상치 못한 부작용은 없을까?
그라데이션 K가 지나치게 사용되면 디자인이 서로 비슷해져 개성과 브랜드 정체성이 약해질 수 있다. 동일한 기법에 대한 의존은 시각적 다양성을 감소시키고, 과도하거나 부적절한 사용은 가독성을 떨어뜨리며 눈의 피로감을 유발할 수 있다. 모든 디자인에 그라데이션이 적합한 것은 아니며, 특정 색상 조합은 시각 장애가 있는 사람들에게 불편함을 줄 수 있어 접근성을 고려해야 한다. 또한, 디자이너는 트렌드에 맞춰 반드시 그라데이션을 사용해야 한다는 압박을 느껴 창의적 시도를 주저할 수도 있다. 결국, 그라데이션 K는 강력한 디자인 요소지만, 신중한 사용과 디자인 목표에 대한 깊은 이해가 필요하다.

• 그래픽, 패션, 인테리어 외에 앞으로 등장할 기술(예: 가상현실, 증강현실)이나 새로운 매체에서 그라데이션 K가 어떤 혁신적인 방식으로 활용될 수 있을지 예측해보자

미래 가상현실(VR)과 증강현실(AR)에서 그라데이션 K는 단순한 공간 장식이 아니라, 사용자 경험을 풍부하게 만드는 핵심 요소로 작용할 수 있다. VR에서는 현실적인 깊이감을 표현하거나 새로운 분위기를 조성해 몰입감을 극대화하며, AR에서는 디지털 정보와 객체를 자연스럽게 보이도록 경계를 부드럽게 조정하거나 중요한 요소를 강조하는 데 활용된다. 또한, 사용자의 움직임, 시선, 감정에 반응해 색상과 패턴이 실시간으로 변화하는 인터랙티브한 그라데이션을 구현해 개인화되고 역동적인 시각적 경험을 제공한다. 이는 단순히 보는 것을 넘어 상호작용하는 새로운 예술과 정보 전달 방식으로 발전할 것이다.

• 인공지능이 디자인에 더 깊이 관여하게 될 미래에, AI가 사용자의 감정이나 의도를 파악하여 최적의 그라데이션 K를 자동으로 생성해 주는 기술은 어디까지 발전할 수 있으며, 이는 디자이너의 역할에 어떤 변화를 가져올까?

미래의 AI는 사용자의 표정, 목소리 톤, 글, 행동 패턴 등을 분석해 감정과 의도를 더욱 정확하게 이해한다. 이를 바탕으로 AI는 최적의 색상 조합, 방향, 부드러움 등을 갖춘 그라데이션 K를 실시간으로 생성하거나 추천할 수 있다. 예를 들어, 편안함을 느끼는 사용자에게는 부드러운 푸른 계열을, 활동적인 사용자에게는 역동적인 붉은 계열을 제안하는 방식이다. 이러한 변화로 디자이너의 역할도 달라진다. 단순히 그라데이션을 직접 제작하는 것을 넘어, AI가 제안한 디자인을 검토하고 세밀하게 조정하거나, 더 복잡하고 추상적인 디자인 목표를 설정하는 방향으로 발전한다. 결국, 디자이너는 창의적인 아이디어를 내고 AI를 활용해 다양한 시도를 빠르게 전개하는 기획자나 감독의 역할에 집중하게 될 것이다.

정리해 볼까요?

기사에 대해서 알아볼까요?

주제: 현대 디자인의 필수 요소, 그라데이션 K의 특징과 활용
핵심어휘: 그라데이션 K, 시각적 깊이, 감정 전달, 독창적인 표현, 다양한 분야

1단락 요약: 그라데이션 K는 색상의 변화와 혼합을 통해 시각적 깊이와 다양성을 창출하는 기법으로, 디자인과 예술 분야에서 중요한 역할을 한다. 이 기법은 다양한 색상을 조합하여 감정을 자극하고 관객의 시선을 끌며, 현대 디자인에서 필수적인 요소로 자리 잡고 있다.
2단락 요약: 그라데이션 K는 색상과 밝기, 채도의 변화를 통해 부드럽게 전환되는 과정을 의미한다. 선형, 방사형, 다단계 그라데이션 등의 종류가 있으며, 각기 다른 방식으로 시각적 효과를 제공한다. 그래픽 디자인, 패션, 인테리어 등에서 활용되며, 브랜드 아이덴티티와 소비자의 긍정적 반응을 이끌어낸다.
3단락 요약: 그라데이션 K는 색상의 변화로 감정과 분위기를 전달하는 중요한 수단이다. 이 기법은 디자인과 예술에서 시각적 깊이를 제공하며, 다양한 분야에서 활용된다. 앞으로도 그라데이션 K는 디자인의 핵심 요소로 자리 잡고, 새로운 색상의 조화와 창의적 표현을 통해 진화할 것으로 기대된다.

기사의 구조적 접근을 꼭 알아야 해요!

1) 서론: 색상의 조화, 그라데이션 K의 매력
그라데이션 K는 디자인과 예술 분야에서 매우 중요한 개념으로, 색상의 변화와 혼합을 통해 시각적 깊이와 다양성을 창출하는 기법이다. 이 기법은 단순한 색상 변화에 그치지 않고, 관객의 감정을 자극하고, 강렬한 인상을 남기는 데 중요한 역할을 한다. 현대 디자인에서 그라데이션 K는 필수적인 요소로 자리 잡고 있으며, 다양한 분야에서 독창적인 표현을 가능하게 한다.

2) 본론: 다양한 분야에서의 그라데이션 K
그라데이션 K는 색상, 밝기, 채도의 변화를 통해 부드럽게 전환되는 기법으로, 자연스럽게 색이 변화하도록 돕는다. 선형, 방사형, 다단계 등 다양한 형태로 활용되며, 각기 다른 시각적 효과를 제공한다. 그래픽 디자인, 패션, 인테리어 등 여러 분야에서 임팩트를 극대화하며, 소비자의 긍정적인 반응을 유도하는 데 기여한다.

3) 결론: 미래의 디자인을 이끄는 그라데이션 K
그라데이션 K는 색상의 변화를 통해 감정과 분위기를 전달하며, 디자인의 질을 높이고 소비자와의 관계를 강화한다. 앞으로도 색상의 조화와 창의적 표현으로 발전하며, 디자인 분야에서 그 중요성이 더욱 강조될 것이다.

1 다음 중 그라데이션 K에 대한 설명으로 옳은 것은 무엇인가?

① 그라데이션 K는 여러 색상이 자연스럽게 어우러지며 부드럽게 변화함으로써 시각적으로 깊이감과 입체감을 효과적으로 표현하는 색상 기법이다.

② 그라데이션 K는 다양한 색의 미묘한 변화나 혼합보다는 오직 두 가지 색상 사이의 갑작스러운 대비와 단절적인 변화만을 의미한다.

③ 그라데이션 K는 주로 인쇄물이나 회화 작품 등 특정 분야에서만 활용될 뿐, 웹 디자인이나 영상 등 다른 분야에서는 거의 사용되지 않는다.

④ 그라데이션 K는 시각적인 효과만 있을 뿐, 색상 조합이나 변화를 통해 특정 분위기를 조성하거나 사람의 감정을 전달하는 역할은 전혀 하지 않는다.

⑤ 그라데이션 K는 사용 시 제약이 많아 다양한 매체나 디자인 요소에 적용하기 어렵고, 결과적으로 독창적인 시각적 표현을 만들어내는 데 한계가 있다.

2 다음 <보기>를 바탕으로 그라데이션 K의 종류 중 하나를 설명한 내용으로 옳은 것은?

보기

그라데이션 K는 색상이나 밝기, 채도의 변화를 통해 부드럽게 전환되는 과정을 의미하며, 선형, 방사형, 다단계 그라데이션으로 나뉜다. 이 기법은 다양한 디자인 분야에서 시각적 임팩트를 극대화하고 관객의 감정을 자극한다

① 선형 그라데이션은 원형의 중심에서 시작하여 주변으로 색상이 퍼져나가면서 부드럽게 변화하는 형태를 가진다.

② 방사형 그라데이션은 특정 중심점에서 시작하여 동심원 형태로 바깥쪽으로 색상이 점진적으로 변화하며 퍼져나가는 형태이다.

③ 다단계 그라데이션은 색상이 여러 단계로 명확하게 구분되어 갑작스럽게 전환되며, 색상의 부드러운 혼합이나 변화가 전혀 나타나지 않는다.

④ 선형 그라데이션은 색상이 한 지점에서 다른 지점까지 곡선 형태로 자연스럽게 이어지며, 직선적인 변화는 나타나지 않는다.

⑤ 방사형 그라데이션은 색상이 좌우 또는 상하 방향으로 직선적으로 배열되어 변화하는 형태를 의미한다.

3 그라데이션 K가 디자인 분야에서 미치는 영향에 대해 서술하시오.

4 그라데이션 K의 적용 사례와 그 중요성에 대해 서론, 본론, 결론으로 서술하시오.

중요

5 그라데이션 K의 활용이 디자인에 미치는 긍정적인 영향에 대해 서술하시오.

6 다음 '그라데이션 K는 소비자의 구매 결정에 긍정적인 영향을 미친다'라는 논제를 바탕으로 찬성과 반대의 생각을 서술하시오.

찬성	반대

05 청소년의 밈(Meme) 소비, 유희를 넘어 비판적 사고로

최근 밈(Meme)[1]의 소비와 생산이 활발히 이루어지고 있다. 밈은 단순히 유머나 재미를 주는 이미지, 영상에 그치지 않고, 정치·사회·문화적 맥락에서 메시지를 전달하는 디지털 상징으로 기능한다. 1976년 생물학자 리처드 도킨스가 『이기적 유전자』에서 처음 사용한 이 개념은 이제 SNS와 유튜브, 커뮤니티를 통해 실시간으로 유통되며 청소년의 감정 표현과 사회적 소통 수단으로 자리 잡고 있다. 밈은 디지털 환경에 익

리처드 도킨스의 『이기적 유전자』

숙한 세대가 자신만의 언어로 현실을 해석하고 반응하는 방식이며, 그 안에는 집단 정체성, 문화 소비, 비판 의식이 녹아 있다.

밈의 힘은 단지 웃음을 주는 데에 머물지 않는다. 미국의 게임스톱 주가 급등 사태, 국내외 정치 풍자, 사회운동(#MeToo, #BlackLivesMatter 등) 확산 등은 밈이 집단 감정의 공명[2] 도구이자 사회 행동의 촉매 역할을 한다는 점을 입증한다. 청소년들 사이에서는 최근 '원영적 사고', '하찮은 자존감' 같은 밈이 회자[3]되며, 일상의 스트레스를 해소하고 정체성을 표현하는 데 적극적으로 활용되고 있다. 이는 청소년들이 단순히 밈을 소비하는 것을 넘어, 시대적 공감과 사회적 의식을 형성하는 데 기여하고 있음을 보여준다.

문제는 모든 밈이 긍정적인 메시지를 전달하는 것은 아니라는 점이다. 온라

인 공간에서는 혐오 표현, 성차별, 인종 차별, 허위 정보 등이 밈 형태로 가볍게 소비되기도 한다. 밈은 짧고 자극적인 형식 덕분에 빠르게 전파되지만, 그만큼 사실 확인이나 맥락에 대한 이해 없이 유통될 위험이 크다. 예를 들어, 특정 인물이나 집단을 조롱하는 '밈화'가 일상화될 경우, 이는 디지털 괴롭힘과 사회적 배제의 도구로 악용될 수 있다. 청소년들이 밈을 비판적으로 수용하는 태도를 갖지 않으면, 무비판적 확산에 따른 피해와 오해의 주체가 될 수 있다.

흑인을 비하하는 어휘를 사용하여 불편함을 초래하는 '밈' 사례

최근 공교육에서는 디지털 리터러시와 비판적 사고 함양을 핵심 역량으로 제시하고 있다. 이에 따라 학교 교육에서는 밈을 단순한 유행이 아닌 교육 자원으로 활용할 필요가 있다. 예를 들어 국어 수업에서는 밈의 서사 구조를 분석하고, 도덕 수업에서는 밈이 전달하는 가치나 사회적 영향력을 토론해볼 수 있다. 실제로 일부 중학교에서는 '나만의 밈 만들기' 수업을 통해 표현력과 창의성을 기르며, 그 과정에서 타인을 배려하고 공동체 가치를 되새기도록 유도하고 있다. 밈은 교실 밖 현실과 연결된 살아 있는 텍스트이며, 학생 스스로 콘텐츠의 맥락과 의미를 분석할 수 있는 교육이 병행되어야 한다.

청소년의 밈 소비는 단순한 '놀이'가 아니다. 그것은 세상을 바라보는 방식

꼭 기억하렴

❶ 밈: 인터넷이나 SNS를 통해 빠르게 퍼지는 유머, 이미지, 짧은 영상 등을 말한다.
❷ 공명: 어떤 감정이나 생각이 다른 사람에게 그대로 전달되어 서로 같은 감정을 느끼는 것을 말한다.
❸ 회자: 어떤 말이나 이야기가 사람들 사이에서 자주 오르내리며 널리 퍼지는 것을 뜻한다.

국어 공신 선생님

이며, 자신을 표현하는 하나의 언어다. 따라서 청소년들이 밈을 '비판적으로 읽는 눈'을 기르는 것은 디지털 시민으로 성장하는 데 필수적인 과정이다. 학교와 가정은 밈을 막는 것이 아니라, '어떻게' 소비하고 '무엇을' 생각해야 하는지를 함께 고민해야 한다. 유희를 넘어 사유로, 모방을 넘어 비판으로 나아갈 때, 밈은 청소년의 문화 감수성과 사회적 책임을 키우는 소중한 자원이 될 수 있다.

따라서 디지털 명상과 힐링 콘텐츠는 청소년들이 스트레스를 줄이고 마음의 안정을 찾는 데 큰 도움이 되는 유익한 도구이다. 학교와 가정에서는 이를 단순한 유행으로 치부하지 말고, 창의성, 자기이해, 감정조절을 기를 수 있는 교육적 자원으로 활용해야 한다. 적절하게 사용하면 디지털 명상은 청소년이 건강한 마음을 갖고 성장할 수 있도록 돕는 현대적인 감성 수업이 될 수 있다.

국어 공신 선생님의 감상 꿀팁!

좀 더 깊이 생각해 보기

● 청소년의 밈 콘텐츠 소비에 대한 사회적 인식을 개선하기 위한 방안은 무엇인가?
청소년의 밈 콘텐츠 소비에 대한 사회적 인식을 개선하려면 다양한 노력이 필요하다. 밈이 단순히 재미를 위한 것이 아니라 감정 표현과 사회 참여의 수단으로 활용된다는 점을 강조해야 한다. 이를 위해 언론과 교육 기관은 밈의 긍정적인 역할을 알리고, 다양한 사례를 통해 그 가치를 조명할 필요가 있다. 교사와 교육 전문가가 밈을 수업에 적극 도입하고, 그 효과를 실제 사례 중심으로 공유함으로써 밈이 교육 자료로 활용될 수 있다는 인식을 확산시켜야 한다. 이를 통해 청소년들이 더욱 의미 있는 방식으로 밈을 접할 수 있도록 해야 한다. 밈의 부작용도 함께 다루며, 이를 비판적으로 수용하는 능력이 청소년기의 중요한 디지털 리터러시임을 강조해야 한다. 밈의 내용과 영향력을 분석하는 교육을 통해 청소년들이 더욱 주체적으로 콘텐츠를 소비하고 생산할 수 있도록 돕는 것이 필요하다. 이러한 노력은 밈 소비에 대한 사회적 인식을 개선하고, 청소년들이 책임감 있게 밈을 활용하는 문화를 형성하는 데 기여할 것이다.

• 청소년의 밈 콘텐츠 활용을 위한 기술적 접근 방법은 무엇인가?

청소년들이 밈 콘텐츠를 건전하고 효과적으로 활용하려면 다양한 기술적 접근이 필요하다. 밈 공유 플랫폼은 연령별 콘텐츠 필터링 기능을 제공해 혐오 표현과 조롱성 밈의 무분별한 유통을 방지해야 한다. AI 기술을 활용해 소비 패턴을 분석하고, 교육적 가치와 공감형 콘텐츠 중심으로 밈을 추천하는 알고리즘을 개발해야 한다. 밈 제작 도구에는 '사회적 영향 알림' 기능을 추가해 콘텐츠 게시 전에 특정 표현이 차별적이거나 혐오적일 가능성을 안내하는 장치가 필요하다. 이를 통해 청소년들은 콘텐츠 제작과 소비 과정에서 책임감을 가질 수 있다. 이러한 기술적 장치는 청소년들이 밈을 비판적으로 활용하며, 표현의 자유와 사회적 책임을 동시에 고려하는 디지털 시민으로 성장하는 데 기여할 것이다.

• 밈 문화 활성화를 위한 기업과 교육 기관의 역할은 무엇인가?

밈 문화가 청소년의 표현력과 사회 감수성을 키우는 자산이 되려면 기업과 교육 기관의 역할이 중요하다. 우선, 학교는 국어, 사회, 도덕 교과와 연계해 사회적 메시지 분석, 디지털 표현 윤리 등을 다루는 수업을 구성해야 한다. 또한, 콘텐츠 플랫폼 기업은 교육용 밈 콘텐츠 큐레이션 서비스 제공이나 공익 캠페인용 밈 공모전을 통해 건강한 밈 문화를 선도할 필요가 있다. 뿐만 아니라, 미디어 교육 기관은 '비판적으로 밈 읽기'와 '의미 있는 밈 제작'을 주제로 워크북, 온라인 강좌, 창작 체험 프로그램을 운영해 학교 및 가정에서 활용할 수 있도록 해야 한다. 결과적으로, 이러한 기관들의 협력은 밈을 비판적이고 창의적인 청소년 문화로 확장하며, 건강한 디지털 생태계 조성에 기여할 것이다.

정리해 볼까요?

기사에 대해서 알아볼까요?

주제: 밈은 청소년의 감정 표현과 소통 도구지만, 비판적 수용과 디지털 리터러시가 필요하다.

핵심어휘: 밈, 공명, 회자, 디지털 감수성, 비판적 수용, 디지털 시민성

1단락 요약: 밈은 단순한 유머를 넘어 정치·사회·문화적 메시지를 담은 디지털 상징으로 자리 잡았으며, 청소년의 자아 표현과 감정 공유 수단으로 소비된다.

2단락 요약: 밈은 집단 정체성과 시대 공감을 이끌어내는 힘을 가지며, 사회 운동이나 정치 풍자, 경제 이슈를 촉진하는 디지털 도구로 작동한다.

3단락 요약: 밈의 일부는 혐오 표현, 편견, 왜곡된 정보로 구성되어 있어, 무비판적 소비가 사회적 갈등과 디지털 괴롭힘을 유발할 수 있다.

4단락 요약: 밈은 교육적 자원으로 활용될 수 있으며, 국어·도덕·사회 교과와 연계해 감정 표현, 사회 이슈 분석, 공동체 가치 교육에 유용한 도구가 될 수 있다.

5단락 요약: 청소년은 밈을 사고 확장의 도구로 인식하고, 맥락을 분석하며 비판적으로 수용하는 태도를 길러 디지털 시민으로 성장해야 한다.

기사의 구조적 접근을 꼭 알아야 해요!

1) 서론: 밈 소비 문화의 확산과 필요성

청소년들에게 밈은 일상적이고 자유로운 표현 수단이며, SNS와 커뮤니티에서 실시간 유통된다. 감정 표현, 정체성 형성, 사회적 연대의 매개체로 작용하지만, 내용과 맥락에 따라 부정적 영향을 미칠 수 있어 비판적 소통 태도가 필요하다.

2) 본론: 밈의 기능과 교육적 활용 가능성

밈은 시대의 감정을 반영하며, 집단 정체성과 사회적 이슈에 대한 공감을 이끈다. 사회 참여의 도구가 될 수 있지만, 정보 왜곡이나 혐오 표현으로 악용될 수도 있다. 청소년들은 밈의 맥락과 영향을 비판적으로 분석하는 능력을 길러야 하며, 교육을 통해 디지털 시민성을 갖출 필요가 있다.

3) 결론: 디지털 시민 교육과 밈 문화의 재인식

밈은 청소년의 언어이자 문화 표현 방식으로, 이를 단속하기보다 비판적으로 수용하고 사회적 책임과 연결하도록 지도하는 것이 중요하다. 학교와 가정은 밈의 영향력을 이해하며, 청소년이 디지털 감수성과 시민성을 기를 수 있도록 지원해야 한다. 밈이 단순한 유희에서 사유로, 모방에서 비판으로 확장될 때 교육적 자원이 될 수 있다.

비판력 사고 키워 볼까요? +

1 다음 중 본문의 내용으로 적절하지 않은 것은?

① 밈은 유머와 재미뿐 아니라 사회적 메시지를 담아 디지털 상징으로 기능한다.

② 밈은 사회운동과 정치적 풍자를 담는 콘텐츠로도 활용되며, 실제 사회 변화를 이끌기도 한다.

③ 밈은 자극적이지만 그 형식 자체가 공정하고 윤리적이기 때문에 문제적 요소가 적다.

④ 청소년은 밈을 소비하는 데서 나아가, 그것을 통해 사회적 의식을 표현하고 형성하기도 한다.

⑤ 밈은 국어, 도덕, 사회 교과 수업에서 교육 자료로 활용될 수 있다.

2 <보기>의 내용을 참고하여 본문과 관련 없는 것을 고르시오.

보기

- 밈은 사회적 감정을 공유하는 도구로 기능할 수 있다.
- 밈의 자극성과 속도는 오해와 편견의 확산을 동반할 수 있다.
- 밈은 교육에서 창의성과 공동체 의식을 기르는 자원으로도 활용된다.

① 한 학생이 밈 형식으로 자신과 친구의 기분 변화를 표현하며, 웃음과 공감을 이끌어내는 창작 활동을 수업 발표 과제로 제출했다.

② 사회과 수업에서 밈을 활용해 사회적 이슈를 풍자하고, 해당 밈의 표현 방식과 사회적 의미를 토론하며 미디어 해석 능력을 길렀다.

③ 학생들이 수업 중 SNS에서 인기 있는 밈 영상을 틀어놓고, 배경 지식 없이 웃고 넘기며 단순한 재미로만 소비하는 시간을 가졌다.

④ 유명인을 비하하는 밈이 빠르게 퍼지자, 학생들은 그것이 디지털 괴롭힘이라는 사실을 자각하고 온라인 표현의 윤리에 대해 토론했다.

⑤ 창의적 체험활동 시간에 학생들이 주제에 맞는 밈을 직접 만들어보며, 사회적 메시지를 담아내는 표현력과 공동체 의식을 함양했다.

3 본문에 근거하여, 밈이 청소년에게 긍정적 영향을 줄 수 있는 이유를 서술하시오.

4 밈이 부정적으로 작용하는 사례를 하나 제시하고, 청소년이 이를 바르게 수용하기 위해 필요한 태도에 대해 서론, 본론, 결론의 형식으로 서술하시오.

중요

5 본문의 제목으로 '밈은 청소년의 표현 언어다'가 적절한지 평가하고 이유를 서술하시오.

6 다음 '밈 소비는 놀이가 아닌 비판적 읽기의 대상이다'라는 논제를 바탕으로 찬성과 반대의 생각을 서술하시오.

찬성	반대

06 디지털 혁명과 콘텐츠 산업
- 미래를 여는 새로운 가능성

콘텐츠 산업은 디지털 혁명이 진행됨에 따라 급속히 변화하고 있으며, 앞으로의 발전 방향은 기술의 발전, 소비자 행동의 변화, 그리고 글로벌화❶ 등 여러 가지 요인에 의해 영향을 받을 것으로 보인다. 기술은 콘텐츠 산업의 발전에 있어 중요한 요소로, 인

애플 비전 프로 헤드셋, 가상현실(VR)

공지능(AI), 가상 현실(VR), 증강 현실(AR) 등의 혁신❷이 콘텐츠 제작 및 소비 방식을 크게 변화시키고 있다. AI는 콘텐츠 생성 과정에서 자동화된 편집과 맞춤형 추천 시스템을 통해 개인화된 경험을 제공하며, 이는 소비자에게 더 나은 품질의 콘텐츠를 선사한다. VR과 AR 기술은 특히 게임, 교육, 그리고 엔터테인먼트 분야에서 큰 잠재력을 가지고 있으며, 사용자들은 몰입감❸ 있는 경험을 통해 콘텐츠를 소비하게 된다. 이러한 체험은 전통적인 미디어의 한계를 넘어서는 새로운 가능성을 열어준다. 예를 들어, VR 영화나 게임은 사용자가 실제로 그 공간에 있는 듯한 체험을 제공하여, 더 깊은 감정적 연결을 형성하게 한다. 이와 같은 혁신은 관객의 참여를 유도하며, 콘텐츠에 대한 새로운 관심과 흥미를 불러일으킨다. 따라서, 콘텐츠 제작자들은 이러한 기술을 활용하여 더욱 창의적이고 혁신적인 작품을 만들어낼 수 있는 기회를 가지게 된다. 이러한 변화

는 콘텐츠 산업의 전반에 걸쳐 큰 영향을 미치며, 향후 더욱 다양한 형태의 콘텐츠가 등장할 것으로 예상된다.

소비자 행동의 변화 또한 중요한 요소로, 디지털 네이티브 세대가 성장함에 따라 그들은 전통적인 미디어보다 디지털 콘텐츠를 선호하게 되었다. 특히, 모바일 기기의 보급으로 언제 어디서나 콘텐츠를 소비할 수 있는 환경이 조성되면서, 소비자들은 더 이상 한정된 시간과 공간에 얽매이지 않게 되었다. 이러한 변화는 구독 모델의 인기를 가져왔으며, 네플릭스(Netflix), 스포티파이(Spotify)와 같은 플랫폼은 사용자에게 무제한으로 콘텐츠를 제공한다. 소비자들은 필요한 콘텐츠를 자유롭게 선택할 수 있는 유연성을 가지게 되었고, 이는 콘텐츠 제작자에게도 새로운 비즈니스 모델을 요구하게 한다. 지속 가능한 수익 창출 방안을 모색하는 데 집중하게 되는 것이다.

글로벌화는 콘텐츠 산업에 있어 또 다른 중요한 트렌드로, 인터넷의 발전 덕분에 콘텐츠는 국경을 넘어 쉽게 전파될 수 있으며, 이는 다양한 문화와 가치관이 혼합되는 계기를 마련하고 있다. 예를 들어, 한국의 K-팝이나 드라마는 전 세계적으로 큰 인기를 얻으며, 이는 한국 콘텐츠의 글로벌화가 성공적으로 이루어졌음을 보여준다. 이러한 현상은 콘텐츠 제작자들에게 새로운 시장을 탐색할 수 있는 기회를 제공하며, 이로 인해 더 많은 창의적 아이디어와 협업이 이루어질 가능성이 높아진다. 이와 함께, 소비자들은 다양한 배경과 이야기를 가진 콘텐츠를 원하게 되었고, 이는 제작자들에게 더 많은 창의적 기회를 제공하

꼭 기억하렴

❶ 글로벌화: 세계적으로 통합되고 상호 연결되는 과정을 말한다.
❷ 혁신: 새로운 방법이나 아이디어를 도입하여 발전시키는 것을 뜻한다.
❸ 몰입감: 어떤 경험에 깊이 빠져드는 느낌을 나타낸다.
❹ 구독 모델: 정기적으로 콘텐츠를 제공받기 위해 일정 금액을 지불하는 시스템을 의미한다.

국어 공신 선생님

여 브랜드 충성도를 높이는 데 기여한다. 다양성의 중요성이 커지고 있는 만큼, 다양한 인종, 성별, 문화적 배경을 반영한 콘텐츠는 소비자와의 깊은 공감대를 형성할 수 있다. 이러한 변화는 콘텐츠의 질과 양을 모두 향상시키는 데 긍정적인 영향을 미친다.

최근에는 지속 가능성과 윤리적 고려가 중요한 이슈로 떠오르고 있다. 환경 문제와 사회적 책임에 대한 인식이 높아짐에 따라, 콘텐츠 제작자들은 이러한 요소를 반영한 콘텐츠를 제작해야 할 필요성이 커지고 있다. 예를 들어, 환경 보호를 주제로 한 다큐멘터리나 사회적 이슈를 다룬 영화는 소비자에게 긍정적인 반응을 얻고 있다. 콘텐츠 산업 내에서의 공정한 대우와 다양성을 보장하는 것도 중요한 과제가 되고 있으며, 이는 제작자와 소비자 간의 신뢰를 구축하는 데 기여한다. 이러한 변화는 콘텐츠 제작자에게 새로운 도전과 기회를 제공하고, 소비자에게는 더욱 풍부하고 다양한 경험을 선사할 것이다. 콘텐츠 산업의 미래는 더욱 개인화되고, 글로벌화되며, 다양한 문화적 배경을 반영하는 방향으로 나아갈 것으로 기대된다. 이러한 발전은 새로운 비즈니스 모델과 창의적인 콘텐츠로 이어져, 모든 이해관계자에게 긍정적인 영향을 미칠 것이다.

국어 공신 선생님의 감상 꿀팁!

 좀 더 깊이 생각해 보기

• AI가 콘텐츠 제작자에게 창의성 관련으로 어떤 도움이 될 수 있을까?

AI 기술의 발전은 콘텐츠 제작의 효율성을 높여주지만, 동시에 창의성에 대한 우려도 존재한다. 일부 사람들은 AI가 자동화된 패턴과 알고리즘에 의존하게 되면, 인간의 독창적인 아이디어가 감소할 수 있다고 생각한다. 그러나 AI는 오히려 창의성을 촉진하는 도구로 작용할 수 있다. AI는 대량의 데이터를 분석해 소비자 트렌드를 예측하고, 제작자에게 새로운 아이디어를 제공한다. 또한, 반복적인 작업을 자동화하여 제작자가 본래의 창의적인 작업에 더 집중할 수 있게 도와준다. 이러한 과정은 제작자가 새로운 형식의 콘텐츠를 탐색할 수 있는 기회를 제공하며, 인간과 기계 간의 협업을 통해 더 풍부하고 혁신적인 결과를 낳게 된다. 결국, AI는 콘텐츠 제작의 파트너로 자리 잡으며, 창의적인 과정을 보완하는 역할을 하게 된다.

- 글로벌화가 콘텐츠 산업의 다양성에 미치는 영향은 무엇인가?

글로벌화는 콘텐츠 산업의 다양성에 긍정적인 영향을 미친다. 콘텐츠는 이제 국경을 넘어 쉽게 전파되며, 다양한 문화와 가치관이 혼합되는 기회를 제공한다. 예를 들어, 한국의 K-팝이나 드라마는 전 세계적으로 큰 인기를 얻으며, 이는 한국 콘텐츠의 글로벌화가 성공적으로 이루어졌음을 보여준다. 이러한 현상은 콘텐츠 제작자들에게 새로운 시장을 탐색할 수 있는 기회를 제공하고, 다양한 배경을 가진 제작자들이 자신의 이야기를 세상에 전달할 수 있는 경로를 열어준다. 또한, 소비자들은 다양한 문화적 배경을 반영한 콘텐츠를 원하게 되어, 이는 제작자들에게 더 많은 창의적 기회를 제공한다. 결국, 글로벌화는 콘텐츠의 질과 양을 모두 향상시키며, 다양한 문화적 배경이 반영된 콘텐츠가 소비자와의 깊은 공감대를 형성하게 된다.

- 콘텐츠의 '구독 경제'는 어떻게 진화할 것인가?

구독 경제는 콘텐츠 산업에 혁신을 가져오며 지속적으로 진화하고 있다. 넷플릭스, 스포티파이 등 플랫폼이 주도하는 구독 모델은 소비자에게 무제한 콘텐츠 접근을 제공하지만, 향후 특정 장르나 테마에 특화된 니치(niche) 구독 서비스가 증가할 전망이다. 이는 소비자 맞춤형 경험을 제공하며 시장의 다양성을 확대한다. 또한, 블록체인 기술을 활용한 구독 모델은 제작자에게 직접적인 수익을 제공하는 기회를 열어준다. 소비자는 더 많은 선택권을 가지며, 제작자는 지속 가능한 수익 구조를 형성할 수 있다. 구독 경제는 단순한 소비 방식에서 벗어나 소비자와 제작자 간의 관계를 재정립하고 상호작용을 강화하는 요소로 작용하며, 콘텐츠 산업의 미래에서 중요한 위치를 차지하게 될 것이다.

정리해 볼까요?

기사에 대해서 알아볼까요?

주제: 디지털 혁명이 콘텐츠 산업에 미치는 영향과 미래 방향
핵심어휘: 기술, 소비자, 글로벌화, 다양성, 지속 가능성

1단락 요약: 콘텐츠 산업은 환경 문제와 사회적 책임에 대한 인식이 높아짐에 따라 지속 가능성과 윤리적 고려가 중요한 이슈로 떠오르고 있다. 이는 제작자와 소비자 간의 신뢰를 구축하는 데 기여한다.
2단락 요약: 환경 보호를 주제로 한 콘텐츠는 소비자에게 긍정적인 반응을 얻고 있으며, 이는 제작자에게 새로운 기회를 제공하고, 사회적 책임을 다하는 계기가 된다. 이러한 콘텐츠는 환경 문제에 대한 인식을 높이고, 관객이 더 나은 세상을 만들기 위한 행동에 동참하도록 유도한다.
3단락 요약: 미래 콘텐츠 산업은 기술 발전과 소비자 요구 변화에 따라 개인화된 콘텐츠가 확대될 것이다. 또한, 글로벌화로 다양한 문화와 가치가 반영된 콘텐츠가 증가하며 그 다양성이 더욱 풍부해질 전망이다.

기사의 구조적 접근을 꼭 알아야 해요!

1) 서론: 디지털 혁명과 콘텐츠 산업의 변화
콘텐츠 산업은 디지털 혁명이 진행됨에 따라 급속히 변화하고 있으며, 앞으로의 발전 방향은 기술 발전, 소비자 행동 변화, 그리고 글로벌화 등 여러 요인에 의해 영향을 받을 것으로 보인다. 인공지능(AI), 가상 현실(VR), 증강 현실(AR) 등의 혁신이 콘텐츠 제작 및 소비 방식을 변화시키고 있으며, 이는 소비자에게 더 나은 품질의 콘텐츠를 제공하고 있다.

2) 본론: 소비자 행동과 글로벌화의 영향
디지털 네이티브 세대의 성장과 모바일 기기의 확산으로 소비자 행동이 변화하며, 언제 어디서나 콘텐츠를 소비할 수 있는 환경이 조성되었다. 이에 따라 구독 모델이 인기를 얻고 있으며, 콘텐츠 제작자에게 새로운 비즈니스 모델을 요구하고 있다. 또한 글로벌화로 인해 다양한 문화와 가치관이 혼합되면서 콘텐츠의 국경이 허물어지고, 제작자들에게 새로운 시장 탐색의 기회를 제공하고 있다.

3) 결론: 지속 가능성과 윤리적 고려의 중요성
콘텐츠 산업에서 지속 가능성과 윤리적 고려가 중요해지고 있다. 환경 문제와 사회적 책임에 대한 관심이 높아지며, 제작자들은 이를 반영한 콘텐츠 제작의 필요성을 느끼고 있다. 이러한 변화는 소비자 경험을 풍부하게 하며, 산업은 개인화와 다양성을 반영하는 방향으로 발전할 전망이다.

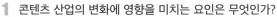

비판적 사고 키워 볼까요? +

1 콘텐츠 산업의 변화에 영향을 미치는 요인은 무엇인가?

① 첨단 기술이 발전함에 따라 콘텐츠 제작 과정이 복잡해지고 비용이 증가하면서, 오히려 전체적인 제작 효율성이 감소하는 추세를 보이고 있다.

② 소비자들은 새로운 기술보다 익숙한 매체를 선호하며, 이에 따라 텔레비전과 신문 같은 전통적 미디어 소비가 증가하고 있다.

③ 세계화의 영향으로 다양한 문화와 가치관이 교류하면서, 서로 다른 배경을 가진 콘텐츠들이 활발하게 제작되고 소비되어 콘텐츠의 다양성을 높인다.

④ 인공지능 기술이 사용자의 취향이나 선호도를 파악하는 데 한계를 보이면서, 개인에게 맞춤형으로 콘텐츠를 추천하고 제공하는 것이 더욱 어렵다.

⑤ 환경 문제에 대한 사회적 인식이 높아지고 있지만, 콘텐츠 제작 산업에서는 여전히 환경을 고려하지 않는 방식이 주를 이루며 긍정적인 영향을 미치지 못하고 있다.

2 <보기>의 내용과 관련하여 콘텐츠 산업의 미래에 대한 기대는 무엇인가?

> 디지털 혁명은 콘텐츠 산업의 근본적인 변화를 가져오고 있다. 인공지능, 가상 현실, 증강 현실 등 다양한 기술이 콘텐츠 제작과 소비 방식에 영향을 미치고 있다. 소비자 행동의 변화와 글로벌화 또한 콘텐츠의 형태와 질에 큰 영향을 미치고 있다.

① 인공지능 기술의 발전으로 사용자 취향과 선호도를 조악하게 분석할 수 있게 되어, 콘텐츠 제작자는 소비자 맞춤형 콘텐츠를 더욱 효율적으로 제공할 수 있다.

② 기술 발전이 콘텐츠 제작 과정을 단순화하고 속도를 높일 수는 있지만, 자극적인 요소에 치중하여 콘텐츠의 질은 오히려 전반적으로 감소할 것이라고 예측한다.

③ 글로벌화로 인해 국경 없는 경쟁이 심화되기보다 특정 국가나 소수 기업의 시장 독점이 쉬워져 전체 콘텐츠 시장의 경쟁이 약화될 우려가 있다.

④ 글로벌화로 인해 다양한 문화적 배경과 이야기가 콘텐츠에 반영되면서, 소비자는 폭넓은 공감과 연결감을 형성하며 큰 인기를 얻을 것으로 기대된다.

⑤ 디지털 기술의 빠른 변화와 소비 경쟁으로 인해 콘텐츠 제작 과정에서 환경 보호와 사회적 책임 같은 지속 가능성을 고려하기가 더욱 어려워질 전망이다.

3 디지털 혁명과 글로벌화가 콘텐츠 산업의 미래에 미치는 영향에 대해 설명하시오.

4 '콘텐츠 산업의 지속 가능한 발전을 위한 전략'에 대한 자신의 견해를 서론, 본론, 결론의 형식으로 서술하시오.

중요

5 다양한 문화가 반영된 콘텐츠의 중요성과 그로 인해 기대할 수 있는 긍정적인 효과에 대해
자신의 생각을 서술하시오.

6 다음 '디지털 혁명이 콘텐츠 산업에 긍정적인 영향을 미치고 있는가?'라는 논제를 바탕으
로 찬성과 반대의 생각을 서술하시오.

찬성	반대

07 1인 창작자와 플랫폼 독점 문제

유튜브, 틱톡, 인스타그램 같은 플랫폼[1]에서 활동하는 1인 창작자는 이제 '직업'의 한 형태로 자리 잡고 있다. 혼자서 기획, 촬영, 편집까지 수행하며 자신만의 개성과 메시지를 전달하는 1인 창작자들은 청소년에게도 큰 영향을 주고 있다. 실제로 많은 중학생들이 유튜버를 장래희망으로 꼽고 있으며, 브이로그나 숏폼 영상을 직접 제작해보는 경험을 갖기도 한다. 이처럼 창작의 문턱이 낮아지고, 누구나 디지털 공간에서 자신의 콘텐츠를 알릴 수 있는 시대가 열렸지만, 그 이면에는 플랫폼의 독점 구조라는 문제가 존재한다. 단지 영상을 올리는 것만으로는 자유롭고 지속적인 창작이 어려운 현실이 점점 더 분명해지고 있다.

대형 플랫폼은 알고리즘과 수익 배분 정책을 스스로 설정하고 운영한다. 이는 창작자가 콘텐츠를 제작할 때 플랫폼의 기준에 맞춰야만 노출 기회를 얻을 수 있다는 뜻이다. 예를 들어, 자극적인 썸네일(thumbnail)[2]이나 빠른 전개 방식의 콘텐츠가 선호되는 경향은 창작자들의 표현 방식에 영향을 미친다. 또 수익 구조도 문제다. 광고 수익 대부분은 플랫폼이 가져가고, 창작자에게는 일정한 기준을 충족해야만 수익이 지급된다. 일방적인 규정 변경으로 인한 수익 감소 사례도 빈번하다. 이는 콘텐츠의 다양성과 창작의 자율성을 위협하며, 플랫폼에 종속된 '창작 노동자'가 되어가고 있다는 비판으로 이어진다.

이런 문제는 최근 다양한 사회적 논의의 대상이 되고 있다. 예를 들어, 1인 창작자의 노력을 플랫폼이 일방적으로 통제하거나 수익을 제한하는 사례가 언론을 통해 보도되며 여론의 관심을 끌고 있다. 일부 창작자들은 플랫폼 정책에 반발하며 집단적으로 항의하거나, 자체 커뮤니티를 형성해 새로운 생태계를 구축하려는 시도를 하기도 한다. 하지만 플랫폼 시장의 특성상 대체재가 부족하고, 많은 사용자가 몰려 있는 기존 플랫폼을 떠나기란 쉽지 않다. 특히 영상 기반 콘텐츠는 플랫폼의 알고리즘[3] 구조와 밀접하게 연동되기 때문에, 창작자 입장에서는 이른바 '알고리즘을 읽는 능력'이 생존을 좌우하기도 한다. 콘텐츠의 진정성보다 플랫폼이 선호하는 방식에 더 초점을 맞춰야 한다면, 과연 그것이 창작이라고 할 수 있을지 의문을 던지게 된다.

그렇다면 '자유로운 창작과 공정한 플랫폼 운영 사이의 균형'은 어떻게 가능할까? 이 질문은 우리 모두가 함께 토론해야 할 문제다. 플랫폼 운영사에게 더 엄격한 공정성 기준을 요구할 수 있을까? 창작자 스스로 대안을 마련하거나, 새로운 창작 연대 구조를 만들어낼 수는 없을까? 또는 정부나 공공기관이 개입하여 플랫폼의 독점을 규제할 수 있을까? 플랫폼의 성장과 창작의 자유가 서로 충돌하는 이 상황은 청소년들에게도 중요한 고민거리다. 창작자로 성장하고 싶은 많은 학생들에게 지금의 플랫폼 구조는 또 하나의 시험대가 될 수 있다. 청소년이 보는 영상 속 '멋진 유튜버'는 실제로는 복잡한 알고리즘과 불안정한 수익 시스템 속에서 끊임없이 생존 경쟁을 벌이는 존재일 수 있다.

이제는 창작과 소비의 경계를 넘어서는 시각이 필요하다. 청소년들이 단순

꼭 기억하렴

❶ 플랫폼: 콘텐츠를 올리고 공유할 수 있도록 만들어진 온라인 공간을 말한다.
❷ 썸네일: 영상을 클릭하기 전에 보이는 작은 미리 보기 화면을 말한다.
❸ 알고리즘: 사용자가 좋아할 만한 콘텐츠를 자동으로 골라 보여주는 컴퓨터의 작동 방식이다.
❹ 디지털 생태계: 디지털 환경에서 콘텐츠를 만드는 사람, 플랫폼, 소비자(시청자), 광고, 수익 등이 서로 연결되어 움직이는 구조를 말한다.

국어 공신 선생님

히 '좋아요'와 '구독'을 누르는 소비자에 머무르지 않고, 콘텐츠가 만들어지는 구조와 사회적 맥락을 이해하려는 노력이 요구된다. 콘텐츠의 진정한 가치는 그 속에 담긴 생각과 메시지에 있다. 청소년들이 창작자와 플랫폼의 관계를 올바르게 이해하고, 더 나은 디지털 생태계를 위해 어떤 변화가 필요한지 고민할 수 있다면, 미래 사회의 창작 환경은 더 건강하고 다양해질 수 있다. 수업 시간에 플랫폼 구조를 분석하거나, 직접 작은 창작 프로젝트를 운영해보는 활동은 이러한 문제를 실제로 체험해보는 좋은 기회가 될 것이다. 창작의 자유, 공정한 유통, 책임 있는 소비는 모두 함께 만들어야 할 디지털 문화의 핵심 가치다.

국어 공신 선생님의 감상 꿀팁!

 ## 한걸음 더 깊이 생각해 보기

• 청소년의 디지털 창작 활동에 대한 사회적 인식을 개선하기 위한 방안은 무엇인가?

청소년의 1인 창작 활동에 대한 사회적 인식을 개선하기 위해 다음과 같은 노력이 필요하다. 유튜버나 틱톡커 같은 1인 창작자가 단순히 재미있는 콘텐츠를 만드는 존재가 아니라, 디지털 노동자이자 창작 생태계의 한 축임을 인식할 필요가 있다. 이를 위해 미디어와 교육 현장에서 창작자의 현실, 플랫폼 구조, 수익 시스템 등에 대한 정보를 널리 알리는 노력이 필요하다. 또한, 교사나 진로 전문가들은 창작자의 실제 경험과 플랫폼 종속 구조에 대해 균형 있게 전달함으로써, 학생들이 진로를 꿈꿀 때 현실을 함께 고려할 수 있도록 도와야 한다. 게다가, 청소년의 창작 활동이 자율성과 창의성을 담보할 수 있도록, '표현의 자유와 책임'을 함께 강조하는 디지털 시민 교육이 병행되어야 한다. 이러한 노력을 통해 청소년 창작 문화에 대한 사회적 오해를 줄이고, 창작이 단순 유행이나 직업 이상의 의미를 가진 자기 표현과 사회 참여의 장으로 인식될 수 있을 것이다.

● 청소년의 창작 활동을 위한 기술적 접근 방법은 무엇인가?

청소년들이 안전하고 효과적으로 창작 활동을 이어가기 위해 플랫폼은 청소년 전용 창작 환경을 마련하여 무분별한 댓글, 혐오 표현, 자극적 알고리즘 등으로부터 보호받을 수 있도록 해야 한다. 또한, AI 기반 창작 도우미 도구를 개발하여 영상 편집, 썸네일 제작, 콘텐츠 기획을 지원하고, 창작 능력을 높이는 기능을 강화할 필요가 있다. 더불어, 알고리즘 추천 시스템에는 '창작 다양성 보호 모드'를 도입하여 자극성이나 인기 순위에 치우치지 않고 창작자의 독창성이 인정받을 수 있는 구조를 마련해야 한다. 아울러, 수익 배분 기준은 투명한 정보 제공과 자동 계산 시뮬레이션을 통해 청소년 창작자가 자신에게 유리한 플랫폼 조건을 비교·선택할 수 있도록 해야 한다. 이러한 기술적 장치는 단순한 창작 도구 제공을 넘어, 창작자 보호와 자율성 보장이라는 윤리적 플랫폼 환경 구축에 기여하게 된다.

● 1인 창작 문화 활성화를 위한 기업과 교육 기관의 역할은 무엇인가?

1인 창작 문화가 청소년의 표현력과 디지털 시민성 함양에 기여하려면 기업과 교육 기관의 역할이 중요하다. 학교는 창작 수업을 국어, 사회, 기술, 진로 교과와 연계하여 콘텐츠 기획, 플랫폼 구조 분석, 디지털 저작권 등을 포함한 융합 교육을 제공해야 한다. 이를 통해 청소년들이 창작 과정에서 다양한 기술과 사고력을 키울 수 있도록 해야 한다. 콘텐츠 플랫폼 기업은 청소년 창작자를 위한 콘텐츠 공모전과 창작 멘토링 프로그램을 운영하고, 수익 분배 투명성을 강화하여 공정한 창작 환경을 조성해야 한다. 정부와 미디어 교육 전문기관은 디지털 창작 윤리, 알고리즘 이해, 창작권 보호 등의 학습 콘텐츠를 제작해 학교와 가정에서 활용할 수 있도록 지원해야 한다. 이를 통해 청소년들이 디지털 환경 속에서 책임감 있는 창작자로 성장하도록 돕는 것이 중요하다. 대학 및 지역 문화재단 등 공공기관은 '청소년 창작자 데이', '크리에이터 체험관' 등을 운영하여 창작 활동을 진로와 연계할 수 있도록 지원해야 한다. 이러한 협력 구조는 청소년이 단순한 콘텐츠 소비자가 아닌 창작자이자 책임 있는 시민으로 성장하는 디지털 생태계를 형성하는 데 기여할 것이다.

정리해 볼까요?

기사에 대해서 알아볼까요?

주제: 1인 창작자는 인기 직업이지만, 창작의 자율성과 다양성을 위해 비판적 인식과 책임감 있는 소비 태도가 필요하다.

핵심어휘: 플랫폼, 썸네일, 알고리즘, 디지털 생태계, 창작자, 소비자, 창작 노동자, 책임 있는 소비

1단락 요약: 유튜버, 틱톡커 등 1인 창작자는 청소년에게 인기 있지만, 지속적인 창작을 위해서는 단순한 업로드만으로는 부족하다.

2단락 요약: 대형 플랫폼은 알고리즘과 수익 구조를 설정하며, 창작자는 노출을 위해 특정 형식에 맞춰야 해 창작의 자율성과 다양성이 제한된다.

3단락 요약: 일부 창작자는 플랫폼의 규정 변경과 수익 감소에 대응하려 하지만, 구조적 한계로 독립적 창작이 어렵고 알고리즘 이해가 생존 전략이 되기도 한다.

4단락 요약: 청소년은 창작자의 생존 경쟁과 플랫폼 종속 구조를 이해하고, 콘텐츠의 사회적 맥락과 유통 구조를 비판적으로 분석할 필요가 있다.

5단락 요약: 디지털 생태계에서는 창작의 자유, 공정한 플랫폼 운영, 책임 있는 소비가 중요하며, 교육 현장에서 플랫폼 구조 이해와 창작 경험이 필요하다.

기사의 구조적 접근을 꼭 알아야 해요!

1) 서론: 창작의 문턱이 낮아진 디지털 시대의 이면
유튜브나 틱톡에서 활동하는 1인 창작자는 청소년의 대표적인 꿈 중 하나로 떠올랐다. 그러나 이러한 디지털 창작의 자유 뒤에는 플랫폼 독점, 수익 구조 불균형, 알고리즘 중심의 콘텐츠 유통이라는 현실이 있다.

2) 본론: 알고리즘과 수익 구조의 영향
플랫폼 알고리즘은 자극적 콘텐츠 노출을 유리하게 하며, 창작자의 표현 자유를 제한할 수 있다. 광고 수익은 플랫폼 중심으로 배분되며, 정책 변화로 수익 손실이 발생하기도 한다. 대체 플랫폼 부족과 이용자 분산 문제도 창작자의 어려움으로 작용한다. 이를 이해하고 창작 프로젝트를 수행하는 활동은 청소년이 소비자에서 창작자, 비판자, 시민으로 성장하는 데 기여할 수 있다.

3) 결론: 청소년을 위한 디지털 창작 교육 방향
디지털 생태계 시민 교육은 창작, 유통, 소비 구조를 이해하고 공정성과 자율성을 고려하는 데 필요하다. 창작의 자유와 책임 있는 플랫폼 운영은 창작자, 이용자, 사회의 협력을 통해 실현될 수 있다. 청소년들이 창작과 소비를 넘어 비판적 창작 시민으로 성장하는 것이 미래 콘텐츠 생태계의 핵심 과제다.

비판적 사고 키워 볼까요? +

1 다음 중 본문의 내용으로 적절하지 <u>않은</u> 것은?

① 1인 창작자는 콘텐츠를 직접 기획하고 촬영하며, 디지털 공간에서 영향력을 가진 직업으로 자리 잡았다.

② 플랫폼은 알고리즘과 수익 구조를 스스로 설정하며, 창작자의 자유로운 콘텐츠 노출을 보장해주는 구조다.

③ 플랫폼 독점 구조는 창작자에게 자율적 활동을 어렵게 하고, 콘텐츠 표현 방식에도 영향을 미친다.

④ 플랫폼의 수익 배분 방식은 일방적일 수 있으며, 기준 미달 시 수익 지급이 제한될 수 있다.

⑤ 창작자들은 알고리즘에 따라 콘텐츠를 제작해야 하며, 진정성보다 플랫폼의 요구에 맞춰야 할 때가 있다.

2 <보기>의 내용을 참고하여 본문과 관련 없는 사례를 고르시오.

보기

- 알고리즘은 창작자의 표현 방식에 영향을 줄 수 있다.
- 플랫폼의 수익 구조는 불안정할 수 있다.
- 창작의 진정성과 자율성이 플랫폼 구조에 의해 위협받을 수 있다.

① 유튜버 A는 짧고 빠른 편집 방식을 활용하여 영상의 몰입도를 높이고, 시청자가 더 오래 머물도록 유도함으로써 알고리즘에서 노출을 극대화하려 했다.

② 한 창작자가 수익 기준을 충족하지 못해 영상 조회수와 상관없이 수익을 받지 못했다.

③ 학교에서 플랫폼 독점 구조에 대한 정책 제안을 논의하며 창작자의 자유를 보장했다.

④ 유명 영상 플랫폼이 창작자의 동의를 구하지 않은 채 수익 배분 규정을 변경해 논란을 일으켰다.

⑤ 한 청소년이 영상 제작 수업에서 브이로그 콘텐츠를 만들어 SNS에 공유했다.

3 본문에 근거하여, 플랫폼 독점 구조가 1인 창작자에게 미치는 부정적 영향을 서술하시오

4 청소년이 1인 창작자 진로를 꿈꿀 때, 플랫폼 독점 문제를 바르게 이해하기 위해 어떤 시각이 필요한지 대해서 서론, 본론, 결론으로 서술하시오.

중요

5 본문의 제목으로 '1인 창작자, 자유 뒤에 숨은 알고리즘'이 적절한지 평가하고 이유를 서술하시오.

6 다음 '창작자 보호를 위해 플랫폼의 알고리즘 구조를 공개해야 한다'라는 논제를 바탕으로 찬성과 반대의 생각을 서술하시오.

찬성	반대

08 패션 아이콘 - 스타일을 넘어서는 시대의 메신저

　패션 아이콘[1]은 단순히 옷을 잘 입는 사람을 넘어서, 시대의 흐름과 사회적 변화를 반영하는 중요한 인물들이다. 이들은 패션 산업에 큰 영향을 미치며, 대중의 스타일과 소비 습관을 형성하는 데 중요한 역할을 한다. 패션 아이콘의 영향력은 그들이 선택하는 옷, 액세서리, 스타일링 방식뿐만 아니라, 그들이 전달하는 메시지와 가치관에까지 확장된다. 패션 아이콘의 개념은 20세기 초부터 등장하기 시작했다. 특히, 할리우드 스타들이 대중문화의 중심에 서면서, 그들의 스타일은 많은 사람들에게 영향을 주었다. 예를 들어, 오드리 헵번은 그녀의 우아한 스타일로 많은 여성들에게 영감을 주었고, 그녀의 패션은 오늘날까지도 여전히 회자되고 있다. 그녀가 착용한 작은 검정 드레스는 패션의 고전으로 자리잡았다. 이러한 패션 아이콘들은 단순히 트렌드를 선도하는 것뿐만 아니라, 대중에게 새로운 미적[2] 기준을 제시하고 사회적 변화를 이끌어내는 역할을 했다.

　현대에 들어서면서 패션 아이콘의 범위는 더욱 다양해졌다. 유명 연예인, 디자이너, 인플루언서 등 다양한 분야에서 활동하는 사람들이 패션 아이콘으로 자리잡고 있다. 비욘세, 리한나, 카일리 제너와 같은 스타들은 그들의 스타일과 패션 선택이 전 세계적으로 큰 영향을 미친다. 이들은 소셜 미디어 플랫폼을 통해 직접 팬들과 소통하며, 그들의 스타일을 쉽게 공유할 수 있는 환경을 조성했다. 특히, 인스타그램과 틱톡은 패션 아이콘이 자신의 스타일을 홍보하고 대중과 소통하는 데 중요한 역할을 하고 있다.

패션 아이콘은 그들의 스타일을 통해 사회적 메시지를 전달하기도 한다. 예를 들어, 비욘세는 자신의 음악과 패션을 통해 인종 문제와 성 평등을 강조하는 메시지를 전파한다. 그녀의 스타일은 단순히 아름다움을 추구하는 것을 넘어, 사회적 문제에 대한 경각심[3]을 일깨우는 역할을 한다. 또한, 패션 아이콘들이 환경 문제에 대한 인식을 높이는 데 기여하는 경우도 있다. 에코 패션을 지지하는 스타들은 지속 가능한[4] 패션의 중요성을 알리며, 소비자들에게 환경 친화적인 선택을

KHY 트렌치 코트를 착용한
카일리 제너

권장한다. 패션 아이콘의 존재는 소비자 행동에도 큰 영향을 미친다. 많은 소비자들은 자신이 존경하는 패션 아이콘의 스타일을 모방하고자 하며, 이는 소비 패턴에 직접적인 영향을 미친다. 예를 들어, 카일리 제너가 특정 브랜드의 의상을 착용하면, 그 브랜드의 제품이 순식간에 품절되는 경우가 많다. 이러한 현상은 '카피캣 문화'를 낳으며, 브랜드의 매출 상승으로 이어진다. 소비자들은 패션 아이콘의 스타일을 통해 자신을 표현하고, 사회적 지위를 나타내고자 한다.

패션 아이콘은 단순한 스타일의 대명사가 아니라, 시대의 흐름과 사회적 변화에 대한 중요한 반영이다. 그들의 영향력은 패션 산업에 국한되지 않고, 사회

꼭 기억하렴

❶ 아이콘: 특정한 의미나 가치를 상징하는 인물이나 사물. 패션 아이콘은 패션의 상징적 존재를 뜻한다.
❷ 미적: 아름다움과 관련된 것으로, 예술이나 디자인의 품질을 평가하는 기준을 의미한다.
❸ 경각심: 특정한 문제에 대해 경계하고 주의를 기울이는 마음가짐을 말한다.
❸ 지속 가능한: 환경과 사회에 부담을 주지 않고, 장기적으로 유지 가능한 상태를 의미한다.

국어 공신 선생님

적 메시지와 소비자 행동에까지 연결된다. 앞으로도 패션 아이콘들은 다양한 방식으로 사람들에게 영감을 주고, 패션을 통해 사회적 변화를 이끌어낼 것이다. 이러한 점에서 패션 아이콘은 오늘날 사회에서 매우 중요한 역할을 하고 있으며, 그들의 스타일과 메시지는 앞으로도 계속해서 많은 사람들에게 영향을 미칠 것이다.

패션 아이콘의 영향력은 시대와 문화에 따라 변화하겠지만, 그들이 남기는 자취는 영원히 기억될 것이다. 패션은 단순한 외면을 넘어, 개인의 정체성과 사회적 메시지를 전달하는 중요한 수단으로 자리잡고 있다. 이로 인해 패션 아이콘들은 앞으로도 계속해서 우리의 삶과 문화에 깊은 영향을 미칠 것이다. 또한, 그들의 혁신적인 스타일은 새로운 트렌드를 창출하며, 소비자들에게는 지속적인 영감을 제공하고, 사회적 논의의 장을 마련하는 역할을 한다. 이러한 트렌드는 소비자들 사이에서 환경 문제와 지속 가능성에 대한 인식을 높이는 데 기여하며, 브랜드와 소비자 간의 관계를 더욱 긴밀하게 만든다.

국어 공신 선생님의 감상 꿀팁!

 좀 더 깊이 생각해 보기

• 윤리적 패션 소비가 중요한 이유는 무엇인가요?
윤리적 패션 소비가 중요한 이유는 여러 측면에서 나타난다. 첫째, 패션 산업은 환경에 미치는 영향이 크다. 대량 생산과 소비는 천연 자원을 고갈시키고, 대량의 폐기물을 발생시켜 지구 환경을 악화시킨다. 윤리적 패션을 선택함으로써 소비자는 지속 가능한 원자재 사용과 환경 보호를 지지하게 된다. 둘째, 많은 노동자들이 저임금과 열악한 근무 조건에서 일하고 있다. 윤리적 소비는 공정한 대우를 받는 기업을 지원하게 되어, 노동자의 권리를 보호하고 개선하는 데 기

여한다. 셋째, 소비자에게 더 큰 사회적 인식을 제공한다. 자신의 소비 선택이 환경과 사회에 미치는 영향을 이해하게 되면서, 보다 의식적인 소비 문화가 확산된다.

• 지속 가능한 패션의 미래를 위해 소비자들이 어떤 행동을 취해야 할까요?

지속 가능한 패션의 미래를 위해 소비자들이 취해야 할 행동은 다양하다. 첫째, 의식적인 소비를 실천해야 한다. 소비자는 제품의 원산지와 생산 과정을 조사하고, 윤리적 기준을 충족하는 브랜드를 선택해야 한다. 예를 들어, 유기농 소재를 사용하거나 공정 거래를 지지하는 브랜드를 선택함으로써 지속 가능한 패션을 지원할 수 있다. 둘째, 재사용과 재활용의 문화를 확산시켜야 한다. 의류를 구매하기 전에 이미 소유한 옷을 활용하거나 중고 의류를 구매하는 것이 환경 부담을 줄이는 데 기여한다. 셋째, 패션에 대한 인식을 높이는 노력이 필요하다. 소비자들은 지속 가능한 패션의 중요성을 주변과 공유하고, 소셜 미디어를 통해 관련 정보를 전파함으로써 더 많은 사람들에게 영향을 미칠 수 있다. 마지막으로, 소비자는 특정 브랜드에 대한 피드백을 적극적으로 제공하고, 기업이 지속 가능성을 고려하도록 압박할 수 있다. 이러한 행동들은 지속 가능한 패션의 발전에 긍정적인 영향을 미칠 것이다.

• 슬로우 패션이 개인의 라이프스타일에 어떤 긍정적인 변화를 가져올 수 있을까요?

슬로우 패션은 개인의 라이프스타일에 여러 긍정적인 변화를 가져올 수 있다. 첫째, 소비 습관의 변화다. 슬로우 패션을 지지하는 소비자는 유행에 휩쓸리지 않고, 필요하고 의미 있는 아이템을 선택함으로써 불필요한 소비를 줄인다. 이는 개인의 패션 스타일을 더욱 확고히 하고, 자신만의 독특한 정체성을 찾는 데 도움을 준다. 둘째, 자원 절약과 환경 보호에 기여한다. 슬로우 패션은 고품질의 내구성 있는 제품을 선택하도록 유도하여 자원의 낭비를 줄인다. 잘 만들어진 옷은 오래 사용할 수 있어 교체 주기가 길어지고, 결과적으로 환경 부담을 줄이는 효과가 있다. 셋째, 정신적 여유를 제공한다. 슬로우 패션은 빠르게 변하는 트렌드에 맞추기보다, 개인의 스타일과 가치를 찾도록 돕는다.

정리해 볼까요?

기사에 대해서 알아볼까요?

주제: 패션 아이콘의 사회적 영향력과 시대적 변화
핵심어휘: 패션 아이콘, 사회적 메시지, 소비자 행동, 지속 가능한 패션, 트렌드

1단락 요약: 패션 아이콘은 시대의 흐름과 사회적 변화를 반영하며, 패션 산업과 대중의 스타일, 소비 습관에 영향을 미친다. 20세기 초 등장한 개념으로, 할리우드 스타들이 이를 부각시켰다. 오드리 햅번 같은 인물은 여전히 많은 사람들에게 영감을 주고 있다.

2단락 요약: 현대의 패션 아이콘은 다양한 분야에서 활동하며, 비욘세, 리한나, 카일리 제너 등은 전 세계적으로 큰 영향을 미친다. 이들은 소셜 미디어를 통해 팬들과 소통하고 스타일을 공유하며, 사회적 메시지를 전달한다. 또한, 지속 가능한 패션을 지지하는 스타들은 에코 패션의 중요성을 알리고 소비자 행동에 영향을 미친다.

3단락 요약: 패션 아이콘은 시대의 흐름과 사회적 변화를 반영하며, 패션 산업뿐만 아니라 사회적 메시지와 소비자 행동에도 영향을 미친다. 앞으로도 이들은 다양한 방식으로 영감을 주고, 패션을 통해 사회적 변화를 이끌어갈 것이다. 그들의 자취는 영원히 기억되며, 개인의 정체성과 사회적 메시지를 전달하는 중요한 수단이 될 것이다.

기사의 구조적 접근을 꼭 알아야 해요!

1) 서론: 패션 아이콘의 정의와 중요성
패션 아이콘은 시대의 흐름과 사회적 변화를 반영하며, 패션 산업뿐만 아니라 사회적 메시지와 소비자 행동에도 영향을 미친다. 앞으로도 이들은 다양한 방식으로 영감을 주고, 패션을 통해 사회적 변화를 이끌 것이다. 그들의 자취는 영원히 기억되며, 정체성과 메시지를 전달하는 중요한 역할을 한다.

2) 본론: 현대 패션 아이콘의 사회적 영향력
현대의 패션 아이콘은 연예인, 디자이너, 인플루언서 등으로 다양해졌다. 비욘세, 리한나, 카일리 제너 같은 스타들은 소셜 미디어를 통해 팬들과 소통하며, 스타일을 공유하고 전 세계적으로 큰 영향을 미친다.

3) 결론: 패션 아이콘의 지속적인 영향력
패션 아이콘은 시대의 흐름과 사회적 변화를 반영하며, 패션 산업뿐만 아니라 사회적 메시지와 소비자 행동에도 영향을 미친다. 앞으로도 이들은 다양한 방식으로 영감을 주고, 패션을 통해 변화를 이끌어갈 것이다.

1 패션 아이콘의 역할에 대한 설명으로 옳은 것은 무엇인가?

① 패션 아이콘은 유행을 선도하지만, 그들의 스타일이나 행동이 일반 소비자의 옷 선택과 구매 결정에 직접적인 영향을 미치지는 않는다.

② 패션 아이콘은 주로 스타일과 시각적 아름다움에 집중하며, 사회적 이슈에 대한 발언이나 메시지 전달은 그들의 역할이 아니다.

③ 패션 아이콘이 환경 친화적인 브랜드를 선택하거나 지속 가능한 패션을 지지하더라도, 이러한 행동이 대중의 환경 문제 인식 향상에 기여하는 바는 미미하다.

④ 패션 아이콘은 새로운 스타일을 제시하고 유행을 선도하며, 사람들의 옷 선택과 소비 습관 형성에 중요한 영향을 미친다.

⑤ 패션 아이콘은 단순히 그 시대에 유행하는 스타일을 잘 보여주는 인물로, 그들의 패션이 사회의 전반적인 흐름이나 문화적 변화를 반영한다고 보기는 어렵다.

2 다음 <보기>를 바탕으로 현대 패션 아이콘이 소셜 미디어를 통해 대중과 소통하는 이유는 무엇인가?

 보기

> 패션 아이콘은 단순히 옷을 잘 입는 사람을 넘어서 시대의 흐름과 사회적 변화를 반영하는 인물입니다. 그들은 소비자에게 새로운 미적 기준을 제시하며, 스타일을 통해 사회적 메시지를 전달합니다. 현대의 패션 아이콘은 소셜 미디어를 통해 팬들과 직접 소통하고, 그들의 영향력을 확대하고 있습니다.

① 소셜 미디어는 패션 아이콘이 자신의 실제 스타일이나 개인적인 모습을 대중에게 철저히 숨기고, 신비주의 전략을 유지하기 위한 비공개적인 공간으로 활용된다.

② 소셜 미디어는 패션 아이콘이 팬들과 실시간으로 소통하며, 패션 철학과 메시지를 전달해 대중과의 유대감을 강화하는 핵심 도구이다.

③ 패션 아이콘들이 소셜 미디어를 적극 활용하면서 패션의 깊이와 중요성이 약화되고, 유명세와 인기 중심으로 흐르며 그 가치를 저하시킬 수 있다는 우려가 있다.

④ 소셜 미디어의 등장으로 인해 패션 아이콘들은 온라인 플랫폼에 종속되어, 기존의 잡지, TV 등 전통적인 미디어의 영향력에 더욱 의존하게 되는 현상이 심화된다.

⑤ 패션 아이콘은 스타일만으로도 충분한 영향력을 지니므로, 소셜 미디어를 통해 별도로 사회적 이슈나 개인적 메시지를 전달할 필요는 없다고 본다.

3 패션 아이콘이 사회적 이슈를 부각시키는 방법에 대해 서술하시오.

4 '패션 아이콘의 사회적 역할'에 대해 서론, 본론, 결론의 형식으로 서술하시오.

중요

5 특정 패션 아이콘의 스타일이 대중의 소비 습관에 미치는 영향에 대해 자신의 생각을 서술하시오.

6 다음 '패션 아이콘은 사회적 변화를 이끄는 데 긍정적인 역할을 한다'라는 논제를 바탕으로 찬성과 반대의 생각을 서술하시오.

협동

찬성	반대

09 디지털 빈티고, 복고 유행의 이유

최근 몇 년 사이, 디지털 공간에서는 '레트로(Retro)'와 '뉴트로(Newtro)' 열풍이 거세게 일고 있다. 이는 단순히 유행을 따라가는 소비 패턴[1]이 아니라, 우리 사회 전반의 문화적 흐름을 반영하는 중요한 현상으로 자리 잡고 있다. 레트로는 과거의 문화 요소를 그대로 재현하는 경향을, 뉴트로는 옛것을 현대적인 감각으로 새롭게 해석하여 즐기는 문화를 말한다. 과거의 음악, 패션, 제품 디자인, 게임, 방송 등은 디지털 환경 속에서 현대적 감성으로 재구성되며 다시금 주목받고 있으며, 특히 청소년 세대는 이를 새로운 창의적 콘텐츠로 인식하고 소비하고 있다. 이 과정에서 과거의 향수와 현재의 기술이 결합되어 새로운 세대 간의 소통 통로로도 작용한다.

레트로와 뉴트로의 인기는 다양한 분야에서 확인할 수 있다. 대표적인 예로, 1990년대 큰 인기를 끌었던 '포켓몬 빵'이 2022년 다시 출시되면서 품귀 현상[2]이 발생했고, SNS를 통해 '띠부띠부씰'을 모으는 문화가 다시 유행하였다. 이는 단순한 재생산이 아닌, 과거를 모르는 세대에게는 신선한 경험을, 과거를 기억하는 세대에게는 감성적인 공감대를 형성해주는 역할을 했다. 또한, 드라마 '응답하라 1988' 시리즈는 1980년대 후반 대한민국의 평범한 골목길과 가족 문화, 청춘의 감정을 사실적으로

새롭게 출시된 '포켓몬 빵'

중등 신문 읽기

재현하며, 시청자들의 감동을 이끌어냈다. 이처럼 과거의 콘텐츠가 현대의 정서와 결합되어 새롭게 소비되는 현상은, 단순한 복고를 넘어 새로운 창작물의 영감이 된다.

이러한 현상이 일어나는 배경에는 다양한 사회적, 심리적 요인이 복합적으로 작용하고 있다. 급변하는 사회, 불확실한 미래, 팬데믹[3]과 같은 전 세계적 위기를 겪으면서 사람들은 마음의 안정과 익숙한 감정의 회복을 원하게 되었다. 낯선 미래보다 기억 속 '편안한 과거'에 기대는 경향은, 레트로와 뉴트로 문화의 유행을 가속화시켰다. 특히 디지털 기술의 발전은 과거 자료의 디지털화, 편집 및 유통을 쉽게 만들어, 누구나 과거의 콘텐츠에 접근하고 이를 재창조할 수 있는 환경을 제공하고 있다. 유튜브, 틱톡 등에서는 옛날 광고, 음악, 교복 스타일 등을 새롭게 재현하는 콘텐츠가 폭넓은 세대의 호응을 얻고 있으며, 이러한 재해석은 오히려 문화 창작의 또 다른 출발점이 되고 있다.

하지만 레트로와 뉴트로의 열풍이 단순한 '감성 마케팅'이나 '재탕 콘텐츠'에 그치지 않도록 주의할 필요가 있다. 과거의 문화를 단순히 흉내 내는 수준에서 멈춘다면, 문화 발전은 정체될 수 있다. 더 중요한 것은 그 문화에 담긴 의미와 사회적 맥락을 함께 이해하고, 이를 현재의 감각으로 창의적으로 발전시키는 노력이다. 예를 들어, 한복을 현대적인 패션으로 재해석한 '생활한복', 디지털 기술을 접목한 복고풍 게임 디자인 등은 단순한 복제품이 아닌 새로운 창작의

꼭 기억하렴

❶ 소비패턴: 사람들이 어떤 상품이나 서비스를, 언제, 어떻게, 얼마나 자주 소비하는지를 나타내는 생활 습관이나 경향을 말한다.
❷ 품귀현상: 어떤 상품이나 물건이 갑자기 너무 인기가 많아져서 구하기 어려워지는 현상을 말한다.
❸ 팬데믹: 전 세계적으로 동시에 발생해 많은 사람들에게 영향을 미치는 전염병을 말한다.
❹ 문화 감수성: 다양한 문화나 전통, 생각을 이해하고 존중하려는 태도와 능력을 말한다.

국어 공신 선생님

결과물로 인정받고 있다. 전통과 변화가 충돌이 아닌 조화를 이루도록 하는 감수성과, 세대를 연결하는 상상력은 이 문화 흐름의 질적 성장을 위한 핵심이다.

레트로와 뉴트로는 단순한 유행을 넘어 시대를 반영하는 문화적 흐름이자, 청소년들이 과거와 현재를 연결하며 새로운 가치를 창출할 수 있는 기회의 장이다. 과거를 모방하는 데서 그치는 것이 아니라, 이를 비판적으로 이해하고 새롭게 해석해내는 능력이 필요하다. 전통문화의 맥락을 알고 현재의 기술과 감성으로 다시 구성해내는 경험은 창의력과 문화 감수성❶을 기르는 데 큰 도움이 된다. 청소년들이 이 흐름을 단순히 따라가는 소비자가 아닌, 능동적인 창조자로서 참여할 수 있다면, 복고 유행은 단순한 반복이 아닌 미래를 여는 창이 될 수 있다.

국어 공신 선생님의 감상 꿀팁!

좀 더 깊이 생각해 보기

집중!

• 왜 청소년 세대는 자신이 경험하지 못한 과거의 문화를 새롭게 소비하는 데 매력을 느끼는 걸까?

청소년 세대는 레트로와 뉴트로 문화 속에서 '낯설지만 새롭고', 동시에 '편안함'을 느끼기 때문이다. 자신이 경험하지 못한 과거의 음악, 패션, 제품 등을 통해 다른 시대의 감성과 문화를 체험하는 것은 신선한 경험이다. 동시에 디지털 기술을 통해 과거의 콘텐츠가 재구성되면서 현재적 감성에 맞춰져 있어 부담 없이 즐길 수 있다. 이는 마치 새로운 세계를 탐험하듯 흥미롭고, 복잡한 현대 사회에서 벗어나 따뜻한 분위기와 단순함을 느낄 수 있게 해준다. 또한, SNS를 통해 그 문화를 재해석해 나만의 콘텐츠로 만드는 과정은 창의적인 표현의 기회로도 작용한다. 결국, 레트로·뉴트로는 단순한 '옛 것'이 아니라, 새로운 세대에게 '지금 여기'에서 즐길 수 있는 창작의 원천이 되는 셈이다.

• **디지털 기술의 발전이 레트로와 뉴트로 유행에 어떤 영향을 주었을까?**

디지털 기술은 레트로와 뉴트로 유행의 확산을 가능하게 만든 핵심 요소다. 과거에는 옛날 콘텐츠를 찾거나 복원하는 데 어려움이 많았지만, 지금은 아날로그 자료를 쉽게 디지털화하고, 영상 편집이나 디자인 도구를 활용해 재해석할 수 있는 환경이 갖춰졌다. 유튜브, 틱톡, 인스타그램 등의 플랫폼은 다양한 세대가 과거 콘텐츠를 보고, 이를 기반으로 자신의 콘텐츠를 제작할 수 있도록 해준다. 예를 들어, 옛날 광고나 유행어를 패러디하거나, 교복 패션을 재현한 영상 콘텐츠가 인기를 끄는 것도 이 때문이다. 디지털 기술은 단순히 과거를 복제하는 데 그치지 않고, 사용자들이 창의적으로 다시 조합할 수 있게 해주는 도구다. 즉, 과거와 현재의 연결고리를 만들어주는 매개체로서 중요한 역할을 하고 있다.

• **청소년이 레트로·뉴트로 문화를 창의적으로 활용하기 위해 할 수 있는 일은 무엇일까?**

청소년은 단순한 콘텐츠 소비자가 아닌 능동적인 창조자로서 레트로·뉴트로 문화를 이끌어갈 수 있다. 예를 들어, 과거의 광고, 음악, 전통 의상 등을 자신의 스타일로 재해석해 영상 콘텐츠나 디자인 작품으로 만들 수 있다. 학교에서는 프로젝트 수업을 통해 전통문화와 현대 기술을 융합한 창작 활동을 시도할 수도 있다. 예를 들어, 한복을 소재로 한 캐릭터 디자인, 복고풍 게임 만들기, 옛 드라마의 리메이크 영상 제작 등이 있다. 이처럼 청소년이 과거를 이해하고 현재의 기술과 감성으로 표현할 수 있는 역량을 기르면, 단순한 유행을 넘어서 창의적 문화 창작자가 될 수 있다. 이는 문화 감수성을 높이는 동시에 미래를 여는 주체로 성장하는 데 중요한 기회가 된다.

정리해 볼까요? 그룹 생각

기사에 대해서 알아볼까요?

주제: 레트로와 뉴트로 문화는 과거를 현재적으로 재해석하는 창의적 문화 흐름으로, 청소년들이 문화 창조자로 참여할 수 있는 기회의 장이다.

핵심어휘: 레트로, 뉴트로, 문화 재해석, 감성 마케팅, 디지털 기술, 세대 소통, 창의적 재구성, 전통과 현대의 조화, 청소년 문화 감수성

1단락 요약: 레트로와 뉴트로는 과거 문화를 현대적으로 재해석하며 디지털 환경에서 확산되고 있으며, 청소년들은 이를 창의적 콘텐츠로 소비한다.

2단락 요약: 포켓몬 빵, 드라마 '응답하라 1988' 등의 사례는 레트로·뉴트로 유행을 보여준다. 과거 경험 유무에 따라 세대 간 감성이 공유되고, 새로운 창작의 영감이 되고 있다.

3단락 요약: 사회적 불안과 팬데믹으로 사람들은 과거에서 안정감을 찾으며, 디지털 기술은 옛 콘텐츠를 쉽게 재구성하고 유통할 수 있도록 한다.

4단락 요약: 단순한 복고 모방은 문화 발전을 저해할 수 있어, 비판적 이해와 창의적 재해석이 필요하다. 생활한복과 복고풍 게임은 창조적 사례로 인정받는다.

5단락 요약: 레트로와 뉴트로는 청소년에게 창의적 성장의 기회를 제공하며, 이들이 문화 창조자로 참여하면 미래를 여는 주체가 될 수 있다.

기사의 구조적 접근을 꼭 알아야 해요!

1) 서론: 레트로와 뉴트로는 과거 문화를 현대적 재해석하는 과정
레트로와 뉴트로는 과거 문화를 현대적으로 재해석하여 소비하는 새로운 문화 현상이다. 레트로는 과거 문화의 재현, 뉴트로는 이를 현대적으로 해석한 방식으로, 디지털 환경에서 청소년들에게 창의적 콘텐츠로 소비되고 있다.

2) 본론: 다양한 분야에서 발생되는 레트로와 뉴트로의 인기
포켓몬 빵과 드라마는 신세대엔 신선함을, 기성 세대엔 향수를 주며 창작에 영감을 준다. 팬데믹과 기술 발달로 과거 콘텐츠의 접근과 재창조가 쉬워졌으며, 의미와 맥락을 이해하며 새로운 문화로 발전시켜야 한다.

3) 결론: 청소년의 새로운 가치 창출 기회, 레트로와 뉴트로
청소년은 레트로·뉴트로 문화를 창조적으로 재해석할 수 있는 문화의 주체다. 복고 유행을 단순한 반복이 아니라 창의적 기회로 삼아 능동적으로 참여할 때, 문화 감수성과 창의력이 함께 성장할 수 있다.

비판적 사고 키워 볼까요? ✛

1 다음 중 본문의 내용으로 적절하지 않은 것은?

① 레트로는 과거 문화를 그대로 재현하는 것이고, 뉴트로는 이를 현대적으로 재해
석하는 방식이다.

② 포켓몬 빵의 재출시는 과거 세대의 향수를 자극하면서 동시에 새로운 세대에게
는 신선한 경험이 되었다.

③ 레트로와 뉴트로는 단순한 유행이기 때문에 청소년의 창의성과 감수성을 키우
는 데에는 크게 기여하지 않는다.

④ 디지털 기술은 과거 콘텐츠의 재현과 유통을 가능하게 하며, 이를 창의적으로
재구성할 수 있는 환경을 제공한다.

⑤ 한복을 현대 패션으로 재해석한 '생활한복'은 전통과 현대의 조화를 보여주는
뉴트로 사례 중 하나다.

2 <보기>의 내용을 참고하여 본문과 관련 없는 사례를 고르시오.

> 레트로(Retro)와 뉴트로(Newtro) 문화는 단순한 유행이 아닌, 과거의 정서를
> 현대적으로 해석하고 새롭게 소비하는 현상이다. 이 흐름은 세대 간 소통을
> 가능하게 하고, 창의적 콘텐츠 생산의 기반이 되며, 청소년이 문화 창작자로
> 성장할 수 있는 기회를 제공한다. 그러나 단순한 감성 소비에 그칠 경우, 문
> 화 발전을 저해할 수 있다는 비판도 존재한다.

① 뉴트로 현상은 과거에 대한 향수를 기반으로 디지털 기술과 결합되어, 새로운 창
작 활동의 기회를 만들어내며 세대 간 정서적 공감대를 넓혀준다.

② '생활한복'처럼 전통 의상을 현대적으로 재해석한 사례는 과거 문화에 새로운 감
각을 더해 창의적으로 발전시킨 뉴트로 문화의 대표적 성과라 볼 수 있다.

③ 청소년들은 과거를 단순히 따라 하는 모방자로 머무르기보다는, 그 맥락을 이해
하고 디지털 환경에서 창조적으로 재구성하는 역할을 기대받고 있다.

④ 레트로 문화는 한 시대에 국한된 유행으로, 청소년에게는 낯설고 지나간 세대의
감성일 뿐 새로운 콘텐츠로 소비되기는 어렵다는 비판이 지배적이다.

⑤ 레트로와 뉴트로는 팬데믹 이후의 불안정한 사회에서 심리적 안정을 제공하며,
복고적 요소를 통한 감정 회복의 기능도 함께 수행하고 있다.

3 본문에 근거하여, 레트로와 뉴트로 유행이 사회적으로 확산된 배경을 서술하시오.

4 레트로·뉴트로 문화를 단순 유행이 아닌 창의적 활동으로 발전시키기 위해 청소년에게 필요한 태도에 대해서 서론, 본론, 결론으로 서술하시오.

중요

5 레트로와 뉴트로 문화가 세대 간 소통에 어떻게 기여하는지 서술하시오.

집중

6 다음 '레트로·뉴트로 문화는 창의성이 아닌 단순 모방이다'라는 논제를 바탕으로 찬성과 반대의 생각을 서술하시오.

찬성	반대

OTT 플랫폼의 혁신 - 미디어 소비의 새로운 지평을 열다

최근 몇 년간 OTT(Over The Top) 플랫폼은 미디어 소비의 방식에 혁신적인 변화를 가져왔다. OTT 플랫폼은 인터넷을 통해 직접 콘텐츠를 제공하는 서비스로, 전통적인 방송 및 케이블 TV와는 달리 사용자에게 더 많은 선택권과 유연성을 제공한다. 이러한 변화는 기술의 발전, 소비자의 요구 변화, 그리고 콘텐츠 제작 방식의 혁신❶에 의해 이루어졌다.

OTT 플랫폼의 발전은 기술적 혁신에 뿌리를 두고 있다. 고속 인터넷의 보급과 스마트폰, 태블릿, 스마트 TV와 같은 모바일 기기의 발전으로 사람들은 언제 어디서나 원하는 콘텐츠를 시청할 수 있게 되었다. 이러한 변화는 소비자들이 콘텐츠 소비에 대한 접근성을 높이고, 전통적인 TV 시청 방식에서 벗어나게 했다. 특히, 넷플릭스, 아마존 프라임 비디오, 디즈니+와 같은 주요 OTT 서비스는 사용

OTT 플랫폼 '넷플릭스'

자가 원하는 시간에 원하는 프로그램을 시청할 수 있는 '온디맨드❷' 서비스를 제공하며 큰 인기를 끌었다.

소비자의 요구 변화도 OTT 플랫폼 발전에 중요한 역할을 했다. 현대 소비자들은 개인화된 경험을 선호하고, 자신이 원하는 콘텐츠를 쉽게 찾을 수 있는 서비스를 원한다. OTT 플랫폼은 이러한 요구에 부응하여 추천 알고리즘과 사용자 맞춤형 콘텐츠를 제공하고 있다. 예를 들어, 넷플릭스는 사용자의 시청 기록

을 분석하여 개인에게 맞춤형 콘텐츠를 추천하고, 이를 통해 소비자 만족도를 높이고 있다. 또한, OTT 플랫폼의 발전은 콘텐츠 제작 방식에도 큰 영향을 미쳤다. 전통적인 방송사와 영화 제작사들은 OTT 플랫폼의 등장으로 인해 경쟁이 심화되었고, 이에 따라 새로운 콘텐츠 제작 전략을 모색하게 되었다. OTT 플랫폼은 자체 제작 콘텐츠에 막대한 투자를 하고 있으며, 이러한 전략은 새로운 창작자들에게 기회를 제공하고 있다. 예를 들어, 넷플릭스는 다양한 장르와 형식의 오리지널 콘텐츠를 제작하여 글로벌 시장에서 큰 성공을 거두고 있다. 이로 인해 영화와 드라마의 제작 방식이 다양해지고, 다양한 문화와 이야기가 전 세계적으로 공유될 수 있는 기회가 확대되었다.

OTT 플랫폼의 발전은 또한 글로벌화의 촉진제로 작용하고 있다. 전통적인 방송사는 지역적 한계가 있었지만, OTT 플랫폼은 국경을 초월하여 콘텐츠를 제공할 수 있는 장점을 가지고 있다. 이는 다양한 문화적 배경을 가진 콘텐츠가 서로 다른 시장에서 소비될 수 있는 기회를 제공하며, 글로벌 문화의 융합을 촉진한다. 예를 들어, 한국의 드라마 및 영화가 넷플릭스를 통해 전 세계적으로 인기를 끌고 있는 사례는 이러한 글로벌화의 좋은 예시라 할 수 있다.

하지만 OTT 플랫폼의 발전은 몇 가지 도전과제를 동반하기도 했다. 첫째, 콘텐츠의 과잉 공급 문제다. 다양한 OTT 플랫폼이 등장하면서 소비자들은 선택의 폭이 넓어졌지만, 동시에 어떤 콘텐츠를 선택해야 할지 고민하게 되는 상황이 발생했다. 이는 소비자에게 혼란을 줄 수 있으며, 각 플랫폼은 더 많은 콘

꼭 기억하렴

❶ 혁신: 기존의 방식이나 관념을 새롭게 바꾸는 것을 말한다.
❷ 온디맨드: 필요할 때 원하는 콘텐츠를 즉시 제공받는 서비스를 의미한다.
❸ 저작권: 창작자가 자신의 창작물에 대해 가지는 법적 권리를 말한다.
❹ 사용자 경험: 사용자가 제품이나 서비스를 이용할 때 느끼는 전반적인 경험을 뜻한다.

국어 공신 선생님

텐츠를 제작하기 위해 경쟁하게 된다. 둘째, 저작권[3] 문제와 콘텐츠 보호 문제가 대두되고 있다. OTT 플랫폼에서 제공되는 콘텐츠는 쉽게 복제되고 배포될 수 있어, 저작권 침해의 위험이 증가하고 있다. 이에 따라 플랫폼 운영자들은 콘텐츠 보호를 위한 기술적 대응이 필요하게 되었다. 셋째, 사용자 경험[4]의 개선이 필요하다. OTT 플랫폼은 사용자 인터페이스(UI)와 사용자 경험(UX)에 있어 지속적인 개선이 요구된다. 사용자 친화적인 디자인과 직관적인 탐색 기능은 소비자들이 콘텐츠를 쉽게 찾고 즐길 수 있도록 하는 데 중요한 요소다.

OTT 플랫폼의 발전은 기술, 소비자의 요구, 콘텐츠 제작 방식의 혁신을 통해 이루어졌다. 이는 미디어 소비의 방식에 큰 변화를 가져왔으며, 앞으로도 지속적인 발전이 예상된다. OTT 플랫폼은 개인화된 콘텐츠 제공, 글로벌화, 다양한 장르의 콘텐츠 제작 등을 통해 소비자들에게 새로운 경험을 제공하고 있다. 그러나 콘텐츠의 과잉 공급, 저작권 문제, 사용자 경험 개선 등의 도전 과제가 남아 있는 만큼, 앞으로의 발전 방향에 대한 지속적인 고민과 노력이 필요하다. OTT 플랫폼은 앞으로도 미디어 산업의 중요한 축으로 자리 잡을 것이며, 소비자들에게 더 나은 콘텐츠 소비 경험을 제공할 것으로 기대된다.

 좀 더 깊이 생각해 보기

• 온디맨드 서비스의 발전이 전통적인 방송 산업에 미치는 장기적인 영향은 무엇인가?
온디맨드 서비스의 발전은 전통 방송 산업에 장기적인 변화를 가져올 것이다. 시청자의 소비 패턴이 바뀌면서 방송 일정에 구애받지 않는 콘텐츠 이용 방식이 확산되고, 방송사들은 실시간 방송 의존도를 줄이며 맞춤형 콘텐츠 제공에 집중하게 된다. 또한, OTT 플랫폼과의 경쟁 속에서 생존하기 위해 오리지널 콘텐츠 제작에 더 많은 투자를 하며, 다양한 장르와 형식을 실험해 콘텐츠의 다양성이 증가하고 새로운 창작자들에게 기회를 제공할 것이다. 한편, 광고 없는 구독 모델을 선호하는 소비자가 많아지면서 방송사들은 기존 광고 수익 모델의 전환을 고민하며 새로운 수익 창출 방안을 모색해야 한다.

• AI 기술이 OTT 플랫폼의 콘텐츠 추천 시스템에 어떤 변화를 가져올까?

AI 기술은 OTT 플랫폼의 콘텐츠 추천 시스템에 혁신적인 변화를 가져올 것이다. AI는 사용자 데이터를 정밀하게 분석해 맞춤형 콘텐츠를 제공하여 만족도를 높이고, 재방문율을 증가시킨다. 또한, 실시간으로 인기와 트렌드를 분석해 새로운 작품을 추천함으로써 사용자가 다양한 콘텐츠를 발견하도록 돕는다. 자연어 처리 기술을 활용해 리뷰와 피드백을 분석하여 콘텐츠의 질을 평가하고, 제작자에게 유용한 인사이트를 제공할 수 있다. AI 기반 추천 시스템은 사용자 간의 소셜 연결을 강화해, 친구나 가족의 시청 기록을 반영한 추천을 제공하여 더욱 풍부한 사용자 경험을 창출할 것이다.

• 10년 후 OTT 플랫폼은 사용자에게 어떤 새로운 경험을 제공할까?

AI 기술은 OTT 플랫폼의 콘텐츠 추천 시스템을 혁신적으로 변화시킬 것이다. AI는 사용자 데이터를 분석해 개인의 취향과 시청 패턴을 정밀하게 파악하고, 맞춤형 콘텐츠를 제공하여 만족도와 재방문율을 높인다. 또한, 실시간으로 인기와 트렌드를 분석해 새로운 작품을 추천함으로써 사용자가 다양한 콘텐츠를 발견할 수 있도록 돕는다. 자연어 처리 기술을 활용해 리뷰와 피드백을 분석하며, 콘텐츠의 질을 평가해 제작자에게 유용한 인사이트를 제공한다. AI 기반 추천 시스템은 사용자 간의 소셜 연결을 강화해, 친구나 가족의 시청 기록을 기반으로 한 추천이 가능하도록 하여 더욱 풍부한 사용자 경험을 창출한다. 이러한 변화는 OTT 플랫폼의 경쟁력을 크게 향상시킬 것이다.

정리해 볼까요?

기사에 대해서 알아볼까요? _____

주제: OTT 플랫폼의 발전과 그 사회적 영향
핵심어휘: OTT, 콘텐츠, 글로벌화, 사용자 경험, 저작권

1단락 요약: 최근 몇 년간 OTT 플랫폼은 전통적인 방송 및 케이블 TV와는 다른 혁신적인 미디어 소비 방식을 제시하며, 사용자에게 더 많은 선택권과 유연성을 제공하고 있다. 이러한 변화는 소비자들이 원하는 콘텐츠를 시간과 장소에 구애받지 않고 소비할 수 있도록 하여, 새로운 형태의 여가 문화를 창출하고 있다.

2단락 요약: 소비자의 개인화된 경험에 대한 요구는 OTT 플랫폼 발전에 큰 영향을 미쳤으며, 이는 추천 알고리즘과 맞춤형 콘텐츠 제공으로 이어졌다. 이러한 개인화된 서비스는 사용자 만족도를 높이며, 소비자들이 플랫폼에 더 많이 의존하게 만드는 긍정적인 결과를 가져왔다.

3단락 요약: 'OTT 플랫폼의 글로벌화는 다양한 문화적 콘텐츠가 국경을 초월하여 소비될 수 있는 기회를 제공하고, 이는 문화 교류를 촉진하는 데 기여하고 있다. 이러한 현상은 서로 다른 문화에 대한 이해를 높이고, 다양한 시각을 공유할 수 있는 장을 마련해준다.

4단락 요약: OTT 플랫폼의 발전은 기술, 소비자의 요구, 콘텐츠 제작 방식의 혁신을 통해 이루어졌으며, 앞으로도 지속적인 발전이 예상된다. 이러한 발전은 미디어 소비의 양상뿐만 아니라, 사회 전반에 걸쳐 긍정적인 변화를 이끌어낼 가능성이 크다.

기사의 구조적 접근을 꼭 알아야 해요! _____

1) 서론: OTT 플랫폼의 혁신적 출현
OTT 플랫폼은 인터넷 기반으로 콘텐츠를 제공해 방송과 TV 소비 방식을 혁신했다. 고속 인터넷과 스마트 기기 발전으로 언제 어디서나 콘텐츠 접근이 가능하며, 사용자에게 더 많은 선택권과 유연성을 제공한다.

2) 본론: OTT 플랫폼의 발전과 사회적 도전
OTT 플랫폼은 기술 혁신과 소비자 요구에 따라 발전했으며, 고속 인터넷과 스마트 기기로 언제 어디서나 접근이 가능하다. 맞춤형 콘텐츠 제공이 증가했지만, 콘텐츠 과잉 공급과 저작권 문제 등 사회적 이슈도 발생하고 있다.

3) 결론: KOTT 플랫폼의 미래와 지속 가능한 발전 방향
OTT 플랫폼은 미디어 산업에서 지속적으로 발전할 것이며, 사용자 경험 개선, 저작권 보호, 콘텐츠 질 향상 등의 과제가 있다. 이를 해결하면 플랫폼 경쟁력이 높아지고 소비자에게 더 나은 경험을 제공할 수 있다.

1 OTT 플랫폼의 발전이 가져온 주요 변화로 올바른 것을 2개 고르면?

　① OTT 플랫폼은 방송사의 편성 시간표에 구애받지 않고, 시청자가 원하는 시간과 장소에서 자유롭게 콘텐츠를 선택해 시청할 수 있는 유연성을 제공한다.

　② OTT 플랫폼은 기존의 방송사들과는 달리 콘텐츠 공급 채널로서 새롭게 등장하여, 전통적인 방송사들과 시장 경쟁을 벌이지 않고 독립적이다.

　③ OTT 플랫폼은 특정 시간에 맞춰야 하는 제약이 있어, 기존 방송 방식처럼 언제든지 자유롭게 콘텐츠를 시청하기 어렵다.

　④ OTT 플랫폼들은 특정한 오리지널 콘텐츠를 확보하기 위해 국내외 드라마, 영화 등의 제작에 대한 투자를 간접적으로 늘리는 추세이다.

　⑤ OTT 플랫폼은 국경을 넘어 다양한 국가의 콘텐츠를 제공하며, 이를 통해 문화 콘텐츠의 글로벌 확산이 가속화되고 있다.

2 <보기>를 바탕으로 OTT 플랫폼의 발전이 콘텐츠 제작 방식에 미친 영향으로 적절한 것은?

보기

　넷플릭스는 다양한 장르의 오리지널 시리즈와 영화를 제작하여 글로벌 시장에서 큰 인기를 끌고 있다. 이러한 전략은 콘텐츠의 다양성을 확대하고, 소비자 만족도를 높이는 데 기여하고 있다.

　① OTT 플랫폼들이 콘텐츠 제작에 적극적으로 투자하면서 제작사나 감독에게만 기회가 집중되어, 콘텐츠 제작 과정이 단순화되었다.

　② OTT 플랫폼의 자체 콘텐츠 제작 확대 전략은 기존의 틀을 벗어난 아이디어를 가진 새로운 작가, 감독, 배우들에게 제작 및 배출 기회를 제공하였다.

　③ OTT 플랫폼들은 기존 방송사와의 경쟁보다는 협력을 통해 콘텐츠를 공동 제작하는 방향으로 나아가면서 전통적인 방송과의 관계를 강화했다.

　④ 짧은 시간에 많은 콘텐츠를 제작해야 한다는 압박 때문에 제작 과정의 질적 관리가 어려워져, 전반적인 콘텐츠의 품질을 오히려 저하시키고 있다.

　⑤ OTT 플랫폼들은 효율적인 제작 시스템을 도입하고 대규모 투자를 통해 제작 비용을 절감하는 기술을 개발하여 콘텐츠 생산 단가를 낮추는 데 기여하고 있다.

3 OTT 플랫폼의 발전이 소비자와 콘텐츠 제작자 간의 관계에 미친 영향을 서술하시오.

4 OTT 플랫폼의 사용자 경험(UX)을 개선하기 위한 구체적인 방안에 대해 서론, 본론, 결론의 형식으로 서술하시오.

좋요

5 OTT 플랫폼의 발전에 따른 부작용에 대한 생각을 서술하시오.

6 다음 '과잉 공급으로 인해 콘텐츠의 품질이 저하될 수 있다'라는 논제를 바탕으로 생각을 서술하시오.

있다	없다

11 청소년 피지컬 문화와 외모 가치관

청소년 사이에서 '피지컬'에 대한 관심이 날로 높아지고 있다. 피지컬은 단순히 체력이나 운동 능력을 의미하는 데 그치지 않고, 얼굴 생김새, 몸매, 자세, 분위기 등 외모 전반을 포함하는 신체 이미지로 확대되고 있다. 특히 SNS와 유튜브, 방송 프로그램 등에서 '몸매 관리 브이로그', '아이돌 체형 만들기', '모델 식단'과 같은 콘텐츠가 인기를 끌면서, 청소년들도 자연스럽게 특정한 외모 기준에 노출되고 있다. 연예인, 인플루언서[1], 스포츠 스타의 이미지와 자신을 비교하며 체형에 대한 불만을 느끼거나, 외모를 개선하려는 노력이 일상화되고 있다. 이는 자칫 외모 중심의 가치관을 강화시키고, 청소년의 정신 건강에 부정적인 영향을 줄 수 있다.

연구에 따르면, 청소년의 외모에 대한 사회문화적 태도와 외모 비교는 외모 관리 행동에 직접적인 영향을 미친다. 특히 여학생은 또래 친구, 미디어 속 인물과의 비교를 통해 이상적인 외모 기준을 내면화하는 경향이 높고, 그 기준에 도달하지 못할 경우 자존감[2]이 낮아지고 스트레스나 우울감을 경험하기 쉽다. 청소년기에는 자아정체성[3]이 형성되는 시기이므로 외부의 평가에 예민하게 반응하며, '외모는 곧 나의 가치'라는 인식이 자리 잡을 수 있다. 체중 조절, 무리한 다이어트, 화장, 의복 선택 등 외모를 가꾸기 위한 다양한 행동은 때로 건강에 악영향을 주기도 한다. 남학생들 역시 '어깨 넓이', '복근', '키' 등에 민감하게 반응하며, 근력 운동이나 보디 이미지 관리에 관심을 보이는 경우가 늘고 있다.

청소년의 외모 만족도는 단순한 겉모습에 대한 평가를 넘어 자존감, 사회성, 학습 태도, 문제 해결 능력 등 심리적 기능과도 밀접한 관련이 있다. 외모에 대한 만족도가 높을수록 자신에 대한 긍정적 인식이 강화되어 대인관계에서 자신감 있게 소통할 수 있고, 학업이나 진로 선택에도 보다 적극적인 태도를 보이게 된다. 반면, 외모 불만족은 소극적 태도, 위축감, 심리적 방어를 유발하고, 사회 활동에서 위축되거나 친구 관계에 불안감을 느끼는 요인이 되기도 한다. 특히 최근에는 청소년 사이에서 외모에 대한 평가가 SNS 댓글이나 사진 필터 등의 기능을 통해 일상적으로 이루어지고 있어, 외모 스트레스의 강도가 과거보다 훨씬 더 높아지고 있다.

이러한 상황에서 우리는 청소년의 외모 중심 문화를 어떻게 바라보아야 할까? 청소년기의 외모에 대한 관심은 자연스러운 성장 과정의 일부이지만, 지나친 외모 지향은 정신적 피로감과 왜곡[4]된 자아 인식을 유발할 수 있다. 따라서 사회적으로 건강한 외모 가치관을 형성할 수 있도록 돕는 노력이 필요하다. 학교에서는 다양한 신체적 특징과 개성을 존중하는 분위기를 조성하고, 외모보다 인성, 창의성, 협업 능력 등 다양한 가치를 강조하는 교육이 이뤄져야 한다. 가정에서는 외모에 대한 칭찬과 지적을 균형 있게 조절하고, 자녀가 자신의 장점을 스스로 인식하도록 도와야 한다. 또한 미디어에서 제시하는 외모 기준을 무비판적으로 수용하지 않도록, 미디어 리터러시 교육도 병행되어야 한다.

꼭 기억하렴

① 인플루언서: SNS나 유튜브 등 디지털 공간에서 많은 사람들에게 영향력을 미치는 사람을 말한다.
② 자존감: 자신을 얼마나 소중하게 여기고 긍정적으로 받아들이는지를 나타내는 마음의 상태이다.
③ 자아정체성: '나는 누구인가'에 대한 생각과 느낌으로, 자신에 대한 인식과 정체감을 뜻한다.
④ 왜곡: 사실이나 현실을 있는 그대로 보지 못하고, 잘못된 방식으로 받아들이는 것을 말한다.

국어 공신 선생님

청소년의 피지컬 문화와 외모 가치관은 단순한 유행의 문제가 아니라, 자아 형성과 정신 건강, 사회성 발달에 깊은 영향을 미치는 복합적인 사회현상이다. 청소년들이 외모에만 집중하는 것이 아니라 자신만의 고유한 매력을 발견하고 존중하는 태도를 가지는 것이 중요하다. 이를 위해 학교, 가정, 사회 전체가 청소년의 몸과 마음을 균형 있게 바라보는 시각을 갖고, 다양한 신체 이미지가 존중받는 문화를 만들어가야 한다. 청소년 스스로도 외모에 대한 고민을 지나치게 혼자 끌어안기보다는 친구, 선생님, 가족과 소통하며, 나 자신을 있는 그대로 긍정하고 성장해 나가는 태도를 가질 필요가 있다. 그러한 과정 속에서 진정한 자신감을 키우고, 내면의 건강한 아름다움을 지닌 사람으로 성장해 갈 수 있을 것이다.

국어 공신 선생님의 감상 꿀팁!

한걸음 더 깊이 생각해 보기

집중!

• 청소년의 외모 중심 문화, 우리 사회의 '평가 사회'와 어떻게 연결되어 있는가?

청소년의 외모 중심 문화는 단순히 사춘기 정체성의 문제가 아니라, 우리 사회 전반에 퍼진 '평가 중심 사회'의 일면으로 해석할 수 있다. 외모도 일종의 '스펙'으로 여겨지고, 좋은 외모는 더 많은 '좋아요'와 '주목'을 받는다. 이는 성인이 된 후 학벌, 직장, 경제력 등으로 평가되는 사회구조와 맞닿아 있다. 어릴 때부터 외모로 비교되고 순위가 매겨지는 경험은 자기 존재를 타인의 기준으로 판단하는 습관을 형성한다. 따라서 우리는 외모를 경쟁 도구로 인식하게 만드는 사회 시스템 전반을 돌아봐야 하며, 교육 현장에서는 비교보다 성장 중심의 평가로 전환하는 노력이 필요하다. 외모보다 개성과 인성, 가치관을 평가하는 문화로의 전환이 절실하다.

• 외모 중심 사회 속 청소년의 '자존감'은 어떻게 지켜져야 하는가? 가정, 학교, 사회는 각각 어떤 역할을 해야 할까?

청소년의 자존감은 단순히 내면의 문제를 넘어 사회적 환경과 밀접하게 연결되어 있다. 특히 외모 중심 사회에서 자존감은 쉽게 흔들릴 수 있으며, 이는 학업 의욕, 대인관계, 진로 결정 등 다양한 영역에 영향을 준다. 가정에서는 외모보다는 성격, 노력, 태도 등 본질적인 가치에 초점을 맞춘 칭찬을 통해 자녀가 자신을 긍정하게 해야 한다. 학교에서는 외모 평가가 배제된 발표, 활동 중심의 수업 운영과 더불어, 인성 중심의 평가 문화를 조성해야 한다. 사회는 광고, 콘텐츠, 언론 등에서 다양한 신체 이미지와 정체성을 존중하는 메시지를 확산해야 하며, 청소년 정신 건강 지원을 강화해야 한다. 자존감은 청소년 혼자의 책임이 아니라, 환경이 함께 만들어주는 것이다.

• '피지컬 문화'가 확산되는 시대에 우리는 어떤 새로운 교육을 고민해볼 수 있을까?

피지컬 문화가 빠르게 확산되는 시대, 우리는 기존의 주입식 지식 중심 교육만으로는 청소년의 정체성 형성을 충분히 지원할 수 없다. 따라서 새로운 교육 방향이 필요하다. 첫째, '자기 인식 교육(Self-awareness Education)'을 강화해야 한다. 이는 청소년이 외모를 포함한 자신의 다양한 정체성을 탐색하고, 내면의 강점을 인식하도록 돕는다. 둘째, '디지털 리터러시 교육'을 통해 SNS가 보여주는 이미지가 어떻게 왜곡될 수 있는지를 비판적으로 분석하게 해야 한다. 셋째, '다양성 존중 프로젝트'를 운영하여, 다양한 체형, 외모, 성격의 친구들과 함께 협업하면서 서로의 차이를 가치로 받아들이는 훈련을 해야 한다. 이제는 교과 성적뿐 아니라, 존재의 가치를 가르치는 교육이 필요하다.

정리해 볼까요?

그룹 생각

기사에 대해서 알아볼까요? _____

주제: 청소년 사이에서 '피지컬' 중심 외모 가치관이 확산되며, 이는 자아 정체성과 정신 건강에 영향을 미치므로 건강한 신체 이미지와 자존감 교육이 필요하다.

핵심어휘: 피지컬, 신체 이미지, SNS, 외모 비교, 자아 정체성, 자존감, 외모 스트레스, 미디어 리터러시 , 심리 건강, 다양성 존중

1단락 요약: SNS와 미디어 영향으로 '피지컬' 개념이 확장되며, 청소년은 연예인과 비교하면서 외모 고민이 일상화되고 있다.

2단락 요약: 사회적 시선과 비교는 청소년의 자존감에 영향을 미치며, 특히 여학생은 이상적 외모를 내면화해 우울감과 스트레스를 경험할 수 있다.

3단락 요약: 남학생도 신체 기준에 민감하게 반응하며, 외모 관리에 몰두해 심리적 부담을 느낄 수 있다.

4단락 요약: 외모 만족도는 심리적 기능과 연관되며, SNS의 외모 평가로 인해 위축과 불안, 스트레스가 심화된다.

5단락 요약: 청소년의 외모 관심은 자연스러운 현상이지만, 학교는 다양성을 존중하고 가정은 균형 있는 지지를 통해 건강한 자기 인식을 돕는 교육이 필요하다.

6단락 요약: 미디어 리터러시 교육을 통해 청소년은 외모 기준을 비판적으로 인식하고, 사회는 다양한 신체 이미지와 내면의 아름다움을 존중해야 한다.

기사의 구조적 접근을 꼭 알아야 해요! _____

꼭 기억하렴

1) 서론: 청소년 사이에서 확산되는 '피지컬' 중심 문화
청소년은 SNS와 미디어를 통해 이상적 신체 이미지에 노출되며, 이는 자아 형성과 정신 건강에 영향을 미친다.

2) 본론: 외모 비교와 신체 이미지가 미치는 영향
SNS와 미디어의 외모 기준은 청소년의 자존감과 정신 건강에 영향을 미치며, 비교로 인해 스트레스가 증가한다. 학교는 내면의 가치를 중시하는 문화를 조성하고, 가정은 균형 잡힌 반응으로 자기 인식을 돕는 역할을 해야 한다. 또한, 미디어 리터러시 교육을 통해 외모 기준을 비판적으로 수용할 필요가 있다.

3) 결론: 외모가 아닌 '존재'로 바라보는 청소년 문화 형성
청소년의 외모 관심은 자연스럽지만, 자아를 외모로만 정의해선 안 된다. 학교, 가정, 사회가 건강한 신체 이미지 문화를 형성하며, 청소년이 자신의 매력을 발견하고 내면의 아름다움을 인식할 수 있도록 지원해야 한다.

비판적 사고 키워 볼까요? +

1 다음 중 본문의 내용으로 적절하지 않은 것은?

① 청소년의 피지컬에 대한 관심은 체력뿐 아니라 외모와 분위기 전반에 대한 이미지로 확대되고 있다.

② 외모 비교는 자아정체성 형성과 무관하며, 단지 일시적 유행에 따른 반응이다.

③ 여학생은 미디어 속 인물과 자신을 비교하며 이상적인 외모 기준을 내면화하기 쉽다.

④ 외모에 대한 만족도는 자존감과 사회적 자신감, 학습 태도와도 연관된다.

⑤ 외모 중심의 가치관은 SNS나 유튜브 콘텐츠를 통해 더 강화될 수 있다.

2 <보기>의 내용을 참고하여 본문과 관련 없는 사례를 고르시오.

> 청소년기는 자아 정체성이 형성되는 중요한 시기로, 외모에 대한 관심이 자연스럽게 나타난다. 하지만 최근 SNS와 방송 콘텐츠의 영향으로 '이상적인 외모'에 대한 사회문화적 기준이 강화되고 있으며, 이로 인해 청소년들이 외모 스트레스를 겪는 사례가 늘고 있다. 외모 만족도는 심리적 안정, 학업 태도, 사회성에 영향을 미치며, 지나친 비교는 자존감 저하, 우울감, 위축으로 이어질 수 있다. 따라서 사회 전반에서 다양한 신체 이미지를 존중하고, 외모 중심 가치관에서 벗어난 교육과 문화 형성이 요구된다.

① 청소년은 또래와 미디어 속 인물과 자신을 비교하며 이상적 외모 기준을 내면화하고, 이는 자존감에 영향을 미칠 수 있다.

② 피지컬에 대한 관심은 체력과 근육뿐만 아니라 얼굴형, 분위기, 자세까지 확장되었으며, 남학생이 여학생보다 더 큰 영향을 받는다.

③ SNS 활동은 외모 스트레스를 심화시키며, 실시간 댓글과 사진 필터 기능은 청소년이 일상적으로 외모 평가를 받는 환경을 만든다.

④ 외모에 대한 불만족은 학업 집중도, 대인관계, 사회적 활동 전반에서 소극적인 태도를 유발할 수 있으며, 이는 청소년의 사회성 발달에 부정적인 영향을 미칠 수 있다.

⑤ 학교와 가정, 사회 전반에서는 외모보다 다양한 장점을 발견하고 존중할 수 있는 교육과 문화가 필요하며, 미디어 리터러시 교육을 통해 외모 기준을 비판적으로 수용하는 태도 또한 중요하다.

3 본문에 근거하여, 외모 중심 문화가 청소년에게 미치는 영향을 서술하시오.

4 청소년이 외모 기준에 휘둘리지 않고 건강한 자아 인식을 갖기 위해 필요한 태도에 대해서 서론, 본론, 결론으로 서술하시오.

중요

5 외모 불만족이 청소년의 심리와 행동에 미치는 영향을 서술하시오.

6 다음 '청소년기 외모 관리 문화는 건강한 성장의 일환이다'라는 논제를 바탕으로 찬성과 반대의 생각을 서술하시오.

찬성	반대

12 게임, 스토리의 새로운 지평을 여는 시대

최근 몇 년간 게임 산업은 단순한 오락을 넘어 깊이 있는 스토리텔링을 강조하는 방향으로 발전해왔다. 과거에는 게임이 주로 빠른 반응과 점수 획득에 중점을 두었지만, 오늘날의 게임은 플레이어에게 감정적이고 몰입감 있는 경험을 제공하는 데 초점을 맞추고 있다. 이러한 변화는 게임이 단순한 놀이를 넘어 예술의 한 형태로 자리 잡는 데 기여하고 있다.

특히, 게임의 스토리텔링은 플레이어가 이야기에 직접 참여하고, 감정적으로 연결될 수 있는 기회를 제공함으로써 더욱 풍부해졌다. 기술의 발전 덕분에 그래픽과 사운드의 품질이 향상되었고, 이는 더욱 몰입감 있는 경험을 가능하게 한다. 게임 개발자들은 이제 단순한 게임 플레이를 넘어 복잡한 내러티브와 캐릭터를 창조하여 플레이어의 감정을 자극하고, 그들이 일상에서 잊고 지냈던 감정을 다시 불러일으키고 있다. 이러한 모든 요소는 게임을 단순한 오락의 범주에서 벗어나, 문화적 가치[1]와 메시지를 전달하는 매체로 발전시키는 데 기여하고 있다.

게임의 스토리텔링은 초기의 간단한 줄거리에서 시작해 점차 복잡하고 다층적[2]인 이야기로 발전해왔다. 초기 게임들은 주로 '악당을 물리치고 공주를 구하는' 전형적인 서사 구조를 따랐다. 그러나 기술의 발전과 함께 게임의 내러티브도 발전하기 시작했다. 예를 들어, RPG(롤플레잉 게임) 장르는 플레이어가 캐릭터를 성장시키고, 선택에 따라 이야기가 달라지는 구조를 통해 깊이 있는 스토리를 제공한다. 대표적인 예로《The Witcher》시리즈와《The Last of Us》와 같은 게임들이 있다. 이들 게임은 플레이어에게 감정적으로 깊이 있는 경험을 제공하며, 복잡한 캐릭터와 윤리적[3] 선택을 통해 스토리를 전개한다. 이러한 요소들은 플레이어가 스토리에

RPG 게임《The Witcher3》

몰입하게 만들고, 게임을 단순한 오락을 넘어 하나의 예술작품으로 인식하게 한다.

현대 게임에서 스토리텔링은 다양한 기법을 통해 이루어진다. 첫째, 비선형[4] 내러티브가 있다. 플레이어의 선택에 따라 이야기가 다르게 전개되며, 이는 플레이어에게 자신만의 이야기를 만들 수 있는 기회를 제공한다. 예를 들어,《Detroit: Become Human》은 플레이어의 선택에 따라 여러 가지 결말을 제공하며, 각 선택이 스토리에 큰 영향을 미친다. 둘째, 캐릭터 개발이 중요하다. 강력한 캐릭터는 플레이어가 감정적으로 연결될 수 있는 요소로 작용한다.《The Last of Us》의 조엘과 엘리와 같은 캐릭터는 그들의 관계와 개인적인 갈등을 통해 플레이어에게 깊은 감정을 전달한다. 셋째, 시각적 스토리텔링도 중요한 역할을 한다. 게임의 그래픽과 아트 스타일은 이야기의 전달 방식에 큰 영향을 미친다. 환경 디자인, 캐릭터 애니메이션, 음악 등이 결합되어 플레이어에게 몰입감을 주고, 이야기를 더욱 풍부하게 만든다.

꼭 기억하렴

❶ 문화적 가치: 특정 문화가 지니는 의미나 중요성을 뜻한다.
❷ 다층적: 여러 겹으로 이루어진, 복잡한 구조를 말한다.
❸ 윤리적: 도덕적 기준에 관련된, 옳고 그름을 판단하는 것을 의미한다.
❹ 비선형: 직선적이지 않고 다양한 경로로 전개되는 현상을 말한다.

국어 공신 선생님

게임의 스토리텔링은 단순한 오락을
넘어 사회적 메시지를 전달하는 매개체로
도 기능한다. 예를 들어,《Life is Strange》와
같은 게임은 청소년의 문제, 우정, 선택의
중요성 등에 대해 이야기하며, 플레이어
에게 심리적 및 사회적 이슈를 성찰하게

비디오 게임《Life is Strange》

만든다. 이러한 게임들은 플레이어가 현실 세계의 문제를 이해하고 공감할 수
있도록 돕는다. 또한, 게임 산업은 다양한 문화와 배경을 반영한 스토리를 통해
글로벌한 사회적 대화에 기여하고 있다. 일본의《Persona》시리즈는 일본 사회
의 청소년 문제를 다루고 있으며, 서양의《God of War》는 북유럽 신화를 현대적
으로 재해석하여 세계적으로 큰 인기를 끌고 있다.

게임의 스토리텔링 시대는 단순한 오락을 넘어 감정적이고 몰입감 있는 경
험을 제공하는 방향으로 발전하고 있다. 비선형 내러티브, 강력한 캐릭터 개발,
시각적 스토리텔링 등의 기법을 통해 게임은 예술의 한 형태로 자리 잡고 있으
며, 사회적 메시지를 전달하는 중요한 매개체로 기능하고 있다. 이러한 변화는
앞으로도 계속될 것이며, 게임이 더욱 풍부하고 다양화된 이야기를 통해 플레
이어와 소통하는 방식을 지속적으로 발전시킬 것이다. 특히, 다양한 문화적 배
경과 사회적 이슈를 반영한 스토리는 플레이어에게 새로운 시각을 제공하고,
현실 세계와의 연관성을 느끼게 한다. 게임 개발자들은 이러한 요소를 통해 플
레이어가 단순히 게임을 즐기는 것을 넘어, 각자의 삶과 경험을 되새기는 기회
를 제공하고 있다. 게임은 이제 단순한 오락이 아닌, 깊이 있는 스토리와 경험을
제공하는 매력적인 매체로 자리매김하고 있으며, 앞으로도 그 가능성은 무궁
무진하다.

좀 더 깊이 생각해 보기

- 비선형 내러티브 게임에서 주인공이 여러 분기점 중 하나를 선택했을 때, 어떻게 다른 캐릭터와의 관계가 달라질 수 있을까요?

비선형 내러티브 게임에서 주인공이 여러 분기점 중 하나를 선택했을 때, 다른 캐릭터와의 관계는 크게 변화할 수 있다. 예를 들어, 주인공이 친구를 구하기 위해 위험을 감수하는 선택을 한다면, 그 친구와의 신뢰가 강화되고, 이후 사건에서 중요한 동맹으로 작용할 수 있다. 반대로, 친구를 배신하거나 무시하는 선택을 하면 관계가 악화되고 적대감이 생길 수 있다. 또한, 주인공이 다른 캐릭터의 과거를 이해하고 공감하는 선택을 하면, 그 캐릭터와의 감정적 유대가 깊어져 향후 협력 가능성이 높아진다. 특정 갈등 상황에서 한 쪽의 편을 드는 선택을 할 경우, 그 선택에 따라 다른 캐릭터와의 관계가 급격히 변화할 수 있으며, 이로 인해 갈등 해결을 위한 추가 스토리가 전개될 수 있다.

- 크로스 플랫폼 게임에서 여러 플레이어가 각기 다른 이야기를 경험하고, 그 결과가 서로 연결된다고 가정할 때, 이러한 비선형 내러티브가 멀티플레이어 경험에 미치는 변화는 무엇일까요?

크로스 플랫폼 게임에서 여러 플레이어가 각기 다른 이야기를 경험하고 그 결과가 연결되는 비선형 내러티브는 멀티플레이어 게임의 혁신적인 변화를 이끈다. 각 플레이어의 선택과 행동이 전체 스토리에 영향을 미치며, 공동 목표를 달성하기 위해 협력이 필수적이다. 예를 들어, 한 플레이어가 얻은 정보가 다른 플레이어의 진행에 결정적인 역할을 하여 팀워크가 중요해진다. 또한, 플레이어 간 상호작용이 더욱 풍부해져 각자의 이야기를 공유하고 토론하는 과정에서 다양한 관점을 이해하게 되며, 이는 게임 내 유대감을 강화한다. 더불어, 재플레이 가치가 증가하여 플레이어들은 각기 다른 선택지를 탐색하기 위해 여러 번 게임을 플레이하며 새로운 이야기를 경험할 수 있다. 이러한 구조는 플레이어가 자신의 선택에 대한 책임을 느끼게 만들어 몰입감을 극대화한다. 결국, 비선형 내러티브는 멀티플레이어 게임을 더욱 다채롭고 의미 있는 경험으로 변화시킨다.

정리해 볼까요?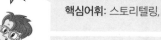

기사에 대해서 알아볼까요?

주제: 게임의 스토리텔링 발전과 사회적 메시지 전달
핵심어휘: 스토리텔링, 비선형 내러티브, 캐릭터 개발, 사회적 메시지

1단락 요약: 최근 게임 산업은 오락을 넘어 감정적 몰입을 강조하며, 예술의 한 형태로 자리 잡고 있다. 플레이어는 스토리와 캐릭터를 통해 더욱 깊은 감정을 경험하며, 게임은 단순한 놀이를 넘어 다양한 감정을 전달하는 매체로 발전하고 있다.

2단락 요약: 게임 스토리텔링은 초기의 단순한 줄거리에서 복잡하고 다층적인 구조로 발전하며, 플레이어의 몰입을 강화하는 핵심 요소가 되었다. 초창기 게임은 단순한 목표를 제시했지만, 현대 게임은 플레이어의 선택과 행동에 따라 이야기가 변화하는 구조를 갖추고 있다.

3단락 요약: 게임의 스토리텔링은 비선형 내러티브와 강력한 캐릭터를 통해 감정적·사회적 메시지를 전달하며, 그 가능성은 무궁무진하다. 이제 게임은 단순한 오락을 넘어 중요한 사회적 이슈를 제기하고, 공감과 이해를 돕는 매체로 자리 잡고 있다.

기사의 구조적 접근을 꼭 알아야 해요!

1) 서론: 게임의 스토리텔링 발전
게임 산업은 단순한 오락을 넘어 깊이 있는 스토리텔링을 강조하며 발전하고 있다. 과거에는 점수 획득이 중심이었지만, 이제는 감정적 몰입을 중시하며 예술로 자리 잡고 있다. 플레이어는 더욱 풍부한 이야기와 감정을 경험할 기회를 얻고 있다.

2) 본론: 스토리텔링의 기법과 사회적 메시지
게임 스토리텔링은 단순한 구조에서 복잡한 내러티브로 발전했다. 비선형 전개와 강력한 캐릭터 개발이 몰입감을 높이며, RPG는 플레이어의 선택에 따라 이야기가 달라진다. 또한, 게임은 사회적 메시지를 전달하며 현실 문제를 성찰하고 다양한 문화를 반영하는 역할을 한다.

3) 결론: 게임의 미래와 가능성
게임 스토리텔링은 오락을 넘어 감정적 몰입과 사회적 메시지를 전달하는 방향으로 발전하고 있다. 다양한 문화와 이슈를 반영한 이야기는 플레이어에게 새로운 시각을 제공하며, 앞으로도 깊이 있는 스토리로 더욱 풍부한 경험을 선사할 것이다.

비판적 사고 키워 볼까요? +

1 윗글에 대한 설명으로 가장 적절한 것은?

① 게임 산업은 여전히 단순한 오락이나 시간 때우기로만 인식되며, 문화적 · 예술적 가치는 평가절하되고 있다.

② 게임 속 이야기는 플레이어의 감정을 움직이고 몰입감을 높이며, 상호작용을 통해 더욱 개인적인 특별한 경험을 제공한다.

③ 대부분의 게임은 정형화된 구조를 유지하며, 단계가 고정되어 있어 플레이어의 선택이나 행동에 따라 변화하는 경우가 드물다.

④ 현재 출시되는 모든 종류의 게임들은 예외 없이 플레이어의 선택에 따라 이야기가 여러 갈래로 나뉘는 비선형적인 서사 구조만을 사용한다.

⑤ 게임 분야에서 기술이 발전하더라도 게임 플레이 방식이나 내용에는 영향을 주지 못하고, 오직 화면에 보이는 그래픽의 시각적인 품질만 향상시킨다.

2 <보기>를 바탕으로 게임의 스토리텔링이 발전함에 따라 플레이어에게 어떤 영향을 미칠 수 있는지 고르시오

 보기

 《The Last of Us》는 인간 관계와 생존의 고뇌를 중심으로 감정적으로 몰입할 수 있는 스토리를 전개하며, 플레이어가 캐릭터와 깊이 연결될 수 있도록 한다. 이러한 게임들은 스토리텔링의 예술적 가치를 높이며, 플레이어에게 강한 감정을 불러일으킨다.

① 게임의 이야기가 흥미로워지면서 플레이어는 단순히 게임을 즐기는 빈도가 늘어나고, 플레이 시간 자체만 증가하게 된다.

② 게임 속 등장인물들의 감정이나 상황에 공감하고 몰입하며, 이야기 전개에 따라 캐릭터와 깊이 연결되는 감정적인 유대감을 느낄 수 있다.

③ 스토리텔링이 복잡해지고 중요해지면서 게임을 플레이하는 과정에서 플레이어가 달성해야 할 게임의 목표가 오히려 더 단순해지고 명확해진다.

④ 게임의 스토리텔링 수준이 높아지고 제작 비용이 증가함에 따라 게임 자체의 판매 가격이 필연적으로 상승하게 되는 결과를 가져온다.

⑤ 스토리텔링 기술을 구현하는 과정에서 기술적인 오류나 문제 발생 가능성이 높아져, 게임 플레이 도중 자주 중단되는 현상이 나타난다.

3 게임의 비선형 내러티브가 플레이어의 경험에 미치는 영향을 설명하시오

4 스토리텔링의 발전이 게임의 예술적 가치에 어떻게 기여하는지 서론, 본론, 결론의 형식으로 서술하시오.

중요

5 스토리텔링의 발전은 플레이어가 게임 속 캐릭터 및 이야기와 감정적으로 연결될 수 있는 기회를 제공한다. 플레이어가 게임에 더욱 몰입하고, 경험을 깊이 있게 느끼게 함으로써 게임의 가치를 높인다. 이로인한 사회문제나 야기되는 문제에 대한 생각을 서술하시오.

집중

6 다음 '스토리 중심의 게임은 특정 장르에 집중하게 되어 장르의 다양성을 제한할 수 있다' 라는 논제를 바탕으로 찬성과 반대의 생각을 서술하시오.

찬성	반대

13 디지털 추모 문화, 사이버 제사?

최근 디지털 기술의 발전과 함께 전통적인 제사 문화도 큰 변화를 맞이하고 있다. 특히 '사이버 제사'나 '디지털 추모'와 같은 새로운 형태의 추모 방식이 등장하면서, 전통과 현대의 조화를 어떻게 이뤄야 할지에 대한 사회적 논의가 활발해지고 있다. 이러한 변화는 단순한 편리함의 문제가 아니라, 가족문화의 재구성, 세대 간 가치관의 차

서울시설공단에서 운영하는 '사이버 추모의 집'

이, 그리고 조상에 대한 기억 방식이 어떻게 달라지고 있는지를 보여주는 중요한 사회적 현상이다. 특히 청소년들도 이러한 문화 변화를 직접 경험하거나, 가까운 미래에 마주하게 될 가능성이 높아 더욱 주목할 필요가 있다.

디지털 추모 문화는 시간과 공간의 제약을 넘어 언제 어디서든 고인을 기릴 수 있는 새로운 가능성을 열어주고 있다. 예를 들어, 보건복지부와 한국장례문화진흥원이 운영하는 'e하늘 장사정보시스템'은 고인의 사진, 영상, 음성 메시지 등을 올리고 추모글을 남길 수 있는 온라인 추모관 서비스를 제공한다. 사용자는 명절이나 기일이 아니더라도 마음이 가는 날 언제든 접속해 고인을 추모할 수 있고, 여러 지역에 흩어져 있는 가족들과 실시간으로 함께 대화할 수도 있

다. 특히 코로나19 팬데믹을 계기로 사회적 거리두기가 시행되면서, 이러한 비대면 방식의 추모 서비스는 더욱 주목받았고, 명절마다 수많은 방문자가 이를 활용하게 되었다.

최근에는 가상현실(VR)과 증강현실(AR)을 접목한 보다 진화된 디지털 추모 서비스도 등장하고 있다. 예를 들어, 국내의 한 장례 스타트업은 인공지능(AI)을 이용해 고인의 사진과 음성을 기반으로 3D 아바타를 제작하고, 유족이 VR 장비를 착용해 고인과 대화를 나누거나 가상 공간에서 제사를 지낼 수 있도록 돕고 있다. 이처럼 첨단 기술을 활용한 추모 방식은 단지 편리함을 넘어서, 감정적 교류와 추모의 진정성❶을 새롭게 구성하는 시도로 평가받고 있다.

이러한 디지털 추모 방식은 전통적인 제사 문화와는 다른 형식을 갖고 있지만, 조상을 기리는 마음과 가족 간 유대❷를 강조한다는 점에서 본질적 의미는 이어지고 있다. 특히 해외에 거주하거나 고향을 방문하기 어려운 상황에 처한 사람들에게는 새로운 대안이 되고 있다. 그러나 이러한 방식이 전통적인 제사의 정신성과 상징성을 약화시킨다는 우려도 있다. 조상의 위패❸나 사진을 직접 모시고 온 가족이 한자리에 모여 음식을 차리며 예를 올리는 전통 의식은 단순한 종교 행위를 넘어, 가족문화의 중요한 축이었다. 따라서 디지털 제사의 보급이 전통의 가치를 대체하게 될 경우, 세대 간 문화 단절이나 가족 공동체 의식의 약화를 초래할 수 있다는 비판도 존재한다.

디지털 추모 문화는 기술 발전에 따른 자연스러운 흐름이지만, 전통 제사가

꼭 기억하렴

❶ 진정성: 어떤 감정이나 태도가 거짓이 없고 참된 상태를 말한다.
❷ 유대: 사람들 사이의 정서적 연결이나 관계를 의미한다.
❸ 위패: 조상의 이름이 적혀 있는 나무나 종이로 만든 판으로, 전통 제사에서 조상의 혼이 머문다고 여겨지는 상징물이다.
❹ 정서: 사람이 느끼는 감정이나 마음의 분위기를 뜻한다.

국어 공신 선생님

지닌 문화적, 정서⁴적 의미를 함께 고려해야 한다. 청소년 역시 이처럼 변화하는 문화를 단순한 기술로만 바라보지 말고, 그 안에 담긴 가족의 의미, 조상을 기억하는 방식, 세대 간 소통의 가치를 함께 생각해보는 것이 중요하다. 가족 간의 대화를 통해 서로의 생각을 공유하고, 새로운 방식의 추모 문화에 참여하면서도 그 본질은 지켜나갈 수 있는 지혜로운 자세가 필요하다. 그렇게 할 때, 우리는 전통과 변화, 가족문화 사이의 조화를 이루는 미래를 만들어갈 수 있을 것이다.

국어 공신 선생님의 감상 꿀팁!

한걸음 더 깊이 생각해 보기

집중!

• 청소년의 디지털 추모 문화에 대한 인식을 개선하기 위한 방안은 무엇인가?

청소년의 디지털 추모 문화에 대한 인식을 개선하려면 다음과 같은 노력이 필요하다. 첫째, 디지털 제사는 단순히 기술적 편의성을 제공하는 것이 아니라, 조상에 대한 기억을 새로운 방식으로 이어가는 예(禮)라는 점을 강조해야 한다. 이를 통해 청소년이 새로운 추모 문화의 의미를 깊이 있게 받아들일 수 있다. 둘째, 교육 현장에서는 전통 제사와 디지털 추모의 차이점을 비교하고, 그 안에 담긴 가족 유대, 정서, 공동체 정신의 의미를 토론하게 함으로써 청소년이 변화 속에서도 전통의 본질을 이해하도록 유도해야 한다. 셋째, 디지털 추모 문화를 경험한 가족 사례나 기술 기반 추모 서비스의 실제 운영 모습을 소개함으로써, 청소년이 이를 실제적 사회문화 현상으로 받아들이고 스스로의 역할을 고민하게 해야 한다. 이러한 노력은 청소년이 디지털 제사를 단순한 편리한 선택이 아니라, 책임 있는 세대 간 연결의 한 방식으로 이해하는 데 도움이 된다.

• 청소년이 건강한 추모 문화를 형성하기 위해 가져야 할 태도는 무엇인가?

청소년이 건강한 추모 문화를 형성하기 위해서는 전통의 의미를 존중하면서도 변화에 열린 태도를 갖는 것이 중요하다. 첫째, 디지털 기술을 이용해 조상을 추모하는 행위라 할지라도, 진심과 정성이 담겨야 진정한 추모가 된다는 인식을 가져야 한다. 둘째, 추모는 형식보다 가족 간의 정서적 소통과 유대감 회복을 위한 문화임을 이해하고, 직접 참여하는 자세가 필요하다. 셋째, SNS, 메신저, 온라인 추모관 등에서 추모를 표현하는 방식도 의미 있는 실천으로 바라보고, 친구나 가족과 함께 새로운 방식을 고민해보는 것도 바람직하다. 넷째, 고인을 기억하는 개별적인 방식(편지 쓰기, 영상 만들기 등)을 통해 자신만의 감정 표현법을 찾고, 그것이 문화적 예의와 맞닿아 있음을 인식하는 태도도 필요하다. 이러한 태도를 통해 청소년은 과거와 현재, 전통과 변화 사이의 가치를 균형 있게 바라보는 문화 시민으로 성장할 수 있다.

• 디지털 추모 문화 정착을 위한 사회·교육 기관의 역할은 무엇인가?

디지털 추모 문화가 단순한 '트렌드'가 아닌, 전통 문화의 확장된 실천으로 자리 잡기 위해 다음과 같은 사회적 역할이 필요하다. 첫째, 학교에서는 전통 제사와 디지털 추모를 비교하는 윤리·문화 수업을 통해, 제사의 본질을 이해하고 다양한 추모 방식을 존중하는 감수성을 길러야 한다. 둘째, 가족 단위에서는 청소년이 참여할 수 있는 새로운 추모 방식(예: 영상 제사, 온라인 편지 낭독 등)을 함께 기획함으로써 세대 간 대화를 활성화해야 한다. 셋째, 플랫폼 기업과 IT 스타트업은 청소년이 쉽게 접근할 수 있는 온라인 추모 콘텐츠 제작 도구나 디지털 제사 가이드를 개발해, 실질적인 참여 환경을 제공해야 한다. 넷째, 문화재단이나 지방자치단체는 '디지털 추모 문화 주간'이나 '전통과 미래의 제사 전시회' 등을 기획하여 공공 교육과 연계된 체험 기회를 만들어야 한다. 이러한 사회적 장치와 교육적 노력은 디지털 추모가 단순한 기술 소비가 아니라, 가족문화의 현대적 계승 방식으로 정착되는 데 핵심 역할을 하게 된다.

정리해 볼까요?

기사에 대해서 알아볼까요?

주제: 디지털 기술로 사이버 제사가 확산되지만, 전통 정서와 공동체 정신을 고려한 균형 잡힌 문화 이해와 세대 간 소통이 필요하다.

핵심어휘: 디지털 추모, 사이버 제사, 가상현실, 진정성, 유대, 위패, 정서, 가족문화

1단락 요약: 디지털 기술 발전으로 전통 제사 문화에 변화가 생겨 '사이버 제사'와 '디지털 추모'가 등장했다. 이는 단순한 변화가 아니라 가족문화 재구성과 기억 방식 변화의 징표이다.

2단락 요약: 온라인 추모관 서비스(e하늘 등)는 시간과 공간의 제약 없이 조상을 기릴 수 있는 방식을 제공하며, 팬데믹 이후 비대면 추모문화의 확산을 견인하였다.

3단락 요약: AI, VR, AR을 활용한 첨단 추모 기술로 3D 아바타와 가상 제사가 구현되며, 감정적 교류와 추모의 진정성을 확장하는 방식으로 주목받고 있다.

4단락 요약: 디지털 제사는 형식이 달라도 조상에 대한 예와 가족 유대를 유지하려는 시도지만, 전통 제사의 상징성과 공동체적 의미 약화 우려가 있다.

5단락 요약: 디지털 추모 문화는 기술 발전의 결과지만, 전통 제사의 정서적 의미를 고려하고, 청소년도 세대 간 소통의 가치를 이해해야 한다.

기사의 구조적 접근을 꼭 알아야 해요!

1) 서론: 전통 제사의 변화와 디지털 추모 문화의 부상

디지털 기술의 발전으로 제사 문화도 변화하고 있다. 사이버 제사, 디지털 추모라는 새로운 형식은 전통과 현대의 가치를 어떻게 조화시킬 것인지에 대한 고민을 요구한다.

2) 본론: 디지털 추모 문화의 확산과 기술적 진화

온라인 추모관은 언제 어디서나 접속 가능하며, 팬데믹 이후 수요가 급증했다. AI·VR 기반 추모 서비스는 3D 아바타, 가상 제사, 유족과의 대화를 구현해 감정적 진정성과 기술적 발전을 결합한다. 원거리 가족 유대 강화라는 장점이 있지만, 전통 제사의 물리적 상징이 사라져 정신성이 약화될 우려가 있다.

3) 결론: 청소년과 미래 세대를 위한 전통과 디지털의 공존 교육

디지털 추모 방식은 그 자체로 옳고 그름을 판단할 수 없으며, 활용과 해석이 핵심이다. 청소년들은 본질을 이해하고 세대 간 소통과 가족의 의미를 중시해야 하며, 교육은 기술과 전통의 균형을 가르치는 방향으로 설계되어야 한다.

비판적 사고 키워 볼까요? ✚

1 다음 중 본문의 내용으로 적절하지 않은 것은?

① 디지털 추모 방식은 시간과 장소의 제약 없이 고인을 기릴 수 있는 새로운 형태의 장례 문화다.

② e하늘 장사정보시스템은 고인의 영정 사진을 등록하고 실시간 화상으로 제사를 지낼 수 있는 AI 기반 시스템이다.

③ 디지털 제사는 전통 제사와 형식은 다르지만 조상을 기리는 본질은 이어진다고 본문은 설명한다.

④ 코로나19 팬데믹 이후 비대면 제사의 필요성이 증가하며 사이버 추모 서비스가 확산되었다.

⑤ 디지털 제사의 확산이 전통 제사의 상징성과 공동체 의식을 약화시킬 수 있다는 우려도 있다.

2 <보기>의 내용을 참고하여 본문과 관련 없는 사례를 고르시오.

> 디지털 제사와 추모 문화는 전통 제사를 대체하는 새로운 방식으로 주목받고 있다. 우리 가족은 연휴 중 예정된 여행과 할아버지 제사가 겹치자, 고민 끝에 디지털 제사를 선택했다. 다양한 플랫폼과 기술을 활용해 언제 어디서나 조상을 기릴 수 있으며, 가족 간 유대를 확인하는 기회도 마련되었다. 이는 단순한 편의성을 넘어 세대 간 소통과 가족 문화의 재구성이라는 측면에서 의미 있는 변화로 볼 수 있다.

① 디지털 추모는 물리적 장소나 시간이 제한적인 사람들에게 추모의 기회를 제공하며, 실제 제사보다 접근성이 높다는 장점을 가진다.

② 디지털 제사의 확산은 전통 제사의 정신성과 의례 형식의 상징성을 보완하며, 미래 가족 문화의 일환으로 전환되고 있다는 긍정적 시각도 존재한다.

③ VR이나 AI 기술이 적용된 디지털 추모는 고인과의 감정적 교류를 가능하게 하며, 유족에게 정서적 위로를 제공하는 방식으로 진화하고 있다.

④ 조상의 위패를 모시고 제사 음식을 차리는 의례는 단순한 종교 행위가 아닌 가족 문화의 핵심으로, 디지털 추모가 이를 완전히 대체하긴 어렵다.

⑤ 사이버 추모관 서비스는 고인의 사진, 음성, 영상을 접목해 추모 콘텐츠를 구성하지만, 실시간 가족 소통은 제공되지 않는 것으로 나타났다.

3 본문에 근거하여, 디지털 추모 문화의 장점을 서술하시오.

4 디지털 추모 문화가 전통 제사의 본질을 지키기 위해 고려해야 할 요소를 서론, 본론, 결론의 형식으로 서술하시오.

중요

5 VR, AI 등 첨단기술이 추모 방식에 미치는 영향은 무엇인지 서술하시오.

6 다음 '디지털 추모 문화는 전통을 훼손한다'라는 논제를 바탕으로 찬성과 반대의 생각을 서술하시오.

찬성	반대

14 세대별 소셜 미디어 - 소통의 진화와 새로운 패러다임

베이비붐 세대(1946-1964)는 소셜 미디어의 초기 도입기부터 사용하기 시작했으나, 그 사용 방식은 다른 세대와는 다소 다르다. 이들은 주로 페이스북(Facebook)과 같은 플랫폼을 활용하여 가족 및 친구와의 소통을 중시하며, 소중한 순간들을 기록하고 공유하는 데 집중한다. 또한, 이들은 정보 소

다양한 소셜 미디어

비에 주로 집중하며 뉴스와 기사를 공유하거나 읽는 데 많은 시간을 할애한다. 베이비붐 세대는 소셜 미디어를 통해 과거의 추억을 공유하고, 자녀나 손주들의 일상을 지켜보는 것을 즐기며, 이로 인해 가족 간의 유대감이 강화된다. 그러나 이들은 개인 정보 보호에 대한 우려가 커, 공개적인 게시물보다는 친구와의 소통을 위한 비공식적인 공간으로 소셜 미디어를 활용하는 경향이 있다.

X세대(1965-1980)는 디지털 혁명과 함께 성장한 세대로, 소셜 미디어 사용에 있어 다소 중립적인 입장을 취한다. 이들은 페이스북과 링크드인(LinkedIn) 같은 플랫폼을 통해 개인적 및 직업적 네트워킹❶을 동시에 진행하며, 경력 관리에 있어서도 소셜 미디어를 적극적으로 활용한다. X세대는 소셜 미디어를 정보 공유와 네트워킹의 도구로 활용하며, 직장에서의 관계 형성과 유지에도 중요한 역할을 한다. 이들은 개인적인 경험과 의견을 중시하며 블로그나 포럼을 통

해 자신의 생각을 표현하는 경향이 있다. 그러나 이들은 밀레니얼 세대나 Z세대에 비해 소셜 미디어에서의 활동이 덜 빈번하고, 종종 과거의 경험을 공유하는 데 중점을 두며, 이를 통해 세대 간의 소통을 이어가고자 한다.

밀레니얼 세대(1981-1996)는 소셜 미디어의 발전과 함께 성장한 세대이다. 이들은 인스타그램(Instagram), 스냅챗(Snapchat), 트위터(Twitter)와 같은 다양한 플랫폼을 적극적으로 활용하며, 시각적 콘텐츠와 빠른 소통을 선호한다. 밀레니얼 세대는 소셜 미디어를 통해 자신의 브랜드를 구축하고, 개인적인 경험을 공유하는 데 많은 시간을 투자하며, 이를 통해 자신을 표현하는 방법을 찾는다. 이들은 또한 사회적 이슈에 대한 관심이 높아 소셜 미디어를 통해 캠페인[2]이나 행동을 촉진하는 데 앞장선다. 친구들과의 소통뿐만 아니라, 브랜드와의 관계 형성에도 열정을 보이며, 제품 리뷰나 추천을 통해 소비 패턴에 큰 영향을 미친다. 이러한 경향은 브랜드 마케팅 전략에도 중요한 요소로 작용하고 있다.

Z세대(1997-2012)는 디지털 환경에서 태어난 세대로, 소셜 미디어 사용이 그들의 삶의 일부가 되었다. 이들은 틱톡(TikTok), 인스타그램, 유튜브(YouTube)와 같은 플랫폼에서 짧고 직관적인 콘텐츠를 소비하고 제작하는 데 능숙하다. Z세대는 빠른 정보 소비와 창의적인 표현을 중시하며, 유머와 감성을 결합한 콘텐츠를 선호한다. 이들은 소셜 미디어를 통해 다양한 사회적 이슈에 대한 목소리를 내고, 자신의 정체성[3]을 표현하는 장으로 활용한다. Z세대는 또한 소셜 미디

꼭 기억하렴

① 네트워킹: 개인이나 집단이 관계를 형성하고 유지하는 과정을 뜻하며, 주로 직업적 관계를 강조를 나타낸다.
② 캠페인: 특정 목표를 달성하기 위해 조직적으로 진행되는 활동이나 프로젝트를 뜻한다.
③ 정체성: 개인이나 집단이 자신을 어떻게 인식하고 표현하는지를 나타내는 개념이다.
④ 마케팅 전략: 제품이나 서비스를 소비자에게 효과적으로 전달하기 위한 계획과 방법을 의미이다.

국어 공신 선생님

어에서의 관계 형성보다는 콘텐츠 소비에 더 집중하며, 친구보다는 팔로워와의 상호작용을 중시하는 경향이 있다. 이러한 특성은 그들이 새로운 트렌드를 이끌어가는 데 중요한 역할을 하고 있다.

세대별로 소셜 미디어 사용 방식은 각기 다르며 이는 각 세대의 성장 배경, 기술 수용도, 사회적 가치관에 기인한다. 베이비붐 세대는 가족과의 소통을 중시하며, X세대는 네트워킹을 통해 직장 내 관계를 강화한다. 밀레니얼 세대는 개인 브랜드와 사회적 이슈에 대한 관심을 바탕으로 다양한 플랫폼을 활용하고, Z세대는 비주얼 콘텐츠와 빠른 정보 소비를 중시하여 창의적인 표현을 즐긴다. 이러한 차이는 앞으로의 소셜 미디어 발전 방향에도 큰 영향을 미칠 것으로 보인다. 각 세대가 소셜 미디어를 어떻게 활용하고 있는지를 이해하는 것은 기업과 개인 모두에게 중요한 통찰을 제공할 뿐만 아니라, 효과적인 커뮤니케이션 전략 수립에도 기여할 것이다. 이는 브랜드의 마케팅 전략에도 결정적인 역할을 하여, 소비자와의 연결을 더욱 강화할 수 있는 기회를 제공한다.

국어 공신 선생님의 감상 꿀팁!

 좀 더 깊이 생각해 보기
집중!

• X세대가 소셜 미디어에서 직장 내 네트워킹을 통해 어떤 기회를 창출할 수 있을까?
X세대는 소셜 미디어를 활용해 직장 내 네트워킹을 강화하고 다양한 기회를 창출할 수 있다. 첫째, 링크드인 등의 플랫폼을 통해 자신의 전문성을 홍보하고 업계 내 인맥을 넓혀 새로운 직업 기회를 탐색할 수 있다. 둘째, 업계 동향과 트렌드를 파악하고 관련 콘텐츠를 공유하며 전문성을 강화하고 동료들 사이에서 신뢰를 구축할 수 있다. 셋째, 온라인 커뮤니티와 포럼에서 의견을 교환하고 협업

기회를 모색해 창의적인 아이디어와 비즈니스 기회를 찾을 수 있다. 넷째, 네트워킹을 통해 멘토링 기회를 얻거나 후배들에게 지식을 전달하여 경력 발전에 긍정적인 영향을 미칠 수 있다. 이처럼 X세대는 소셜 미디어를 적극 활용해 직장 내 소통과 협력을 촉진하고, 전문성을 높이며 새로운 기회를 창출하는 데 기여할 수 있다.

• 각 세대가 소셜 미디어를 활용하여 서로의 이해를 증진시키기 위한 방법은 무엇일까?

각 세대는 소셜 미디어를 활용해 서로의 이해를 증진할 수 있다. 베이비붐 세대는 가족 사진과 추억을 공유하며 자녀·손주들과 소통하고, X세대는 블로그·포럼을 통해 개인 경험과 전문 지식을 나누며 세대 간 연결을 만든다. 밀레니얼 세대는 사회적 이슈 캠페인을 주도해 세대 간 대화를 유도하고, Z세대는 창의적 콘텐츠 제작으로 다양한 이슈에 대한 관심을 끌며 소통한다. 이들은 경험과 관점을 공유하고, 유머와 감성을 활용해 정체성을 이해하며 협력할 기회를 마련한다. 또한, 직장 내 네트워킹을 통해 다양한 세대가 관점을 교환하며 소통을 촉진할 수 있다. 사회적 이슈를 중심으로 세대 간 대화를 활성화하고, 공동의 목표를 위해 협력하는 방식도 가능하다. 결국, 소셜 미디어는 각 세대가 소통하고 서로의 가치관을 이해할 수 있는 중요한 도구가 된다.

• 밀레니얼 세대가 사회적 이슈에 대한 관심을 높이기 위해 어떤 캠페인을 제안할 수 있을까?

밀레니얼 세대는 사회적 이슈에 대한 관심을 높이기 위해 다양한 캠페인을 진행할 수 있다. 첫째, 환경 보호와 지속 가능성을 주제로 '제로 웨이스트 챌린지'를 펼쳐 플라스틱 사용을 줄이고 재활용을 장려하며, 이를 소셜 미디어에서 공유해 참여를 유도할 수 있다. 둘째, 정신 건강 인식 캠페인을 통해 심리 상담과 스트레스 관리 정보를 나누고, 해시태그 운동으로 열린 대화를 촉진할 수 있다. 셋째, 인권과 평등을 주제로 다양한 인종, 성별, 성적 지향에 대한 존중과 포용을 강조하는 콘텐츠를 제작해 차별 인식을 높이고 공동체의 연대감을 강화할 수 있다. 밀레니얼 세대는 이러한 캠페인을 통해 사회적 문제 해결과 긍정적 변화를 이끌어 갈 수 있다.

정리해 볼까요?

기사에 대해서 알아볼까요?

주제: 세대별 소셜 미디어 사용 방식의 차이와 그에 따른 사회적 영향
핵심어휘: 소통, 네트워킹, 브랜드, 사회적 이슈, 콘텐츠

1단락 요약: 베이비붐 세대는 페이스북과 같은 플랫폼을 활용하여 가족과 친구와의 소통을 중시하며, 소중한 순간들을 기록하고 공유하는 경향이 있다. 또한, 이들은 정보 소비에 많은 시간을 할애하며 뉴스와 기사를 읽는 것을 즐긴다.
2단락 요약: X세대는 페이스북과 링크드인을 통해 개인적 및 직업적 네트워킹을 진행하며, 정보 공유와 관계 형성을 중요시한다. 이들은 블로그나 포럼을 통해 자신의 의견을 표현하고, 동료들과의 소통을 강화하는 데 노력한다.
3단락 요약: 밀레니얼 세대는 인스타그램, 스냅챗 등을 통해 시각적 콘텐츠를 선호하고, 사회적 이슈에 대한 캠페인을 적극적으로 추진한다. 이들은 개인적인 경험을 공유하며, 브랜드와의 관계 형성에도 열정을 보인다.
4단락 요약: Z세대는 틱톡과 인스타그램에서 짧고 직관적인 콘텐츠를 소비하고 제작하며, 사회적 이슈에 대한 목소리를 내는 데 적극적이다. 이들은 유머와 감성을 결합한 콘텐츠를 통해 자신을 표현하고, 새로운 트렌드를 이끌어간다.
5단락 요약: 세대별 소셜 미디어 사용 방식의 차이는 각 세대의 성장 배경과 가치관에 기인하며, 이는 기업과 개인의 커뮤니케이션 전략에 중요한 영향을 미친다. 따라서 각 세대의 특징을 이해하는 것이 필수적이다.

기사의 구조적 접근을 꼭 알아야 해요!

1) 서론: 세대 간 소셜 미디어 사용의 차이 이해하기
각 세대는 성장 배경과 가치관에 따라 소셜 미디어 활용 방식이 다르다. 베이비붐 세대는 가족과의 소통을, X세대는 직장 내 네트워킹을 중시하며, 이는 사용 방식에 영향을 미친다.

2) 본론: 세대별 소셜 미디어 활용 방식의 특징
밀레니얼 세대는 시각적 콘텐츠와 사회적 이슈에 관심이 많고, Z세대는 짧고 직관적인 콘텐츠로 자신을 표현한다. 이러한 특성은 세대별 소셜 미디어 활용과 사회적 참여 방식에 영향을 미친다.

3) 결론: 미디어의 미래와 세대 간 이해 증진
세대별 소셜 미디어 활용 방식의 차이는 미래 발전에 영향을 미친다. 이를 이해하면 기업과 개인이 효과적인 커뮤니케이션 및 브랜드 마케팅 전략을 수립하는 데 도움을 받을 수 있다.

비판적 사고 키워 볼까요? +

1 다음 중 이 글의 내용과 가장 관련이 깊은 것은?

① 1950년대 후반에서 1960년대 초반에 태어난 베이비붐 세대는 소셜 미디어와 디지털 환경에서의 정보 소비를 즐기지 않거나 활용하지 않는다는 인식이 있다.

② 2000년대 이후에 태어난 Z세대는 짧고 빠르게 소비되는 영상 콘텐츠보다 깊이 있는 내용의 긴 글이나 텍스트 형태의 정보를 훨씬 더 선호하는 경향을 보인다.

③ 1980년대 초반부터 1990년대 중반에 태어난 밀레니얼 세대는 개인적인 관심사 외에도 환경, 사회 정의 등 다양한 사회적 이슈에 대해 깊은 관심이 있다.

④ 1960년대 후반부터 1970년대에 태어난 X세대는 디지털 전환기 세대임에도 불구하고 소셜 미디어 플랫폼을 전혀 사용하지 않는 특징을 보인다.

⑤ 베이비붐, X세대, 밀레니얼, Z세대 등 서로 다른 모든 세대가 사용 목적, 선호하는 콘텐츠 형태와 관계없이 동일한 종류의 소셜 미디어 플랫폼만을 사용한다.

2 본문과 <보기>를 바탕으로 각 세대의 소셜 미디어 사용 방식에 대한 설명으로 옳은 것은?

> 보기
>
> 베이비붐 세대는 가족과의 소통을 중시하고, X세대는 직장 내 네트워킹을 통해 관계를 강화한다. 밀레니얼 세대는 시각적 콘텐츠에 집중하며, Z세대는 빠른 정보 소비를 선호한다.

① 베이비붐 세대는 소셜 미디어를 사용할 때 주로 개인적인 정보를 얻거나 새로운 기술을 배우는 데 집중하며, 가족이나 친척들과 소통하는 것을 중요하게 여기지 않는다.

② X세대는 소셜 미디어를 활용하여 직장 동료나 비즈니스 관계자들과 교류하고 정보를 공유하며, 직장 내 네트워크를 구축하고 강화하는 데 가치를 둔다.

③ Z세대는 짧고 빠르게 지나가는 영상 콘텐츠보다는 긴 시간 동안 집중해서 읽어야 하는 깊이 있고 복잡한 형식의 글이나 텍스트 콘텐츠를 주로 소비하고 선호한다.

④ 밀레니얼 세대는 주로 눈으로 보고 귀로 듣는 시각 및 청각 콘텐츠보다 직접 손으로 만지고 느끼는 촉각적인 정보를 소셜 미디어에서 더 중요하게 생각하고 선호한다.

⑤ 각 세대의 성장 환경과 가치관이 다르더라도, 베이비붐부터 Z세대까지 모든 세대가 소셜 미디어를 사용하는 목적이나 방식에서 거의 차이가 없이 비슷하다.

3 이 글을 바탕으로 각 세대의 소셜 미디어 사용 방식이 향후 사회적 관계 형성에 미치는 영향을 서술하시오.

4 각 세대가 소셜 미디어를 활용하여 서로의 이해를 증진시키기 위한 방법에 대해 서론, 본론, 결론의 형식으로 서술하시오.

중요

5 소셜 미디어가 각 세대에게 미치는 영향에 대한 생각을 서술하시오.

6 다음 'Z세대의 짧고 직관적인 콘텐츠 소비 방식이 긍정적인가?'라는 논제를 바탕으로 찬성과 반대의 생각을 서술하시오.

찬성	반대

문화

15 MBTI와 퍼스널 브랜딩 문화

최근 MBTI(Myers-Briggs Type Indicator) 성격 유형 검사가 큰 인기를 끌고 있다. SNS에서는 "나는 ENFP야", "ISTJ는 이렇다더라" 같은 말이 일상처럼 오가며, 친구들끼리 서로의 성격 유형을 공유하고 분석하는 문화가 자연스럽게 형성되고 있다. 청소년들은 MBTI를 단순한

MBTI 별 성격 유형 이미지

심리 테스트로 여기기보다는, 자신을 설명하고 이해하는 언어로 활용하고 있으며, 나아가 자신만의 개성을 드러내는 도구로 사용하고 있다. 이는 단순한 유행을 넘어 '나는 누구인가'라는 질문에 답하려는 청소년기의 자기이해 욕구와 맞닿아 있다. 특히 최근에는 이러한 성격 유형을 기반으로 자신을 마치 하나의 브랜드처럼 포장하고 표현하는 '퍼스널 브랜딩(personal branding)'의 흐름과 결합되면서, 새로운 청소년 문화 현상으로 자리 잡고 있다.

퍼스널 브랜딩은 자신을 하나의 브랜드처럼 인식하고, 자신의 강점과 개성을 전략적으로 표현하여 타인에게 긍정적이고 일관된 이미지를 전달하는 활동이다. 이는 단순히 외모나 말투와 같은 표면적인 요소를 넘어서, 가치관, 성격, 능력, 커뮤니케이션 방식 등을 포괄❶하는 개념이다. 청소년들이 MBTI를 활용하는 방식도 이와 닮아 있다. 예를 들어, 외향형(Extraversion) 성향의 청소년은 사

람들과 활발히 어울리고 리더십 있는 이미지를 강조하며, 내향형(Introversion) 성향의 청소년은 깊이 있는 글쓰기, 감성 콘텐츠 제작 등으로 자신을 표현하는 경우가 많다. 이처럼 성격 유형을 자신만의 브랜드 전략에 반영하는 과정은 청소년들로 하여금 자기 자신에 대한 이해를 높이고, 사회적 관계 속에서 보다 자신감 있게 표현할 수 있게 해 준다.

하지만 MBTI를 기반으로 한 퍼스널 브랜딩이 항상 긍정적인 결과만을 가져오는 것은 아니다. MBTI 유형이 성격을 규정하는 '절대 기준'처럼 받아들여질 경우, 청소년들이 자신의 가능성을 스스로 제한하거나, 유형에 따라 자신을 고정된 이미지로 가두는 일이 생길 수 있다. 예를 들어 "나는 내향형이라 사람들 앞에서 절대 발표를 못 해"라며 스스로 경험의 기회를 차단하는 경우도 있고, "저 사람은 T유형이라 차가울 거야"처럼 편견❷을 갖고 대하는 경우도 생긴다. 더욱이 MBTI는 개인의 성격을 네 가지 차원으로 구분하지만, 인간의 성격은 환경, 경험, 감정 상태에 따라 복잡하게 변화한다. 실제로 심리학계에서도 MBTI는 자기이해에 도움이 되는 참고 도구로는 유용하지만, 과학적 타당성❸과 정확성 면에서 제한점이 있다는 비판도 존재한다.

이러한 상황에서 우리는 MBTI와 퍼스널 브랜딩이 청소년의 자기이해에 어떤 영향을 미치고 있는지, 또 MBTI에 의존하는 문화가 청소년의 성장을 제한하고 있는 것은 아닌지 질문해보아야 한다. 자신을 이해하고 표현하는 도구는

❶ 포괄: 어떤 개념이나 범위가 넓게 포함되어 있는 상태를 말한다.
❷ 편견: 어떤 사람이나 상황에 대해 충분한 정보를 갖지 않은 채, 주관적이거나 왜곡된 시각으로 판단하는 것을 뜻한다.
❸ 타당성: 어떤 이론이나 주장, 방법이 논리적으로 적절하고 신뢰할 수 있는지를 나타내는 개념이다.
❹ 잠재력: 아직 겉으로 드러나지 않았지만, 앞으로 발휘될 수 있는 능력이나 가능성을 의미한다.

꼭 기억하렴

국어 공신 선생님

많고, MBTI는 그중 하나일 뿐이다. 중요한 것은 특정한 유형에 자신을 가두는 것이 아니라, 다양한 경험을 통해 스스로의 잠재력을 발견해 나가는 일이다. 퍼스널 브랜딩 역시 자신을 꾸미는 것이 아니라, 자신의 진짜 모습을 긍정하고 발전시켜 나가는 과정이어야 한다. 이를 위해 청소년들은 MBTI를 절대적 기준이 아닌 하나의 참고 자료로 활용하면서도, 그 너머의 자신을 탐색할 수 있는 여유와 열린 사고를 함께 길러야 한다.

MBTI와 퍼스널 브랜딩은 청소년들의 자기이해와 자기표현을 돕는 유용한 도구가 될 수 있다. 하지만 이를 활용할 때는 단순히 유형에 자신을 맞추기보다는, 자신만의 색깔과 가치를 발견하고 표현하는 방향으로 나아가는 것이 중요하다. 청소년기는 다양한 정체성을 실험해보는 시기이며, 고정된 유형보다 유연한 성장의 가능성을 인식하는 것이 더욱 바람직하다. MBTI는 나를 탐색하는 여러 방법 중 하나이고, 퍼스널 브랜딩은 나를 드러내는 수단일 뿐이라는 점을 기억하자. 진정한 성장은 자신을 끊임없이 탐색하고, 틀을 넘어 스스로의 삶을 주체적으로 설계하는 과정 속에서 이루어진다.

국어 공신 선생님의 감상 꿀팁!

 한걸음 더 깊이 생각해 보기

• 청소년의 MBTI 및 퍼스널 브랜딩 문화에 대한 인식을 개선하기 위한 방안은 무엇인가?
청소년이 MBTI와 퍼스널 브랜딩을 올바르게 이해하려면 몇 가지 노력이 필요하다. 첫째, MBTI는 성격을 고정하는 것이 아니라 자기 탐색을 돕는 참고서임을 인식해야 한다. 둘째, 학교는 퍼스널 브랜딩과 자아 형성의 관계, 성격의 유동성과 맥락성을 함께 논의하는 수업을 구성해야 한다. 셋째, MBTI가 자기이해에 미치는 긍정적 영향을 소개하되, 유형에 따른 자기 제한과 편견 형성의 위험도 비판적으로 성찰할 필요가 있다. 이를 통해 청소년이 MBTI와 퍼스널 브랜딩을 성장의 도구로 활용하되, 지나친 의존을 피하고 균형 있는 자기 탐색을 할 수 있도록 돕는 것이 중요하다.

- 청소년이 건강한 자기이해와 표현 문화를 형성하기 위해 가져야 할 태도는 무엇인가?

청소년이 건강한 자기이해와 표현 문화를 형성하려면 몇 가지 태도가 필요하다. 첫째, MBTI나 퍼스널 브랜딩은 자기 탐색의 도구일 뿐, 그것이 자신의 전부가 아님을 인식해야 한다. 둘째, 특정 유형에 고정되지 않고, 상황과 맥락에 따라 변하는 유연한 정체성을 긍정적으로 받아들여야 한다. 셋째, 타인의 MBTI 유형에 대한 고정관념 없이 다양한 성격과 개성을 존중하는 열린 태도를 가져야 한다. 넷째, 퍼스널 브랜딩은 외적 이미지를 꾸미는 것이 아니라 내면의 강점과 가치, 경험을 진정성 있게 드러내는 과정임을 이해해야 한다. 이러한 태도를 통해 청소년은 자기이해와 표현의 균형을 이루며 주체적으로 성장할 수 있다.

- MBTI 활용 문화가 건강하게 정착되기 위해 사회 및 교육 기관이 해야 할 역할은 무엇인가?

청소년의 건강한 자아 성장을 위해 MBTI 기반 자기표현 문화는 사회·교육적 지원이 필요하다. 첫째, 학교는 진로·인성교육과 연계해 '성격 유형과 자아 탐색' 수업을 구성하고, MBTI의 장점과 한계를 균형 있게 안내해야 한다. 둘째, 진로 상담과 학생생활기록부 작성 시 MBTI 결과를 절대 기준으로 삼지 않고 다양한 행동 특성과 변화 가능성을 고려해야 한다. 셋째, 미디어와 플랫폼 기업은 단편적·고정적인 성격 이미지 대신 개성과 정체성을 존중하는 콘텐츠 문화를 확산해야 한다. 넷째, 심리학 기반 청소년 교육 기관과 지역 문화센터는 MBTI 외에도 에니어그램, 강점 진단, 자아 성찰 글쓰기 등 다양한 자기이해 도구를 체험할 기회를 제공해야 한다. 이러한 협력은 MBTI가 단순한 유행이 아닌, 청소년기의 자기 성장 도구로 자리 잡는 데 중요한 역할을 할 수 있다.

정리해 볼까요?

기사에 대해서 알아볼까요?

주제: MBTI와 퍼스널 브랜딩은 자기이해를 돕지만, 고정관념 없이 유연한 탐색과 열린 사고가 필요하다.

핵심어휘: MBTI, 성격 유형, 퍼스널 브랜딩, 자기이해, 자아정체성, 편견, 타당성, 잠재력

1단락 요약: MBTI 검사는 청소년의 자기이해와 표현 도구로 자리 잡으며, 자아정체성 탐색의 한 방식이 되고 있다.

2단락 요약: 청소년은 MBTI 유형을 활용해 자신을 이미지화하며, 이는 자기이해와 사회적 관계 형성에 긍정적 영향을 미칠 수 있다.

3단락 요약: MBTI가 성격을 고정하는 기준이 되면, 청소년의 경험 가능성이 제한되고, 편견이 생길 위험이 있다. 심리학계에서도 MBTI의 타당성에 대한 비판이 존재한다.

4단락 요약: MBTI는 자기이해의 참고 자료일 뿐이며, 청소년은 다양한 경험을 통해 잠재력을 발견하고 성장해야 한다.

4단락 요약: 퍼스널 브랜딩은 자기 긍정과 성장의 과정이며, MBTI는 정체성 탐색을 돕는 하나의 수단일 뿐이다.

기사의 구조적 접근을 꼭 알아야 해요!

1) 서론: 청소년 문화로 자리잡은 MBTI와 퍼스널 브랜딩

청소년은 SNS와 디지털 환경에서 MBTI 성격 유형을 자기표현 도구로 활용하며, 전략적으로 이미지를 구축한다. 이는 단순한 유행이 아니라 자아 탐색 욕구와 연결된 중요한 사회문화 현상이다.

2) 본론: MBTI와 퍼스널 브랜딩이 만들어내는 자기 이해의 방식

MBTI는 청소년의 자기이해와 정체성 탐색 도구로 활용되며, 또래 관계 형성에도 영향을 준다. 그러나 유형을 절대화하면 한계를 만들 수 있어, 균형 있는 활용과 심리 리터러시 교육이 필요하다.

3) 결론: MBTI는 수단일 뿐, 진정한 성장은 열린 자기 탐색에서 시작

MBTI는 유용한 자기이해 도구지만, 청소년들은 그것에 얽매이지 않고 유연하게 자신을 탐색해야 한다. 다양한 정체성을 실험하고, 틀에서 벗어나 스스로의 삶을 설계하는 과정이 진정한 성장이며, 교육은 이러한 열린 시각을 가르쳐야 한다.

비판적 사고 키워 볼까요? ✚

1 다음 중 본문의 내용으로 적절하지 않은 것은?

① MBTI는 청소년이 자신을 이해하고 표현하는 데 도움을 주는 도구로 활용되고 있다.

② 퍼스널 브랜딩은 자신의 외모나 말투를 중심으로 개성을 강조하는 전략을 말한다.

③ MBTI를 절대 기준으로 삼을 경우, 청소년은 자신의 가능성을 제한할 수 있다.

④ 청소년들은 MBTI를 통해 자신을 유형화하고 그에 맞는 정체성을 형성하려는 경향이 있다.

⑤ 청소년기는 다양한 정체성을 실험하며 고정된 틀보다 유연한 자기 이해가 요구되는 시기다.

2 <보기>의 내용을 참고할 때, 본문과 관련이 없는 사례는?

> - MBTI는 자기이해를 위한 참고 도구로 활용될 수 있다.
> - 성격은 경험과 환경에 따라 변화 가능성이 있다.
> - 퍼스널 브랜딩은 자신을 표현하는 수단이 될 수 있으나, 본질을 왜곡할 수 있다.

① ENTP 유형 학생이 토론 동아리 활동을 즐기며, 스스로 리더로서의 역할에 자부심을 느꼈다.

② 한 학생은 자신이 INFP 유형이라 내향적인 성향이 강하다고 느껴 교내 연설 대회 참가를 망설였고, 결국 부담감을 이기지 못해 포기했다.

③ MBTI 테스트를 바탕으로 제작된 연애 유형 콘텐츠가 SNS에서 큰 인기를 끌며, 다양한 성격 유형별 연애 스타일을 분석한 내용이 많은 사람들의 관심을 받았다.

④ T유형이라는 이유로 친구가 감정 표현에 서툴 것이라 단정 짓고 거리를 둔 사례가 생겼다.

⑤ 학생들이 친구의 혈액형에 따라 성격을 판단하고 행동을 예측했다.

3 본문에 근거하여, MBTI가 청소년에게 긍정적인 영향을 줄 수 있는 이유를 서술하시오.

4 'MBTI를 자기 이해 도구로 활용할 때 청소년에게 필요한 태도'에 대해서 서론, 본론, 결론의 형식으로 서술하시오.

중요

5 'MBTI와 퍼스널 브랜딩 문화'라는 제목이 본문 내용과 잘 어울리는 이유를 설명하시오.

6 다음 'MBTI는 청소년의 자아 형성을 돕는 유익한 도구이다'라는 논제를 바탕으로 찬성과 반대의 생각을 서술하시오

찬성	반대

인터랙티브 미디어 - 사용자 참여로 혁신하는 경험의 세계

인터랙티브 미디어는 사용자와 콘텐츠 간의 상호작용을 통해 새로운 경험을 창출하는 매체이다. 전통적인 미디어가 일방적인 정보 전달 방식에 그쳤다면, 인터랙티브 미디어는 사용자가 능동적으로 참여하고 그 결과에 따라 콘텐츠가 변화하는 특성을 가진다. 이러한 특성은 게임, 가상 현실(VR), 증강 현실(AR), 웹 기반 애플리케이션, 소셜 미디어 등 다양한 형태로 나타나며, 사용자 경험을 극대화하는 데 중요한 역할을 한다. 특히, 게임은 사용자에게 선택의 자유를 부여하고, 그 선택에 따라 스토리가 전개되며, 사용자는 몰입감 있는 경험을 하게 된다. VR과 AR 기술은 사용자가 새로운 환경을 탐험하고 다양한 상호작용[1]을 가능하게 하여, 교육 및 훈련 분야에서도 효과적으로 활용된다. 이러한 혁신적인[2] 접근은 단순한 정보 소비를 넘어, 사용자와 콘텐츠 간의 깊은 관계를 형성하도록 돕는다. 이에 따라 인터랙티브 미디어는 현대 사회의 다양한 요구를 충족시키며, 앞으로도 더욱 다양한 방식으로 발전할 것으로 기대된다.

인터랙티브 미디어의 대표적인 예로는 비디오 게임이 있다. 게임은 사용자에게 선택의 자유를 제공하고, 그 선택에 따라 이야기가 변화하는 구조로 설계된다. 예를 들어, RPG(역할 수행 게임) 장르에서는 플레이어의 결정이 캐릭터의 성장뿐만 아니라 스토리 전개에도 큰 영향을 미친다. 이러한 상호작용은 사용자에게 몰입감[3]을 제공하고, 자신만의 이야기를 만들어가는 기회를 준다. 또한, 가상 현실과 증강 현실 기술의 발전은 인터랙티브 미디어의 가능성을 더욱 확장한다. VR 기술을 활용하면 사용자는 완전히 새로운 환경에 몰입하여 다양한 경험을 할 수 있다. 예를 들어, VR 게임에서는 실제와 유사한 감각을 통해 플레이어가 가상의 세계에서 활동하게 되며, 이는 기존의 평면적인 화면을 통해서는 경험할 수 없는 차원이다. AR은 현실 세계에 가상의 요소를 추가하여 사용자에게 새로운 정보나 경험을 제공한다. 이러한 기술들은 교육, 의료, 엔터테인먼트 등 다양한 분야에서 활용된다. 인터랙티브 미디어는 사용자 참여를 강조하는 만큼, 사용자 경험(UX) 디자인이 매우 중요하다. 효과적인 UX 디자인은 사용자가 매체와 자연스럽게 상호작용할 수 있도록 하며, 이는 사용자 만족도를 높이는 결과로 이어진다. 따라서 인터랙티브 미디어의 개발자들은 사용자의 피드백을 적극적으로 반영하고, 지속적으로 개선해 나가는 과정이 필수적이다. 또한, 인터랙티브 미디어는 사회적 상호작용을 촉진하는 데 기여한다. 소셜 미디어 플랫폼은 사용자들이 콘텐츠를 생성하고 공유할 수 있는 공간을 제공하며, 이를 통해 전 세계의 사람들과의 연결을 가능하게 한다. 이러한 플랫폼에서는 사용자 간의 대화와 피드백이 실시간으로 이루어지며, 이는 커뮤니티[4] 형성과 정보 공유를 촉진한다. 특히, 팬덤 문화와 같은 현상은 인터랙티브 미디어의 영향력 있는 예시로, 사용자들이 콘텐츠에 대해 적극적으로 의견을 나누고, 공동체를 형성하는 과정을 보여준다.

인터랙티브 미디어는 단순한 정보 전달을 넘어, 사용자와의 상호작용을 통해 풍부한 경험을 제공하는 매체이다. 게임, VR, AR, 소셜 미디어 등 다양한 형

꼭 기억하렴

① **상호작용**: 서로 영향을 주고받는 관계나 작용을 말한다.
② **혁신적인**: 기존의 방식이나 생각을 새롭게 바꾸는 것을 의미한다.
③ **몰입감**: 특정 상황이나 경험에 깊이 빠져드는 감정을 뜻한다.
④ **커뮤니티**: 특정한 관심사나 목표를 가진 사람들의 집단을 의미한다.
⑤ **맞춤형**: 개인의 필요나 요구에 맞춰 제작된 형태를 말한다.

국어 공신 선생님

태로 발전하며, 사용자 참여를 중심으로 한 디자인이 중요해진다. 이러한 매체는 사용자가 콘텐츠에 능동적으로 참여하게 하여, 개인의 취향과 관심사를 반영한 맞춤형[●] 경험을 가능하게 한다.

앞으로도 기술의 발전과 함께 인터랙티브 미디어는 더욱 다양하고 혁신적인 형태로 진화할 것으로 기대된다. 예를 들어, 인공지능(AI)의 발전은 사용자 맞춤형 콘텐츠 추천을 통해 상호작용을 더욱 풍부하게 할 수 있으며, 블록체인 기술은 콘텐츠의 소유권을 명확히 하여 창작자와 소비자 간의 신뢰를 구축할 것이다. 이러한 변화는 사용자에게 더 나은 경험을 제공할 뿐만 아니라, 사회적 상호작용을 촉진하고 새로운 커뮤니티를 형성하는 데 기여할 것이다. 궁극적으로, 인터랙티브 미디어는 개인과 집단 모두에게 의미 있는 경험을 창출하며, 새로운 형태의 소통과 협력을 가능하게 한다.

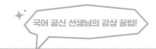

국어 공신 선생님의 감상 꿀팁!

 좀 더 깊이 생각해 보기

• **인터랙티브 미디어가 예술의 미래에 어떤 영향을 미칠까요?**
인터랙티브 미디어는 예술의 미래에 혁신적인 영향을 미치고 있다. 아티스트는 관객과 상호작용하며 몰입감 있는 경험을 제공하고, 관객은 작품의 일부분이 되어 적극적으로 참여할 수 있다. VR과 AR 기술을 활용한 예술은 공간 탐험을 통해 새로운 방식으로 작품을 체험하게 한다. 또한, 인터랙티브 미디어는 음악, 시각예술, 퍼포먼스 등 다양한 장르를 융합하여 예술의 범위를 확장한다. 디지털 플랫폼을 통해 아티스트는 전 세계 관객과 연결되며, 글로벌 공동 작업의 기회를 얻는다. 한편, AI와 알고리즘을 활용한 생성 예술이 등장하면서 예술의 정의와 창작 방식도 변화하고 있다. 이러한 혁신은 예술의 경계를 허물고 창작의 가능성을 확장하며, 예술이 더욱 다채롭고 진화하는 데 기여한다.

• VR과 AR 기술이 교육 분야에 미치는 영향은 무엇인가요?

VR과 AR 기술은 교육 분야에 혁신적인 변화를 가져오고 있다. 이 기술들은 학습을 몰입적이고 인터랙티브하게 만들어 학생들의 관심을 유도하며 적극적인 참여를 이끌어낸다. VR을 활용하면 학생들은 가상의 환경에서 실험하거나 탐험하며 실제와 유사한 경험을 통해 복잡한 개념을 쉽게 이해할 수 있다. 예를 들어, 역사 수업에서 과거 사건을 가상으로 재현하면 학생들은 생생한 체험을 할수 있다. AR 기술은 현실 세계에 디지털 정보를 결합해 학습을 보강한다. 교실에서 AR 앱을 사용하면 교과서의 그림이 3D 모델로 변환되어 실제로 움직이는 모습을 볼 수 있어 시각적 이해가 더욱 증진된다. 또한, VR과 AR은 다양한 학습 스타일에 맞춘 개인화된 교육을 가능하게 하며, 장애가 있는 학생들에게도 접근성을 높여준다. 이처럼 VR과 AR 기술은 학습 환경을 혁신적으로 변화시키고, 학생들에게 더욱 효과적인 교육 경험을 제공하는 데 기여하고 있다.

• 인터랙티브 미디어가 정치 참여를 어떻게 변화시킬 수 있을까요?

인터랙티브 미디어는 정치 참여 방식에 혁신적인 변화를 가져오고 있다. 소셜 미디어와 모바일 앱을 통해 시민들은 정치적 이슈에 쉽게 접근하고 의견을 공유하며, 즉각적인 피드백을 받을 수 있다. 이러한 상호작용은 정치적 논의를 활성화하고 더 많은 사람들이 참여하도록 유도한다. 또한, 다양한 형태의 콘텐츠 (비디오, 인포그래픽, 게임 등)를 활용해 복잡한 정치 이슈를 쉽게 이해할 수 있도록 돕는다. 예를 들어, 정치 캠페인에서는 인터랙티브한 퀴즈나 설문조사를 통해 유권자와 직접 소통하며, 정책 결정 과정에 시민들의 의견을 반영할 수 있다. 마지막으로, 인터랙티브 미디어는 정치적 행동을 촉진하는 역할을 한다. 온라인 청원, 캠페인 참여, 기부 등의 활동이 클릭 한 번으로 이루어져 시민들의 적극적인 정치 참여를 가능하게 한다. 이러한 변화는 정치의 민주성과 접근성을 높이며, 시민들의 목소리를 강화하는 중요한 역할을 한다.

정리해 볼까요?

기사에 대해서 알아볼까요?

주제: 인터랙티브 미디어의 발전과 사용자 경험의 변화
핵심어휘: 상호작용, 몰입감, 사용자 경험, VR·AR 기술, 사회적 상호작용

1단락 요약: 인터랙티브 미디어는 사용자와 콘텐츠 간의 상호작용을 통해 새로운 경험을 창출하며, 다양한 형태로 발전하고 있다. 이러한 미디어는 단순한 소비를 넘어, 사용자가 능동적으로 참여할 수 있는 환경을 제공한다.

2단락 요약: 게임은 사용자에게 선택의 자유를 제공하고, 그 선택에 따라 이야기가 변화하는 구조로 설계되어 몰입감을 높인다. 이러한 구조는 플레이어가 자신의 결정에 따라 결과를 경험하게 하여, 더욱 개인화된 스토리를 만들어준다. 예를 들어, RPG(롤플레잉 게임)에서는 캐릭터의 선택이 게임의 진행과 결말에 직접적인 영향을 미친다.

3단락 요약: 인터랙티브 미디어는 사용자 참여를 중심으로 한 디자인이 중요하며, 기술 발전과 함께 더욱 다양한 형태로 진화할 것으로 기대된다. 사용자의 피드백을 반영한 디자인은 더욱 개인화된 경험을 제공하며, 이는 사용자와 콘텐츠 간의 관계를 더욱 강화한다.

기사의 구조적 접근을 꼭 알아야 해요!

1) 서론: 인터랙티브 미디어의 정의와 중요성
인터랙티브 미디어는 사용자와 콘텐츠의 상호작용을 통해 새로운 경험을 창출하며, 기존 미디어와 차별화된 방식으로 발전하고 있다. 단순한 정보 전달을 넘어, 감정적 연결과 적극적인 참여를 유도하여 사용자 경험을 극대화한다. 이로 인해 인터랙티브 미디어의 중요성은 현대 사회에서 점점 더 커지고 있다.

2) 본론: 인터랙티브 미디어의 활용과 효과
인터랙티브 미디어는 사용자 참여를 강조하며 몰입감 있는 경험을 제공한다. VR과 AR은 교육, 의료, 엔터테인먼트 분야에서 효과적으로 활용되며, 특히 VR 교육 프로그램은 실습 경험을 통해 학습 효과를 높인다. 게임 기반 학습은 재미를 통한 동기 부여로 적극적인 참여를 유도한다.

3) 결론: 미래의 발전 방향과 사회적 영향
인터랙티브 미디어는 기술 발전과 함께 더욱 다양해질 전망이다. AI와 블록체인의 융합은 사용자 경험을 향상시키고, 사회적 상호작용을 촉진하며, 개인 참여를 높여 다양한 문제 해결에 기여할 것이다. 앞으로 인터랙티브 미디어는 더욱 혁신적으로 발전하여, 다양한 분야에 긍정적인 영향을 미칠 것으로 기대된다.

비판적 사고 키워 볼까요? ✚

1 인터랙티브 미디어의 주요 특징으로 올바른 것은 무엇일까요?

① 인터랙티브 미디어에서는 사용자가 콘텐츠 제작이나 수정에 개입할 수 없으며, 제공된 내용을 수동적으로 소비하는 역할만 한다.

② 인터랙티브 미디어는 사용자의 참여와 상호작용을 통해 맞춤형 경험과 결과를 창출할 수 있도록 한다.

③ 인터랙티브 미디어의 콘텐츠는 사용자의 선택과 관계없이 고정된 형태이며, 상황에 따라 변하거나 반응하지 않는다.

④ 미디어는 사용자의 입력에 즉각 반응하지 못하며 처리 속도가 느려, 매끄러운 상호작용과 몰입이 어렵다.

⑤ 모든 사용자에게 똑같은 방식으로 콘텐츠가 제공되며, 사용자의 선호도나 상호작용 패턴에 따라 콘텐츠의 형태나 내용이 달라지는 개인화된 경험이 전혀 없다.

2 위 글의 내용을 바탕으로, 인터랙티브 미디어가 전통적인 미디어와 구별되는 가장 큰 차이점은 무엇인가

> 보기

> 인터랙티브 미디어는 사용자와 콘텐츠 간의 상호작용을 통해 새로운 경험을 창출하는 매체이다. 전통적인 미디어가 일방적인 정보 전달에 그쳤다면, 인터랙티브 미디어는 사용자가 능동적으로 참여하고 그 결과에 따라 콘텐츠가 변화하는 특성을 가진다. 이러한 특성은 게임, 가상 현실(VR), 증강 현실(AR) 등 다양한 형태로 나타나며, 사용자 경험을 극대화하는 데 중요한 역할을 한다.

① 인터랙티브 미디어는 사용자가 능동적으로 콘텐츠의 흐름과 결과에 영향을 미쳐 기존 미디어와 차별화된다.

② 인터랙티브 미디어는 전통적인 미디어에 비해 훨씬 복잡한 기술을 필요로 하므로, 접근성이 현저히 떨어져 소수의 전문가나 특정 환경에서만 활용되는 경향이 있다.

③ 인터랙티브 미디어는 시각적 요소에 의존하여 정보를 전달하며, 다른 감각을 활용한 정보 제공은 제한적이다.

④ 인터랙티브 미디어는 콘텐츠의 생명 주기가 짧아 사용자 취향 반영이 어렵고, 제작 후 오랜 기간 동일한 형태를 유지하기 어렵다.

⑤ 인터랙티브 미디어는 제작 비용이 낮아 누구나 쉽게 콘텐츠를 만들고 유통할 수 있어 진입 장벽이 낮다.

3 인터랙티브 미디어가 사회적 상호작용에 미치는 영향을 서술하시오.

4 인터랙티브 미디어가 앞으로 사회에 미칠 긍정적·부정적 영향에 대해 서론, 본론, 결론의 형식으로 서술하시오.

중요

5 인터랙티브 미디어의 발전이 개인의 정체성 형성에 미치는 영향을 서술하시오.

집중

6 다음 '인터랙티브 미디어의 발전은 인간의 삶에 긍정적인 부정적인 영향을 더 크게 미친다'라는 논제를 바탕으로 찬성과 반대의 생각을 서술하시오.

찬성	반대

17 문화예술에서의 소수자 표현과 포용

최근 문화예술 분야에서는 소수자들의 삶과 이야기를 다룬 작품들이 주목받고 있다. 장애인, 성소수자[1], 이주민[2] 등 다양한 소수자들이 주인공으로 등장하는 영화, 드라마, 공연, 전시가 늘어나면서 사회적 다양성과 인권 감수성[3]에 대한 관심도 높아지고 있다. 이러한 변화는 단순한 유행을 넘어, 우리 사회가 차이와 다양성을 어떻게 받아들이고 포용할 것인지에 대한 중요한 질문을 던진다. 그러나 일부에서는 이러한 표현이 불편하거나 과하다고 느끼는

엄마와 딸처럼 보이지만 서로 사랑하는 사이를 그린 영화 《담쟁이》

시선도 존재한다. 과연 문화예술은 소수자를 어떻게 표현해야 하며, 사회는 이를 어떻게 받아들여야 할까?

미디어와 예술은 사회를 비추는 거울이자, 변화를 이끄는 힘을 가진다. 하지만 과거에는 소수자들이 미디어에서 제대로 표현되지 못하거나, 왜곡된 이미지로 그려지는 경우가 많았다. 예를 들어, 일부 드라마나 영화에서는 성소수자 캐릭터가 희화화[4]되거나, 장애인이 단순한 동정의 대상으로만 묘사되기도 했다. 이러한 표현은 소수자에 대한 편견을 강화하고, 사회적 배제를 심화시킬 수 있다. 이에 대한 비판과 함께, 최근에는 소수자의 현실을 진지하게 다루고, 그들

의 목소리를 담은 작품들이 늘어나고 있다. 이는 문화예술이 사회적 다양성과 인권 감수성을 증진시키는 데 중요한 역할을 할 수 있음을 보여준다.

혐오·차별을 넘어 이주민의 눈으로 세상을 담은 《채색의 바다》
© 요코 오노

문화예술 속 소수자 표현은 단순한 등장 이상의 의미를 가진다. 그들의 삶과 경험을 진정성 있게 다루는 것은 사회적 공감과 이해를 높이는 데 기여한다. 예를 들어, 장애인의 일상을 담은 다큐멘터리나, 이주민 가족의 이야기를 그린 영화는 관객들에게 새로운 시각을 제공하고, 편견을 줄이는 데 도움을 준다. 또한, 이러한 작품들은 소수자들이 자신의 이야기를 직접 표현하고 공유할 수 있는 기회를 제공함으로써, 자존감과 사회적 참여를 높이는 데도 긍정적인 영향을 미친다.

그러나 문화예술 속 소수자 표현이 항상 긍정적인 반응을 얻는 것은 아니다. 일부에서는 이러한 표현이 과도하거나, 특정 집단을 부각시키는 것이라고 비판하기도 한다. 또한, 소수자 표현이 상업적 목적으로 이용되거나, 진정성이 결여된 경우에는 오히려 부정적인 영향을 미칠 수 있다. 따라서 문화예술에서 소

❶ 성소수자: 사회 다수의 성적 지향, 성 정체성과 다른 특성을 가진 사람들을 통칭하는 말이다.
❷ 이주민: 경제, 교육, 결혼, 안전 등의 이유로 다른 나라나 지역으로 이동하여 살아가는 사람을 말한다.
❸ 인권 감수성: 다른 사람의 인권 상황을 민감하게 인식하고, 그 권리를 존중하려는 태도나 능력을 말한다.
❹ 희화화: 어떤 인물이나 집단을 과장되거나 우스꽝스럽게 표현하여 웃음거리로 만드는 것을 뜻한다.

꼭 기억하렴

국어 공신 선생님

수자를 표현할 때에는 그들의 현실을 정확하게 이해하고, 존중하는 태도가 필요하다. 이는 단순한 표현의 자유를 넘어, 사회적 책임과 윤리적 고려가 요구되는 부분이다.

결국, 문화예술에서의 소수자 표현은 사회적 다양성과 인권 감수성을 증진시키는 데 중요한 역할을 한다. 이를 위해서는 소수자들의 목소리를 진정성 있게 담아내고, 그들의 삶을 존중하는 태도가 필요하다. 또한, 사회는 이러한 표현을 열린 마음으로 받아들이고, 다양한 시각과 경험을 포용하는 문화를 형성해야 한다. 청소년들도 이러한 문화예술을 통해 다양한 사람들의 삶을 이해하고, 인권 감수성을 키워나갈 수 있다. 이는 모두가 함께 살아가는 사회를 만드는 데 중요한 밑거름이 될 것이다.

국어 공신 선생님의 감상 꿀팁!

 한걸음 더 깊이 생각해 보기

• 청소년의 문화예술 속 소수자 표현에 대한 인식을 개선하기 위한 방안은 무엇인가?

청소년의 소수자 표현 인식을 개선하려면 문화예술과 교육을 통해 사회의 다양성을 이해하고 인권 감수성을 높여야 한다. 첫째, 소수자 표현이 단순한 '불편한 주제'가 아니라 공감과 존중을 배우는 계기임을 인식할 필요가 있다. 둘째, 학교 수업에서 장애인, 성소수자, 이주민 등의 삶을 다룬 영화, 전시, 다큐멘터리를 활용해 학생들이 그들의 현실을 입체적으로 바라보도록 돕는 경험 중심 교육이 필요하다. 셋째, 단순히 자극적인 표현이 아니라 진정성 있는 소수자의 목소리를 담은 작품을 접할 기회를 확대해야 하며, 이를 통해 학생들이 단순한 수용자가 아닌 '비판적 감상자'로 성장할 수 있도록 유도해야 한다. 이러한 노력을 통해 청소년이 소수자에 대한 이해를 공감과 존중의 기반에서 형성하고, 문화예술을 통해 건강한 사회 감수성을 키울 수 있도록 해야 한다.

• 청소년이 건강한 사회적 감수성과 문화 수용 태도를 형성하기 위해 필요한 태도는 무엇인가?

청소년이 건강한 사회적 감수성과 문화 수용 태도를 형성하려면, 문화예술 속 소수자 표현을 단순히 소비하는 것이 아니라 그 이면의 현실과 감정을 이해하려는 태도가 필요하다. 또한, 소수자의 삶을 '특이함'이나 '동정'이 아닌 동등한 존재로 존중하고, 다양성을 긍정적으로 바라보는 자세를 가져야 한다. 자신의 편견과 선입견을 자각하고 이를 극복하려는 열린 태도와 성찰 능력을 기르는 것도 중요하다. SNS나 유튜브에서 소비되는 소수자 콘텐츠를 비판적으로 해석하는 능력을 갖추고, 감상 후 토론이나 글쓰기를 통해 다양한 관점을 공유하는 경험이 필요하다. 이러한 태도를 통해 청소년은 사회의 다양성을 이해하고 공동체에서 배려와 존중을 실천하는 인권 감수성을 키울 수 있다. 문화예술을 의미 있게 경험하며 포용적인 사회 형성에 기여하는 시민으로 성장할 수 있도록 돕는 것이 중요하다.

• 소수자 표현 문화가 건강하게 정착되기 위해 사회 및 교육기관이 해야 할 역할은 무엇인가?

소수자 표현이 편견을 없애고 인권 감수성을 높이려면 사회와 교육기관의 역할이 중요하다. 학교는 소수자와 문화 표현을 다룬 프로젝트 수업을 도입하고, 교과서와 교육자료의 왜곡된 이미지를 점검해 다양한 정체성을 반영해야 한다. 문화기관은 소수자 주제 전시와 상영 프로그램을 운영하며 해설과 워크북을 제공해 이해를 돕고, 미디어 기업은 소수자의 참여와 협업을 통해 진정성 있는 창작 과정을 보장해야 한다. 지역사회와 공공기관은 청소년 대상 인권 감수성 워크숍과 다문화 감상 교육을 운영해 학교 밖에서도 문화 수용 교육이 이루어지도록 해야 한다. 이러한 노력은 청소년이 다양한 인간의 삶을 이해하고, 더 나은 공동체를 형성하는 데 기여할 수 있다.

정리해 볼까요?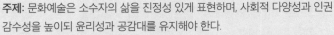

기사에 대해서 알아볼까요?

주제: 문화예술은 소수자의 삶을 진정성 있게 표현하며, 사회적 다양성과 인권 감수성을 높이되 윤리성과 공감대를 유지해야 한다.

핵심어휘: 소수자, 인권 감수성, 다양성, 희화화, 편견, 진정성, 사회적 공감, 미디어

1단락 요약: 소수자를 다룬 문화예술 작품이 증가하며, 이는 사회의 다양성과 포용성에 대한 깊은 질문을 던지는 중요한 흐름이다.

2단락 요약: 과거 미디어는 소수자를 왜곡해 편견을 강화했지만, 최근에는 그들의 목소리를 담은 작품이 증가하며 인권 감수성이 높아지고 있다.

3단락 요약: 소수자를 진정성 있게 표현하는 문화예술은 관객에게 새로운 시각을 제공하며, 사회적 공감대를 형성하고 자존감과 사회 참여를 촉진한다.

4단락 요약: 소수자 표현이 항상 긍정적인 것은 아니며, 과장되거나 상업적으로 소비될 경우 부정적 영향을 줄 수 있다. 표현에는 진정성과 윤리적 책임이 필요하다.

5단락 요약: 문화예술은 소수자에 대한 편견을 없애고 포용적 사회 형성에 기여하며, 청소년이 인권 감수성과 열린 태도를 기르는 데 도움을 준다.

기사의 구조적 접근을 꼭 알아야 해요!

1) 서론: 문화예술이 조명하는 소수자의 이야기
최근 문화예술 분야에서 소수자들의 삶과 이야기를 다룬 작품들이 주목받고 있다. 이는 사회적 다양성과 인권 감수성에 대한 이해를 높이는 계기로 작용하고 있다.

2) 본론: 미디어 속 소수자 표현의 변화와 의미
과거 미디어는 소수자를 왜곡해 편견을 강화했지만, 최근에는 그들의 삶을 사실적으로 보여주는 콘텐츠가 증가하며 공감과 이해를 촉진하고 있다. 소수자가 직접 자신의 이야기를 표현하면 자존감과 다양성 수용이 높아지지만, 일부 콘텐츠는 소비 대상으로 삼거나 진정성이 부족할 수 있어 표현의 자유와 사회적 책임의 균형이 필요하다.

3) 결론: 다양성과 존중이 함께하는 문화예술로
문화예술은 소수자의 존재를 사회에 알리며, 차이를 공존의 가치로 변화시키는 힘을 지닌다. 이를 위해 표현자는 진정성 있는 시선을 견지하고, 수용자는 열린 태도로 다양성을 받아들여야 한다. 또한, 교육은 청소년이 다양한 삶의 목소리를 존중하며 배려하는 시민으로 성장할 수 있도록 이끌어야 한다.

비판적 사고 키워 볼까요? ✚

1 다음 중 본문의 내용으로 적절하지 않은 것은?

① 최근 문화예술 작품에서는 장애인, 성소수자, 이주민 등 다양한 소수자의 이야기를 다루는 시도가 증가하고 있다.

② 과거에는 소수자들이 미디어에서 종종 왜곡되거나 희화화되는 방식으로 표현되었다.

③ 소수자 표현은 진정성이 담겨 있지 않더라도 사회적 다양성을 확산하는 데 긍정적인 효과를 낳는다.

④ 청소년은 문화예술을 통해 다양한 삶의 시선을 이해하고 인권 감수성을 기를 수 있다.

⑤ 문화예술은 단순한 오락을 넘어 사회적 공감과 변화의 역할을 수행한다.

2 다음 <보기>는 소수자 표현과 문화예술에 대한 사상가들의 견해이다. <보기>를 바탕으로 본문 내용을 이해한 것으로 적절하지 않은 것을 고르시오.

 보기

> A 사상가는 문화예술이 사회의 거울임을 강조하며, 소수자 표현의 왜곡과 배제가 사회적 편견과 구조를 반영한다고 본다.
> B 사상가는 소수자가 단순히 재현되는 것을 넘어, 직접 목소리를 낼 수 있어야 하며, 표현의 권리와 참여의 주체성을 강조해야 한다고 주장한다.
> C 사상가는 소수자 표현의 윤리성을 강조하며, 상업적 이용이나 진정성 없는 접근이 해를 끼칠 수 있다고 보고, 표현에는 사회적 책임이 필요하다고 주장한다.

① A 사상가의 관점에 따르면, 과거 미디어 속 성소수자나 장애인 표현의 왜곡은 단순한 창작이 아니라 사회의 편견을 반영한 결과로 이해된다.

② B 사상가의 주장에 따르면, 소수자의 이야기를 진정성 있게 다룬 다큐멘터리나 영화는 단순한 재현을 넘어 소수자의 참여와 자기표현의 장을 제공하는 것이다.

③ C 사상가의 관점에 따르면, 소수자에 대한 예술 표현이 비판을 받지 않더라도 상업성과 감동 위주의 접근만으로도 충분한 사회적 기여를 한다고 평가할 수 있다.

④ A 사상가는 문화예술 표현이 사회구조의 반영이라고 보므로, 왜곡된 소수자 묘사는 편견을 재생산하는 문제로 이어진다고 설명할 수 있다.

⑤ B 사상가는 소수자들이 주체적으로 참여할 수 있을 때 인권 감수성과 사회적 이해가 높아진다고 보며, 표현의 권리 자체를 인권의 일부로 본다.

3 본문에 근거하여, 소수자 표현이 문화예술에 기여하는 바를 서술하시오.

4 '문화예술 속 소수자 표현을 수용할 때 사회가 가져야 할 태도'에 대해 자신의 생각을 서론, 본론, 결론의 형식으로 서술하시오.

중요

5 문화예술에서 소수자를 표현할 때 주의해야 할 점을 서술하시오.

6 다음 '문화예술 속 소수자 표현은 사회적 다양성을 위한 필수적 시도이다'라는 논제를 바탕으로 찬성과 반대의 생각을 서술하시오.

찬성	반대

18 전통 문화의 현대적 재창조
- 과거와 미래를 잇는 다리

 전통 문화는 각 사회의 뿌리이자 정체성❶을 형성하는 중요한 요소이다. 이는 문화적 유산으로서 세대를 거쳐 전해져 오며, 사회 구성원들에게 소속감과 자긍심을 심어준다. 그러나 현대 사회에서는 글로벌화와 기술 발전으로 인해 전통 문화가 점차 잊혀지고 있는 현실이다. 외국 문화의 유입과 생활 방식의 변화는 전통적인 가치관을 희석시키고❷ 있다. 이러한 상황 속에서 현대적 해석을 통해 전통 문화를 부활시키는 노력은

한국의 전통 장의 아름다움을 루이뷔통과 협업한 김병주 작가의 '삶이 꽃이되는 순간' ⓒ 김병주

매우 의미 있는 작업이 될 수 있다. 이는 단순히 과거를 보존하는 것이 아니라, 현재와 미래의 삶에 맞게 재창조하는 과정이기도 하다. 전통 문화의 현대적 해석은 새로운 창의성과 융합❸을 통해, 다양한 형태로 우리의 삶 속에 스며들 수 있는 기회를 제공한다. 이러한 접근은 전통 문화를 더욱 풍요롭게 하고, 다음 세대에게 그 가치를 전달하는 데 중요한 역할을 한다.

 첫째, 전통 문화의 현대적 해석이란 과거의 문화 요소를 현재의 맥락에서 새롭게 이해하고 재구성❹하는 과정이다. 예를 들어, 전통 의상인 한복은 과거의 특정한 사회적 맥락에서 발생했지만, 현대의 패션 아이템으로 재탄생할 수 있

다. 디자이너들은 전통 한복의 색상과 디자인을 현대적인 감각으로 변형하여 새로운 패션 트렌드를 창출하고 있으며, 이는 젊은 세대가 전통 문화를 접하는 기회를 제공한다. 둘째, 전통 문화의 부활은 지역 사회의 정체성을 강화하는 데 기여한다. 현대 사회에서는 지역 공동체의 연대감이 약해지고 있는 경향이 있다. 이때 전통 문화는 공동체 구성원 간의 유대감을 형성하는 중요한 역할을 할 수 있다. 예를 들어, 지역 축제나 전통 공예 체험 프로그램은 주민들이 함께 모여 전통 문화를 공유하고, 이를 통해 지역 정체성을 강화하는 데 도움을 준다. 이러한 경험은 단순히 과거를 회상하는 것이 아니라, 현재를 살아가는 공동체가 서로를 이해하고 존중하는 데 기여한다. 셋째, 전통 문화의 현대적 해석은 지속 가능한 발전과도 밀접한 연관이 있다. 현대 사회가 직면한 많은 문제들은 환경 파괴와 자원 고갈로 인해 발생하고 있으며, 전통 문화는 이러한 문제에 대한 해답을 제공할 수 있다. 전통적으로 지속 가능한 방법으로 농업이나 자원을 관리해온 사례들을 현대에 맞게 재해석하면, 지속 가능한 삶의 방식을 제안할 수 있다. 예를 들어, 전통 농법을 현대의 기술과 결합하여 친환경 농업을 실현하는 것이 가능하다. 마지막으로, 전통 문화의 부활은 교육적 차원에서도 중요한 의미를 가진다. 젊은 세대가 전통 문화를 배울 수 있는 기회를 제공함으로써, 그들은 자신의 뿌리를 이해하고 자부심을 느낄 수 있다. 전통 음악, 무용, 공예 등의 교육 프로그램은 학생들에게 전통 문화를 체험하게 하고, 이를 통해 문화 유산의 가치를 인식하도록 돕는다. 이러한 교육은 단순한 지식 전달을 넘어, 문화적

꼭 기억하렴

❶ 정체성: 개인이나 집단의 고유한 특성이나 정체를 의미한다.
❷ 희석시키다: 어떤 것을 약하게 하거나 그 영향을 줄이다는 뜻한다.
❸ 융합: 서로 다른 요소들이 결합하여 새로운 것을 만드는 과정을 뜻한다.
❹ 재구성: 기존의 것을 새롭게 구성하거나 변화시키는 과정을 나타낸다.

국어 공신 선생님

감수성을 키우고 글로벌 사회에서의 정체성을 확립하는 데 기여한다.

현대적 해석을 통한 전통 문화의 부활은 단순히 과거를 되살리는 것이 아니라, 현재와 미래를 위한 중요한 작업이다. 전통 문화는 우리에게 정체성과 연대감을 제공하며, 지속 가능한 발전의 길을 제시할 수 있는 귀중한 자원이다. 예를 들어, 전통적인 공동체 생활 방식이나 농업 기술은 현대 사회의 지속 가능성을 높이는 데 기여할 수 있다. 따라서 우리는 전통 문화를 현대적인 시각으로 바라보고, 이를 적극적으로 재해석하여 새로운 가치를 창출해야 한다. 이는 젊은 세대가 전통 문화를 자연스럽게 접하고, 자신의 정체성을 형성하는 데에도 큰 도움이 된다. 이러한 노력이 모여, 전통 문화가 더욱 풍부하고 다채롭게 부활할 수 있는 토대가 마련될 것이다. 따라서 전통 문화는 단순한 과거의 유산이 아니라, 현대 사회의 중요한 자산으로 자리 잡게 될 것이다. 이처럼 전통 문화의 현대적 재해석은 문화적 다양성을 증진시키고, 글로벌 사회에서의 우리의 위치를 더욱 확고히 하는 데 기여할 것이다.

> 국어 공신 선생님의 감상 꿀팁!

 한걸음 더 깊이 생각해 보기

• 전통 농법이 현대 농업에 어떻게 기여할 수 있을까요?

전통 농법은 현대 농업에 중요한 기여를 한다. 자연 친화적인 방식으로 자원을 관리하며, 윤작과 혼작을 통해 토양을 보호하고 해충을 억제하여 화학 비료와 농약 사용을 줄인다. 또한, 지역 기후와 토양 특성에 맞춘 농업 방식은 생태계와 조화를 이루고 지역 농산물의 품질을 높이는 데 도움을 준다. 이러한 방식은 현대 농업에서 지역 특산물을 활성화하고, 소비자에게 신선한 식품을 제공하는 기반이 된다. 더불어, 농민들은 전통 지식을 공유하고 협력하여 농업 커뮤니티의 연대감을 강화한다. 이를 통해 지속 가능한 발전을 도모하며, 환경을 보호하고 안정적인 식량 생산을 가능하게 한다.

- 현대 사회에서 전통 문화가 정체성과 소속감을 어떻게 강화할 수 있을까요?

전통 문화는 현대 사회에서 개인의 정체성과 소속감을 강화하는 데 중요한 역할을 한다. 공동체의 역사와 가치를 반영하여 사람들에게 뿌리에 대한 이해와 자부심을 심어주며, 지역 축제나 전통 행사 참여를 통해 소속감을 형성한다. 또한, 전통적인 관습과 의례는 사회 구성원 간의 유대감을 높이고, 공동체의 정체성을 확립하는 데 기여한다. 가족과 지역 사회에서 전해지는 전통은 서로를 이해하고 존중하는 기회를 제공하며, 구성원 간의 결속력을 강화한다. 더불어, 빠르게 변화하는 현대 사회에서 전통 문화는 심리적 안정감을 제공해 개인이 자신의 정체성을 확고히 하는 데 도움을 준다. 이러한 요소들은 전통 문화가 단순한 유산이 아니라, 현대적 삶에서 지속적으로 의미를 가지는 중요한 자원임을 보여준다.

- 전통 문화의 현대적 해석이 문화적 다양성을 어떻게 증진시킬 수 있을까요?

전통 문화의 현대적 해석은 문화적 다양성을 증진하는 데 중요한 역할을 한다. 우선, 전통적 요소를 현대적인 시각으로 재구성하면 새로운 창작물이 탄생하고, 전통 음악과 무용이 현대적 장르와 결합되어 다양한 문화적 배경의 사람들에게 매력을 줄 수 있다. 또한, 디지털 기술과 소셜 미디어를 활용하면 전통 문화가 글로벌 무대에서 더욱 쉽게 공유되고, 다양한 문화 간 상호작용과 교류를 촉진할 수 있다. 이 과정에서 서로 다른 문화적 배경을 가진 사람들이 전통 문화를 경험하고 이해하며, 문화적 다양성이 풍부해진다. 더불어, 기존의 문화적 경계를 허무는 새로운 접근 방식이 가능해진다. 다양한 문화적 요소가 융합되어 새로운 형태의 문화가 형성되면서, 개별 문화의 고유성을 유지하면서도 보다 다채로운 문화적 표현이 가능해진다.

정리해 볼까요?

기사에 대해서 알아볼까요?

주제: 전통 문화의 현대적 해석을 통한 부활과 그 의미
핵심어휘: 전통 문화, 현대적 해석, 정체성, 지속 가능성, 문화적 다양성

1단락 요약: 전통 문화는 각 사회의 뿌리이자 정체성을 형성하는 중요한 요소로, 현대 사회의 글로벌화와 기술 발전으로 점차 잊혀지고 있는 상황에서 현대적 해석을 통해 부활시키는 노력이 필요하다. 이는 과거를 보존하는 것이 아니라, 현재와 미래의 삶에 맞게 재창조하는 과정이다.
2단락 요약: 전통 문화의 현대적 해석은 과거의 문화 요소를 현재의 맥락에서 새롭게 이해하고 재구성하는 과정으로, 예를 들어 전통 의상인 한복이 현대 패션 아이템으로 재탄생하며 젊은 세대에게 전통 문화를 접할 기회를 제공한다.
3단락 요약: 현대적 해석을 통한 전통 문화의 부활은 현재와 미래를 위한 중요한 작업으로, 전통 문화는 정체성과 연대감을 제공하며, 지속 가능한 발전의 길을 제시하는 귀중한 자원으로 자리 잡게 된다.

기사의 구조적 접근을 꼭 알아야 해요!

1) 서론: 전통 문화의 중요성 및 현대적 해석의 필요성
전통 문화는 각 사회의 정체성과 소속감을 형성하는 중요한 요소로, 세대를 거쳐 전해지며 사람들에게 자긍심을 심어준다. 그러나 글로벌화와 기술 발전으로 인해 전통 문화가 잊혀지고 있는 상황에서, 현대적 해석을 통해 이를 부활시키는 노력은 필수적이다. 이는 단순한 보존을 넘어 현재와 미래에 맞는 재창조의 과정이다.
2) 본론: 전통 문화의 현대적 해석과 그 효과
전통 문화의 현대적 해석은 과거의 요소를 현재의 맥락에서 이해하고 재구성하는 과정으로, 젊은 세대가 전통 문화를 접할 수 있는 기회를 제공한다. 지역 사회의 정체성을 강화하고, 지속 가능한 발전에 기여하는 전통 문화는 교육적 가치도 지니고 있으며, 다음 세대에게 그 가치를 전달하는 데 중요한 역할을 한다.
3) 결론: 전통 문화의 부활과 미래
현대적 해석을 통한 전통 문화의 부활은 현재와 미래를 위한 중요한 작업으로, 전통 문화는 정체성과 연대감을 제공하며 지속 가능한 발전의 길을 제시할 수 있다. 이러한 노력이 모여 전통 문화가 더욱 풍부하고 다채롭게 부활할 수 있는 토대를 마련하며, 문화적 다양성을 증진시키는 데 기여하게 된다.

비판적 사고 키워 볼까요? ✦

1 다음 중 이 글의 주제에 대한 설명으로 옳은 것은?

① 현대 사회가 빠르게 변화하고 서구 문화가 유입되면서, 유구한 역사를 가진 우리 나라의 소중한 전통 문화는 사람들의 집중적인 관심을 받으며 재부각되고 있다.

② 전통 문화는 박물관이나 기록물로만 보존해야 하며, 현대 사회에서 변형하거나 적용하는 것은 부적절하다고 본다.

③ 전통 문화가 현대적인 관점과 만나 새롭게 해석되고 재창조될 때, 이는 기존에 없던 참신한 아이디어나 표현 방식을 제공하여 새로운 창의성을 발휘하게 한다.

④ 특정 지역의 문화적 특색을 살려 진행되는 지역 축제나 행사는 주로 현대적인 오락에 치중하여, 그 지역의 전통 문화나 유산과는 전혀 관련이 없다고 본다.

⑤ 지속 가능한 발전은 첨단 기술과 경제 성장에만 의존하며, 전통 문화 계승과는 무관하다고 주장한다.

2 <보기>를 바탕으로 전통 문화가 현대 사회에서 소속감을 강화하기 위한 방법으로 적절한 것은?

 보기

 전통 문화는 현대 사회에서 정체성과 소속감을 강화하는 중요한 역할을 한다. 지역 축제나 전통 행사에 참여함으로써 사람들은 공동체의 일원으로서의 소속 감을 느끼고, 서로의 경험과 이야기를 공유하게 된다.

① 전통 문화는 현대 사회에서 활용될 때 주로 현대 패션 디자인에만 제한적으로 사용되며, 공동체 내에서 사람들이 소속감을 느끼는 데는 큰 영향을 미치지 않는다.

② 전통 문화는 특정 공동체가 오랜 시간 공유해 온 역사와 가치, 이야기들을 담고 있어, 사람들이 자신의 뿌리를 이해하고 공동체 일원으로서 소속감을 느끼도록 돕는다.

③ 전통 문화를 강조하고 발전시키는 것은 외부 세계와의 교류를 차단하고 다른 나라 문화의 유입을 막아 우리 문화를 고립시키는 결과를 가져온다.

④ 전통 문화는 집단의 가치와 역사를 중요시하기 때문에, 현대 사회에서 각 개인이 가진 고유한 생각이나 정체성을 형성하는 데 방해가 되거나 무시한다.

⑤ 전통 문화 관련 활동이나 행사에 참여하는 과정에서 사람들 간의 갈등이 심화되고 서로 다른 의견 충돌이 잦아져 공동체의 유대감을 오히려 약화시킨다.

3 이 글을 바탕으로 전통 문화의 현대적 해석이 가져올 수 있는 사회적 변화를 서술하시오.

4 전통 문화의 현대적 해석이 개인의 정체성 형성에 어떤 걸 미칠지 자신의 생각을 서론, 본론, 결론의 형식으로 서술하시오.

중요

5 전통문화가 오히려 집단적인 가치를 중시하므로 현대 사회의 개별적인 생각이나 정체성을 방해한다는 의견에 대한 생각을 서술하시오.

6 다음 '전통 문화를 현대적으로 재구성하는 것이 옳은가?'라는 논제를 바탕으로 찬성과 반대의 생각을 서술하시오.

찬성	반대

1. 연결의 단절

◆ 비판적 사고 키워볼까요?

1. 정답: ③ 해설: 지역 사회의 활성화는 사회적 고립과 외로움 문제 해결을 위한 접근 방법으로 언급되었으며, 원인으로 지목되지 않았다. 다른 선택지는 모두 고립과 외로움의 원인으로 설명된다.

2. 정답: ② 해설: 사회적 고립과 외로움 문제를 해결하기 위해서는 사람들 간의 소통을 촉진하는 지역 사회의 커뮤니티 프로그램 참여가 필요하다. 다른 선택지는 고립을 심화시키거나 비효율적인 접근을 나타낸다.

3. 예시 답안: 현대 사회에서 사회적 고립과 외로움이 증가하는 원인은 여러 가지가 있다. 첫째, 도시화와 기술 발전으로 인한 생활 방식의 변화가 있다. 많은 사람들이 대도시로 이동하면서 물리적으로 가까운 이웃과의 관계가 약해지고, 소셜 미디어의 사용이 증가했지만 실제 대면 소통은 줄어들었다. 둘째, 개인주의 문화가 확산되면서 공동체 의식이 약화되고, 사람들은 자신만의 세계에 갇히기 쉬워졌다. 이러한 고립감은 정신 건강에 심각한 문제를 초래한다. 외로움은 우울증, 불안, 스트레스 등의 정신적 질환으로 이어질 수 있으며, 이는 신체 건강에도 부정적인 영향을 미친다. 예를 들어, 외로움을 느끼는 사람들은 면역력이 저하되고, 만성질환에 걸릴 확률이 높아진다. 따라서 사회적 고립과 외로움 문제를 해결하기 위한 노력이 필요하며, 이를 통해 정신 건강을 증진할 수 있는 방안이 모색되어야 한다.

4. 예시 답안: <서론> 현대 사회는 기술의 발전과 도시화로 많은 이점을 제공하지만, 동시에 개인의 고립감과 외로움이 증가하는 문제를 야기하고 있다. 이러한 문제는 특히 대도시에서 두드러지며, 이는 개인의 정신 건강에 심각한 영향을 미치고 있다. 대도시에서는 많은 사람들이 밀집해 있지만, 물리적 근접성에도 불구하고 깊은 인간 관계가 부족한 경우가 많다. 소셜 미디어와 같은 기술이 연결성을 높이는 듯 보이지만, 실제로는 얕은 관계를 형성하게 하고, 이는 고립감을 더욱 악화시킨다. 본론에서는 사회적 고립과 외로움의 원인과 그로 인한 영향을 살펴보고, 해결 방안을 제시하겠다.

<본론> 사회적 고립은 개인이 사회적 관계에서 단절된 상태를 의미하며, 이는 여러 요인에 의해 심화된다. 대도시의 빠른 생활 속도와 높은 경쟁은 사람들 간의 깊은 관계 형성을 방해하고, 소셜 미디어의 발달은 얕은 관계를 초래한다. 사람들이 물리적으로 가까이에 있음에도 불구하고 정서적으로 단절된 상태에 놓이게 된다. 이러한 고립감은 개인의 심리적 안녕에 부정적인 영향을 미치며, 많은 사람들이 우울증과 불안장애와 같은 정신 건강 문제를 겪게 된다. 특히 노인층과 청년층에서 이러한 문제는 더욱 심각하게 나타나며, 외로움은 심혈관 질환, 면역력 저하 등 신체적 건강에도 악영향을 미친다. 외로움은 단순한 감정이 아니라, 신체적 건강과 직결된 문제라는 점에서 더욱 심각하게 다뤄져야 한다. 해결 방안으로는 지역 사회의 활성화가 필요하다. 커뮤니티 프로그램이나 모임을 통해 사람들은 서로 소통하고 관계를 형성할 수 있는 기회를 갖게 된다. 예를 들어, 지역 사회에서 정기적으로 열리는 문화 행사나 운동 프로그램은 사람들 간의 유대감을 강화할 수 있다. 또한, 정신 건강에 대한 인식을 높이고 외로움을 경험하는 사람들에게 도움을 줄 수 있는 상담 프로그램이 필요하다. 이러한 프로그램은 전문 상담사와의 연결을 통해 개인의 감정을 표현하고, 필요한 지원을 받을 수 있는 기회를 제공할 수 있다. 이러한 노력을 통해 사회적 고립과 외로움 문제를 해결할 수 있다.

<결론> 결론적으로, 현대 사회에서 사회적 고립과 외로움은 개인의 정신적 건강뿐만 아니라 사회 전체의 안녕에도 큰 영향을 미치는 중요한 문제이다. 이는 단순히 개인의 문제가 아닌 사회 전반의 문제로 인식되어야 하며, 이를 해결하기 위한 공동의 노력이 필요하다. 지역 사회의 활성화와 정신 건강 인식 제고는 이러한 문제 해결의 핵심이 될 것이다. 모든 세대가 서로 연결되고 지지할 수 있는 환경을 조성함으로써, 우리는 외로움의 문제를 극복하고 건강한 사회를 만들어 나갈 수 있을 것이다.

5. 예시 답안: 현대 사회에서 사회적 고립과 외로움 문제를 해결하기 위해서는 지역 사회의 활성화와 정신 건강 인식 제고가 필수적이다. 첫째, 지역 사회 내에서 다양한 프로그램과 활동을 통해 사람들 간의 소통을 촉진해야 한다. 예를 들어, 동아리 활동, 문화 행사, 자원봉사 기회를 제공하면 자연스럽게 관계를 형성할 수 있다. 둘째, 정신 건강에 대한 올바른 인식을 확립하고, 상담 프로그램을 통해 외로움을 느끼는 개

인에게 전문적인 지원을 제공해야 한다. 이를 통해 사람들이 자신의 감정을 표현하고, 필요한 도움을 받을 수 있도록 해야 한다.

6. 예시 답안: <찬성> • 사회적 고립과 외로움은 우울증과 불안장애를 유발하며, 개인의 삶의 질을 저하시켜 사회 복지에도 부정적 영향을 미친다.

• 외로움은 심혈관 질환과 면역력 저하 등 신체적 건강에 악영향을 미친다.

• 지역 사회의 활성화와 커뮤니티 프로그램은 소통을 촉진해 사회적 연대감을 높인다.

<반대> • 사회적 고립과 외로움은 개인의 선택에 의해 발생할 수 있다.

• 소셜 미디어와 온라인 커뮤니케이션은 물리적 거리를 초월한 소통 방식을 제공, 사람들 간의 관계 형성을 돕는다.

• 자원과 정책의 한계: 사회적 고립 문제 해결을 위한 자원과 정책이 제한적일 수 있다.

2. 청소년 노동과 아르바이트 문제

◆ 비판적 사고 키워볼까요?

1. 정답: ② 해설: 본문에서는 정부의 청소년 노동권 보호 대책이 미흡하며, 2025년 노동부 '청소년 근로조건 보호' 사업 예산이 2024년보다 6억 8,000만 원(42.2%) 삭감되었고, 특히 '청소년 노동관계법 교육지원' 사업 예산이 전액 삭감되었다고 설명하고 있다. 이는 정부가 노동권 보호를 위해 적극적으로 정책 개선과 법 개정을 추진하고 있으며, 근로감독 강화, 노동권 교육 확대, 법률 지원 프로그램 운영 등 실질적인 대책을 마련하고 있다는 ②번의 내용과 상반된다.

2. 정답: ② 해설: 해설: 본문에서는 최저임금 미달 문제를 중요한 노동권 침해 사례로 지적하고 있다. 청소년 노동자라도 법적으로 최저임금을 보장받아야 하며, 사업주의 재량으로 이를 조정할 수 없다는 점에서 ②번은 본문의 내용과 맞지 않는다.

3. 예시 답안 청소년 노동권 보호는 단순한 개인의 문제가 아니라 사회 전체의 지속 가능한 노동 환경과 연결된다. 최저임금 미달, 근로계약서 미작성, 임금 체불 등의 문제가 지속되면 청소년들은 부당한 대우를 감수하며 노동을 지속해야 하며, 이는 장기적으로 노동 시장의 불평등을 심화시킬 수 있다. 따라서 정부와 지자체의 노동 환경 점검 강화, 노동 인권 교육 확대, 법률 상담 서비스 확충 등의 대책이 필요하다. 이를 통

해 청소년들이 정당한 권리를 보장받고, 노동 시장의 공정성을 유지할 수 있다.

4. 예시 답안: <서론> 청소년 노동 환경 개선은 노동권 보호와 지속 가능한 노동 시장 형성에 필수적이다. 정부와 지자체는 이를 위해 적극적인 역할을 수행해야 한다.

<본론> 첫째, 노동 인권 교육 확대가 필요하다. 청소년들이 자신의 권리를 인식하고 부당한 대우를 거부할 수 있도록 학교 교육 과정에 노동법 관련 내용을 포함해야 한다. 둘째, 노동 환경 점검 강화가 요구된다. 현재 근로감독관 인력 부족으로 인해 실질적인 점검이 원활하지 않다. 정부는 이를 보완하기 위해 점검 기관을 확대하고, 부당한 노동 행위에 대한 신고 시스템을 활성화해야 한다. 셋째, 법률 상담 서비스와 신고 센터 확대가 필요하다. 청소년 노동자들이 피해를 입었을 때 쉽게 도움을 받을 수 있도록 법률 지원을 강화해야 한다.

<결론> 청소년 노동 환경 개선은 단순한 권리 보장을 넘어 공정한 노동 시장 조성을 위한 필수적인 과제이다. 정부와 지자체가 적극적으로 나서야 하며, 이를 위한 정책적 노력이 지속되어야 한다.

5. 예시 답안: 청소년은 자신의 노동권을 침해당했을 때 다음과 같은 단계를 실질적으로 실행할 수 있다. 첫째, 반드시 근로계약서와 임금 내역 등 관련 증거 자료를 확보해 두는 것이 중요하다. 둘째, 학교나 부모 등 신뢰할 수 있는 어른에게 상황을 알리고, 노동청이나 청소년노동인권센터에 신고하는 절차를 진행해야 한다. 셋째, 무료 법률 상담을 제공하는 온라인 플랫폼이나 청소년노동권 애플리케이션을 활용하여 전문가와 직접 상담을 받을 수 있다. 이러한 실천적 대응은 청소년 스스로 권리 의식을 기르고, 더 큰 피해를 예방하는 데 중요한 역할을 한다.

6. 예시 답안: <찬성> 청소년 노동권 보호는 사회 전체의 노동 환경과 밀접하게 연결된다. 청소년 노동 환경이 부당한 대우를 당연시하면, 이는 성인 노동 시장에도 영향을 미쳐 전반적인 노동권 침해로 이어질 수 있다. 또한, 청소년들이 노동 시장에서 공정한 대우를 받으며 성장할 경우, 이는 미래의 노동 환경을 개선하는 긍정적인 효과를 가져올 수 있다.

<반대> 청소년 노동권 보호가 중요한 문제이긴 하지만, 이를 사회 전체의 노동 환경과 직접적으로 연결짓는 것은 무리가 있다. 청소년 노동 시장은 특정 연령

층과 특정한 직종에 국한된 경우가 많으며, 전반적인 노동 환경을 대표한다고 보기 어렵다. 따라서 노동권 보호는 청소년 노동 문제를 포함하되, 이를 일반적인 노동 환경과 동일하게 취급하는 것은 적절하지 않을 수 있다.

3. 옴니보어 소비

• 비판적 사고 키워볼까요?

1. **정답:** ④ **해설:** 글에서 옴니보어 소비는 '경제적 여유가 있는 소비층에서 두드러지며, 특히 밀레니얼 세대와 Z세대에서 더욱 뚜렷하게 나타난다'고 언급하고 있다.

2. **정답:** ③ **해설:** <보기>에서는 알고리즘과 AI가 사용자의 취향을 분석하여 맞춤형으로 콘텐츠를 추천하는 예를 들고 있어요. 이는 소비자의 데이터를 기반으로 개인화된 추천을 제공하는 시스템을 설명하는 것으로, 선지 3번의 '데이터 기반 추천 시스템'에 해당된다.

3. **예시답안:** 옴니보어 소비는 소비자들이 다양한 브랜드와 제품을 선택함으로써 문화적 다양성을 증가시키고, 서로 다른 가치관과 배경을 가진 사람들 간의 교류를 촉진한다. 이러한 교류는 사회의 포용성을 높이고, 다양한 문화를 이해하는 데 기여한다. 소비자들이 서로 다른 경험을 공유하면서 발생하는 상호작용은 사회적 이해를 증진시키고, 이를 통해 더욱 포용적인 사회가 형성될 수 있다.

4. **예시답안:** <서론> 옴니보어 소비는 현대 소비자들이 특정 브랜드나 제품군에 국한되지 않고, 다양한 선택지를 탐색하며 소비하는 경향을 나타낸다. 이는 기술 발전과 글로벌화의 영향으로 소비자들이 더욱 폭넓은 경험을 추구하게 된 결과로, 특히 밀레니얼 세대와 Z세대에서 두드러진다. 이 소비 형태는 단순한 물질적 소유를 넘어 소비의 목적이 개인의 가치와 정체성을 표현하는 방향으로 변화하고 있음을 시사한다.

<본론> 옴니보어 소비의 주요 특징 중 하나는 다양한 선택지 탐색이다. 소비자들은 고급 레스토랑의 요리뿐만 아니라, 길거리 음식, 패스트푸드 등 다양한 음식을 시도하며, 이를 통해 자신만의 취향을 발견한다. 두 번째로, 경험 중심 소비가 있다. 현대 소비자들은 물건의 소유보다 그 물건이 제공하는 경험에 가치를 두고, 여행, 문화 행사 등 여러 경험을 통해 자신을 표

현하고자 한다. 마지막으로 정보의 활용이 중요한 특징이다. 인터넷과 소셜 미디어의 발달로 소비자들은 다양한 정보에 쉽게 접근하게 되어, 리뷰와 블로그를 통해 자신의 선택에 대해 더 많은 정보를 얻고, 이를 바탕으로 다양한 소비를 하게 된다.

옴니보어 소비는 사회 전반에 여러 가지 긍정적인 영향을 미친다. 첫째, 문화적 다양성이 증가한다. 소비자들이 다양한 브랜드와 제품을 선택함으로써 서로 다른 문화와 가치가 교류하게 된다. 둘째, 기업의 마케팅 전략에도 큰 영향을 미친다. 기업들은 소비자의 다양한 요구를 충족시키기 위해 맞춤형 제품과 서비스 개발에 집중하게 된다. 셋째, 소비자들은 지속 가능성과 윤리적 소비의 중요성을 인식하게 되어, 환경친화적이고 윤리적인 제품에 대한 수요가 증가한다.

<결론> 그러나 옴니보어 소비는 긍정적인 면만 있는 것은 아니다. 소비자가 선택의 과다로 인해 혼란을 느끼거나, 브랜드의 영향을 받아 독립적인 소비가 이루어지기 어려운 경우도 있다. 과도한 소비는 환경에 부정적인 영향을 미치며, 이는 지속 가능한 소비를 추구하는 사회적 흐름과 상충될 수 있다. 앞으로의 소비 환경에서는 옴니보어 소비가 더욱 중요한 역할을 하게 될 것이며, 소비자들은 이러한 변화 속에서 책임감 있는 소비를 고민해야 하며, 지속 가능한 소비 패턴을 형성하는 것이 중요하다.

5. **예시 답안:** 옴니보어 소비는 개인의 소비 습관에 여러 가지 긍정적이고 부정적인 영향을 미친다. 우선, 소비자는 다양한 선택지를 탐색함으로써 자신의 취향과 필요에 맞는 제품을 찾는 데 더 많은 시간을 투자하게 된다. 이는 소비자가 더 나은 품질과 가치를 추구하게 하여 만족도를 높일 수 있다. 또한, 다양한 브랜드와 제품을 비교하면서 소비자는 정보에 기반한 의사 결정을 내리게 되어, 소비 과정에서의 주체성이 강화된다. 그러나 옴니보어 소비는 선택의 과다로 인해 혼란을 초래할 수 있다. 수많은 옵션 사이에서 결정하기 어려워지며, 이로 인해 소비자는 불안감이나 스트레스를 느낄 수 있다. 또한, 브랜드에 대한 충성도가 낮아져 소비자는 특정 브랜드에 대한 깊은 애착을 형성하기 어려워진다. 이는 기업들이 소비자와의 관계를 구축하기 어렵게 만들 수 있다.

6. **예시 답안:** <찬성> • 옴니보어 소비는 다양한 문화와 가치 교류를 통해 사회적 포용성을 높이고 문화적 다양성을 증진시킨다. • 소비자가 경험과

가치를 중시하며 폭넓은 선택을 통해 자신만의 취향을 찾고 삶의 질을 높이는 데 기여한다.

• 정보의 접근성을 활용하여 합리적이고 다양한 소비 결정을 내리도록 도와 소비자의 만족도를 향상시킨다.

<반대> • 너무 많은 선택지로 인해 소비자가 오히려 혼란을 느끼고 최선의 결정을 내리기 어려워지는 경우가 발생한다.

• 소비 결과에 대한 책임감을 덜 느끼게 되어 충동적이거나 후회하는 소비로 이어질 가능성이 있다.

• 다양한 소비 경험 추구가 과도한 소비로 이어져 환경에 부담을 주고 지속 가능한 소비와 상충될 수 있다.

4. 공공교통 활성화와 탄소 배출 저감의 필요성

• 비판적 사고 키워볼까요?

1. 정답: ② 해설: 본문에서는 서울시가 2023년부터 친환경 대중교통 시스템 도입을 추진했으며, 현재 전체 버스의 약 30%가 전기버스로 교체되었다고 명시되어 있다. ②번의 '50%'는 사실과 다르므로 본문의 내용과 일치하지 않는다.

2. 정답: ④ 해설: ④번 문항은 "대중교통을 이용하지 않더라도 개인 차량이 전기차 등 친환경 차량이면 탄소 배출 문제를 해결할 수 있다"는 주장이다. 그러나 본문에서는 대중교통 이용 증가와 친환경 대중교통 인프라 확대를 중심으로 탄소 배출을 줄이는 방안을 강조하고 있으며, 개인 차량 중심의 해결책은 지양하고 있다. 즉, 단지 친환경 차량을 소유하는 것만으로는 탄소 배출 문제의 근본 해결책이 될 수 없으며, 승용차 이용을 줄이고 대중교통을 활성화하는 구조적 변화가 필요하다는 것이 본문의 핵심 주장이다.

3. 예시답안: 친환경 대중교통 도입은 기후 변화 대응과 지속 가능한 도시 환경 조성을 위해 필수적이다. 현재 승용차 이용이 증가하면서 온실가스 배출량이 급격히 늘어나고 있으며, 이를 해결하기 위해 전기버스 및 수소버스 보급 확대, 대중교통 이용률 증가 정책이 추진되고 있다. 특히, 대중교통 이용률이 10% 증가할 때마다 탄소 배출량이 평균 5% 감소하는 것으로 나타나, 정부와 지자체는 친환경 대중교통 인프라 구축을 강화할 필요가 있다.

4. 예시답안: <서론> 기후 변화 대응을 위해 탄소 배출 저감이 필수적이며, 이를 위해 대중교통 활성화가 중요하다. 정부와 지자체는 적극적으로 친환경 교통 정책을 추진해야 한다.

<본론> 첫째, 대중교통 인프라 확대가 필요하다. 전기버스 및 수소버스 도입을 확대하고, 편리한 환승 시스템을 구축해야 한다. 둘째, 대중교통 이용 장려 정책을 시행해야 한다. 서울시의 '기후동행카드'처럼 정기권 할인 정책을 확대하고, 시민들의 이용 편의를 높이는 정책을 마련해야 한다. 셋째, 환경 규제 강화가 필요하다. 휘발유 및 디젤 차량의 도심 운행 제한 정책을 도입하고, 전기차 및 대중교통 이용을 유도하는 제도를 마련해야 한다.

<결론> 정부와 지자체의 적극적인 대중교통 활성화 정책은 탄소 배출 저감뿐만 아니라 교통 혼잡 완화, 대기질 개선, 시민 건강 증진에도 기여할 것이다. 지속 가능한 교통 시스템 구축을 위한 정책적 노력이 필요하다.

5. 예시답안: '지속 가능한 도시를 위한 친환경 교통 정책'이라는 제목은 본문의 내용을 적절히 반영하고 있다. 본문에서는 기후 변화 대응을 위한 대중교통 활성화 정책과 전기버스, 수소버스 도입 등의 사례를 중심으로 설명하고 있다. 또한, 대중교통 이용 증가가 탄소 배출 감소뿐만 아니라 도시 환경 개선에도 기여한다는 점을 강조하고 있다. 따라서 해당 제목은 본문의 핵심 내용을 잘 나타낸다고 볼 수 있다.

6. 예시 답안: <찬성> 대중교통 활성화는 기후 변화 대응에 필수적인 요소이다. 승용차 이용을 줄이고, 전기버스 및 수소버스를 확대하면 온실가스 배출을 효과적으로 감소시킬 수 있다. 또한, 대중교통 이용률이 10% 증가할 때마다 탄소 배출량이 5% 감소한다는 연구 결과가 있으며, 실제로 독일과 노르웨이 등의 정책이 탄소 저감 효과를 거두고 있다.

<반대> 대중교통 활성화만으로 기후 변화 대응이 충분하다고 볼 수 없다. 산업, 농업, 에너지 생산 부문의 탄소 배출량도 크며, 이 부분에서의 정책 강화가 더욱 중요하다. 또한, 전기버스 및 수소버스 도입에는 높은 비용과 시간이 필요하므로, 단기간에 효과를 거두기 어렵다는 한계가 있다.

5. 페이스테크의 진화

• 비판적 사고 키워볼까요?

1. 정답: ④ 해설: 페이스테크의 윤리 문제를 해결하기 위해 기술 개발자와 기업의 노력뿐만 아니라, 시민들

이 문제 인식을 높이고 적극적으로 참여하며 의견을 반영하는 것이 '필수적'이고 '중요하다'고 여러 번 강조하고 있다.

2. 정답: ① **해설:** <보기>에서 페이스테크의 차별 문제를 해결하기 위한 방법으로 가장 먼저 '다양한 데이터 세트를 수집'하는 것을 언급하고 있다. 이는 다양한 인종과 성별을 포함하는 데이터 활용의 중요성을 강조하는 것으로, 선지 1번과 일치한다.

3. 예시 답안: 페이스테크가 사회에 미치는 영향을 고려할 때, 기술 발전이 윤리적 기준과 함께 이루어져야 하는 이유는 여러 가지가 있다. 첫째, 얼굴 인식 기술은 개인의 개인정보와 프라이버시를 침해할 수 있는 잠재력을 지니고 있다. 이러한 기술이 무분별하게 사용될 경우, 개인의 동의 없이 정보가 수집되고 악용될 위험이 크다. 둘째, 기술의 인식 정확도가 인종이나 성별에 따라 다를 수 있어, 사회적 불평등과 차별을 심화시킬 수 있다. 따라서 윤리적 기준이 없다면 특정 집단이 불이익을 당할 가능성이 높아진다. 셋째, 기술 발전이 사회적 신뢰를 구축하기 위해서는 투명성과 책임성이 요구된다. 윤리적 기준을 설정함으로써 기술의 사용이 공정하고 정의롭게 이루어질 수 있도록 보장할 수 있다. 마지막으로, 지속적인 논의와 검토를 통해 기술이 사회에 긍정적인 영향을 미치도록 유도할 수 있으며, 이는 궁극적으로 기술의 발전과 사회의 발전이 조화를 이루게 하는 중요한 요소가 된다.

4. 예시 답안: <서론> 페이스테크는 얼굴 인식 기술을 바탕으로 개인의 신원 확인, 감정 분석, 맞춤형 서비스 제공 등 다양한 분야에서 활용되고 있다. 그러나 이러한 기술의 발전은 개인의 프라이버시 침해, 차별적 결과, 사회적 신뢰 저하 등 심각한 윤리적 문제를 동반하고 있다. 따라서 페이스테크의 윤리적 문제를 해결하기 위해서는 사회 전반의 합의가 필요하다. 이는 기술이 모든 사회 구성원에게 공정하고 안전하게 사용될 수 있도록 보장하는 중요한 과정이다.

<본론> 페이스테크의 윤리적 문제는 여러 측면에서 나타난다. 첫째, 개인정보 보호와 관련된 문제이다. 얼굴 인식 기술은 개인의 얼굴 데이터를 수집하고 분석하기 때문에, 이를 관리하는 기업이나 정부의 투명성이 결여될 경우 개인의 사생활이 심각하게 위협받는다. 둘째, 차별적 문제로, 연구에 따르면 얼굴 인식 알고리즘은 특정 인종이나 성별에 따라 인식의 정확도가 다르게 나타나며, 이는 사회적 불평등을 심화시

킬 수 있다. 이러한 문제를 해결하기 위해서는 다양한 인종과 성별을 포함한 데이터 세트를 수집하고, 공정한 알고리즘 개발이 필요하다. 셋째, 사회적 신뢰를 구축하기 위해 기업과 정부는 시민들과의 소통을 강화하고, 그들의 의견을 정책에 반영해야 한다. 따라서, 페이스테크의 윤리적 문제를 해결하기 위한 사회적 합의는 필수적이다. 이를 통해 모든 이해관계자가 참여하고, 기술의 발전이 사회적 요구에 부응할 수 있도록 해야 한다.

<결론> 페이스테크의 윤리적 문제는 단순히 기술의 개발과 활용 단계에서 끝나는 것이 아니라, 사회 전반에 걸쳐 지속적인 논의와 검토가 필요하다. 사회적 합의가 이루어질 때, 기술은 보다 안전하고 공정하게 발전할 수 있으며, 이는 모든 사회 구성원의 권리와 안전을 보장하는 길이 될 것이다. 따라서 기업과 정부는 투명한 소통을 통해 시민의 의견을 반영하고, 적극적인 참여를 유도하여 윤리적 기준을 세우고 이를 준수해야 한다. 이러한 노력이 함께 이루어질 때, 페이스테크는 긍정적인 영향을 미칠 수 있을 것이다.

5. 예시 답안: 페이스테크의 발전은 사회에 긍정적 영향과 부정적 영향을 동시에 미친다. 긍정적인 측면에서, 얼굴 인식 기술은 보안 및 범죄 예방에 기여할 수 있다. 예를 들어, 공공장소에서의 범죄 감시나 실종 아동 찾기에 효과적으로 활용될 수 있어, 사회 안전을 강화하는 데 중요한 역할을 할 수 있다. 또한, 기업에서는 고객 서비스를 개선하고, 개인 맞춤형 경험을 제공하는 데 이 기술을 활용할 수 있다. 반면, 부정적 영향도 무시할 수 없다. 얼굴 인식 기술은 개인정보 보호 및 프라이버시 침해 문제를 야기할 수 있으며, 무단으로 개인 데이터를 수집하고 저장하는 경우가 발생할 수 있다. 또한, 기술의 인식 정확도가 인종이나 성별에 따라 다르게 나타나 사회적 불평등을 초래할 수 있으며, 특정 집단에 대한 차별을 강화할 위험이 있다. 이러한 부작용은 기술 발전이 사회적 신뢰를 해치는 결과로 이어질 수 있다.

6. 예시 답안: <찬성> • 데이터 활용의 극대화: 페이스테크는 방대한 얼굴 데이터 세트를 수집하고 분석하는 데 기여하여, 인공지능과 머신러닝 알고리즘의 학습과 성능 향상을 촉진한다.

• 응용 분야의 확장: 얼굴 인식 기술은 보안, 의료, 고객 서비스 등 다양한 분야에 적용될 수 있어, 새로운 비즈니스 모델과 혁신적인 솔루션을 창출하는 데 기

여한다.

- 연구 및 개발 투자: 페이스테크의 수요 증가로 인해 관련 연구와 개발에 대한 투자가 활발해지며, 이는 인공지능 및 머신러닝 기술의 발전을 더욱 가속화한다.

<반대> • 윤리적 문제의 발생: 페이스테크의 발전은 개인정보 보호와 프라이버시 침해와 같은 윤리적 문제를 동반하며, 이는 기술 발전에 대한 사회적 저항을 초래할 수 있다.

- 편향된 알고리즘: 얼굴 인식 기술의 데이터 세트가 특정 인종이나 성별에 편향될 경우, 이는 인공지능 알고리즘의 정확도를 떨어뜨리고 사회적 불평등을 심화시킬 수 있다.

- 과도한 감시 사회: 페이스테크의 확산은 정부와 기업에 의한 개인 감시를 강화할 수 있으며, 이는 개인의 자유와 권리를 침해하는 결과로 이어질 수 있다.

6.스트리밍 시대의 저작권 문제

• 비판적 사고 키워볼까요?

1. 정답: ④ 해설: 본문에서는 불법 스트리밍 사이트의 재등장을 완전히 막기 어렵다고 설명하고 있다. 기술 발전으로 인해 불법 복제 방식이 다양화되고 있으며, 단속과 차단 조치만으로는 근본적인 해결이 어렵다는 점을 강조하고 있다.

2. 정답: ④ 해설: 본문에서는 불법 스트리밍 사이트가 창작자의 권리를 침해하고, 콘텐츠 산업에 경제적 손실을 초래한다고 설명하고 있다. 따라서 불법 사이트가 저작권 보호에 기여하며 창작자의 수익을 증가시킨다는 ④번의 내용은 사실과 다르다.

3. 예시 답안: 불법 스트리밍 사이트는 창작자의 권리를 침해하고, 콘텐츠 산업 전반에 경제적 손실을 초래한다. 대표적인 사례로 '누누티비'가 있으며, 주요 OTT 플랫폼의 콘텐츠를 불법으로 제공하여 이용자를 유치하면서 약 5조 원의 저작권 피해를 발생시켰다. 이러한 불법 사이트의 성행은 정당한 대가를 받지 못하는 창작자들의 창작 의욕을 저하시키고, 콘텐츠 산업의 지속 가능성을 위협한다.

4. 예시 답안: **<서론>** 디지털 시대가 도래하면서 스트리밍 서비스가 대중화되었지만, 불법 스트리밍 사이트의 증가로 인해 저작권 보호 문제가 심각해지고 있다. 이를 해결하기 위해 정부와 기업의 역할이 중요하다.

<본론> 첫째, 정부는 법적 제재를 강화하고 기술적 대응을 확대해야 한다. 불법 스트리밍 사이트에 대한 감시를 지속하고, AI 기반 콘텐츠 보호 기술(DRM, 워터마킹)을 적극 도입해야 한다. 둘째, 기업은 합법적인 스트리밍 서비스의 경쟁력을 강화해야 한다. 합리적인 가격 정책을 도입하고, 소비자가 다양한 콘텐츠를 합법적으로 이용할 수 있도록 플랫폼을 개선해야 한다. 셋째, 소비자의 인식 개선이 필요하다. 저작권 보호의 중요성을 알리는 캠페인과 교육을 통해 불법 스트리밍 이용을 줄이고, 정당한 대가를 지불하는 문화를 정착시켜야 한다.

<결론> 정부와 기업의 적극적인 대처가 이루어져야만 저작권 보호가 가능하며, 이를 통해 콘텐츠 산업이 지속 가능한 방향으로 성장할 수 있다.

5. 예시 답안: '스트리밍 시대의 저작권 보호: 창작자의 권리를 지키는 방법'이라는 제목은 본문의 내용을 적절히 반영하고 있다. 본문에서는 불법 스트리밍 사이트가 창작자의 권리를 침해하고 콘텐츠 산업에 심각한 피해를 주고 있음을 설명하고 있으며, 이를 해결하기 위한 법적 대응과 기술적 보호 조치를 강조하고 있다. 또한, 소비자의 인식 개선과 합법 서비스 경쟁력 강화를 통해 저작권 보호를 실현해야 한다는 점도 포함되어 있어, 해당 제목은 본문의 핵심 주제를 잘 나타낸다고 볼 수 있다.

6. 예시 답안: **<찬성>** 저작권 보호는 콘텐츠 산업이 지속적으로 성장할 수 있는 필수적인 요소이다. 창작자들이 정당한 보상을 받지 못하면 창작 의욕이 저하되고, 결국 양질의 콘텐츠 제작이 어려워진다. 또한, 불법 스트리밍 사이트로 인해 정식 플랫폼의 수익이 감소하면, 콘텐츠 투자 및 제작 환경이 악화될 수 있다.

<반대> 저작권 보호가 중요하지만, 콘텐츠 산업의 지속 가능성을 결정짓는 유일한 요소는 아니다. 합법적인 스트리밍 서비스의 가격 경쟁력, 콘텐츠 다양성, 소비자의 접근성 또한 중요한 영향을 미친다. 단순히 저작권 보호를 강화하는 것만으로는 산업의 성장과 소비자 만족을 모두 충족시키기 어렵다.

7. 장수 사회의 혁명

• 비판적 사고 키워볼까요?

1. 정답: ⑤ 해설: 글에서는 장수 사회의 노인들이 단순히 도움받는 존재가 아니라 사회에 기여하는 중요한 자원이며 그들의 경험과 지혜가 다음 세대에 큰 자산

이 된다고 명확히 말하고 있다.

2. **정답:** ③ **해설:** 마강래 교수는 지역균형발전을 위한 정부의 3가지 약속 강연에서 메가시티 건설이 지역 불균형을 심화 시킬 수 있다는 우려를 표명하면서, 메가시티 건설이 오히려 지역 불균형을 심화시킬 수 있다는 부정적 관점을 가졌다. 남자의 말은 이와 같은 부정적 시각을 반영하므로, 긍정적 시간은 잘못된 해석이다.

3. **예시 답안:** 장수 사회의 도래는 노인들이 사회에서 더 많은 기회를 가지게 함으로써 긍정적인 변화를 가져온다. 예를 들어, 노인들은 자원봉사, 창업, 멘토링 등 다양한 활동에 참여하여 자신의 경험과 지혜를 다음 세대에 전수할 수 있다. 이는 세대 간의 연결을 강화하고, 노인들이 사회의 중요한 자원으로 자리 잡게 한다. 또한, 노인들이 건강한 생활을 유지할 수 있도록 돕는 프로그램도 늘어나고 있어, 이로 인해 그들의 삶의 질이 향상된다. 이러한 변화는 궁극적으로 모든 세대가 함께 공존할 수 있는 사회를 만드는 데 기여한다.

4. **예시 답안:** <서론> 장수 사회의 도래는 현대 사회에서 중요한 이슈로 부각되고 있으며, 이는 단순히 사람들이 오래 사는 것에 국한되지 않고 개인과 사회 전반에 많은 영향을 미치고 있다. 평균 수명이 연장됨에 따라 노인 인구가 증가하고, 이로 인해 새로운 기회와 도전이 발생하고 있다. 노인의 경험과 지혜는 사회의 중요한 자원으로 각광받고 있으며, 이는 세대 간의 교류를 촉진하고, 사회적 참여를 증진시키는 긍정적인 변화를 가져온다.

<본론> 우선, 개인적인 측면에서 장수 사회는 노인들에게 더 많은 기회를 제공한다. 노인들은 은퇴 후에도 활발히 사회에 기여할 수 있는 다양한 경로를 갖게 된다. 자원봉사, 멘토링, 창업 등 다양한 활동을 통해 자신의 경험을 활용하고, 이를 통해 자존감을 높일 수 있다. 예를 들어, 한 70대 할머니가 전통 요리를 현대적으로 변형하여 식당을 열고, 요리 교실을 운영하는 사례는 노인이 사회에 긍정적으로 기여하는 좋은 예시다. 이처럼 노인들은 자신의 지식을 다음 세대에 전수하면서 개인적으로도 보람을 느끼고, 사회적으로도 중요한 역할을 할 수 있다.

사회적인 측면에서도 장수 사회는 많은 변화를 가져온다. 노인의 증가로 인해 세대 간의 이해와 소통이 더욱 중요해진다. 노인들은 전통과 문화를 지켜온 경험이 있기 때문에, 젊은 세대에게 이를 전수하는 역할을 할 수 있다. 이러한 상호작용은 세대 간의 갈등을 줄이고, 공동체 의식을 높이는 데 기여한다. 또한, 노인의 사회적 참여는 경제적 기여를 통해 국가의 발전에도 긍정적인 영향을 미친다. 노인이 경제 활동에 참여함으로써 노동 시장의 다양성이 증가하고, 이는 지속 가능한 경제 성장을 이끄는 원동력이 될 수 있다.

<결론> 장수 사회의 도래는 개인과 사회 모두에 긍정적인 영향을 미친다. 노인들은 단순한 수혜자가 아닌, 사회의 중요한 자원으로 자리 잡아야 한다. 그들의 경험과 지혜는 다음 세대에게 큰 자산이 되며, 이는 사회 전체의 발전으로 이어질 것이다. 따라서 우리는 장수 사회가 가져오는 기회를 잘 활용하고, 노인들이 보다 건강하고 행복한 삶을 영위할 수 있도록 지원해야 한다. 이를 통해 우리는 더욱 풍요롭고 다양한 사회를 만들어 나갈 수 있을 것이다.

5. **예시답안:** 장수 사회의 도래는 긍정적인 측면과 도전적인 측면을 동시에 안겨준다. 평균 수명이 늘어나면서 노인들이 활발히 사회에 기여할 수 있는 기회가 많아졌지만, 이는 또한 복지와 경제적 부담을 증가시키는 요인이기도 하다. 그러나 노인의 경험과 지혜는 후세에 큰 자산이 될 수 있으며, 이를 잘 활용하는 것이 중요하다. 따라서 정부와 사회가 노인들이 건강하고 행복한 삶을 영위할 수 있도록 지원하는 정책과 프로그램을 지속적으로 발전시켜야 한다. 결국, 장수 사회는 모든 세대가 함께 공존할 수 있는 기회를 제공하므로, 이를 잘 포착하고 활용하는 것이 우리의 과제가 될 것이다.

6. **예시 답안:** <찬성> •고령화 사회에서 노인의 수가 증가함에 따라, 이들의 생활을 지원하는 로봇 및 헬스케어 기술에 대한 수요가 급증한다. 이는 기술 개발과 혁신을 촉진하는 원동력이 된다.

•로봇 기술은 노인의 일상생활을 돕고, 간병인과 의료진의 업무 효율성을 높일 수 있다. 예를 들어, 이동 보조 로봇이나 간병 로봇은 노인의 자립성을 높이고, 의료 서비스의 질을 개선하는 데 기여한다.

•고령화 문제 해결을 위한 기술 개발은 연구와 투자유치를 촉진한다. 정부와 기업이 노인 관련 기술에 대한 연구를 지원함으로써, 헬스케어 분야의 발전이 가속화된다.

<반대> •로봇 및 헬스케어 기술의 개발과 구현에 필요한 비용이 높아, 노인 복지 예산에 부담을 줄 수 있

다. 이는 사회적 자원의 배분 문제를 야기할 수 있다.
- 노인이 로봇 및 헬스케어 기술에 과도하게 의존하게 될 경우, 자립성이 감소하고 기술을 맹목적으로 신봉하게 될 수 있다. 이는 장기적으로 노인의 삶의 질을 저하시킬 수 있다.
- 고급 기술에 접근할 수 없는 노인들은 혜택을 누리지 못할 수 있다. 이는 기술 발전으로 인한 사회적 불평등을 심화시키고, 노인 간의 격차를 확대할 위험이 있다.

8. 메가시티 건설, 균형 발전의 해법인가?
• 비판적 사고 키워볼까요?

1. 정답: ② **해설:** 국토연구원은 메가시티 구상을 국토 균형 발전의 전략 중 하나로 보고 있으며, 광역권 중심의 공간 구조로 지역 격차 해소를 도모한다고 설명하고 있다. 메가시티의 부작용에 대한 우려는 중앙대학교 마강래 교수의 주장이다.

2. 정답: ④ **해설:** 본문에서는 수도권이 아닌 지방 중심의 메가시티 구상(대구·경북, 부산·울산·경남 등)을 통해 균형 발전을 도모하려는 정책을 설명하고 있다. ④는 본문의 정책 방향과 상반된다.

3. 예시 답안: 메가시티 건설은 수도권 집중을 완화하기 위한 정책이지만, 오히려 또 다른 중심지를 형성하여 새로운 집중 현상을 유발할 수 있다. 이로 인해 주변 소도시나 농촌 지역이 소외될 가능성이 있으며, 지역 간 불균형을 더욱 심화시킬 수 있다는 우려가 있다.

4. 예시 답안: <서론> 도시와 농촌 간의 격차는 사회적, 경제적 문제를 야기하며, 이를 해결하기 위한 정부의 정책이 중요하다.
<본론> 첫째, 메가시티 건설을 통해 광역권의 자립성과 경쟁력을 키우되, 주변 중소도시와 농촌도 함께 발전할 수 있도록 연결망을 구축해야 한다. 둘째, 청년층의 지역 정착을 위해 일자리 창출, 문화 인프라 확충, 주거 안정 등의 여건을 마련해야 한다. 셋째, 지역 특성에 맞는 산업을 육성하고 주민 참여형 정책을 도입해 지속 가능한 발전을 도모해야 한다.
<결론> 단일한 해법이 아닌 다층적이고 복합적인 접근이 필요하며, 메가시티 건설과 농촌 자생력 강화를 조화롭게 추진해야 균형 발전을 이룰 수 있다.

5. 예시답안: 이 제목은 본문의 핵심 내용을 잘 반영하고 있다. 본문은 메가시티 건설이 지역 불균형 해소의

해법이 될 수 있을지에 대한 가능성과 한계를 모두 다루고 있으며, 농촌의 자생력 강화와 병행되어야 한다는 점을 강조하고 있다. 따라서 메가시티의 역할을 중심에 두면서도 균형 발전이라는 주제를 담고 있는 이 제목은 적절하다.

6. 예시 답안: <찬성> 메가시티 건설은 광역권 중심의 기능적 분담과 경제 네트워크 구축을 가능하게 하며, 대도시권의 성장 동력을 지역 전반에 확산시킬 수 있다. 이는 중소도시와 농촌에 새로운 산업 기회를 제공하고 자립 기반을 마련하는 데 기여할 수 있다.
<반대> 메가시티 건설은 오히려 또 다른 집중을 야기할 수 있으며, 주변 농촌이나 소도시를 더욱 소외시킬 위험이 있다. 실제로 균형 발전을 위해서는 농촌 고유의 자생력을 키우는 정책이 병행되어야 하며, 청년 정착 여건 마련, 지역 산업 육성 등이 우선시되어야 한다.

9. 아보하 트렌드
• 비판적 사고 키워볼까요?

1. 정답: ③ **해설:** 본문에서는 아보하 트렌드가 건강 중심 식사뿐만 아니라 '지속 가능성과 환경 보호에 대한 관심이 높아지는 것'과 연관되어 있으며, 유기농 재배와 지역 농산물 선호를 반영한다고 명확히 언급하고 있다.

2. 정답: ② **해설:** '소셜 미디어를 통한 개성과 창의성 표현'에 초점을 맞춘 설명으로, 이는 지속 가능한 소비와는 직접적인 관련이 없다. 지속 가능한 소비는 환경 보호, 지역 경제 기여, 윤리적 소비 등을 핵심으로 하기 때문에, SNS를 통한 자기 표현은 지속 가능성과는 거리가 있는 설명이다.
반면 ①, ③, ④, ⑤는 모두 지속 가능성(환경, 지역, 공동체, 윤리적 소비) 측면에서 타당한 이유이다.

3. 예시 답안: 아보카도는 건강한 지방과 영양소가 풍부한 식품으로, 소비자들 사이에서 인기 있는 식품으로 자리 잡고 있다. 아보카도는 심혈관 건강에 도움을 주며, 다양한 비타민과 미네랄을 포함하고 있어 웰빙 식단에 적합하다. 또한, 아보하 트렌드는 가족과 친구들이 함께 요리하는 문화를 촉진하여, 소통과 유대감을 강화하는 데 기여한다. 아보카도를 활용한 다양한 요리법이 소셜 미디어에서 공유되면서, 요리에 대한 흥미와 창의성을 자극하고, 건강한 식습관을 유지하는 데 동기를 부여한다.

이러한 변화는 단순히 식품 소비 패턴의 변화를 넘어서, 사람들이 음식과 건강에 대해 더 많은 관심을 가지게 하고, 지속 가능한 식습관을 형성하는 데 긍정적인 영향을 미친다. 결국, 아보하 트렌드는 현대인의 식습관을 더욱 건강하고 즐거운 경험으로 변화시키고 있다.

4. 예시 답안: <서론> 아보하 트렌드는 아보카도를 중심으로 한 건강한 식습관과 요리 문화를 강조하는 현대의 새로운 흐름이다. 이 트렌드는 영양가 높은 아보카도의 인기 상승과 함께, 개인의 건강과 웰빙을 중시하는 소비자들의 욕구에 부응하여 빠르게 확산되고 있다. 아보하 트렌드는 단순한 식품 소비를 넘어, 가족과 친구 간의 소통을 증진시키고, 요리를 통한 창의적 경험을 제공한다. 이러한 배경 속에서 아보하 트렌드의 미래 가능성을 살펴보는 것은 매우 중요하다.

<본론> 첫째, 아보하 트렌드는 건강과 웰빙의 중요성이 커지고 있는 현대 사회에서 더욱 발전할 가능성이 높다. 아보카도는 불포화 지방산, 비타민 E, 식이섬유 등 다양한 영양소를 포함하고 있어, 다이어트와 건강관리에 효과적이다. 소비자들이 건강한 식습관을 추구함에 따라, 아보카도를 활용한 다양한 제품이 시장에 출시될 것으로 예상된다. 예를 들어, 아보카도를 기본으로 한 스무디, 스프레드, 간편식 등이 더욱 다양해질 것이다. 둘째, 아보하 트렌드는 지속 가능한 농업과 환경 보호와도 연결될 수 있다. 아보카도 재배는 비교적 환경 친화적이며, 지속 가능한 농법을 통해 생산될 수 있다. 이러한 점에서 아보하 트렌드는 소비자들이 지속 가능한 선택을 할 수 있는 기회를 제공하며, 환경 보호 의식을 높이는 데 기여할 수 있다. 셋째, 소셜 미디어의 발전은 아보하 트렌드를 더욱 확산시키는 중요한 요소가 될 것이다. 인스타그램, 유튜브와 같은 플랫폼에서 아보카도를 활용한 다양한 요리법과 레시피가 공유되면서, 요리에 대한 관심과 흥미를 유도할 수 있다. 이러한 온라인 커뮤니티는 아보하 트렌드의 확산을 가속화하고, 새로운 식문화를 형성하는 데 기여할 것이다.

<결론> 결론적으로, 아보하 트렌드는 건강, 지속 가능성, 그리고 소셜 미디어의 발전이라는 세 가지 요소와 밀접하게 연결되어 있으며, 앞으로도 지속적인 성장을 이룰 가능성이 크다. 개인의 건강과 웰빙에 대한 관심이 높아짐에 따라 아보카도를 중심으로 한 다양한 요리와 제품이 시장에 등장할 것이며, 이는 새로운

식습관을 형성하는 데 기여할 것이다. 또한, 지속 가능한 농업과 환경 보호를 염두에 둔 소비가 증가함에 따라 아보하 트렌드는 보다 긍정적인 방향으로 발전할 것이다. 따라서 아보하 트렌드는 앞으로의 식문화에 중요한 영향을 미칠 것으로 기대된다.

5. 예시 답안: 아보하 트렌드는 현대인의 식습관에 큰 영향을 미치고 있다. 아보카도를 중심으로 한 이 트렌드는 건강한 음식을 섭취하며 건강한 삶을 누리려는 현대인들에게 인기를 끌고 있다. 아보카도는 심혈관 건강에 도움을 주며, 다양한 비타민과 미네랄을 포함하고 있어 웰빙 식단에 적합하다. 또한, 아보하 트렌드는 가족과 친구들이 함께 요리하는 문화를 촉진하여, 소통과 유대감을 강화하는 데 기여한다. 아보카도를 활용한 다양한 요리법이 소셜 미디어에서 공유되면서, 요리에 대한 흥미와 창의성을 자극하고, 건강한 식습관을 유지하는 데 동기를 부여한다. 이러한 변화는 단순히 식품 소비 패턴의 변화를 넘어서, 사람들이 음식과 건강에 대해 더 많은 관심을 가지게 하고, 지속 가능한 식습관을 형성하는 데 긍정적인 영향을 미친다. 결국, 아보하 트렌드는 현대인의 식습관을 더욱 건강하고 즐거운 경험으로 변화시키고 있다.

6. 예시 답안: <찬성> •아보하 트렌드는 아보카도를 중심으로 한 건강한 요리를 제공하여 소비자들이 영양가 높은 대체 식품을 선택하도록 유도한다. 이는 패스트푸드 대신 건강한 식사를 선택하게 만든다.

•아보하 트렌드가 소셜 미디어를 통해 확산되면서, 사람들이 아보카도를 활용한 요리법을 공유하고 이를 시도해보게 된다. 이는 패스트푸드 대신 집에서 건강한 요리를 찾는 경향을 강화한다.

•현대인들이 웰빙과 건강에 대한 관심이 높아짐에 따라, 아보하 트렌드는 건강한 식습관을 추구하는 소비자들에게 매력적으로 다가간다. 이는 패스트푸드 소비 감소로 이어질 수 있다.

<반대> •바쁜 현대인들은 시간과 편리함을 중시하므로, 아보카도를 활용한 요리보다 빠르게 섭취할 수 있는 패스트푸드를 선택할 가능성이 높다. 이는 패스트푸드 소비를 지속하게 만든다.

•아보카도와 같은 웰빙 식품은 상대적으로 비쌀 수 있다. 소비자들이 경제적 이유로 패스트푸드를 선택할 경우, 아보하 트렌드가 패스트푸드 소비를 줄이는 데 한계가 있다.

•아보하 트렌드가 확산되더라도, 모든 소비자가 건

강한 식습관으로 쉽게 전환할 수 있는 것은 아니다. 기존의 패스트푸드에 익숙한 소비자들은 쉽게 습관을 바꾸지 않을 수 있다.

10. 챌린지의 두 얼굴

• 비판적 사고 키워볼까요?

1. 정답: ② 해설: 밀크 크레이트 챌린지는 위험한 도전으로 많은 참가자가 부상을 입은 부정적 사례로 본문에서 언급되었으며, 안전하다는 평가는 사실과 다르다.

2. 정답: ③ 해설: 본문에서는 플랫폼이 유해 콘텐츠를 방치하는 것이 아니라 AI 기술 등을 활용해 차단하려 노력하고 있으며, 자율성보다는 사용자 안전과 책임 관리에 초점을 맞추고 있다.

3. 예시 답안: 일부 SNS 챌린지는 참가자에게 자해를 유도하거나 방역 수칙을 위반하도록 조장하여 청소년의 안전을 위협하고 사회 질서를 해치는 부정적인 영향을 미친다. 또한, 잘못된 정보가 확산되면서 특정 집단이나 개인에게 피해를 주기도 한다.

4. 예시 답안: <서론> 최근 SNS 챌린지는 단순한 유행을 넘어 사회적 파급력을 지닌 문화 현상으로 자리 잡고 있다. 아이스 버킷 챌린지처럼 선한 영향력을 퍼뜨리는 긍정적 사례도 있지만, 블루 웨일 챌린지나 코로나 파티 챌린지처럼 위험을 초래하는 부정적인 챌린지도 존재한다. 이러한 상황에서 청소년들이 SNS 챌린지를 올바르게 인식하고 참여할 수 있도록 돕기 위해 학교와 플랫폼 기업의 역할이 무엇보다 중요하다.

<본론> 먼저, 학교는 학생들이 디지털 환경에서 자율성과 책임감을 지닐 수 있도록 미디어 리터러시 교육을 강화해야 한다. 미디어 리터러시는 정보를 비판적으로 수용하고, 콘텐츠의 진위 여부를 판단하며, 타인에게 미치는 영향을 고려할 수 있는 능력이다. 교육을 통해 학생들은 단순히 유행에 따르기보다 챌린지의 의미와 위험성을 스스로 분석하고 선택할 수 있게 된다. 또한, 교사와 부모는 학생들과 SNS 콘텐츠에 대해 소통하며, 비판적 사고와 윤리적 책임감을 길러주는 역할을 해야 한다. 다음으로, SNS 챌린지가 유통되는 플랫폼 기업의 책임도 중요하다. 틱톡, 유튜브와 같은 플랫폼은 챌린지가 빠르게 확산되는 경로이기 때문에, AI 기반 감지 시스템을 활용해 유해하거나 위험한 콘텐츠를 조기에 발견하고 삭제해야 한다. 뿐만 아니라, 플랫폼은 콘텐츠 제작자와 이용자 모두가 참고할 수 있는 가이드라인을 제시하여, 안전하고 의미 있는 챌린지 문화가 형성되도록 지원할 필요가 있다. 단순히 규제에 그치지 않고, 사회적 책임을 다하는 방향으로 시스템을 개선해야 한다.

<결론> 결국, SNS 챌린지의 건전한 문화는 학교와 플랫폼의 협력을 통해 가능하다. 학교는 청소년의 판단력을 기르고, 플랫폼은 안전한 디지털 환경을 제공함으로써 서로의 역할을 보완할 수 있다. 이처럼 교육과 기술이 함께 작동할 때, 우리는 SNS 챌린지를 통해 사회적 가치를 실현하고 건강한 디지털 문화를 만들어갈 수 있을 것이다.

5. 예시 답안: 이 제목은 본문 내용을 잘 반영하고 있다. 본문에서는 챌린지가 사회 참여와 기부 등 긍정적 영향뿐 아니라, 자해 유도나 위험한 도전과 같은 부정적 영향을 모두 갖고 있다고 서술하고 있다. 따라서 '유익한 참여인가, 위험한 유행인가'라는 이중적 관점이 챌린지의 본질을 잘 드러낸다고 할 수 있다.

6. 예시 답안: <찬성> 플랫폼 기업은 챌린지가 확산되는 주요 경로인 만큼, 사회적 책임을 다해야 한다. 유해 콘텐츠를 신속히 차단하고, 이용자에게 올바른 정보를 제공하는 것은 기업의 최소한의 의무이며, 이는 사회 전체의 안전과 건강한 디지털 환경 조성에 기여한다.

<반대> 플랫폼 기업이 모든 콘텐츠를 통제하기는 현실적으로 어렵고, 표현의 자유를 침해할 우려도 있다. 챌린지의 판단과 참여는 개인의 자율성에 맡기는 것이 더 적절하며, 정부나 교육 기관이 사용자 교육을 통해 문제를 해결하는 것이 바람직하다.

11. 디지털 격차가 만든 교육 불평등, 해법은?

• 비판적 사고 키워볼까요?

1. 정답: ③ 해설: 본문에서는 농어촌 지역이 교육 인프라 부족으로 인해 온라인 학습에 어려움을 겪고 있다고 설명하고 있다. 따라서 ③은 본문 내용과 상반되는 주장이다.

2. 정답: ③ 해설: 본문에서는 고소득층 학생들이 사교육이나 가정 내 지원을 통해 원격 수업의 한계를 보완할 수 있다고 언급했을 뿐, 대면 수업만을 고집한다는 내용은 없다.

3. 예시 답안: 디지털 격차는 학생들의 학습 기회에 직접적인 영향을 미친다. 저소득층 학생들은 디지털 기

기 부족이나 인터넷 환경 불안정으로 인해 온라인 수업에 참여하지 못하거나 어려움을 겪는다. 이러한 차이는 학력 격차로 이어지고, 결국 교육 불평등과 사회적 불균형을 더욱 심화시킨다.

4. 예시 답안: <서론> 디지털 시대의 교육은 기술에 대한 접근성 여부에 따라 학습 기회가 달라질 수 있으므로 정부와 학교의 역할이 중요하다.

<본론> 첫째, 정부는 저소득층 학생을 위한 디지털 기기 지원과 안정적인 인터넷 인프라를 구축해야 한다. 둘째, 학교는 학생들이 디지털 학습을 효과적으로 수행할 수 있도록 디지털 리터러시 교육을 강화해야 하며, 교사들의 디지털 역량도 함께 높여야 한다. 셋째, 지역 학습센터나 공공도서관 등을 활용한 학습 공간 제공도 필요하다.

<결론> 정부와 학교의 협력적 노력은 디지털 격차를 줄이고, 모든 학생에게 공정한 학습 기회를 제공하는 데 핵심적인 역할을 할 수 있다.

5. 예시 답안: 해당 제목은 본문의 핵심 주제를 잘 반영하고 있다. 본문은 디지털 기술의 발전이 교육 환경에 변화를 가져왔지만, 그에 따른 격차가 교육 불평등을 심화시키고 있다고 강조한다. 또한, 공정한 교육 기회를 제공하기 위해 정부와 교육 기관의 대응이 필요하다는 점도 제시되어 있어, 이 제목은 본문 내용과 목적에 부합한다.

6. 예시 답안: <찬성> 디지털 기기 보급은 학생들이 원격 수업에 참여하고 다양한 학습 자원에 접근할 수 있도록 도와주기 때문에 교육 격차 해소의 중요한 수단이 된다. 기기가 없다면 온라인 수업 자체가 불가능해지므로 기기 보급은 학습 참여의 기본 전제가 된다.

<반대> 기기 보급은 출발선일 뿐, 그것만으로 교육 불평등을 해소할 수는 없다. 학생의 디지털 활용 능력, 가정의 지원, 교사의 역량, 지역 인프라 등이 함께 개선되지 않으면 기기를 갖고 있어도 제대로 학습하지 못할 수 있다. 따라서 다양한 지원이 병행되어야 진정한 평등한 교육이 가능하다.

12. 젠더 평등

◆ 비판적 사고 키워볼까요?

1. 정답: ④ **해설:** 젠더 평등은 개인의 문제를 넘어 사회 전반의 문제로, 모든 구성원이 공평하게 대우받아야 한다는 기본적인 권리이다.

2. 정답: ② **해설:** 젠더프리 사회는 성별에 관계없이 모든 개인이 동등한 기회를 누릴 수 있는 환경을 지향하는 사회이다.

3. 예시 답안: 젠더 평등은 단순한 권리가 아니라 사회의 건강한 발전을 위한 필수 요소이다. 현재 많은 사회에서 성별에 따른 차별과 불평등이 여전히 존재하며, 이는 개인의 삶에 부정적인 영향을 미친다. 예를 들어, 여성은 남성보다 낮은 임금을 받고 관리직으로의 승진 기회도 적다. 이러한 불평등은 사회 전체의 발전을 저해하는 요인으로 작용한다. 따라서 젠더 평등을 이루기 위해서는 기업과 정부의 노력이 필요하며, 교육을 통한 인식 개선이 필수적이다. 젠더 평등이 실현될 때, 우리는 더욱 풍요롭고 건강한 사회를 경험할 수 있다. 이는 모든 개인이 자신의 잠재력을 최대한 발휘할 수 있는 환경을 조성하는 데 기여할 것이다.

4. 예시 답안: <서론> 젠더 평등은 현대 사회의 필수적인 가치로 자리 잡고 있으며, 이는 모든 개인이 동등한 권리와 기회를 누려야 한다는 원칙에 기반하고 있다. 그러나 여전히 많은 사회에서 성별에 따른 차별과 불평등이 존재하며, 이러한 문제를 해결하기 위해서는 다양한 변화가 필요하다. 젠더 평등의 미래를 위해서는 정책적 변화, 교육적 접근, 그리고 사회적 인식 개선이 필요하다. 이러한 변화는 단순한 이론적 개념이 아니라, 실질적인 사회적 변화를 이끌어내기 위한 필수 요소이다.

<본론> 첫째, 정책적 변화가 중요하다. 정부와 기업은 성별 임금 격차를 해소하기 위한 법률을 제정하고, 성폭력 예방을 위한 교육 프로그램을 적극 도입해야 한다. 예를 들어, 노동 시장에서의 성별 차별을 줄이기 위해서는 공정한 임금 지급과 승진 기회를 보장하는 정책이 필요하다. 이러한 정책들이 실질적으로 이행될 때, 성별에 관계없이 모두가 동등한 기회를 누릴 수 있는 환경이 조성될 수 있다. 둘째, 교육을 통한 인식 개선이 필수적이다. 젠더 평등에 관한 교육은 어린 시절부터 시작되어야 하며, 성별에 관계없이 모든 사람에게 동등한 기회를 제공하는 가치를 내재화해야 한다. 학교에서 젠더 평등에 대한 교육이 이루어진다면, 학생들은 서로의 차이를 존중하고 다양한 성 정체성을 이해하게 된다. 이러한 교육은 개인의 인식을 변화시키고, 사회의 전반적인 문화에도 긍정적인 영향을 미친다. 셋째, 사회적 인식 개선이 필요하다. 젠더 평등을 위한 사회적 캠페인과 운동은 중요한 역할

을 한다. 미투 운동과 같은 사례는 성폭력과 성차별 문제를 공론화하고, 피해자들이 목소리를 낼 수 있는 환경을 조성하는 데 기여였다. 이러한 운동들은 단순한 불만을 넘어 사회적 변화를 이끌어내고, 사람들 간의 연대감을 형성하는 데 중요한 역할을 한다. 다양한 성 정체성을 인정하고 존중하는 문화가 자리 잡을수록, 개인의 권리와 자유가 보장되는 사회가 만들어질 것이다.

<결론> 젠더 평등의 미래를 위해서는 정책적 변화, 교육적 접근, 그리고 사회적 인식 개선이 필수적이다. 이러한 변화는 모든 개인이 자신의 잠재력을 최대한 발휘할 수 있는 환경을 조성하고, 더 나아가 건강하고 지속 가능한 사회를 만드는 데 기여할 것이다. 젠더 평등은 단순한 이상이 아니라, 인류가 나아가야 할 길이다. 모든 개인이 자신의 목소리를 내고 서로의 경험을 존중할 때, 진정한 변화가 이루어질 수 있다. 젠더 평등이 실현될 때, 우리는 더욱 풍요롭고 건강한 사회를 경험할 수 있을 것이다. 이는 우리 모두가 함께 만들어 나가야 할 목표다.

5. 예시답안: 젠더 평등을 이루기 위해 개인이 할 수 있는 역할은 여러 가지가 있다. 첫째, 인식 개선이 중요하다. 개인은 성별에 대한 고정관념을 인식하고, 이를 극복하기 위한 노력을 해야 한다. 예를 들어, 성별에 따른 역할 분담이나 편견을 배제하고, 다양한 관점을 존중하는 태도를 가져야 한다. 둘째, 교육과 학습을 통해 젠더 평등에 대한 이해를 높일 수 있다. 관련 서적이나 강연을 통해 젠더 문제에 대한 지식을 쌓고, 이를 주변과 공유함으로써 사회적 인식을 변화시킬 수 있다. 셋째, 소통과 지지가 필요하다. 성별에 관계없이 모든 사람이 공평한 대우를 받을 수 있도록 친구나 가족과 대화하고, 젠더 평등을 지지하는 행동에 동참해야 한다. 예를 들어, 성차별적인 발언에 대해 적극적으로 반대하고, 평등한 대우를 요구하는 목소리를 낼 수 있다. 마지막으로, 정책 참여도 중요하다. 지역 사회나 직장에서 젠더 평등을 위한 정책을 지지하거나 제안하고, 관련 단체에 참여함으로써 사회적 변화를 이끌어낼 수 있다.

6. 예시 답안: <찬성> •젠더 중립 언어 사용은 특정 성별에 대한 고정관념을 줄여, 사람들을 성별이 아닌 개인의 능력이나 성격으로 평가하도록 유도한다. 이는 성별에 따른 차별을 감소시키는 데 기여한다.

•젠더 중립 언어는 모든 성별과 정체성을 포괄하여,

사회적 소수자와 성 소수자가 존중받는 환경을 만든다. 이는 다양한 배경을 가진 사람들에게 소속감을 느끼게 한다.

•젠더 중립 언어를 사용하는 것은 사회 전반의 인식 변화를 촉진하며, 젊은 세대가 성별에 대한 편견 없이 성장하도록 도와준다. 이는 장기적으로 성평등을 향한 긍정적인 변화를 이끌어낸다.

<반대> •젠더 중립 언어 사용은 언어의 복잡성을 증가시켜 의사소통을 어렵게 만들 수 있다. 특히, 전통적인 언어 관습에 익숙한 사람들에게 혼란을 초래할 수 있다.

•성별을 명시하는 언어가 때로는 자연스러운 의사소통을 위한 중요한 요소일 수 있다. 젠더 중립 언어 사용이 지나치게 강조되면, 사람들은 자신의 정체성을 표현하기 어려워질 수 있다.

•젠더 중립 언어의 사용은 일부 사람들에게 저항을 초래할 수 있으며, 이는 사회적 갈등을 유발할 수 있다. 변화에 대한 반감은 대화와 협력을 방해할 수 있다.

13. 제로 웨이스트 사회
• 비판적 사고 키워볼까요?

1. 정답: ⑤ 해설: 제로 웨이스트 사회의 핵심 원칙은 '5R' 전략으로 구성되어 있으며, 여기에는 Refuse(거부하기), Reduce(줄이기), Reuse(재사용하기), Recycle(재활용하기), Rot(퇴비화하기)가 포함된다. 이러한 원칙들은 쓰레기를 최소화하고 자원을 효율적으로 활용하는 데 중점을 둔다. 반면, Renew(갱신하기)는 제로 웨이스트 원칙에 포함되지 않으며, 제로 웨이스트의 목표와는 관련이 없다.

2. 정답: ① 해설: 제로 웨이스트 가게는 소비자들이 환경을 고려하여 포장 없이 상품을 구매할 수 있도록 설계되어 있다. 이러한 가게는 일회용 포장재를 사용하지 않으며, 소비자들이 자신의 용기를 가져와 필요한 만큼 제품을 담아가는 방식이다. 이를 통해 쓰레기를 줄이고 자원의 효율성을 높이는 데 기여한다. 포장된 상품을 판매하지 않음으로써 제로 웨이스트 가게는 지속 가능한 소비를 촉진하고, 소비자들에게 환경 친화적인 선택을 제공하는 중요한 역할을 한다.

3. 예시 답안: 제로 웨이스트 사회를 실현하기 위한 개인과 지역 사회의 노력은 다양한 방식으로 이루어질 수 있다. 개인은 일상에서 작은 변화부터 시작할 수

있으며, 예를 들어 장바구니를 가지고 다니고 일회용 비닐봉투를 거부하는 습관을 기르는 것이 중요하다. 또한, 재활용 분리배출을 철저히 하여 자원을 효율적으로 활용하는 데 기여할 수 있다. 지역 사회에서는 제로 웨이스트 캠페인이나 교육 프로그램을 통해 주민들에게 제로 웨이스트의 중요성을 알리고 실천 방법을 공유할 수 있다. 제로 웨이스트 가게와 같은 공간이 활성화되면, 소비자들이 포장 없이 상품을 구매하는 문화를 조성할 수 있다. 더 나아가, 지역 사회의 커뮤니티 모임이나 온라인 플랫폼을 통해 정보 공유와 상호 지원이 이루어지면, 개인의 실천이 더욱 확산될 수 있다. 이러한 노력들은 서로 연결되어 있으며, 개인과 지역 사회가 협력하여 지속 가능한 발전을 이루는 데 중요한 역할을 한다.

4. 예시 답안: <서론> 제로 웨이스트 생활은 환경 보호와 지속 가능한 소비를 위한 중요한 접근 방식으로, 개인이 일상에서 실천할 수 있는 다양한 방법이 있다. 이러한 방법은 작지만 큰 변화를 만들어낼 수 있으며, 쓰레기를 줄이고 자원을 효율적으로 활용하는 데 기여한다.

<본론> 첫 번째 아이디어는 DIY 제품 사용이다. 세제, 화장품, 청소용품 등을 직접 만들어 사용하는 방법이다. 예를 들어, 간단한 재료인 식초, 베이킹 소다, 에센셜 오일을 활용하여 세제를 만들 수 있다. 이렇게 하면 화학 성분이 포함된 상업 제품을 사용하지 않게 되어 환경 오염을 줄이고, 플라스틱 포장재 사용도 크게 감소시킬 수 있다. DIY 제품은 경제적일 뿐만 아니라, 안전한 성분을 사용하여 건강에도 긍정적인 영향을 미친다. 두 번째 아이디어는 지역 농산물 직거래이다. 지역 농산물 시장이나 농부와 직접 거래함으로써 신선한 식품을 포장 없이 구매할 수 있다. 이는 식품이 운송되는 과정에서 발생하는 탄소 배출을 줄이는 데 기여하며, 지역 경제에도 도움을 준다. 지역 농산물은 일반적으로 더 신선하고 영양가가 높아 건강에도 좋다. 또한, 포장이 없어 쓰레기를 줄이는 효과가 있다. 세 번째 아이디어는 재사용 가능한 식품 포장재 도입이다. 유리병, 천으로 만든 식품 보관 용기 등을 사용하여 일회용 비닐봉투와 플라스틱 용기의 사용을 최소화할 수 있다. 이러한 포장재는 세척 후 반복적으로 사용이 가능하여 경제적이며, 자원 낭비를 줄이는 데 기여한다. 재사용 가능한 포장재는 소비자에게 지속 가능한 소비 습관을 형성하는 데 도움을 줄

수 있다.

마지막으로, 커뮤니티 참여가 중요하다. 지역 사회에서 제로 웨이스트 관련 워크숍이나 캠페인에 참여함으로써 정보를 공유하고 동기를 부여받을 수 있다. 이러한 활동은 개인의 실천을 넘어 지역 차원에서 변화를 이끌어낼 수 있는 기회를 제공한다. 커뮤니티에서 함께 노력하는 것은 제로 웨이스트의 중요성을 확산시키고, 서로의 경험을 나누는 데 큰 도움이 된다.

<결론> 제로 웨이스트 생활을 실천하기 위한 창의적인 아이디어들은 개인의 일상에서 쉽게 적용할 수 있으며, 그 효과는 매우 크다. DIY 제품 사용, 지역 농산물 직거래, 재사용 가능한 포장재 도입, 그리고 커뮤니티 참여는 모두 환경 보호와 자원 효율성을 증진하는 방법이다. 이러한 실천을 통해 우리는 쓰레기를 줄이고 지속 가능한 소비 문화를 형성할 수 있다. 제로 웨이스트는 개인의 작은 실천에서 시작되며, 이는 결국 더 나은 지구를 위한 큰 변화로 이어질 것이다. 지속 가능한 미래를 위해 우리가 할 수 있는 작은 변화가 모여 큰 영향을 미친다는 점을 인식해야 한다.

5. 예시 답안: 제로 웨이스트 운동이 확산되려면 개개인의 노력만으로는 한계가 있다. 현재의 소비 구조와 인프라가 일회용품 사용을 부추기는 측면이 있어 불편함을 감수해야 하는 경우가 많다. 따라서 기업이 친환경적인 생산 방식을 도입하고 재활용 시스템을 개선하며, 정부는 관련 정책과 인센티브를 제공하고, 시민들은 제로 웨이스트의 중요성을 인식하고 실천을 지지하는 등 사회 전체의 구조적인 변화와 협력이 함께 이루어져야 한다.

6. 예시 답안: <찬성> •제로 웨이스트 운동은 쓰레기를 줄이고 재활용을 촉진하여 환경 오염을 감소시킨다. 이는 지구의 자연 생태계를 보호하는 데 기여한다.

•자원을 효율적으로 사용함으로써 낭비를 줄이고, 지속 가능한 소비 문화를 형성할 수 있다. 이는 미래 세대에게 더 나은 자원을 물려주는 데 도움이 된다.

•제로 웨이스트 운동은 사람들에게 환경 문제에 대한 인식을 높이고, 지속 가능한 생활 방식을 실천하도록 유도하여 사회적 변화를 이끌어낼 수 있다.

<반대> •제로 웨이스트 운동이 모든 상황에 적용되기 어렵고, 일상 생활에서 실천하기 힘든 경우가 많아 실질적인 효과가 제한적일 수 있다.

•제로 웨이스트 제품이 일반 제품보다 가격이 비쌀

수 있어 소비자에게 경제적 부담을 줄 수 있으며, 이는 대중의 참여를 저해할 수 있다.

14. 소유에서 공유로, 소비 방식의 변화

• 비판적 사고 키워볼까요?

1. 정답: ② 해설: 에어비앤비는 숙박 공간을 공유하는 플랫폼으로, 차량 공유와는 관련이 없다. 차량 공유는 우버, 쏘카, 그린카 등이 해당된다.

2. 정답: ③ 해설: 본문에서는 공유경제 플랫폼이 정부의 재정 지원을 기반으로 운영된다는 내용은 언급되지 않았다. 대부분은 민간 주도의 디지털 플랫폼 기반이다.

3. 예시 답안: 공유경제는 자원의 중복 사용을 줄이고, 필요할 때만 사용하는 방식을 통해 자원 낭비를 줄인다. 예를 들어, 차량 공유 서비스를 이용하면 개인 차량 소유가 줄어들고, 이는 교통량 감소와 탄소 배출 저감에 도움이 된다. 이러한 자원 절약 방식은 지속 가능한 소비를 가능하게 하며 환경 보호에 긍정적인 영향을 미친다.

4. 예시 답안: <서론> 공유경제는 자원을 효율적으로 활용하고, 환경을 보호하며, 소비자의 경제적 부담을 줄이는 새로운 경제 모델로 주목받고 있다. 디지털 기술을 바탕으로 발전해온 공유경제는 특히 밀레니얼 세대와 Z세대를 중심으로 빠르게 확산되고 있지만, 제도적 기반이 부족해 다양한 사회적 갈등과 문제점도 함께 나타나고 있다. 따라서 공유경제의 건강한 확산을 위해서는 정부의 적극적인 역할이 요구된다.

<본론> 먼저 정부는 기존 산업과 공유경제 간의 충돌을 완화하고 공정한 경쟁 질서를 확립하기 위해 법.제도 등을 정비해야 한다. 차량 공유, 숙박 공유 등의 서비스는 기존 택시나 호텔 업계와 충돌을 빚고 있으며, 이를 조정할 수 있는 공정한 규제가 필요하다. 또한, 서비스 이용 중 발생할 수 있는 사고나 분쟁에 대비해 법적 책임의 주체를 명확히 하고, 이용자의 권익을 보호할 수 있는 제도적 장치도 마련해야 한다. 둘째, 정부는 공유경제의 혜택이 모든 계층에 고르게 돌아갈 수 있도록 지역 간 격차 해소에 힘써야 한다. 현재 공유경제는 디지털 인프라가 잘 갖춰진 대도시 중심으로 확산되고 있어 농촌이나 저소득층은 상대적으로 소외되고 있다. 이를 해소하기 위해서는 지역 인프라 확대, 공공 와이파이 제공, 디지털 기기 지원 등의 정책이 동반되어야 한다. 셋째, 공유경제 참여를 위한

국민의 역량을 키우는 교육도 필요하다. 특히 청소년과 고령층을 대상으로 디지털 리터러시 교육을 강화하고, 안전한 공유경제 이용을 위한 기본 소양 교육을 제공함으로써 보다 넓은 참여와 안정적인 이용을 도모할 수 있다.

<결론> 공유경제는 단순한 소비 방식의 변화가 아닌, 사회 전체의 경제 구조를 바꾸는 흐름이다. 이러한 변화가 사회 전체의 지속 가능성을 높이는 방향으로 나아가기 위해서는 정부가 제도 정비, 지역 균형 발전, 교육 확대 등 다양한 측면에서 적극적으로 나서야 한다. 정부의 균형 잡힌 정책은 공유경제의 긍정적 효과를 극대화하고, 부정적 영향을 최소화하는 데 핵심적인 역할을 할 것이다.

5. 예시 답안: 이 제목은 본문의 핵심 내용을 잘 반영하고 있다. 본문에서는 공유경제가 기존의 소유 중심 소비에서 벗어나 환경 보호와 자원 절약을 추구하는 지속 가능한 소비 방식으로 자리 잡고 있다고 강조한다. 또한, 다양한 분야에서 공유경제가 확산되며 사회 전반의 소비 트렌드를 변화시키고 있는 점도 언급하고 있어, '소비 혁명'이라는 표현이 적절하다.

6. 예시 답안: <찬성> 공유경제는 디지털 접근성과 도시 기반이 갖춰진 계층에게 유리하게 작용할 수 있다. 농촌 지역이나 저소득층은 디지털 기기나 정보가 부족해 플랫폼 사용에 제약이 있으며, 이는 경제적 불평등을 심화시킬 수 있다.

<반대> 공유경제는 초기 비용 없이 자산을 공유해 수익을 창출할 수 있는 기회를 제공하며, 플랫폼 접근성이 향상된다면 소외 계층도 참여 가능하다. 정부와 민간의 지원을 통해 이러한 격차는 줄일 수 있으며, 오히려 소득 기회를 확대하는 방식이 될 수 있다.

15. 데이터 프라이버시

• 비판적 사고 키워볼까요?

1. 정답: ① 해설: 데이터 프라이버시는 개인의 정보를 안전하게 보호하고, 무단 접근이나 사용을 방지하는 중요한 개념으로, 현대 사회에서 필수적이다.

2. 정답: ① 해설: ①번은 보기에서 언급된 "이메일 주소와 전화번호가 유출되어 다양한 스팸 및 피싱 공격의 표적이 되었다"는 사실을 바탕으로, 정보 유출 → 신원 도용 및 사기 → 사회적 피해라는 인과관계를 가장 직접적이고 명확하게 설명하고 있다. ②~⑤번은 모두 그럴듯하지만, 일부는 기술 발전, 일시적 효율성,

사용자 인지 부족, 규제 문제 등 부수적인 측면을 다루며 핵심 문제인 '직접적인 피해'를 상대적으로 덜 강조하고 있다. 즉, 모두 관련은 있지만 ①만이 보기의 중심 내용과 정확히 일치한다.

3. 예시 답안: 데이터 프라이버시 보호를 위해 기업과 정부가 협력해야 하는 이유는 여러 가지가 있다. 첫째, 정부는 법적 규제를 통해 기업이 개인정보를 안전하게 관리하도록 유도할 수 있다. 이는 기업이 개인정보 보호의 중요성을 인식하고, 이를 준수하도록 강제하는 역할을 한다. 둘째, 기업은 실제 데이터 관리와 보호의 주체이기 때문에, 정부의 규제를 기반으로 더욱 강화된 내부 방침을 마련해야 한다. 셋째, 소비자들에게 데이터 프라이버시의 중요성을 교육하는 데 있어 협력이 필요하다. 정부는 인식 개선을 위한 캠페인을 주도하고, 기업은 고객과의 신뢰 관계를 구축하기 위해 이를 적극 반영해야 한다. 마지막으로, 데이터 유출 사건이 발생할 경우, 기업과 정부가 함께 대응함으로써 피해를 최소화하고 신속한 복구가 가능하다. 이러한 협력은 데이터 프라이버시를 보호하고, 사회 전반의 신뢰를 구축하는 데 필수적이다.

4. 예시 답안: <서론> 데이터 프라이버시는 현대 사회에서 개인의 정보가 안전하게 보호되고 무단으로 사용되지 않도록 하는 중요한 개념이다. 디지털 기술의 발전으로 우리는 매일 방대한 양의 데이터를 생성하고 공유하게 되며, 이는 개인의 권리와 기업의 경쟁력에 중대한 영향을 미친다. 특히, 데이터 유출이나 악용이 발생할 경우 개인의 사생활이 침해되고, 사회적 신뢰가 훼손될 수 있다. 이러한 환경 속에서 데이터 프라이버시 보호는 개인의 안전을 지키고 사회 전반의 신뢰를 구축하기 위해 필수적이다.

<본론> 데이터 프라이버시의 중요성은 여러 측면에서 드러난다. 첫째, 개인의 권리를 보호하는 데 필수적이다. 개인정보가 유출되거나 악용될 경우, 신원 도용, 금융 사기 등 심각한 사회적 문제가 발생할 수 있다. 이러한 문제는 개인의 삶에 직접적인 영향을 미치며, 사회 전반의 신뢰를 저하시킬 수 있다. 둘째, 기업의 신뢰와 경쟁력에도 큰 영향을 미친다. 소비자들은 자신의 정보가 안전하게 보호받고 있다는 사실을 알고 있어야 기업에 대한 신뢰를 가질 수 있다. 데이터 유출 사건이 발생하면 기업은 막대한 금전적 손실뿐만 아니라, 브랜드 이미지와 고객 신뢰도에 치명적인 타격을 입게 된다.

데이터 프라이버시를 보호하기 위한 사회적 노력은 기업과 정부의 협력이 필수적이다. 정부는 법적 규제를 통해 기업이 개인정보를 안전하게 관리하도록 유도해야 하며, 기업은 이러한 법적 기준을 준수하고 자체적인 데이터 보호 방침을 강화해야 한다. 또한, 소비자들에게 데이터 프라이버시의 중요성을 교육하고, 이를 통해 사회 전반의 인식을 개선하는 것도 중요하다. 예를 들어, 유럽연합의 일반 데이터 보호 규정(GDPR)은 개인의 데이터 보호를 강화하는 중요한 법적 틀을 제공하며, 이를 통해 기업들이 데이터 관리 방식을 개선하도록 유도하고 있다.

<결론> 데이터 프라이버시는 개인의 권리와 기업의 신뢰를 보호하는 중요한 요소로, 이를 강화하기 위한 지속적인 노력이 필수적이다. 기술 발전에 발맞춰 법적 규제를 지속적으로 개선하고, 기업들은 데이터 관리 방침을 강화하여 소비자 신뢰를 구축해야 한다. 데이터 프라이버시가 보장된 사회는 개인의 안전과 기업의 지속 가능성을 동시에 확보할 수 있을 것이다. 모든 이해관계자들이 각자의 역할을 다하고, 사회 전반의 협력으로 데이터 프라이버시를 보호하는 문화를 만들어가야 한다. 이러한 노력이 모여 안전하고 신뢰받는 디지털 사회로 나아가는 초석이 될 것이다.

5. 예시 답안: 데이터 프라이버시 보호를 위한 개인의 책임은 여러 가지가 있다. 첫째, 개인은 자신의 정보가 어떻게 사용되는지를 이해하고, 개인정보 처리 방침을 주의 깊게 읽어야 한다. 둘째, 불필요한 정보 공유를 피하고, 소셜 미디어나 온라인 서비스에서 개인정보 설정을 신중하게 관리해야 한다. 셋째, 강력한 비밀번호를 사용하고 주기적으로 변경하여 계정 보안을 강화해야 한다. 넷째, 의심스러운 링크나 이메일을 클릭하지 않고, 피싱 공격에 주의해야 한다. 마지막으로, 자신의 권리를 알고 필요 시 데이터 삭제나 수정 요청을 통해 적극적으로 관리해야 한다. 이러한 책임을 다함으로써 개인은 자신의 데이터를 효과적으로 보호할 수 있다.

6. 예시 답안: <찬성> • 캐릭터 AI는 사용자 맞춤형 서비스를 제공하여 개인의 필요에 맞춘 효율적인 지원을 할 수 있어 매우 유용하다.

• 캐릭터 AI는 대화 상대가 되어 외로움을 덜어주고, 감정적 지지를 통해 정신적 안정에 기여할 수 있다.

• 캐릭터 AI는 신속하게 다양한 정보를 제공하여 사용자가 필요한 정보를 쉽게 얻도록 도와준다.

<반대> • 캐릭터 AI와의 상호작용에서 개인 정보가 수집될 수 있어 데이터 유출의 위험이 존재한다는 점이 우려된다.

• 사용자가 AI에 지나치게 의존하게 되면 실제 인간관계가 소홀해지고, 사회적 고립이 초래될 수 있다.

• 캐릭터 AI는 기술적 한계로 인해 잘못된 정보를 제공할 수 있어 사용자의 판단에 부정적인 영향을 미칠 수 있다.

16. 로봇과 인공지능의 시대, 미래 직업은 어떻게 변할까?

◆ 비판적 사고 키워볼까요?

1. **정답: ②** **해설:** 본문에서는 인공지능이 제조업 등 전통 산업에서 일자리를 대체할 수 있다고 우려하고 있다. 고용을 확대한다는 내용은 본문과 일치하지 않는다.

2. **정답: ③** **해설:** 본문은 로봇 기술이 일부 일자리를 대체할 수 있다고 설명하고 있으며, 모든 산업 분야에서 고용이 늘어난다는 내용은 언급되지 않았다.

3. **예시 답안:** 로봇과 인공지능 기술은 반복적이고 단순한 업무를 자동화함으로써 전통적인 산업 분야에서 일자리를 줄이는 결과를 초래할 수 있다. 특히 제조업과 같은 분야에서는 자동화 도입으로 인해 기존 직무가 사라지거나 축소될 수 있으며, 이는 노동자들의 고용 불안을 가중시킨다. 또한 기술 인프라가 부족한 지역에서는 산업 간 격차가 심화되며, 기술 활용 능력이 부족한 계층은 노동시장에서 소외될 위험이 있다.

4. **예시 답안:** <서론> 로봇과 인공지능 기술의 급속한 발전은 노동시장에 구조적 변화를 초래하고 있다. 반복적인 업무는 점차 자동화되고, 인간 고유의 감성적 소통과 창의력이 필요한 직무가 중심이 되는 방향으로 직무 환경이 재편되고 있다. 이러한 변화에 효과적으로 대응하기 위해서는 교육기관의 역할이 무엇보다 중요하다.

<본론> 첫째, 교육기관은 단순 지식 전달을 넘어 창의력과 문제 해결 능력을 중심으로 한 교육과정을 설계해야 한다. 미래 직업은 복합적 문제 해결과 융합적 사고를 요구하기 때문에 학생들의 사고 능력을 확장시키는 교육이 필수적이다. 둘째, 디지털 소양 교육도 강화되어야 한다. 프로그래밍, 데이터 분석, 인공지능 윤리 등 기술 활용 능력을 키우는 교육을 통해 학생들은 기술에 능동적으로 적응할 수 있다. 셋째, 인성 교육과 감성적 소통 능력을 기를 수 있는 교과와 활동이 병행되어야 한다. 인간 고유의 능력은 기술로 대체될 수 없는 영역이며, 공동체와 협력하는 태도를 기르는 것도 중요하다.

<결론> AI 시대를 살아갈 청소년들에게 필요한 역량을 길러주기 위해 교육기관은 체계적인 교육 혁신을 추진해야 한다. 창의력, 디지털 리터러시, 협업 능력, 감성 소통 등 핵심 역량을 골고루 갖춘 인재를 양성함으로써, 기술 중심 사회에서도 인간다운 가치를 실현할 수 있도록 준비해야 한다.

5. **예시 답안:** '로봇과 인공지능의 시대, 미래 직업은 어떻게 변할까?'라는 제목은 본문의 핵심 내용을 효과적으로 반영하고 있어 적절하다. 본문은 로봇과 AI 기술의 발전이 노동시장에 미치는 영향을 중심으로, 일자리 감소와 직무 변화, 지역 경제에의 영향, 그리고 새로운 직업군의 등장 등을 다루고 있다. 특히, 단순 반복 업무의 감소와 인간 고유의 창의성과 감성을 요구하는 직무의 중요성이 강조되고 있어, '미래 직업의 변화'라는 키워드가 본문 전체를 아우르는 주제를 잘 나타낸다. 또한, 독자에게 호기심을 유발하고 내용을 탐색하게 만드는 제목의 구성 역시 교육적 효과가 높다. 따라서 해당 제목은 본문의 주제와 구조 모두를 잘 담아낸 적절한 제목이라고 할 수 있다.

6. **예시 답안:** <찬성> AI 기술은 단순한 위협이 아니라 새로운 기회의 창출로 이어질 수 있다. 반복적 업무의 자동화는 인간이 보다 창의적인 일에 집중할 수 있게 하며, 의료, 교육, 농업 등 다양한 분야에서 효율성과 정확성을 높일 수 있다. 새로운 직업군이 생겨나고, 지역경제도 활성화될 가능성이 크다. 따라서 기술 발전을 두려워하기보다는 이를 활용할 수 있는 능력을 갖추는 것이 중요하다.

<반대> AI 기술이 기회만을 제공하는 것은 아니다. 노동시장의 구조적 변화를 불러오면서 대규모 실업과 소득 격차 확대가 발생할 수 있다. 특히 기술에 대한 접근성이 낮은 계층은 불리한 위치에 놓일 수 있으며, 감시와 사생활 침해 같은 사회적 문제도 우려된다. 따라서 무조건적인 낙관보다는 신중한 접근이 필요하다.

17. 가상 인간과 디지털 휴먼, 새로운 시대의 도래

◆ 비판적 사고 키워볼까요?

1. 정답: ③ 해설: 본문에서는 가상 인간이 광고, 방송, 연예뿐 아니라 교육, 의료, 공공서비스 등에서도 적극적으로 활용될 수 있다고 설명하고 있다. ③번은 이를 부정하므로 사실과 다르다.

2. 정답: ③ 해설: 본문에서는 가상 인간의 발전과 함께 윤리적 논의와 법적 규제의 필요성을 강조하고 있다. ③번은 이를 정면으로 부정하므로 본문과 관련 없는 주장이다.

3. 예시 답안: 가상 인간의 발전은 다양한 산업에서 활용되는 긍정적 측면이 있지만, 사회적으로는 몇 가지 부정적인 영향을 미친다. 먼저, 딥페이크 기술을 이용한 가짜 뉴스나 범죄의 가능성이 제기되고 있으며, 정보의 진위 여부에 대한 신뢰성이 떨어질 수 있다. 또한, 가상 인간이 모델, 방송인, 성우 등의 직업을 대체할 수 있어 일부 직업군은 생존 위기에 놓일 수 있다. 이러한 문제를 해결하기 위해서는 가상 인간 기술의 법적·윤리적 기준 마련과 사회적 합의가 필요하다.

4. 예시 답안: <서론> 가상 인간과 디지털 휴먼은 AI와 CG 기술의 비약적 발전을 기반으로 다양한 산업에 빠르게 확산되고 있다. 이 기술은 현실과 가상의 경계를 허물며 광고, 엔터테인먼트, 교육, 의료 등에서 활약하고 있으며, 미래 사회에 큰 영향을 미칠 것으로 예상된다. 그러나 기술의 발전이 반드시 긍정적인 결과만을 가져오는 것은 아니다.

<본론> 가상 인간의 활용이 늘어날수록 사회적·윤리적 과제도 함께 대두되고 있다. 딥페이크 기술로 인해 허위 정보의 생산이 가능해지고, 특정 인물의 얼굴과 음성을 무단으로 복제하는 범죄 가능성도 커지고 있다. 이에 따라 정부는 가상 인간과 관련된 법적 기준과 규제 체계를 마련해야 하며, 콘텐츠의 진위 여부를 확인할 수 있는 인증 시스템을 도입해야 한다. 또한, 일부 직업군이 가상 인간에 의해 대체될 가능성이 높은 만큼, 사회 전체의 직무 전환과 재교육 정책이 함께 추진되어야 한다. 윤리 교육, 기술 사용자에 대한 가이드라인 마련, 대중을 대상으로 한 정보 리터러시 교육도 필요하다.

<결론> 기술은 그 자체로 중립적이며, 어떻게 활용하느냐에 따라 긍정적 또는 부정적인 결과를 낳는다. 가상 인간 기술의 확산이 사회 전체에 긍정적인 영향을 미치기 위해서는 정부, 기업, 시민사회가 협력하여 기술 발전과 윤리적 기준의 균형을 맞춰야 한다. 인간 중심의 기술 활용 방향을 설정하고, 기술과 인간이 조화를 이루는 지속 가능한 사회로 나아가야 할 시점이다.

5. 예시 답안: '가상 인간과 디지털 휴먼, 새로운 시대의 도래'라는 제목은 본문의 내용을 적절하게 반영한 표현이다. 본문에서는 가상 인간과 디지털 휴먼의 기술적 발전 배경부터 시작해, 이들이 광고, 교육, 의료, 엔터테인먼트 등 다양한 산업에서 어떻게 활용되고 있는지를 상세히 설명하고 있다. 또한, 이 기술이 단순한 트렌드가 아니라 사회·경제 전반에 영향을 주는 새로운 패러다임임을 강조하고 있다는 점에서 '새로운 시대의 도래'라는 표현은 매우 타당하다. 특히, 기술적 이점뿐 아니라 윤리적 문제와 직업 대체 가능성 등 미래 사회에 미칠 영향까지 폭넓게 다루고 있어, 이 제목은 본문의 주제를 함축적으로 잘 나타낸다고 볼 수 있다.

6. 예시 답안: <찬성> 가상 인간은 반복적이거나 단순한 작업을 대신 수행하며, 인간은 더 창의적이고 감성적인 역할에 집중할 수 있다. 예를 들어, 가상 뉴스 앵커가 기본 정보 전달을 맡고, 인간 앵커가 해석과 분석을 제공하는 방식의 협업이 가능하다. 또한, 가상 인간은 24시간 활동이 가능해 서비스 효율을 높이는 데 기여한다. 이런 점에서 가상 인간은 인간을 대체하는 존재가 아니라, 함께 일하는 파트너로 활용되는 것이 더욱 바람직하다.

<반대> 현실적으로는 가상 인간이 일부 직업군을 직접적으로 대체할 가능성이 크다. 이미 광고 모델, 뉴스 진행자, 상담 서비스 등 다양한 분야에서 인간의 자리를 대신하고 있으며, 이는 일자리 축소로 이어질 수 있다. 기술이 계속 발전함에 따라 협업보다는 대체의 가능성이 커질 수 있고, 이는 노동시장 불안정과 직업 소멸 문제를 야기할 수 있다. 따라서 가상 인간을 단순한 협업 파트너로 보기엔 한계가 있다.

18. 시간을 거스르는 과학

• 비판적 사고 키워볼까요?

1. 정답: ① 해설: 노화 방지 기술은 단순한 미용을 넘어 건강과 삶의 질 향상에도 기여한다. 따라서 미용에만 국한된 것이 아니다.

2. 정답: ④ 해설: 노화 방지 기술의 발전은 오히려 사회적 고립을 줄이고, 사회적 상호작용을 증진시켜 삶의 질을 높인다.

3. 예시 답안: 노화 방지 기술의 발전은 개인의 삶의 질

을 크게 향상시킬 수 있다. 우선, 텔로미어 연구와 항산화제의 활용은 세포의 노화 속도를 늦추어 신체적 건강을 유지하게 한다. 이는 만성 질병의 위험을 줄여주고, 더 활기찬 생활을 가능하게 만든다. 또한, 피부 관리 기술의 발전은 외모에 대한 자신감을 높여주어 사회적 상호작용을 촉진한다. 더 나아가, 건강한 노화를 지원하는 프로그램에 참여함으로써 새로운 사회적 관계를 형성하고, 정신적 안정감을 얻을 수 있다. 이러한 변화는 궁극적으로 개인의 행복감과 삶의 만족도를 높여 주며, 보다 긍정적인 노후를 누리게 한다.노화 방지 기술의 발전은 개인의 삶의 질을 크게 향상시킬 수 있다. 우선, 텔로미어 연구와 항산화제의 활용은 세포의 노화 속도를 늦추어 신체적 건강을 유지하게 한다. 이는 만성 질병의 위험을 줄여주고, 더 활기찬 생활을 가능하게 만든다. 또한, 피부 관리 기술의 발전은 외모에 대한 자신감을 높여주어 사회적 상호작용을 촉진한다.

4. 예시 답안: <서론> 현대 사회에서 노화 방지 기술은 단순한 미용을 넘어 건강과 삶의 질 향상을 위한 중요한 연구 분야로 자리 잡고 있다. 노화는 생물학적 과정으로, 시간이 지남에 따라 신체와 정신의 기능이 감소하는 현상을 의미한다. 이러한 과정은 유전적 요인, 환경적 요인, 생활 습관 등 다양한 요소에 의해 영향을 받는다. 최근의 연구들은 노화가 단순히 나이와 관련된 자연적인 현상이 아니라, 특정 유전자의 작용이나 환경적 요인에 의해 조절될 수 있다는 사실을 밝혀내고 있다. 이러한 변화는 노화 방지 기술의 필요성을 더욱 부각시키고 있다.

<본론> 노화 방지 기술은 여러 측면에서 중요한 역할을 한다. 첫째, 텔로미어 연구는 노화 방지 기술의 핵심 요소로 주목받고 있다. 텔로미어는 염색체의 끝부분으로, 세포 분열 시 짧아지며, 이로 인해 노화가 가속화된다. 최근 연구들은 텔로미어를 연장하거나 보호하는 방법을 모색하고 있으며, 이는 건강한 노화를 위한 중요한 기초가 된다. 둘째, 항산화제와 같은 영양 보충제는 세포의 노화를 늦추고 다양한 질병 예방에 기여한다. 비타민 C, 비타민 E, 셀레늄 등은 활성 산소로 인한 세포 손상을 방지하며, 이는 전반적인 건강 유지에 도움을 준다. 셋째, 피부 관리 기술의 발전도 중요한 요소다. 레이저 치료, 보톡스, 히알루론산 주사 등의 기술은 피부의 콜라겐 생성을 촉진하고, 주름을 줄이는 데 기여한다. 이러한 기술들은 개인의

외모뿐만 아니라 자신감과 사회적 상호작용에도 긍정적인 영향을 미친다.

<결론> 종합적으로, 노화 방지 기술은 건강과 삶의 질을 향상시키는 데 기여하며, 이는 단순히 미용을 넘어 사회 전반에 긍정적인 영향을 미친다. 앞으로의 연구와 기술 발전은 더욱 건강하고 활기찬 노후를 위한 중요한 발판이 될 것이다. 노화 방지 기술의 중요성은 개인의 삶의 질을 높이는 것뿐만 아니라, 사회적 통합과 건강한 커뮤니티 형성을 촉진하는 데도 필수적이다. 따라서, 노화 방지 기술에 대한 지속적인 투자와 연구는 우리 모두에게 더 나은 미래를 선사할 것이다.

5. 예시 답안: 노화 방지 기술의 발전은 개인의 가치관에 큰 영향을 미친다. 건강과 젊음을 유지하려는 욕구가 커짐에 따라, 사람들은 자신의 삶의 질을 높이는 데 더욱 집중하게 된다. 이는 건강한 식습관, 규칙적인 운동, 그리고 정신적 안정에 대한 관심이 증가하게 만든다. 노화 방지 기술이 보편화되면서, 외모와 건강을 동시에 챙기려는 경향이 강해지고, 이는 소비자들이 노화 방지 제품에 더 많은 투자하도록 유도한다. 결과적으로, 개인의 가치관은 건강과 웰빙을 중심으로 변화하게 되며, 이는 사회 전반의 건강한 라이프스타일을 촉진하는 데 기여할 것이다.

6. 예시 답안: <찬성> •노화는 생물학적 자연 과정으로, 이를 인위적으로 조절하면 생명의 본질을 왜곡하게 된다.

•노화 방지 기술은 호르몬 수치를 인위적으로 조절하여 신체의 균형을 깨뜨릴 수 있다.

•젊음을 유지하려는 압박감이 스트레스를 유발하고, 자연스러운 노화 수용을 어렵게 만든다.

<반대> •노화 방지 기술은 질병 예방과 건강한 삶을 통해 자연스러운 노화 과정을 지원할 수 있다.

•노화 방지 기술은 신체적, 정신적 기능을 개선하여 노인의 삶의 질을 높이는 데 기여한다.

•노화 방지 기술은 개인이 건강한 노후를 선택할 수 있는 권리를 제공하며, 이를 존중해야 한다.

정답 및 해설 **문화편**

1. 청소년의 팬픽

• 비판적 사고 키워볼까요?

1. 정답: ② 해설: 본문에서는 팬픽이 단순한 복제나 전사 활동이 아니라, 기존 콘텐츠에 대한 창의적 재해석

이며 문학적, 시각적 창작의 시작점으로서 긍정적으로 서술하고 있다. ②는 팬픽이 창의적이지 않다는 인식을 반영하고 있어 본문의 관점과 상반된다.

2. **정답:** ② **해설:** ②는 팬픽 활동이 비문학적 정보 탐색이나 논거 구성 중심의 독서 감상문과 연결된다고 설명하고 있으나, 본문과 <보기>에서는 팬픽 활동이 서사 구조 구성, 문학적 상상력, 인물 감정 표현 등 문학 영역과 연결된다고 명확히 서술하고 있다. 따라서 ②번은 맥락적으로 부적절하다.

3. **예시 답안:** 청소년은 팬픽을 쓰는 과정에서 도입, 전개, 위기, 절정, 결말의 서사 구조를 자연스럽게 익히고, 인물 간 갈등, 감정선을 설계하며 글의 구성력과 표현력을 발전시킨다. 이는 국어 시간에 배우는 서사 구조, 인물 묘사, 문학적 상상력과 밀접하게 연결되며, 교과 학습 내용을 실생활 창작으로 확장하는 사례로 볼 수 있다.

4. **예시 답안:** **<서론>** 오늘날 청소년들 사이에서 팬픽(Fan Fiction)과 같은 2차 창작 활동이 활발하게 이루어지고 있다. 이들은 단순히 글을 쓰는 데 그치지 않고, 자신이 만든 이야기 속 장면이나 캐릭터를 시각적으로 표현하기 위해 그림이나 디지털 아트 형태로 확장된 창작을 이어간다. 이러한 활동은 단순한 취미를 넘어서, 실제로 학교에서 배우는 미술 교과의 학습 요소들과 긴밀하게 연결되며 창작적 사고를 자극한다.

<본론> 청소년들은 팬픽 속 인물의 표정, 동작, 배경 등을 상상하고, 자신이 구상한 장면을 일러스트, 캐릭터 설정화, 심지어 웹툰의 한 장면처럼 시각화한다. 이 과정에서 자연스럽게 색채 조화, 구도, 인물 묘사 같은 미술 이론이 활용된다. 예를 들어, 인물의 감정을 표현하기 위해 따뜻한 색조를 사용하거나, 이야기의 분위기에 따라 명암 대비를 조절하는 등 미술 수업에서 배운 표현 기법을 실전에 적용하게 된다. 특히, 디지털 드로잉 툴을 활용하는 경우, 레이어 구조나 붓터치 설정 등 디지털 표현 기술을 익히게 되며, 이는 디지털 리터러시와 창작 기술을 함께 성장시키는 기회가 된다. 또한 팬픽 활동의 결과물을 SNS에 공유하거나 플랫폼에 업로드하는 과정에서 작품 편집, 시각적 구성, 배경 디자인까지 고민하게 되므로 미술 활동이 단순히 평면적 표현을 넘어서 통합 예술 활동으로 확장된다.

<결론> 이처럼 팬픽은 국어 교과의 이야기 구성력뿐 아니라, 미술 교과의 시각 예술적 표현 능력까지 함께 성장시킬 수 있는 융합형 창작 활동이다. 청소년들은 팬픽을 통해 상상 속 이야기를 시각화하는 경험을 하면서, 미술 수업에서 배운 지식과 기술을 실제 창작 상황에서 활용해보는 기회를 얻게 된다. 이는 예술 감수성과 창의성, 디지털 활용 능력을 동시에 키우는 계기가 되며, 나아가 청소년의 표현력과 자존감 향상에도 긍정적인 영향을 준다. 따라서 팬픽 활동은 단순한 취미로 치부되기보다는, 교과 지식을 실천적으로 적용해보는 창의적 문화 활동으로 적극적으로 지원될 필요가 있다.

5. **예시 답안:** 팬픽 활동이 건전한 창작 문화로 성장하려면 저작권과 창작 윤리에 대한 이해가 바탕이 되어야 한다. 원작자 권리를 존중하고, 비영리 목적으로 활동하거나 출처를 명시하는 등의 태도가 필요하다. 학교와 가정에서 저작권 교육과 긍정적인 창작 태도에 대한 지도가 함께 이루어져야 한다.

6. **예시 답안:** **<찬성>** 팬픽은 원작에 기반한 글쓰기로, 창작이라기보다는 기존 이야기의 변형에 가까운 경우도 많다. 창의적 사고보다 특정 캐릭터에 대한 감정이입이 우선시되므로, 정규 교육에서 요구하는 독립적 글쓰기 능력과는 다를 수 있다. 또한 오타쿠 문화나 상업적 팬픽 등의 요소가 개입될 경우 교육적 가치가 퇴색될 우려가 있다.

<반대> 팬픽은 기존 서사를 바탕으로 새로운 갈등, 감정, 결말을 창조하는 과정으로, 문학적 창작의 출발점이 된다. 글의 흐름을 스스로 설계하고 인물 간 감정선을 다듬으며 구성력을 기르게 된다. 국어 교과의 서사 구조, 인물 심리 묘사, 창의적 표현과 직결되어 실용적 글쓰기 능력을 키우는 데 오히려 도움이 된다.

2. MZ세대의 디지털 네이티브

◆ 비판적 사고 키워볼까요?

1. **정답:** ② **해설:** MZ세대는 디지털 환경에서 성장한 세대로, 인터넷과 스마트폰을 통해 정보를 습득하고 소통하는 데 능숙하다. 이러한 특성은 그들의 가치관과 행동에 큰 영향을 미친다.

2. **정답:** ② **해설:** MZ세대는 소셜 미디어와 온라인 커뮤니티를 통해 공통의 관심사를 가진 사람들과 연결되며, 이는 사회적 연대감을 증진시키고 공동체 의식을 강화하는 데 기여한다.

3. **예시 답안:** MZ세대는 디지털 네이티브로서 정보 접근성과 소통 방식에서 혁신적인 변화를 경험하고

있다. 이들은 인터넷과 스마트폰을 통해 언제 어디서나 정보를 신속하게 얻을 수 있으며, 다양한 소셜 미디어 플랫폼을 활용하여 의견을 나눈다. 이러한 변화는 정보 소비 방식에 큰 영향을 미쳐, 기존의 일방적인 정보 전달에서 쌍방향 소통으로 나아가게 한다.

또한, MZ세대는 개인의 가치와 사회적 책임을 중시하며, 환경 문제와 사회적 이슈에 대한 높은 관심을 보인다. 이들은 소비 선택에서 윤리적 소비를 중시하고, 브랜드와의 관계에서도 투명성과 책임을 요구한다. 이러한 경향은 기업의 마케팅 전략과 사회적 가치 창출에 영향을 미치며, 전반적으로 사회가 더욱 포용적이고 지속 가능한 방향으로 나아가도록 유도한다. 즉, MZ세대의 변화는 사회 전반에 걸쳐 커다란 파급 효과를 미치고 있다.

4. 예시 답안: <서론> MZ세대는 밀레니얼 세대와 Z세대를 아우르는 용어로, 디지털 환경에서 성장한 첫 세대이다. 이들은 인터넷과 스마트폰의 보급과 함께 자라났으며, 디지털 기기와 플랫폼을 통해 정보를 습득하고 소통하는 데 능숙하다. 이러한 디지털 네이티브 특성은 그들의 가치관, 소비 패턴, 사회적 행동에 큰 영향을 미치고 있으며, 이는 사회와 기업에 여러 측면에서 변화를 가져오고 있다. MZ세대의 특성은 단순히 기술에 대한 친숙함을 넘어서, 사회적 책임과 윤리적 소비를 중시하는 경향으로 이어지고 있다.

<본론> MZ세대는 정보 접근성이 혁신적으로 향상된 시대에서 자라났기 때문에, 그들은 스스로 원하는 정보를 신속하게 찾아내고, 이를 바탕으로 자신의 의견을 적극적으로 표현한다. 소셜 미디어와 온라인 커뮤니티는 이들이 다양한 사람들과 연결되고, 공통의 관심사를 기반으로 새로운 관계를 형성하는 데 중요한 역할을 한다. 이러한 소통 방식은 사회적 연대감을 강화하고, 사회적 이슈에 대한 관심을 높이는 데 기여한다. 예를 들어, MZ세대는 기후 변화와 환경 문제에 대한 높은 인식을 가지고 있으며, 이는 그들이 소비하는 제품과 서비스의 선택에 직접적인 영향을 미친다. 기업들은 이들의 요구를 반영하여 친환경 제품이나 사회적 가치를 지향하는 브랜드를 선보이게 되며, 이는 기업의 이미지와 신뢰도를 높이는 데 중요한 요소가 된다.

또한, MZ세대는 소비 패턴에서도 디지털 네이티브 특성을 뚜렷하게 나타낸다. 이들은 온라인 쇼핑과 소셜 미디어를 통해 제품 정보를 얻고, 구매 결정을 내리는 경우가 많다. 특히, 인플루언서 마케팅의 영향력은 이 세대의 소비 행태에 큰 변화를 가져왔다. 유명 인플루언서가 추천하는 제품은 신뢰를 바탕으로 빠르게 판매되며, 이는 전통적인 광고 방식과는 다른 소비 구조를 형성한다. MZ세대는 가격과 품질뿐만 아니라 브랜드의 가치와 윤리적 소비를 중요시하며, 이러한 요소들은 구매 결정에 큰 영향을 미친다. 결과적으로, 기업들은 MZ세대를 타겟으로 할 때 단순한 제품 판매를 넘어 사회적 책임을 고려해야 할 필요성이 더욱 커진다.

<결론> MZ세대의 디지털 네이티브 특성은 사회와 기업에 큰 영향을 미치고 있으며, 이는 앞으로의 사회 변화에 중요한 요소로 작용할 것이다. MZ세대는 빠르게 변화하는 디지털 환경 속에서 새로운 가치관과 행동 양식을 형성하고 있으며, 이러한 특성은 기업들이 그들의 요구와 가치를 반영해야 하는 이유가 된다. 결국, MZ세대의 행동과 가치관은 기업의 전략과 사회적 책임을 재정의하는 데 기여하며, 이들이 주도하는 긍정적인 변화는 사회 전반에 걸쳐 지속적인 영향을 미칠 것으로 예상된다. MZ세대의 특성을 이해하고 존중하는 것이 앞으로의 사회 발전에 필수적인 요소가 될 것이다.

5. 예시 답안: MZ세대는 디지털 네이티브로서 사회에 많은 긍정적인 영향을 미치고 있다. 이들은 인터넷과 스마트폰의 발전 속에서 성장하면서 정보 접근성이 크게 향상되었고, 이를 통해 사회적 참여와 의사소통의 방식을 변화시켰다. MZ세대는 소셜 미디어를 통해 자신의 의견을 적극적으로 표현하며, 이는 사회적 논의와 변화를 촉진하는 데 기여하고 있다. 예를 들어, 환경 문제나 인권 문제에 대한 높은 인식은 이들이 소비하는 제품과 서비스의 선택에 직접적인 영향을 미친다. 또한, MZ세대는 윤리적 소비를 중시하며, 친환경 제품이나 사회적 가치를 지향하는 브랜드에 대한 선호도가 높다. 이는 기업들이 사회적 책임을 다하도록 압박하며, 긍정적인 변화를 이끌어낸다. MZ세대의 이러한 특성은 기업의 전략과 사회의 정책에도 반영되며, 지속 가능한 발전을 위한 새로운 기준을 세우고 있다. MZ세대는 기술의 발전을 통해 얻은 정보와 소통의 힘을 바탕으로, 사회적 연대감과 공동체 의식을 강화하고 있다. 이들은 빠르게 변화하는 시대의 주역으로서, 앞으로도 긍정적인 사회적 변화를 이끌어낼 중요한 원동력이 될 것이다.

6. 예시 답안: <찬성> • 정보 공유의 용이성: 소셜 미디어는 사람들이 다양한 정보를 쉽게 공유할 수 있게 하여, 공통의 관심사를 가진 사람들 간의 연결을 촉진한다.

• 커뮤니티 형성: 특정 주제나 관심사에 따라 온라인 커뮤니티가 형성되어, 사람들이 서로 지지하고 소통할 수 있는 공간을 제공한다. 이러한 커뮤니티는 사람들 간의 유대감을 높인다.

• 사회적 운동의 촉진: 소셜 미디어는 사회적 이슈에 대한 인식을 높이고, 집단 행동을 촉진하는 도구로 작용한다. 즉, 사람들을 하나로 묶어 사회적 연대감을 강화하는 데 기여한다.

<반대> • 정보의 왜곡: 소셜 미디어에서 유통되는 정보는 종종 왜곡되거나 사실이 아닌 경우가 많다. 이는 잘못된 정보로 인해 갈등을 초래하고, 사회적 연대감을 약화시킨다.

• 소외감 증대: 온라인 상의 소통이 증가하면서 오프라인 관계가 소홀해질 수 있다. 이로 인해 사람들은 더욱 고립감을 느끼고, 사회적 연대감이 약화된다.

• 부정적인 상호작용: 소셜 미디어는 악플이나 사이버 괴롭힘 등의 부정적인 상호작용을 유발해 사람들 간의 신뢰를 저하시켜 사회적 연대감을 해칠 수 있다.

3. 디지털 명상과 힐링 콘텐츠 열풍

◆ 비판적 사고 키워볼까요?

1. 정답: ② 해설: 본문에서는 디지털 명상이 스마트폰과 인터넷을 통해 언제 어디서나 간편하게 사용할 수 있다고 하여 접근성이 높음을 강조하였다. 반면 ②는 비용 부담이 크다고 하여 지문과 상반되는 내용이다.

2. 정답: ④ 해설: ④는 본문 내용과 일치하지 않는다. 본문에서는 디지털 콘텐츠의 과도한 사용이 피로를 유발하고 현실 경험을 방해할 수 있다고 경고하며, 사용 시간 제한과 오프라인 활동의 병행을 강조하였다. 따라서 "무제한 자유롭게 활용하는 것이 가장 바람직하다"는 진술은 본문과 반대되는 주장이다. 반면 ①, ②, ③, ⑤는 모두 본문에서 강조한 효과와 활용 방식을 정확히 반영한 진술이다.

3. 예시 답안: 디지털 명상과 힐링 콘텐츠는 청소년이 감정 조절 능력을 기르고 스트레스를 해소하는 데 도움을 주는 도구이다. 이는 단순한 콘텐츠 소비가 아니라 자기 성찰과 정신 건강 유지에 필요한 습관 형성의 시작이며, 국어·미술·도덕 교과와 연계되어 교육

적으로도 활용 가능하다.

4. 예시 답안: <서론> 디지털 명상은 청소년의 정서 안정과 자기 성장에 긍정적인 영향을 줄 수 있으나, 올바른 사용 지도가 필요하다.

<본론> 개인적으로는, 명상 앱이나 영상 콘텐츠를 일정 시간만 사용하고, 현실 속 활동과 병행하여 감정 표현의 균형을 유지해야 한다. 학교에서는, 디지털 명상 콘텐츠를 교과 수업(국어, 미술, 도덕 등)과 연계하고, 감정 표현 및 자기 성찰 활동의 기회를 제공할 수 있다. 가정에서는, 부모가 함께 산책, 독서, 글쓰기 활동 등을 권장하며 디지털 콘텐츠의 보완적 활용을 지도해야 한다.

<결론> 적절한 디지털 명상 사용은 청소년의 감정 관리, 자아 성찰, 창의적 표현력 향상에 기여할 수 있다. 개인과 교육 기관 모두의 협력이 중요하다.

5. 예시 답안: '디지털 명상, 마음을 돌보는 새로운 습관'이라는 제목은 본문과 잘 어울린다. 청소년들이 시험과 인간관계로 인한 스트레스를 디지털 명상을 통해 해소하고, 심리적 안정과 감정 조절 능력을 기르는 데 도움을 받고 있기 때문이다. 또한 명상이 단순한 유행이 아니라 자기 성장을 위한 '습관 형성'으로 설명되고 있어, 제목이 본문의 내용을 잘 반영하고 있다.

6. 예시 답안: <찬성> 디지털 명상은 청소년이 감정을 언어로 표현하고, 자기 성찰을 통해 정신 건강을 돌보는 활동으로 이어지므로 단순한 콘텐츠 소비가 아니다. 이는 국어, 미술, 도덕 등 다양한 교과와 연계된 감정 교육의 매개체가 된다.

<반대> 디지털 명상 콘텐츠는 결국 디지털 환경에 의존하는 활동이기 때문에, 감정 교육의 본질인 현실 경험과의 교감을 완전히 대체할 수 없다. 일시적인 위안은 줄 수 있으나, 깊은 감정 이해나 사회적 소통 능력은 제한적일 수 있다.

4. 색의 조화

◆ 비판적 사고 키워볼까요?

1. 정답: ① 해설: 그라데이션 K는 색상을 부드럽게 혼합하여 시각적 깊이와 입체감을 표현하는 기법을 말한다. 이는 단순히 색이 변하는 것을 넘어 다양한 디자인 분야에서 활용되며, 분위기를 만들고 감정을 전달하는 데 중요한 역할을 한다. 따라서 여러 색의 자연스러운 변화로 깊이를 창출한다는 1번 선지가 가장

정확하다.

2. **정답:** ② **해설:** <보기>에서 그라데이션 K의 종류로 선형, 방사형, 다단계가 언급된다. 방사형 그라데이션은 중심에서 시작해 원형으로 퍼져나가는 형태로, 시각적으로 깊이감을 준다. 2번 선지는 이러한 방사형 그라데이션의 특징을 가장 정확하게 설명한다.

3. **예시 답안:** 그라데이션 K는 디자인 분야에서 매우 중요한 영향을 미친다. 우선, 색상의 부드러운 전환을 통해 시각적 깊이를 더하고, 관객의 감정에 강력한 영향을 주어 브랜드의 메시지를 효과적으로 전달할 수 있다. 예를 들어, 패션 디자인에서는 그라데이션을 사용하여 의류의 세련됨을 강조함으로써 소비자의 시선을 끌고 긍정적인 반응을 유도한다. 그래픽 디자인에서도 그라데이션 K는 포스터나 웹 배너 등에서 시각적 임팩트를 극대화하여 브랜드 아이덴티티를 강화하는 데 기여한다. 또한, 인테리어 디자인에서는 그라데이션을 활용하여 공간의 분위기를 변화시킬 수 있어, 방의 크기나 느낌을 조절하는 데 효과적이다. 이러한 특성 덕분에 그라데이션 K는 다양한 디자인 분야에서 창의적인 표현을 가능하게 하며, 소비자와의 관계를 더욱 강화하는 중요한 역할을 한다. 따라서, 그라데이션 K는 현대 디자인의 핵심 요소로 자리 잡고 있으며, 앞으로도 지속적으로 발전할 가능성이 크다.

4. **예시 답안:** <서론> 그라데이션 K는 현대 디자인에서 중요한 기법으로 자리 잡고 있으며, 색상의 변화와 혼합을 통해 시각적 깊이와 감정을 전달하는 역할을 한다. 이 기법은 단순한 색상 변화를 넘어, 다양한 감정과 분위기를 효과적으로 표현할 수 있는 수단으로 작용한다. 그라데이션 K는 그래픽 디자인, 패션, 인테리어 등 여러 분야에서 활용되며, 각 분야의 특성에 맞춰 독창적인 표현을 가능하게 한다.

<본론> 첫째, 그래픽 디자인에서 그라데이션 K는 포스터, 웹 배너, 로고 디자인 등에서 시각적 임팩트를 극대화하는 데 활용된다. 예를 들어, 유명 브랜드인 애플의 제품 광고에서는 그라데이션을 통해 제품의 세련됨과 현대적인 이미지를 강조한다. 이러한 시각적 효과는 소비자에게 브랜드의 고급스러운 이미지를 각인시키는 데 기여한다. 또한, 그라데이션은 다양한 색상이 조화를 이루면서도 시각적으로 매력적인 효과를 만들어내어, 관객의 시선을 끌고 감정을 자극하는 중요한 요소로 작용한다. 둘째, 패션 디자인에서도 그라데이션 K는 널리 사용된다. 의류와 액세서리에서 색상의 변화를 통해 트렌디한 느낌을 연출하며, 소비자에게 긍정적인 반응을 이끌어낸다. 예를 들어, 그라데이션 염색 기법을 이용한 티셔츠나 드레스는 시각적으로 매력적일 뿐만 아니라, 개개인의 스타일을 표현할 수 있는 중요한 수단으로 작용한다. 이러한 디자인은 소비자가 제품을 선택하는 데 있어 감정적인 요소를 자극하고, 브랜드와의 연결성을 강화하는 데 기여한다. 셋째, 인테리어 디자인에서도 그라데이션 K의 활용은 중요한 역할을 한다. 벽면이나 가구에 그라데이션을 적용하면 공간의 분위기를 변화시킬 수 있다. 방의 한쪽 벽에 그라데이션 페인트를 사용하면 공간이 더 넓어 보이고 아늑한 느낌을 줄 수 있다. 이러한 색상 변화는 사람들의 감정에 직접적인 영향을 미치며, 공간의 기능성과 미적 요소를 동시에 충족시킬 수 있다.

<결론> 결론적으로, 그라데이션 K는 다양한 디자인 분야에서 중요한 역할을 하며, 그 적용 사례는 디자인의 질을 높이고 소비자와의 관계를 강화하는 데 기여한다. 이 기법은 단순한 색상 변화에 그치지 않고, 감정과 분위기를 전달하는 중요한 수단으로 작용한다. 앞으로도 그라데이션 K는 디자인의 핵심 요소로 자리매김할 것이며, 새로운 색상의 조화와 창의적인 표현을 통해 지속적으로 발전할 가능성이 크다. 따라서 디자이너와 기업은 그라데이션 K의 중요성을 인식하고 이를 효과적으로 활용하여 소비자에게 시각적 즐거움과 감동을 제공해야 할 것이다.

5. **예시 답안:** 그라데이션 K의 활용은 디자인에 긍정적인 영향을 미치는 여러 측면을 가지고 있다. 첫째, 시각적 매력을 극대화하여 소비자의 관심을 끌 수 있다. 부드러운 색상 변화를 통해 제품이나 작품의 세련됨을 강조하며, 이는 브랜드의 이미지를 강화하는 데 기여한다. 둘째, 감정 전달의 효과가 크다. 예를 들어, 따뜻한 색상의 그라데이션은 친근함과 아늑함을 느끼게 하고, 차가운 색상의 그라데이션은 안정감을 준다. 이러한 감정적 요소는 소비자와의 연결성을 높이며, 구매 결정에 영향을 미친다. 셋째, 그라데이션 K는 창의적인 표현을 가능하게 하여 디자이너가 새로운 아이디어를 탐구하는 데 도움을 준다. 따라서 그라데이션 K는 디자인의 질을 향상시키고, 소비자와의 관계를 깊게 하는 중요한 기법으로 자리 잡고 있다. 이러한 긍정적인 영향은 앞으로도 디자인 분야에

서 더욱 두드러질 것이다.

6. 예시 답안: <찬성> •그라데이션 K는 제품의 시각적 매력을 높여 소비자의 관심을 끌 수 있으며, 이는 구매 결정을 촉진하는 중요한 요소가 된다.

•색상의 변화는 감정을 전달하는 효과가 있어, 소비자가 제품에 대한 친근함을 느끼게 하고 긍정적인 감정을 유도하여 구매를 유도할 수 있다.

•그라데이션을 활용한 디자인은 브랜드의 세련된 이미지를 강조하여 소비자의 신뢰를 높이고, 브랜드 충성도를 강화하는 데 기여한다.

<반대> •소비자는 종종 가격이나 품질에 더 큰 비중을 두므로, 그라데이션 K가 시각적 매력을 제공하더라도 구매 결정에 큰 영향을 미치지 않을 수 있다.

•과도한 그라데이션 사용은 디자인을 복잡하게 만들어 소비자가 제품의 핵심 메시지를 이해하기 어렵게 할 수 있으며, 이는 구매 결정을 방해할 수 있다.

•소비자의 색상 선호는 다양하여, 특정한 그라데이션이 모든 소비자에게 긍정적인 반응을 이끌어내지 않을 수 있다. 따라서 그라데이션 K의 효과는 소비자마다 다르게 나타날 수 있다.

5. 청소년의 밈(Meme) 소비, 유희를 넘어 비판적 사고로

• 비판적 사고 키워볼까요?

1. 정답: ③ 해설: 문에서는 밈이 자극적 형식으로 빠르게 확산되며, 그 과정에서 혐오 표현, 허위 정보, 조롱 문화 등 부정적 요소가 포함될 수 있다고 지적하고 있다. 따라서 '공정하고 윤리적이기 때문에 문제적 요소가 적다'는 진술은 본문과 상반된다.

2. 정답: ③ 해설: ③은 밈을 비판적 수용하거나 창의적으로 활용하는 활동이 아닌, 단순히 재미로 소비하는 상황으로, <보기>에서 말한 창의성 교육, 공동체 의식, 사회적 감정 공유와는 직접적인 관련이 없다. 나머지 보기들은 모두 교육적 활용과 사회적 의미 인식을 중심으로 구성되어 본문 및 보기의 취지와 부합한다.

3. 예시 답안: 밈은 청소년이 감정과 정체성을 표현하고, 사회 이슈에 대해 공감하거나 참여할 수 있는 수단이 된다. 밈은 집단 정체성 형성과 사회적 소통의 도구로 기능하며, 창의력과 표현력을 기르는 데도 도움이 된다. 또한, 교육 현장에서 밈을 활용하면 공동체 가치와 비판적 사고력을 함께 키울 수 있다.

4. 예시 답안: <서론> 밈은 인터넷 문화에서 유머나 풍자를 담아 빠르게 확산되는 콘텐츠로, 청소년 사이에서도 널리 소비되고 있다. 그러나 모든 밈이 긍정적인 영향만을 주는 것은 아니다. 특정 인물이나 집단을 조롱하거나 왜곡된 이미지를 반복적으로 노출시키는 밈은 사회적 편견을 강화하고, 당사자에게 정신적 상처를 줄 수 있다.

<본론> 예를 들어, 한 예능 프로그램에서 말실수를 한 일반인이 짧은 영상으로 편집되어 조롱의 대상이 되었고, 이 밈이 퍼지면서 그 사람은 일상생활에 어려움을 겪게 되었다. 이는 유머라는 명목으로 타인의 인격을 침해하는 사례로, 밈 소비의 부작용을 보여준다. 청소년은 밈을 접할 때 단순히 웃고 넘기기보다 그 이면에 있는 맥락을 읽고, 해당 콘텐츠가 특정인을 공격하거나 혐오를 조장하지는 않는지 살펴야 한다. 또한 사실 여부를 확인하고, 유해하거나 왜곡된 밈은 공유하지 않는 책임 있는 태도가 필요하다.

<결론> 밈은 단순한 유행이 아니라 사회적 메시지를 담고 있는 표현 방식일 수 있다. 따라서 청소년은 비판적 사고를 바탕으로 밈을 수용하고, 타인의 감정을 고려하며 디지털 시민으로서의 책임 있는 행동을 실천해야 한다. 이러한 태도는 건전한 온라인 문화 형성과 공동체 존중의 기반이 된다.

5. 예시 답안: 이 제목은 본문의 핵심을 잘 반영한다. 본문에서는 밈이 청소년들의 감정 표현과 사회적 공감의 수단이 되며, 하나의 '디지털 언어'로 사용된다고 설명하고 있다. 또한 밈은 자아 정체성을 표현하고, 교육적으로도 활용 가능하다는 점에서 청소년의 표현 방식으로 볼 수 있다.

6. 예시 답안: <찬성> 밈은 혐오, 차별, 조롱 등의 내용을 담고 있을 수 있기 때문에, 단순한 재미로 소비하기보다는 그 의미와 맥락을 비판적으로 읽는 태도가 필요하다. 이는 디지털 시민으로서의 책임 있는 자세이기도 하다.

<반대> 모든 밈이 사회적 메시지를 담고 있는 것은 아니며, 단순한 유머와 스트레스 해소를 위한 것도 많다. 밈을 지나치게 분석하고 규제하면 표현의 자유나 자율적 문화 형성을 방해할 수 있다.

6. 디지털 혁명과 콘텐츠 산업

• 비판적 사고 키워볼까요?

1. 정답: ③ 해설: 본문에서는 글로벌화가 콘텐츠 산업

에 중요한 트렌드로 자리잡고 있으며, 다양한 문화와 가치관이 혼합되는 계기를 마련한다고 설명하고 있다. 한국의 K-팝과 드라마의 사례를 통해, 글로벌화가 콘텐츠 제작자에게 새로운 시장을 탐색할 수 있는 기회를 제공하고 있음을 보여준다. 따라서 선택지는 콘텐츠의 다양성을 높이는 데 긍정적인 영향을 미친다.

2. 정답: ④ 해설: 본문에서는 글로벌화가 콘텐츠의 다양성을 높이는 데 긍정적인 영향을 미친다고 설명하고 있다. 다양한 문화적 배경을 반영한 콘텐츠는 소비자와의 깊은 공감대를 형성할 수 있다는 점을 강조한다. 이는 소비자들이 다양한 배경과 이야기를 가진 콘텐츠를 원하게 되었다는 본문의 내용을 뒷받침한다.

3. 예시 답안: 디지털 혁명과 글로벌화는 콘텐츠 산업의 미래에 중대한 영향을 미친다. 디지털 혁명은 인공지능(AI), 가상 현실(VR), 증강 현실(AR) 등의 기술 발전으로 콘텐츠 제작과 소비 방식을 혁신적으로 변화시킨다. 예를 들어, AI는 소비자의 취향을 분석하여 개인화된 콘텐츠를 제공하고, VR과 AR은 몰입감 있는 경험을 통해 소비자와의 감정적 연결을 강화한다. 이러한 기술들은 콘텐츠의 품질을 높이고, 제작자에게 새로운 창의적 기회를 부여한다. 글로벌화는 콘텐츠의 다양성을 높이며, 다양한 문화와 가치관이 혼합되는 계기를 마련한다. 한국의 K-팝과 드라마처럼 특정 문화의 콘텐츠가 전 세계적으로 인기를 끌면서, 제작자들은 새로운 시장을 탐색할 수 있는 기회를 얻게 된다. 소비자들은 다양한 배경을 가진 콘텐츠를 선호하게 되어, 이는 제작자에게 더 많은 창의적 기회를 제공하고 브랜드 충성도를 높이는 데 기여한다.

4. 예시 답안: <서론> 디지털 혁명과 글로벌화는 콘텐츠 산업에 중대한 변화를 가져왔다. 이러한 변화는 콘텐츠 제작자와 소비자 모두에게 새로운 기회를 제공하지만, 동시에 지속 가능한 발전을 위한 도전 과제도 안겨주고 있다. 콘텐츠 산업이 앞으로 나아가기 위해서는 환경적, 사회적 책임을 다하고, 윤리적 고려를 반영한 전략이 필요하다. 특히, 환경 보호와 다양성의 중요성이 강조되는 시대에, 제작자들은 이러한 요소들을 적극적으로 고려해야 한다.

<본론> 첫째, 콘텐츠 제작 과정에서의 환경적 책임을 강조해야 한다. 제작자들은 재활용 가능한 소재 사용, 에너지 효율적인 촬영 기법 도입 등 환경 친화적

인 방법을 통해 콘텐츠를 제작해야 한다. 예를 들어, 영화나 드라마 제작 시 친환경 세트를 사용하는 사례가 늘어나고 있다. 이러한 접근은 소비자에게 긍정적인 이미지를 심어주고, 브랜드 충성도를 높이는 데 기여할 수 있다. 둘째, 다양성과 포용성을 반영한 콘텐츠 제작이 필요하다. 다양한 인종, 성별, 문화적 배경을 가진 인물과 이야기를 포함하는 콘텐츠는 소비자와의 깊은 공감대를 형성할 수 있다. 글로벌화가 진행됨에 따라, 각기 다른 문화에 대한 이해와 존중이 중요해졌다. 예를 들어, 한국의 드라마가 세계적으로 인기를 끌며 다양한 문화적 요소를 반영한 것은 콘텐츠의 다양성이 소비자에게 긍정적인 반응을 얻었다는 사실을 보여준다. 셋째, 기술의 발전을 적극적으로 활용해야 한다. 인공지능(AI), 가상 현실(VR), 증강 현실(AR) 등의 혁신적인 기술은 콘텐츠 제작과 소비 방식에 혁신적인 변화를 가져온다. AI를 통해 소비자의 취향을 분석하고 맞춤형 콘텐츠를 제공함으로써, 소비자 경험을 극대화할 수 있다. VR과 AR 기술은 몰입감 있는 체험을 제공하여, 콘텐츠에 대한 관심을 더욱 높일 수 있다.

<결론> 콘텐츠 산업의 지속 가능한 발전을 위해서는 환경적 책임, 다양성과 포용성, 그리고 기술의 적극적인 활용이 필수적이다. 이러한 전략들은 콘텐츠 제작자와 소비자 간의 신뢰를 구축하고, 브랜드의 가치를 높이는 데 기여할 것이다. 앞으로의 콘텐츠 산업은 지속 가능성과 윤리적 고려를 바탕으로 더욱 풍부하고 다양한 콘텐츠를 제공하며, 모든 이해관계자에게 긍정적인 영향을 미칠 것으로 기대된다. 따라서 콘텐츠 제작자들은 이러한 방향성을 염두에 두고 새로운 비즈니스 모델을 개발하고, 소비자와의 소통을 강화해야 할 것이다.

5. 예시 답안: 다양한 문화가 반영된 콘텐츠는 현대 사회에서 매우 중요한 역할을 한다. 첫째, 이러한 콘텐츠는 서로 다른 문화에 대한 깊이 있는 이해와 진정한 존중을 증진시킨다. 소비자들은 다양한 배경을 가진 인물과 이야기를 간접적으로 경험함으로써, 타문화에 대한 오해와 편견을 줄이고 인간적인 공감대를 쉽게 형성할 수 있다. 둘째, 문화적 다양성은 콘텐츠 제작 전반의 창의성을 크게 촉진한다. 다양한 문화적 요소가 새롭게 결합된 콘텐츠는 기존에 없던 신선한 아이디어와 형식을 창출하게 되어, 제작자들에게 더 많은 창의적 기회를 제공하며 산업을 풍요롭게 만

든다. 셋째, 글로벌화가 빠르게 진행됨에 따라, 다양한 문화가 반영된 콘텐츠는 국제 시장에서의 경쟁력을 획기적으로 높인다. 예를 들어, 한국의 K-팝과 드라마는 세계적으로 폭발적인 인기를 끌며, 이는 한국 문화의 매력을 널리 알리고 경제적 가치를 창출하는 중요한 계기가 되었다. 따라서 다양한 문화가 반영된 콘텐츠는 서로 다른 배경을 가진 사람들 사이의 사회적 연대감을 높이고, 문화 산업의 지속 가능한 발전을 강력하게 촉진하는 핵심 요소로 작용한다.

6. 예시 답안: <찬성> •디지털 혁명은 콘텐츠 제작의 효율성을 높여주어, 제작자들이 더 빠르게 다양한 표현 방식을 실현할 수 있도록 도와 더 많은 창의적 기회를 제공받게 된다.

•AI와 VR 기술의 발전은 소비자에게 몰입감 있는 경험을 제공한다. 이러한 기술들은 콘텐츠의 질을 향상시키며, 소비자들의 관심을 끌고 지속적인 참여를 유도한다.

•구독 모델의 확산은 소비자에게 보다 다양한 선택권을 제공하며, 제작자에게는 안정적이고 지속 가능한 수익을 창출할 수 있는 기회를 만들어 주며 콘텐츠 산업의 전반적인 성장에 기여한다.

<반대> •디지털 혁명은 전통적인 콘텐츠 제작 방식의 소외를 초래할 수 있기에 소규모 제작자나 독립 아티스트들이 시장에서 경쟁하기 어려운 환경을 만들 것이다.

•AI에 의존하게 되면 인간의 독창적인 아이디어가 감소할 위험이 있다. 기계가 생성한 콘텐츠가 인간의 감성을 대체하게 되면, 창의성이 위축될 수 있다.

•지속 가능한 콘텐츠 제작이 어려워지는 환경 문제와 사회적 책임이 간과될 수 있다. 제작자들이 단기 이익을 추구하게 되면, 환경과 사회적 영향이 부정적으로 작용할 수 있다.

7. 1인 창작자와 플랫폼 독점 문제
• 비판적 사고 키워볼까요?

1. 정답: ② 해설: 본문에서는 플랫폼이 알고리즘과 수익 구조를 자체적으로 설정하며, 이로 인해 창작자가 플랫폼의 기준에 맞춰야만 콘텐츠가 노출된다고 비판한다. 즉, '자유로운 콘텐츠 노출을 보장'하는 구조가 아니라 오히려 제약이 있다는 점에서 ②는 본문과 상반된다.

2. 정답: ⑤ 해설: ⑤는 단순히 창작 활동을 했다는 사

례이며, 알고리즘, 수익 구조, 플랫폼 독점과 관련된 본문의 핵심 논의와는 직접적인 연관성이 없다.

3. 예시 답안: 플랫폼은 알고리즘과 수익 배분 정책을 자체적으로 설정하고 변경할 수 있어, 창작자는 이 구조에 맞춰야만 콘텐츠가 노출된다. 이는 표현 방식에 제약을 주고, 자극적인 콘텐츠가 선호되는 구조로 이어진다. 또한 수익 기준 미달 시 수익을 지급받지 못하거나 규정 변경으로 수익이 감소하는 등 창작자의 경제적 불안정이 커진다.

4. 예시 답안: <서론> 1인 미디어 시대가 열리면서 유튜버, 틱톡커 등 1인 창작자는 청소년의 인기 진로 중 하나가 되었다. 누구나 콘텐츠를 만들고 대중과 소통할 수 있다는 점에서 큰 매력을 지니지만, 그 이면에는 플랫폼 독점이라는 구조적 문제가 존재한다. 이를 올바르게 이해하는 시각이 필요하다.

<본론> 대형 플랫폼은 콘텐츠 추천, 노출, 수익 분배 구조를 스스로 결정하며, 창작자는 그 구조에 종속될 수밖에 없다. 예를 들어, 알고리즘은 자극적인 제목이나 짧은 영상 형식을 선호하게 만들고, 이는 창작의 다양성과 표현의 자유를 제한하는 요인이 된다. 또한 수익 구조는 일정 조건을 충족해야만 광고 수익을 제공하기 때문에, 안정적인 창작 활동을 지속하기 어렵게 만든다. 청소년은 창작 기술뿐 아니라, 이러한 플랫폼의 규칙과 그로 인한 문제점을 함께 이해해야 한다.

<결론> 1인 창작자라는 꿈은 단지 영상 편집 능력이나 인기 콘텐츠를 만드는 능력만으로 이루어지지 않는다. 창작자가 활동하는 플랫폼 환경과 유통 구조, 권리 문제를 함께 고민하는 시각이 필요하다. 청소년은 단순한 동경을 넘어, 디지털 생태계의 구조를 비판적으로 바라보고 창작의 자유와 공정함을 지키는 시민으로 성장해야 한다.

5. 예시 답안: 이 제목은 본문과 잘 어울린다. 본문에서는 1인 창작자가 자유롭게 콘텐츠를 만드는 것처럼 보이지만, 실제로는 플랫폼의 알고리즘과 수익 구조에 따라 제작 방식이 좌우되고 있다고 설명한다. 따라서 제목은 창작의 겉모습과 그 이면의 구조적 제약을 적절히 드러낸다.

6. 예시 답안: <찬성> 알고리즘 구조가 공개되면 창작자들이 플랫폼의 기준을 명확히 이해하고, 공정한 경쟁 환경이 조성될 수 있다. 이는 창작의 자율성과 콘텐츠의 다양성을 보호하는 데 도움이 된다.

<반대> 알고리즘은 플랫폼의 핵심 기술로, 이를 공개하면 악용 가능성이 높고, 일부 사용자들이 시스템을 조작하려 할 수 있다. 또한 알고리즘을 과도하게 개방하면 플랫폼 운영의 효율성이 떨어질 수 있다.

8. 패션 아이콘

• 비판적 사고 키워볼까요?

1. **정답:** ④ **해설:** 패션 아이콘은 단순히 스타일을 선도하는 것이 아니라, 대중의 소비 습관과 스타일 형성에 중요한 영향을 미친다. 그들은 자신이 선택하는 패션 아이템을 통해 사회적 메시지를 전달하고, 환경 문제에 대한 인식을 높이는 역할도 수행한다. 따라서 패션 아이콘의 역할은 단순히 외면적인 것에 그치지 않으며, 시대의 흐름과 사회적 변화를 반영하는 중요한 인물들이다.

2. **정답:** ② **해설:** 현대 패션 아이콘은 소셜 미디어를 통해 팬들과 직접 소통하고, 자신의 스타일을 더 널리 알릴 수 있는 기회를 갖는다. 소셜 미디어는 그들이 대중과의 관계를 강화하고, 자신의 메시지를 효과적으로 전달하는 중요한 도구로 작용한다. 이러한 소통은 소비자에게 새로운 패션 트렌드를 제시하고, 브랜드의 영향력을 확대하는 데 기여한다.

3. **예시 답안:** 패션 아이콘은 사회적 경각심을 전달하는 데 다양한 방식으로 기여할 수 있다. 그들의 스타일을 통해 특정 사회적 이슈를 부각시킬 수 있으며, 예를 들어 성 평등이나 인종 문제를 다룬 의상을 착용함으로써 대중의 관심을 끌고 논의의 장을 마련한다. 또한, 소셜 미디어 플랫폼을 활용하여 팬들과 직접 소통하고, 사회적 메시지를 전파할 기회를 가진다. 지속 가능한 패션 브랜드와 협력하여 친환경적인 스타일을 선보임으로써 소비자들에게 환경 문제의 중요성을 알리고, 공공 행사나 인터뷰를 통해 자신의 의견을 직접 전달하여 사회적 메시지를 널리 퍼뜨릴 수 있다.

4. **예시 답안:** <서론> 패션 아이콘은 단순히 스타일을 잘 갖춘 인물에 그치지 않고, 시대의 흐름과 사회적 변화를 반영하는 중요한 역할을 한다. 이들은 대중문화에서 강력한 영향력을 행사하며, 소비자 행동과 사회적 가치관에 큰 영향을 미친다. 패션 아이콘은 자신이 선택한 의상과 액세서리를 통해 메시지를 전달하고, 이를 통해 사회적 이슈를 부각시키는 중요한 주체로 자리잡고 있다. 이러한 패션 아이콘의 사회적 역할

은 오늘날 더욱 두드러지며, 그들의 영향력은 패션 산업을 넘어 사회 전반에 미치는 긍정적인 변화로 이어진다.

<본론> 패션 아이콘은 사회적 메시지를 전달하는 데 중요한 역할을 한다. 예를 들어, 비욘세는 자신의 음악과 스타일을 통해 성 평등과 인종 문제에 대한 경각심을 일깨운다. 그녀의 패션 선택은 단순한 아름다움을 넘어, 사회적 이슈를 제기하는 도구로 기능한다. 또한, 리한나와 같은 스타들은 환경 문제에 대한 인식을 높이기 위해 지속 가능한 패션을 지지하며, 소비자들에게 책임 있는 선택을 하도록 유도한다. 이러한 방식으로 패션 아이콘은 대중에게 사회적 변화를 촉구하는 중요한 역할을 하고 있다. 또한, 패션 아이콘은 소비자 행동에 큰 영향을 미친다. 많은 소비자들은 자신이 존경하는 스타의 스타일을 모방하려 하며, 이는 특정 브랜드의 매출 상승으로 이어지기도 한다. 예를 들어, 카일리 제너가 특정 브랜드의 의상을 착용하면, 그 브랜드의 제품이 순식간에 품절되는 경우가 많다. 이와 같은 현상은 '카피캣 문화'를 형성하고, 소비자들에게는 사회적 지위를 나타내는 수단이 된다. 그러나 이러한 영향력은 부정적인 소비 문화를 조장할 위험도 내포하고 있어, 패션 아이콘의 메시지가 신중하게 다루어져야 한다.

<결론> 결론적으로, 패션 아이콘의 사회적 역할은 매우 중요하다. 그들은 단순한 스타일의 대명사가 아니라, 사회적 메시지를 전달하고 소비자 행동에 긍정적인 변화를 이끌어내는 중요한 주체로 자리잡고 있다. 앞으로도 패션 아이콘들은 다양한 방식으로 사람들에게 영감을 주고, 패션을 통해 사회적 변화를 이끌어낼 것이다. 이러한 점에서 패션 아이콘의 존재는 현대 사회에서 매우 중요한 의미를 지닌다. 그들의 스타일과 메시지는 앞으로도 많은 사람들에게 영향을 미치며, 사회적 논의의 장을 마련하는 역할을 할 것이다. 따라서 패션 아이콘의 사회적 영향력은 지속적으로 주목받아야 하며, 그들이 남기는 자취는 영원히 기억될 것이다.

5. **예시 답안:** 특정 패션 아이콘의 스타일은 대중의 소비 습관에 큰 영향을 미친다. 이들은 대중문화에서 강력한 트렌드 세터로 자리잡고 있으며, 그들의 의상 선택은 소비자들이 어떤 브랜드와 스타일을 선호하게 되는지를 결정짓는 중요한 요소가 된다. 예를 들어, 카일리 제너가 특정 브랜드의 드레스를 착용했을

때, 해당 제품은 순식간에 품절되는 경우가 많다. 이는 패션 아이콘의 영향력이 소비자들에게 직접적인 구매 결정으로 이어지기 때문이다. 또한, 패션 아이콘은 대중에게 새로운 스타일을 제안하고, 이를 통해 소비자들이 자신의 패션 정체성을 형성하도록 유도한다. 이들은 종종 개인의 개성을 강조하며, 소비자들은 이를 모방함으로써 자신의 사회적 지위를 표현하려 한다. 그러나 이러한 현상은 때때로 과도한 소비를 초래할 수 있어, 패션 아이콘의 책임 있는 선택이 중요하다

6. 예시 답안: **<찬성>** • 패션 아이콘은 인종 차별, 성평등, 환경 문제와 같은 사회적 이슈에 대한 인식을 높이는 메시지를 전달한다. 예를 들어, 비욘세와 리한나는 이러한 주제를 강조하며 많은 사람들에게 영향력을 미친다.

• 패션 아이콘의 스타일은 소비자에게 새로운 소비 패턴을 형성하게 한다. 그들이 선택하는 브랜드나 제품이 소비자들이 윤리적이고 지속 가능한 선택을 하도록 유도할 수 있다.

• 패션 아이콘은 다양한 문화와 스타일을 수용하며, 이를 통해 사회적 다양성과 포용성을 증진시키는 역할을 한다.

<반대> • 패션 아이콘은 트렌드를 선도하며, 소비자에게 과도한 소비를 유도할 수 있다. 이로 인해 불필요한 패션 아이템 구매가 늘어나고, 환경에 악영향을 미칠 수 있다.

• 특정 패션 아이콘에 대한 과도한 의존은 소비자 개인의 스타일을 제한할 수 있다. 사람들은 자신만의 개성을 잃고, 패션 아이콘의 스타일에만 맞추려는 경향이 생길 수 있다.

• 모든 패션 아이콘이 긍정적인 메시지를 전달하는 것은 아니다. 일부는 소비주의를 조장하거나, 부정적인 사회적 기준을 강화하는 경우도 있어, 그들의 영향력이 오히려 해가 될 수 있다.

9. 디지털 빈티지, 복고 유행의 이유

◆ 비판적 사고 키워볼까요?

1. 정답: ③ 해설: 본문에서는 레트로와 뉴트로가 청소년의 창의력과 문화 감수성을 키울 수 있는 중요한 문화 흐름이라고 강조한다. ③은 이를 부정하는 서술로, 본문 내용과 상반된다.

2. 정답: ④ 해설: ④는 글의 핵심 주장과 정면으로 배치된다. 본문에서는 청소년들이 레트로·뉴트로 문화를 단순히 '낡은 것'으로 받아들이지 않고, 오히려 새롭고 창의적인 콘텐츠로 수용하고 있음을 강조한다. 과거 세대의 콘텐츠가 디지털 환경에서 재해석되고 활발히 소비된다는 것이 주요 논지이다. 따라서 ④처럼 '청소년에게 낯설고 소비되기 어렵다'는 진술은 본문의 사실 및 태도와 모두 어긋나는 오류이다. 반면 ①, ②, ③, ⑤는 모두 본문에서 언급한 문화적 기능(창의성, 정서적 공감, 디지털 재해석, 사회적 안정)과 일치한다.

3. 예시 답안: 팬데믹, 사회 불안정, 미래에 대한 불확실성과 같은 요인이 복합적으로 작용하여, 사람들은 과거에 대한 향수와 안정감을 찾게 되었다. 디지털 기술의 발달로 과거 콘텐츠에 쉽게 접근하고 이를 현대적으로 재구성할 수 있게 되면서, 레트로와 뉴트로 문화가 청소년 사이에서도 새로운 트렌드로 확산되었다.

4. 예시 답안: **<서론>** 최근 청소년들 사이에서 레트로·뉴트로 문화가 큰 인기를 끌고 있다. 과거의 패션, 음악, 게임, 디자인 등을 현재의 감성으로 재해석하는 방식은 흥미롭고 친숙함을 주지만, 단순히 '옛날 감성'을 따라 하는 수준에 머문다면 진정한 창의 활동으로 보기 어렵다. 청소년이 이 문화를 어떻게 수용하고 활용하느냐에 따라 창의성과 문화적 성장이 좌우될 수 있다.

<본론> 레트로·뉴트로는 단순한 복고가 아니라 '재해석'이라는 창작의 과정을 포함한다. 청소년은 과거의 문화가 형성된 시대적 배경과 사회적 맥락을 이해하려는 태도를 가져야 하며, 이를 바탕으로 현재의 기술이나 자신만의 시각을 더해 새로운 콘텐츠를 창조하는 노력이 필요하다. 예를 들어, 1980년대 유행했던 음악을 현대적인 리듬으로 재편곡하거나, 오래된 게임기 디자인을 활용해 새로운 디지털 제품을 기획하는 것처럼, 과거를 소재로 삼되 현재와 연결하는 사고가 요구된다.

<결론> 레트로·뉴트로 문화를 창의적인 활동으로 발전시키기 위해서는 단순한 모방을 넘어선 '의미 있는 재해석'이 중요하다. 청소년은 과거를 감각적으로 소비하는 데서 그치지 않고, 문화적 맥락을 이해하며 새로운 가치를 만들어내는 능동적인 태도를 가져야 한다. 이러한 태도가 곧 미래의 창의적인 콘텐츠 제작자이자 문화 생산자로 성장하는 밑거름이 될 것이다.

5. 예시 답안: 레트로와 뉴트로 문화는 과거를 경험한

세대와 그렇지 않은 세대 간의 공감대를 형성하며 소통의 통로가 된다. 과거의 음악, 패션, 게임 등을 새롭게 해석해 공유함으로써 서로의 경험과 감성을 나누게 되며, 이를 통해 세대 간 이해와 문화적 연대가 자연스럽게 이루어진다.

6. 예시 답안: <찬성> 복고 유행은 이미 존재했던 콘텐츠를 반복적으로 재생산하는 데 그치는 경우가 많으며, 새로운 아이디어보다는 감성에만 의존하는 소비 형태가 늘고 있다. 창의성보다는 자극과 반복 소비가 중심이 될 수 있다.

<반대> 레트로와 뉴트로는 과거 문화를 현재의 감성으로 재해석하며, 새로운 디자인, 음악, 영상 등 창의적인 콘텐츠로 발전하고 있다. 이는 과거를 기반으로 한 창작 활동이며, 오히려 융합적 사고를 촉진하는 계기가 될 수 있다.

10. OTT 플랫폼의 혁신

◆ 비판적 사고 키워볼까요?

1. 정답: ①, ⑤ 해설: OTT 플랫폼은 사용자에게 다양한 선택권과 유연성을 제공하여 미디어 소비 방식을 변화시키고 있다. 또한, 국경을 초월한 콘텐츠 제공으로 글로벌화를 촉진하고 있다. 전통 방송사와의 경쟁은 여전히 존재하며, OTT 플랫폼이 경쟁하지 않는다는 주장은 사실이 아니다.

2. 정답: ② 해설: OTT 플랫폼은 자체 제작 콘텐츠에 대한 투자를 통해 새로운 창작자에게 기회를 제공하고 있다. 이는 다양한 장르와 형식의 콘텐츠를 생산하는 데 기여하고 있다.

3. 예시 답안: OTT 플랫폼의 발전은 소비자와 콘텐츠 제작자 간의 관계를 더욱 밀접하게 변화시켰다. 소비자는 OTT 플랫폼을 통해 개인화된 추천 시스템을 활용하여 자신에게 맞는 콘텐츠를 쉽게 찾을 수 있게 되었다. 이러한 맞춤형 경험은 소비자 만족도를 높이고, 콘텐츠 소비의 효율성을 극대화한다. 한편, 콘텐츠 제작자들은 OTT 플랫폼의 등장으로 새로운 기회를 얻게 되었다. 전통적인 방송사와는 달리, OTT 플랫폼은 다양한 형식과 장르의 콘텐츠 제작을 장려하며, 창작자들이 실험할 수 있는 자유로운 환경을 제공한다. 또한, 제작자들은 직접 소비자와 소통할 수 있는 경로가 마련되어, 피드백을 즉시 반영할 수 있다. OTT 플랫폼은 소비자와 제작자 간의 상호작용을 강화하고, 더 많은 창작 기회를 제공하여 콘텐츠 생태계를 풍부하게 만든다. 이러한 변화는 콘텐츠의 질을 향상시키고, 다양한 문화적 이야기가 전 세계적으로 공유될 수 있는 기반을 마련하는 데 기여한다.

4. 예시 답안: <서론> OTT 플랫폼은 사용자 경험(UX)의 중요성을 인식하고, 이를 개선하기 위한 다양한 노력을 기울이고 있다. 사용자 경험은 소비자들이 플랫폼을 어떻게 인식하고 이용하는지를 결정하는 핵심 요소로, 만족도가 높을수록 재방문율과 사용 시간도 증가하게 된다. 따라서 OTT 플랫폼은 사용자 친화적인 인터페이스, 직관적인 탐색 기능, 개인화된 콘텐츠 추천 시스템 등 다양한 방법을 통해 UX를 개선해야 한다.

<본론> 첫째, 사용자 인터페이스(UI)의 직관성을 강화하는 것이 중요하다. 플랫폼의 디자인은 사용자가 쉽게 이해하고 탐색할 수 있어야 하며, 복잡한 메뉴 구조나 불필요한 기능을 최소화해야 한다. 예를 들어, 콘텐츠 카테고리와 추천 목록을 명확히 구분하고, 사용자가 원하는 콘텐츠를 쉽게 찾을 수 있도록 검색 기능을 개선하는 것이 필요하다. 둘째, 개인화된 추천 시스템을 통해 사용자 경험을 향상시킬 수 있다. AI와 머신러닝 기술을 활용하여 사용자의 시청 기록, 선호도, 시간대 등을 분석하고, 맞춤형 콘텐츠를 추천함으로써 사용자가 더 많은 관련 콘텐츠를 발견할 수 있도록 돕는다. 이는 소비자의 만족도를 높이는 데 큰 역할을 한다. 셋째, 사용자 피드백을 적극적으로 반영하는 것이 중요하다. 사용자들이 플랫폼에 대한 의견을 쉽게 남길 수 있도록 하고, 이를 바탕으로 지속적으로 서비스를 개선해야 한다. 정기적인 설문조사나 피드백 기능을 통해 사용자들의 요구를 파악하고, 그에 맞춰 업데이트를 진행하는 것이 효과적이다. 넷째, 다양한 디바이스에서의 호환성을 강화해야 한다. 스마트폰, 태블릿, 스마트 TV 등 다양한 기기에서 일관된 사용자 경험을 제공함으로써, 사용자가 어떤 디바이스를 사용하더라도 편리하게 콘텐츠를 소비할 수 있도록 해야 한다. 마지막으로, 커뮤니티 기능을 강화하여 사용자 간의 소통을 촉진하는 것도 좋은 방안이다. 시청한 콘텐츠에 대한 리뷰나 평점을 남길 수 있는 기능을 통해 사용자들이 의견을 공유하고, 이를 토대로 새로운 콘텐츠를 발견할 수 있는 환경을 조성할 수 있다.

<결론> OTT 플랫폼의 사용자 경험(UX)을 개선하기 위한 다양한 방안은 사용자 만족도와 재방문율을 높

이는 데 중요한 역할을 한다. 직관적인 UI 설계, 개인화된 추천 시스템, 사용자 피드백 반영, 다양한 디바이스 호환성, 커뮤니티 기능 강화 등은 모두 사용자 경험을 풍부하게 만들기 위한 전략이다. 이러한 노력을 통해 OTT 플랫폼은 소비자들에게 더욱 매력적이고 편리한 콘텐츠 소비 환경을 제공할 수 있으며, 이는 궁극적으로 플랫폼의 성공과 지속 가능한 발전에 기여할 것이다. 따라서 OTT 플랫폼은 사용자 경험 개선을 위한 지속적인 투자를 아끼지 않아야 한다.

5. 예시 답안: OTT 플랫폼의 발전은 우리에게 많은 즐거움을 주지만 몇 가지 예상되는 부작용도 있다. 우선, 다양한 오리지널 콘텐츠가 각기 다른 플랫폼에 독점 공개되면서 보고 싶은 프로그램을 모두 보려면 여러 개의 서비스에 가입해야 해 가계에 '구독료 부담'이 커진다. 너무 많은 콘텐츠 양 때문에 오히려 '선택 장애'나 '콘텐츠 피로감'을 느끼게 되고, 알고리즘 추천에만 의존하며 '다양한 장르나 새로운 콘텐츠를 접할 기회가 줄어든다.' 빠르게 콘텐츠를 만들어내야 하는 경쟁 환경 속에서 제작자들이 '제작 환경의 어려움'을 겪거나 '콘텐츠의 질적 저하' 가능성도 배제할 수 없다.

6. 예시 답안: <찬성> •과잉 공급 상황에서는 콘텐츠 제작자들이 양산에 집중하게 되어, 품질보다 양을 중시할 가능성이 높아진다. 이는 창의성이 떨어지고, 독창적인 아이디어가 부족한 콘텐츠로 이어질 수 있다.
•많은 콘텐츠가 시장에 출시됨에 따라 경쟁이 치열해진다. 이로 인해 제작자들은 빠른 시간 안에 콘텐츠를 완성해야 하며, 이는 품질 저하로 이어질 수 있다.
•소비자들이 선택할 수 있는 콘텐츠가 많아지면, 오히려 품질 높은 콘텐츠를 찾기 어려워질 수 있다. 이로 인해 소비자들은 저품질 콘텐츠를 소비하게 되는 경우가 많아진다.
<반대> •과잉 공급 상황에서도 소비자들이 다양한 콘텐츠를 선택할 수 있는 기회가 증가한다. 이는 품질 높은 콘텐츠도 포함되어 있어, 오히려 소비자 선택의 폭을 넓힐 수 있다.
•경쟁이 심화되면 제작자들은 더 높은 품질의 콘텐츠를 생산하기 위해 노력하게 된다. 소비자들의 요구가 높아지면, 자연스럽게 품질 개선이 이루어질 수 있다.
•과잉 공급으로 인해 다양한 장르와 형식의 콘텐츠

가 등장하게 된다. 이는 특정 취향을 가진 소비자들에게 맞춤형 콘텐츠를 제공할 수 있는 기회를 만들어, 품질 높은 콘텐츠가 발굴될 수 있다.

11. 청소년 피지컬 문화와 외모 가치관
• 비판적 사고 키워볼까요?
1. 정답: ② 해설: 본문에서는 외모 비교가 청소년기의 자아정체성과 밀접하게 연관되어 있으며, 외부 평가에 민감하게 반응하게 된다고 설명하고 있다. ②는 이와 반대되는 내용으로, 본문과 일치하지 않는다.
2. 정답: ② 해설: ②는 본문에 명확하게 언급되지 않은 성별 비교 결과를 포함하고 있어 적절하지 않다. 본문에서는 여학생이 또래 및 미디어 비교에 더 민감하게 반응한다고 했으며, 남학생 역시 어깨, 복근 등 신체 요소에 민감하다고만 설명한다. 그러나 '남학생이 여학생보다 더 큰 영향을 받는다'는 상대적 비교는 본문에 없는 내용이며, 과잉 일반화된 오류다.
3. 예시 답안: 외모 중심 문화는 청소년의 자아정체성과 자존감에 영향을 미친다. 외모 비교와 이상적인 이미지 내면화는 스트레스와 우울감을 유발할 수 있으며, 외모에 대한 불만족은 대인관계와 학업 태도에 부정적인 영향을 줄 수 있다. 이는 청소년기의 심리적 발달에 있어 중요한 장애 요인이 될 수 있다.
4. 예시 답안: <서론> SNS와 방송 콘텐츠의 영향으로 청소년들은 특정한 외모 기준에 쉽게 노출되고, 자신과 비교하며 불만을 느끼는 경우가 많다. 특히 청소년기는 자아 정체성이 형성되는 중요한 시기이기에 외모에 대한 과도한 집착은 자존감을 낮추고 정신적 불안을 초래할 수 있다. 따라서 외모 중심의 가치관에 휘둘리지 않고, 자신을 있는 그대로 받아들이는 태도가 필요하다.
<본론> 청소년은 외모를 자신의 전부로 여기기보다, 내면의 다양한 장점과 개성을 발견하고 긍정하는 자세를 가져야 한다. 미디어에서 보여주는 외모 기준은 상업적 목적에 따라 만들어진 것이 많으며, 이를 무비판적으로 수용하면 왜곡된 자기 인식을 형성하게 된다. 외모는 변화할 수 있지만, 자신을 아끼는 태도와 자존감은 평생을 좌우하는 중요한 요소다. 또래와의 소통이나 부모·교사와의 대화를 통해 자신을 객관적으로 바라보고, 외모가 아닌 노력, 성실성, 창의성 같은 가치를 인정받으려는 노력이 중요하다.
<결론> 청소년이 건강한 자아 인식을 갖기 위해서는

외모에 대한 사회적 기준을 비판적으로 바라보고, 자신의 고유한 매력과 존재 가치를 존중하는 태도가 필요하다. 겉모습보다 내면의 성장에 집중하고, 다양한 경험을 통해 자신감을 키워나갈 때, 외모에 휘둘리지 않는 성숙한 자아가 형성될 수 있다. 이러한 태도가 미래의 삶에도 긍정적인 영향을 줄 것이다.

5. 예시 답안: 외모에 대한 불만족은 자존감 저하, 스트레스, 우울감 등 부정적인 정서를 유발한다. 이러한 심리 상태는 대인관계에서 위축감을 만들고, 학습과 진로 활동에도 소극적 태도를 초래할 수 있다. 외모 스트레스는 청소년의 정신 건강과 사회성 발달에 부정적인 영향을 준다.

6. 예시 답안: <찬성> 청소년의 외모 관심은 자신을 가꾸고 표현하려는 자연스러운 욕구이며, 건강한 식습관, 운동, 자기 관리로 이어질 수 있다. 이는 자아정체성 형성과 자신감 형성에 긍정적인 영향을 미칠 수 있다.

<반대> 외모에 대한 과도한 관심은 이상적인 기준을 내면화하게 만들며, 자신을 외모로만 평가하는 왜곡된 가치관을 형성할 수 있다. 이는 정신 건강 문제, 사회적 위축, 신체 왜곡 등을 유발할 수 있다.

12. 게임, 스토리의 새로운 지평을 여는 시대

• 비판적 사고 키워볼까요?

1. 정답: ② 해설: 본문에서는 게임 산업이 단순한 오락을 넘어 감정적이고 몰입감 있는 경험을 제공하는 방향으로 발전하고 있음을 강조하고 있다. 특히, 스토리텔링의 중요성, 기술 발전, 그리고 감정적 연결에 대해 다루고 있다. 따라서 2번이 정답이다.

2. 정답: ② 해설: 스토리텔링의 발전은 플레이어가 게임 속 캐릭터 및 이야기와 감정적으로 연결될 수 있는 기회를 제공한다. 이는 플레이어가 게임에 더욱 몰입하고, 경험을 깊이 있게 느끼게 함으로써 게임의 가치를 높인다. 따라서 2번이 정답이다.

3. 예시 답안: 게임의 비선형 내러티브는 플레이어의 경험에 깊은 영향을 미친다. 우선, 비선형 구조는 플레이어에게 선택의 자유를 제공하여 자신만의 이야기를 만들어가는 과정을 가능하게 한다. 이로 인해 플레이어는 게임 속에서 주체적인 역할을 느끼며, 자신의 선택이 스토리에 실제로 영향을 미친다는 사실에 몰입하게 된다. 또한, 비선형 내러티브는 다양한 결말과 경로를 통해 플레이어가 여러 번 게임을 반복해서 즐길 수 있는 가치를 제공한다. 각 플레이를 통해 새로운 경험과 감정을 느낄 수 있어, 게임에 대한 흥미를 지속적으로 유지하게 된다. 예를 들어, 《Detroit: Become Human》과 같은 게임에서는 플레이어의 선택이 등장인물의 생사와 관계에 중대한 영향을 미치므로, 선택의 결과에 대한 책임감을 느끼게 된다. 결과적으로, 비선형 내러티브는 플레이어에게 감정적인 깊이를 더하고, 스토리에 대한 몰입감을 극대화하며, 각 플레이어가 개인적인 경험을 통해 게임을 더욱 의미 있게 만들어준다.

4. 예시 답안: <서론> 게임의 스토리텔링은 최근 몇 년간 비약적으로 발전해왔으며, 이로 인해 게임의 예술적 가치가 크게 향상되었다. 과거에는 게임이 단순한 오락의 수단으로 여겨졌지만, 현재는 깊이 있는 서사와 복잡한 캐릭터를 통해 플레이어에게 감정적이고 몰입감 있는 경험을 제공하는 매체로 자리 잡았다. 이러한 변화는 게임이 단순한 놀이를 넘어, 문화적 가치와 메시지를 전달하는 예술 형태로 발전하는 데 기여하고 있다.

<본론> 스토리텔링의 발전은 여러 측면에서 게임의 예술적 가치를 높인다. 첫째, 감정적 깊이를 제공한다. 복잡한 내러티브와 다층적인 캐릭터 개발은 플레이어가 게임 속 인물과 정서적으로 연결될 수 있게 한다. 예를 들어, 《The Last of Us》는 주인공 조엘과 엘리의 관계를 통해 부모의 사랑, 상실, 희생 등의 주제를 다루어 감정적으로 깊이 있는 경험을 선사한다. 이러한 요소는 게임을 단순한 오락에서 감정적 체험으로 전환시킨다. 둘째, 비선형 내러티브는 플레이어에게 선택의 자유를 제공하여 개인적인 경험을 창출한다. 《Detroit: Become Human》과 같은 게임에서는 플레이어의 선택이 이야기 전개에 중대한 영향을 미치며, 이는 각 플레이어가 고유한 이야기를 경험하게 한다. 이처럼 플레이어가 스토리의 주체가 되는 것은 게임의 예술적 가치에 대한 인식을 높이고, 게임을 예술 작품으로 바라보게 한다. 셋째, 현대 게임은 시각적 스토리텔링을 통해 예술적 표현을 강화한다. 그래픽, 환경 디자인, 음악 등 다양한 요소가 결합되어 이야기를 더욱 풍부하게 만든다. 《God of War》와 같은 게임은 북유럽 신화를 현대적으로 재해석하며, 뛰어난 비주얼과 음악으로 플레이어에게 몰입감을 제공한다. 이러한 시각적 요소는 게임의 서사를 더욱 강조하고, 예술적 감상을 가능하게 한다.

<결론> 결론적으로, 게임의 스토리텔링 발전은 예술적 가치에 큰 기여를 하고 있다. 감정적 깊이, 비선형 내러티브, 시각적 스토리텔링 등의 요소는 게임을 단순한 오락을 넘어, 문화적 메시지와 인간 경험을 탐구하는 매체로 발전시킨다. 이러한 변화는 게임이 사회적 대화의 장으로 기능하도록 하여, 플레이어가 현실 세계의 문제를 성찰하고 공감할 수 있는 기회를 제공한다. 앞으로도 게임의 스토리텔링은 더욱 발전하여, 예술적 가치와 사회적 메시지를 전달하는 중요한 수단으로 자리매김할 것이다.

5. 예시 답안: 게임 스토리텔링의 발전으로 플레이어는 게임 속 세상에 깊이 빠져들어 현실과 가상의 경계가 모호해질 수 있다. 이는 게임에 과도하게 몰입하거나 중독되는 현상으로 이어질 위험이 있고, 결과적으로 현실의 학업, 업무, 대인 관계 등을 소홀히 하게 되는 사회적 문제가 발생할 수 있다. 게임 속에서 느끼는 강렬한 감정, 특히 비극적인 이야기나 캐릭터의 고통에 깊이 공감할 경우 현실 세계에서도 심리적인 어려움을 겪거나 부정적인 감정에서 쉽게 벗어나지 못할 수도 있다. 또한, 오직 게임 속 관계에만 집중하며 현실에서의 소통이 줄어들어 사회적으로 고립될 가능성도 있다. 따라서 스토리텔링 발전은 게임의 가치를 높이지만, 사용자의 건강한 몰입과 현실 생활의 균형을 위한 사회적 관심과 노력이 필요하다.

6. 예시 답안: <찬성> • 게임 스토리텔링의 발전은 플레이어에게 감정적으로 깊이 있는 경험을 제공하여, 몰입감을 크게 향상시킨다. 복잡한 캐릭터와 스토리는 플레이어가 감정적으로 연결될 수 있게 한다.
• 비선형 내러티브는 플레이어에게 선택의 자유를 부여하여, 개인적인 경험을 창출하게 한다. 다양한 결말과 이야기를 통해 각 플레이어가 고유한 여정을 경험할 수 있다.
• 게임의 스토리텔링 발전은 사회적 이슈와 메시지를 탐구하는 중요한 매개체로 기능한다. 예를 들어, 다양한 게임들이 현실 세계의 문제를 다루며 플레이어에게 성찰의 기회를 제공한다.
<반대> • 스토리 중심의 게임은 전통적인 게임 플레이의 본질을 약화시키고, 점수나 반응 속도와 같은 기본적인 재미를 감소시킬 수 있다. 이에 따라 일부 플레이어는 게임의 핵심 요소를 잃어버린다고 느낄 수 있다.
• 비선형 내러티브는 스토리의 일관성을 저해하고,

플레이어가 혼란스러움을 느끼게 할 수 있다. 선택의 결과가 복잡하게 얽힐 경우, 플레이어는 이야기를 따라가기가 어려워질 수 있다.
• 스토리 중심의 게임이 증가함에 따라 특정 장르에 집중하게 되어 장르의 다양성을 제한할 수 있다. 이는 다양한 게임 스타일과 경험을 원하는 플레이어에게 실망을 줄 수 있다.

13. 디지털 추모 문화, 사이버 제사?
• 비판적 사고 키워볼까요?
1. 정답: ② 해설: ②는 사실과 다름. e하늘 장사정보시스템은 사진, 영상, 메시지를 올리고 추모글을 남기는 서비스이지, AI 기반의 실시간 제사 기능을 포함하진 않는다. AI·VR 기반 추모 서비스는 민간 스타트업의 사례로 소개되었다.
2. 정답: ⑤ 해설: 본문에서 'e하늘 장사정보시스템'과 같은 온라인 추모관 서비스를 소개하며, "여러 지역에 흩어져 있는 가족들과 실시간으로 함께 대화할 수도 있다"고 명시하고 있다. 즉, 실시간 소통 기능이 제공된다고 했으므로, ⑤번은 틀린 진술이다.
3. 예시 답안: 디지털 추모 문화는 시간과 장소의 제약 없이 언제든 고인을 추모할 수 있으며, 멀리 떨어진 가족이 함께 참여할 수 있는 장점을 가진다. 또한 코로나19와 같은 사회적 제약 속에서도 추모의 진정성을 지킬 수 있는 새로운 대안이 되었으며, VR·AI 등 기술을 통해 감정적 연결을 시도할 수 있는 확장된 형태의 추모 문화를 만든다.
4. 예시 답안: <서론> 최근 온라인 성묘, 메타버스 제사 등 디지털 기술을 활용한 추모 문화가 확산되고 있다. 이는 바쁜 현대인의 생활 방식과 비대면 환경에 맞춘 변화이지만, 전통 제사의 의미가 퇴색될 수 있다는 우려도 존재한다. 단순히 형식만 유지하는 디지털 제사가 아니라, 전통 제사의 본질을 되새기며 현대적으로 계승하는 태도가 필요하다.
<본론> 전통 제사는 단지 음식을 차리고 절을 올리는 형식을 넘어, 조상을 기리는 예(禮)와 가족 간 유대를 확인하는 정서적 의례였다. 디지털 추모가 이를 대체할 수 있으려면, 기술의 편리함 속에서도 예를 갖춘 마음과 참여하는 자세가 전제되어야 한다. 온라인으로 조상을 기릴 때도 가족이 함께 시간을 정해 의미를 공유하고, 추모 메시지나 사진, 음성 등을 통해 진심을 표현하려는 노력이 필요하다. 또한 세대 간 전통

을 단절시키는 방식이 아니라, 디지털 방식이 오히려 전통의 의미를 현대적으로 해석하고 전달하는 소통의 다리가 되어야 한다.

<결론> 디지털 제사는 변화하는 시대에 맞춰 추모 방식을 확장하는 기회일 수 있다. 하지만 그 중심에는 '예와 정성'이라는 전통 제사의 본질이 놓여야 한다. 청소년을 비롯한 현대인은 기술의 편리함에 기대기보다, 조상을 기리는 마음과 가족의 의미를 되새기며 진정성 있는 추모 방식을 고민해야 한다. 그래야만 디지털 추모 문화가 전통을 계승하고 공동체의 정서를 이어가는 새로운 방식으로 자리 잡을 수 있다.

5. 예시 답안: VR과 AI 기술을 활용한 디지털 추모는 고인의 모습을 3D 아바타로 재현하거나, 유족과의 대화를 가능하게 하여 감정적 교류를 극대화한다. 이는 단순한 추모를 넘어서 정서적 소통의 방식을 확장시키며, 미래의 추모 문화가 보다 개인화되고 몰입적인 방향으로 나아가는 데 기여한다.

6. 예시 답안: <찬성> 디지털 방식은 위패, 절, 음식 등 전통 제사의 상징성과 물리적 상호작용을 생략하기 때문에, 공동체 의식이나 예를 갖추는 절차가 약화된다. 이는 세대 간 문화 단절을 초래할 수 있다.

<반대> 디지털 추모는 시간과 장소를 초월하여 조상을 기억할 수 있는 방식으로, 기술을 통해 오히려 가족 유대가 강화될 수 있다. 진정성이 담긴 추모라면 형식이 바뀌어도 본질은 유지된다.

14. 세대별 소셜 미디어

● 비판적 사고 키워볼까요?

1. 정답: ③ **해설:** 이 글에서는 각 세대의 소셜 미디어 사용 방식과 그에 따른 관심사를 설명하고 있다. 특히 밀레니얼 세대는 사회적 이슈에 대한 캠페인을 적극적으로 추진하는 특성이 언급되었으며, 이는 다른 세대와의 차별점을 나타낸다. 다른 선지들은 글의 내용을 잘못 해석하고 있다.

2. 정답: ② **해설:** 각 세대의 소셜 미디어 사용 방식은 그들의 성장 배경과 가치관에 따라 다르게 나타난다. 베이비붐 세대는 가족과의 소통을 중시하고, X세대는 직장 내 네트워킹을 통해 관계를 강화한다. 밀레니얼 세대는 시각적 콘텐츠에 집중하며, Z세대는 빠른 정보 소비를 선호한다.

3. 예시 답안: 각 세대의 소셜 미디어 사용 방식은 향후 사회적 관계 형성에 중요한 영향을 미친다. 베이비붐 세대는 가족 간의 유대 강화를 통해 안정된 관계를 유지하고, X세대는 직장 내 네트워킹을 통해 전문성을 높인다. 밀레니얼 세대는 사회적 이슈에 대한 공감대를 형성하며, Z세대는 짧고 직관적인 콘텐츠로 다양한 배경과의 소통을 확대한다. 이처럼 세대별 특성은 서로 다른 가치관과 경험을 공유하게 하여, 사회적 관계의 다변화를 촉진한다.

4. 예시 답안: <서론> 각 세대는 소셜 미디어를 통해 소통하는 방식이 다르지만, 이를 활용하여 서로에 대한 이해를 증진시킬 수 있는 다양한 방법이 존재한다. 베이비붐 세대부터 Z세대까지 각 세대는 고유한 경험과 가치관을 바탕으로 소셜 미디어를 사용하며, 이를 통해 세대 간의 격차를 줄이고 서로의 입장을 이해할 수 있는 기회를 마련할 수 있다. 이러한 소통의 과정은 개인의 정체성을 표현하고, 사회적 이슈에 대한 인식을 공유하는 데 중요한 역할을 한다.

<본론> 첫째, 베이비붐 세대는 Facebook과 같은 플랫폼을 통해 가족과의 소통을 강화하고, 자녀와 손주들의 일상을 공유함으로써 세대 간의 관계를 더욱 돈독히 할 수 있다. 이들은 소중한 추억을 기록하고, 과거의 경험을 바탕으로 자신의 이야기를 나누며, 이를 통해 다음 세대가 그들의 가치관을 이해하도록 돕는다. 또한, 이들은 종종 뉴스와 기사를 공유하여 사회적 이슈에 대한 의견을 나누고, 젊은 세대와의 대화의 장을 마련할 수 있다. 둘째, X세대는 블로그나 포럼을 통해 개인적인 경험과 의견을 나누며, 소셜 미디어를 정보 공유와 네트워킹의 도구로 활용한다. 이들은 직장 내 관계 형성을 중시하며, 직장 동료와의 관계를 통해 서로의 경험을 공유하고, 이를 바탕으로 서로를 이해하는 데 기여할 수 있다. X세대는 또한 밀레니얼 세대와의 소통을 통해 새로운 트렌드와 가치관을 배우고, 이를 통해 폭넓은 이해를 증진할 수 있다. 셋째, 밀레니얼 세대는 Instagram, Snapchat 등 시각적 콘텐츠 중심의 플랫폼을 통해 사회적 이슈에 대한 캠페인을 진행하며, 이를 통해 공감대를 형성한다. 이들은 다양한 사회적 문제에 대한 인식을 높이고, 다른 세대와의 대화를 유도하는 데 적극적이다. 밀레니얼 세대는 소셜 미디어를 통해 자신의 목소리를 내고, 이를 통해 서로 다른 세대의 시각을 이해하려는 노력을 기울인다. 마지막으로, Z세대는 TikTok과 Instagram을 통해 짧고 직관적인 콘텐츠를 소비하고 제작한다. 이들은 유머와 감성을 결합한 콘텐츠

를 통해 서로의 정체성을 표현하며, 사회적 이슈에 대한 목소리를 내는 데 주력한다. Z세대는 팔로워와의 상호작용을 중시하므로, 이를 통해 다양한 배경을 가진 사람들과의 소통을 확대할 수 있다.

<결론> 결론적으로, 각 세대가 소셜 미디어를 활용하여 서로의 이해를 증진시키기 위한 방법은 다양하다. 베이비붐 세대는 가족 소통을 통해 가치관을 전달하고, X세대는 경험 공유를 통해 네트워킹을 강화한다. 밀레니얼 세대는 사회적 이슈를 통해 공감대를 형성하고, Z세대는 창의적인 콘텐츠로 소통의 폭을 넓힌다. 이러한 방법들은 세대 간의 이해를 증진시키고, 서로의 가치관을 존중하는 기반을 마련한다. 결국, 소셜 미디어는 세대 간의 다리 역할을 하며, 모든 세대가 함께 소통할 수 있는 플랫폼을 제공한다. 이러한 과정을 통해 우리는 서로의 차이를 이해하고, 더 나은 사회적 관계를 형성할 수 있을 것이다.

5. 예시 답안: 소셜 미디어는 각 세대에게 서로 다른 방식으로 큰 영향을 준다. 베이비붐 세대는 주로 가족 및 친구와 연결되고 정보를 교환하며 관계를 유지하는 데 활용하며 소통의 폭을 넓힌다. X세대는 직업적 네트워킹이나 관심사 공유를 통해 전문가 커뮤니티에 참여하며 자기 개발 및 사회적 연결망을 강화한다. 밀레니얼 세대는 시각적 콘텐츠를 통해 자신을 표현하고 트렌드를 주도하며 사회적 이슈에 목소리를 내는 플랫폼으로 활용한다. 마지막으로 Z세대는 짧고 빠른 정보를 소비하며 유행을 빠르게 받아들이고 친구들과 끊임없이 소통하며 새로운 문화 현상을 만들어 간다.

6. 예시 답안: <찬성> • Z세대의 짧고 직관적인 콘텐츠 소비는 정보를 신속하게 전달할 수 있어, 바쁜 현대 사회에서 효율적인 소통을 가능하게 한다.
• 이러한 소비 방식은 창의적인 콘텐츠 제작을 촉진하고, 다양한 형식의 표현을 통해 개인의 정체성을 자유롭게 나타낼 수 있는 기회를 제공한다.
• 짧고 직관적인 콘텐츠는 사회적 이슈에 대한 관심을 끌고, Z세대가 쉽게 참여할 수 있는 캠페인이나 트렌드를 형성하여 사회적 참여를 촉진할 수 있다.
<반대> • 짧은 콘텐츠는 복잡한 문제를 간단하게 다루기 때문에, 깊이 있는 사고와 논의가 부족해질 수 있으며, 이는 잘못된 정보 확산의 우려를 낳는다.
• 직관적인 콘텐츠 소비는 깊이 있는 대화를 줄이고, 사람 간의 감정적 유대감을 약화시켜, 진정한 인간관

계를 형성하는 데 방해가 될 수 있다.
• 짧고 즉각적인 반응을 중시하는 경향은 대화의 흐름을 단편화시켜, 서로의 의견을 충분히 이해하지 못하는 상황을 초래할 수 있다.

15. MBTI와 퍼스널 브랜딩 문화
• 비판적 사고 키워볼까요?

1. 정답: ② 해설: 퍼스널 브랜딩은 외모나 말투 등 '표면적인 요소'만이 아니라 가치관, 성격, 능력, 커뮤니케이션 방식 등까지 포괄하는 개념이다. ②는 이를 단순히 외형적 표현으로 한정해 본문과 어긋난다.

2. 정답: ⑤ 해설: 본문은 MBTI를 중심으로 한 자기 이해와 퍼스널 브랜딩을 다루고 있다. ⑤는 혈액형 성격론과 관련된 사례로, 주제와 직접적인 관련이 없다.

3. 예시 답안: MBTI는 청소년이 자기 자신을 탐색하고 이해하는 데 도움을 줄 수 있다. 성격 유형을 통해 자신의 강점과 개성을 발견하고, 퍼스널 브랜딩을 통해 타인과 소통하고 자신감을 형성하는 기회를 얻을 수 있다. 이는 청소년기의 자아정체성 형성에 긍정적 영향을 줄 수 있다.

4. 예시 답안: <서론> 최근 청소년들 사이에서 MBTI 성격 유형 검사가 큰 인기를 끌고 있다. 자신이 어떤 성향을 지녔는지 알 수 있다는 점에서 흥미로운 도구가 될 수 있지만, 이를 지나치게 절대시하면 오히려 자아 형성을 방해할 수 있다. MBTI는 자신을 이해하는 하나의 참고 수단일 뿐, 개인의 모든 가능성을 규정짓는 기준이 되어서는 안 된다.

<본론> MBTI는 외향형, 내향형, 사고형, 감정형 등 16가지 유형으로 사람의 성격을 분류하지만, 실제 인간은 상황과 경험에 따라 유동적으로 변화한다. 청소년은 특정 유형에 자신을 고정하지 말고, 유형이 보여주는 특징을 바탕으로 자신을 객관적으로 돌아보는 기회로 삼아야 한다. 예를 들어, "나는 내향형이니까 발표를 못 해"라는 식의 제한적 사고보다는 "현재는 발표가 어려우나, 연습을 통해 개선할 수 있다"는 유연한 시각이 중요하다. 다양한 활동을 시도하고 실패를 경험하며 성장하는 것이 청소년기 본연의 과정임을 인식해야 한다.

<결론> MBTI는 자기 탐색을 돕는 유용한 도구이지만, 절대적인 잣대로 활용해서는 안 된다. 청소년은 유형에 갇히기보다 열린 자세로 자신을 바라보고, 경험을 통해 끊임없이 변화하고 성장할 수 있다는 믿음

을 가져야 한다. 이러한 태도는 자기 이해뿐 아니라 미래의 진로 선택과 대인 관계 형성에도 긍정적인 영향을 줄 것이다.

5. 예시 답안: 'MBTI와 퍼스널 브랜딩 문화'는 본문의 중심 주제를 명확하게 드러낸 제목이다. 본문은 청소년들이 MBTI 성격 유형을 활용하여 자신을 이해하고 표현하는 방식에 집중하고 있으며, 이를 단순한 심리 테스트가 아닌 '퍼스널 브랜딩'이라는 문화적 흐름과 연결해 설명하고 있다. 특히 MBTI가 자신을 설명하는 도구이자 정체성 탐색 수단으로 사용되며, 퍼스널 브랜딩과 결합해 청소년이 사회 속에서 자신을 전략적으로 표현하고 있다는 점이 강조된다. 또한, 본문은 이러한 문화가 가지는 긍정적 가능성과 동시에 유형에 스스로를 가두는 위험성도 지적하고 있다. 따라서 이 제목은 MBTI라는 도구와 그것이 형성한 사회·문화적 현상인 퍼스널 브랜딩이라는 두 핵심 개념을 균형 있게 포괄하고 있어 매우 적절하다고 볼 수 있다.

6. 예시 답안: <찬성> MBTI는 청소년들이 자신의 성격을 이해하고, 강점과 개성을 탐색할 수 있는 자기이해의 출발점이 될 수 있다. 퍼스널 브랜딩과 결합해 자신을 자신감 있게 표현할 수 있는 기회를 제공하며, 사회적 관계를 형성하는 데도 긍정적인 영향을 준다.
<반대> MBTI 유형을 지나치게 신뢰하거나 고정된 이미지로 받아들일 경우, 청소년의 다양한 가능성을 제한하고 자아 형성에 오히려 부정적인 영향을 줄 수 있다. 또한 MBTI의 과학적 타당성에 대한 논란도 존재해, 절대적 기준으로 삼기엔 위험하다.

16. 인터랙티브 미디어

◆ 비판적 사고 키워볼까요?

1. 정답: ② 해설: 인터랙티브 미디어는 사용자가 콘텐츠에 적극적으로 참여할 수 있는 환경을 제공하며, 이를 통해 몰입감 있고 개인화된 경험을 창출한다. 나머지 선지는 인터랙티브 미디어의 특징과 반대되는 요소들로, 정적이며 반응이 느린 콘텐츠는 사용자 참여를 저해한다.

2. 정답: ① 해설: 제시문에서는 전통적인 미디어가 '일방적인 정보 전달'에 그치는 반면, 인터랙티브 미디어는 '사용자가 능동적으로 참여하고 그 결과에 따라 콘텐츠가 변화하는 특성'을 가진다고 명확하게 언급하고 있다. 이는 사용자의 상호작용이 콘텐츠 자체를

변화시킨다는 점에서 전통 미디어와 구별되는 인터랙티브 미디어의 가장 중요한 특징이다.

3. 예시 답안: 인터랙티브 미디어는 사용자 간의 소통을 촉진하고, 다양한 의견을 나누는 플랫폼을 제공한다. 소셜 미디어를 통해 사용자들은 콘텐츠를 생성하고 공유하며, 실시간 피드백을 주고받는다. 이러한 과정은 커뮤니티 형성과 정보 공유를 촉진하여 사회적 상호작용을 강화한다. 또한, 팬덤 문화와 같은 현상은 사용자가 콘텐츠에 대해 적극적으로 의견을 나누고, 공동체를 형성하는 데 기여한다. 결과적으로, 인터랙티브 미디어는 개인의 사회적 관계를 더욱 풍부하게 만들어준다.

4. 예시 답안: <서론> 인터랙티브 미디어는 사용자와 콘텐츠 간의 상호작용을 통해 새로운 경험을 창출하며, 앞으로 사회에 미칠 영향은 긍정적 측면과 부정적 측면 모두를 포함한다. 우선, 긍정적인 영향으로는 사용자 참여의 증진이 있다. 인터랙티브 미디어는 사용자에게 능동적인 참여를 유도하여, 개인의 의견과 경험을 공유할 수 있는 기회를 제공한다. 이는 민주적인 소통을 촉진하고, 다양한 목소리가 반영되는 사회를 만드는 데 기여할 수 있다. 특히, 소셜 미디어 플랫폼은 사람들이 실시간으로 소통하고, 서로의 의견을 나누는 공간을 제공하여 공동체 의식을 강화한다. 또한, 교육 분야에서도 긍정적인 변화를 가져올 수 있다. VR과 AR 기술을 활용한 교육은 학생들에게 몰입감 있는 학습 경험을 제공하고, 복잡한 개념을 보다 쉽게 이해하도록 돕는다.
<본론> 인터랙티브 미디어가 사회적 상호작용에 미치는 영향 중 부정적인 영향 또한 간과할 수 없다. 첫째, 정보 왜곡의 위험이 있다. 소셜 미디어에서의 정보가 빠르게 퍼지면서, 사실이 아닌 정보가 진실로 받아들여질 수 있는 가능성이 높아진다. 이는 사회적 갈등을 유발하고, 개인과 집단 간의 불신을 초래할 수 있다. 둘째, 과도한 의존 문제도 있다. 사용자들이 인터랙티브 미디어에 지나치게 의존하게 되면, 실제 대면 소통이 줄어들고, 사회적 고립을 초래할 수 있다. 이는 특히 젊은 세대에게 심각한 문제로 이어질 가능성이 있다. 셋째, 정신적 스트레스와 자아 혼란을 유발할 수 있다. 소셜 미디어에서의 피드백과 비교는 개인의 자아 감각에 부정적인 영향을 미칠 수 있으며, 심리적 문제를 유발할 수 있다. 결론적으로, 인터랙티브 미디어는 앞으로 사회에 긍정적이고 부정적인 영향을 모

두 미칠 것으로 예상된다. 이러한 변화는 기술의 발전과 함께 더욱 뚜렷해질 것이며, 우리는 이러한 영향을 균형 있게 이해하고 대응해야 할 필요가 있다.

<결론> 인터랙티브 미디어는 사회에 긍정적이고 부정적인 영향을 동시에 미칠 것이다. 사용자 참여의 증진과 교육 혁신 같은 긍정적 변화가 기대되는 반면, 정보 왜곡과 사회적 고립, 정신적 스트레스 등의 부작용도 우려된다. 따라서 우리는 이러한 다양한 영향을 균형 있게 이해하고, 책임 있는 사용과 사회적 논의를 통해 대응해야 한다.인터랙티브 미디어는 사회에 긍정적이고 부정적인 영향을 동시에 미칠 것이다. 사용자 참여의 증진과 교육 혁신 같은 긍정적 변화가 기대되는 반면, 정보 왜곡과 사회적 고립, 정신적 스트레스 등의 부작용도 우려된다. 따라서 우리는 이러한 다양한 영향을 균형 있게 이해하고, 책임 있는 사용과 사회적 논의를 통해 대응해야 한다.

5. 예시 답안: 인터랙티브 미디어의 발전은 개인의 정체성 형성에 깊은 영향을 미치고 있다. 사용자 참여를 중심으로 설계된 이러한 미디어는 개인이 자신의 경험을 기반으로 다양한 콘텐츠를 생성하고 공유할 수 있는 기회를 제공한다. 이 과정에서 개인은 자신만의 독특한 관점을 표현하고, 타인과의 상호작용을 통해 새로운 정체성을 탐색하게 된다. 또한, 소셜 미디어 플랫폼과 게임 등은 사용자에게 다양한 역할과 캐릭터를 경험하게 하여, 그들이 어떤 정체성을 선택할지를 고민하게 만든다. 이러한 체험은 개인이 자신을 어떻게 인식하고, 사회에서 어떤 위치를 차지할지를 결정하는 데 중요한 요소가 된다. 더불어, 인터랙티브 미디어는 다양한 문화적 배경을 가진 사람들과의 접촉을 촉진하여, 개인의 정체성을 더욱 풍부하고 다채롭게 만든다. 이러한 상호작용을 통해 개인은 다양한 가치관과 시각을 수용하게 되며, 이는 자신을 이해하고 표현하는 데 중요한 역할을 한다.

6. 예시 답안: **<찬성>** • 과도한 몰입으로 인해 현실 세계와의 단절 및 사회성 저하를 초래하며, 중독 문제가 심화되어 개인의 건강과 일상생활에 부정적인 영향을 미칠 수 있다.

• 획일화된 알고리즘에 의해 개인의 취향이 제한되고, 필터 버블 현상으로 인해 다양한 정보를 접하기 어려워 시야가 좁아지고 편향된 시각을 갖게 될 수 있다.

• 개인 정보 유출 및 사생활 침해 위험이 증가하며, 온라인상에서의 익명성을 악용한 사이버 폭력이나 허위 정보 유포 등의 문제가 발생할 수 있다.

<반대> • 학습 및 교육 분야에서 맞춤형 콘텐츠와 시뮬레이션을 제공하여 학습 효과를 극대화하고, 엔터테인먼트 분야에서는 몰입감 있는 경험으로 삶의 질을 향상시킨다.

• 온라인 커뮤니티와 소셜 미디어를 통해 지리적 한계를 넘어 다양한 사람들과 소통하고 정보를 공유하며, 새로운 관계를 형성하고 사회적 연결망을 확장할 수 있다.

• 사용자의 참여와 창의성을 촉진하여 개인의 잠재력을 발휘할 기회를 제공하며, 새로운 형태의 예술 및 문화 콘텐츠 창작으로 이어져 문화 산업 발전에 기여한다.

17. 문화예술에서의 소수자 표현과 포용

♦ 비판적 사고 키워볼까요?

1. 정답: ③ 해설: 본문에서는 진정성이 결여된 소수자 표현은 오히려 부정적인 영향을 미칠 수 있다고 비판하며, 표현에는 윤리적 고려와 존중이 필요하다고 강조한다. ③은 그와 반대되는 내용으로 적절하지 않다.

2. 정답: ③ 해설: ③번 선택지는 C 사상가의 주장과 정면으로 배치된다. C 사상가는 "상업적 목적이나 진정성 없는 접근"은 오히려 소수자에게 부정적 영향을 준다고 주장했으며, 표현의 윤리성과 사회적 책임을 강조했다. 따라서 "상업성과 감동 위주만으로도 충분한 사회적 기여를 한다"는 진술은 그의 관점과 일치하지 않으므로 부적절한 진술이다. 반면, ①, ②, ④, ⑤는 각각 A, B, C 사상가의 견해와 본문 내용에 충실하게 부합한다.

3. 예시 답안: 문화예술 속 소수자 표현은 사회적 공감과 이해를 증진시키는 데 기여하며, 다양한 시각을 통해 편견을 줄이고 인권 감수성을 높이는 역할을 한다. 또한 소수자들이 직접 자신의 이야기를 표현할 수 있는 기회를 제공함으로써 자존감과 사회적 참여를 높이는 데도 긍정적인 영향을 준다.

4. 예시 답안: **<서론>** 최근 영화, 드라마, 전시 등 다양한 문화예술 콘텐츠에서 성소수자, 장애인, 이주민 등 소수자의 삶과 이야기가 점점 더 많이 등장하고 있다. 이는 우리 사회가 다양성과 포용을 지향하는 흐름 속에서 나타나는 긍정적인 변화이다. 하지만 일부에서는 여전히 낯설거나 불편하다는 이유로 이를 거부하

거나 왜곡된 시선으로 바라보는 경우도 존재한다.

<본론> 문화예술은 사회를 비추는 거울이자, 공감과 이해의 통로다. 소수자의 이야기를 담은 작품은 그들의 목소리를 세상에 알리고, 다수의 사람들에게는 낯선 세계를 이해할 기회를 제공한다. 사회는 이러한 표현을 단순한 유행이나 자극으로 소비하기보다, 그 안에 담긴 삶의 맥락과 진정성을 읽어내려는 노력이 필요하다. 불편함을 피하기보다, 낯선 감정 속에서 타인의 현실을 이해하려는 자세가 중요하다. 이를 통해 우리는 다양한 가치와 존재를 존중하는 사회로 나아갈 수 있다.

<결론> 문화예술 속 소수자 표현은 단지 한 장르의 흐름이 아니라, 다양성과 공존의 가치를 실현하는 과정이다. 사회는 열린 태도로 이를 수용하고, 차이를 인정하며 함께 살아가는 방법을 배워야 한다. 서로 다른 존재들이 존중받을 때, 문화는 더욱 풍성해지고 사회는 더욱 건강해진다.

5. 예시 답안: 소수자를 표현할 때에는 그들의 삶과 정체성을 진정성 있게 이해하고 존중하는 태도가 필요하다. 상업적 목적이나 자극적인 연출로 소수자의 존재를 이용해서는 안 되며, 정확한 사실에 기반한 표현과 윤리적 책임이 동반되어야 한다. 이는 표현의 자유를 넘는 사회적 의무이기도 하다.

6. 예시 답안: <찬성> 문화예술은 소수자의 현실을 널리 알릴 수 있는 효과적인 수단이며, 이를 통해 관객은 다양한 삶을 이해하고 편견을 줄일 수 있다. 이는 인권 감수성과 사회적 공감 능력을 높이는 데 기여하므로, 소수자 표현은 반드시 존중되고 지속되어야 한다.

<반대> 소수자 표현이 상업적 목적이나 자극적인 방식으로 소비될 경우, 오히려 편견을 고착화하거나 특정 집단에 대한 왜곡된 이미지를 확대시킬 수 있다. 표현이 진정성과 윤리성을 잃게 되면 사회적 영향이 부정적으로 작용할 수 있다.

18. 전통 문화의 현대적 재창조

• 비판적 사고 키워볼까요?

1. 정답: ③ 해설: 이 글에서는 전통 문화가 현대적 해석을 통해 재창조되며, 새로운 창의성과 융합을 통해 우리의 삶에 스며드는 방법을 설명하고 있다. 전통 문화는 단순한 과거의 유산이 아니라, 현재와 미래를 위한 중요한 자원으로 여겨진다.

2. 정답: ② 해설: 전통 문화는 공동체의 역사와 가치를 담고 있어, 사람들은 이를 통해 자신의 뿌리를 이해하고 소속감을 느끼게 된다. 지역 축제와 전통 행사에 참여함으로써, 사람들은 서로의 경험을 나누고 공동체의 일원으로서의 정체성을 확립하게 된다.

3. 예시 답안: 전통 문화의 현대적 해석은 사회적 변화를 여러 측면에서 촉진할 수 있다. 첫째, 젊은 세대가 전통 문화를 현대적인 감각으로 재발견하게 되어 문화적 자부심이 고취된다. 예를 들어, 전통 의상인 한복이 현대 패션으로 재탄생하면서 젊은이들이 자연스럽게 전통 문화를 접할 기회를 제공받는다. 둘째, 지역 사회의 연대감이 강화된다. 전통 축제나 문화 행사에 참여함으로써 주민들은 공동체 의식을 느끼고 서로의 경험을 나누며 유대감을 형성한다. 셋째, 지속 가능한 발전에 기여하는 측면도 있다. 전통 농법이나 자원 관리 방법이 현대의 기술과 결합하면 환경 문제 해결에 도움을 줄 수 있다. 이러한 변화는 전통 문화가 단순히 과거의 유산이 아닌 현대 사회에서 중요한 자산으로 자리 잡는 데 기여하게 된다.

4. 예시 답안: <서론> 전통 문화의 현대적 해석은 개인의 정체성 형성에 깊은 영향을 미친다. 현대 사회는 다양한 문화적 요소에 둘러싸여 있지만, 전통 문화는 개인이 자신의 뿌리를 이해하고 정체성을 확립하는 데 중요한 역할을 한다. 특히, 전통 문화가 현대적인 방식으로 재구성될 때, 개인은 이를 통해 새로운 의미를 부여받고 자신을 더 잘 이해하게 된다. 이러한 과정은 단순히 과거의 유산을 재현하는 것이 아니라, 개인의 삶과 현대 사회의 맥락에서 새로운 가치를 창출하는 기회를 제공한다.

<본론> 전통 문화의 현대적 해석은 개인의 정체성을 형성하는 여러 방법이 있다. 첫째, 전통 문화는 개인에게 소속감을 부여한다. 예를 들어, 전통 음악, 무용, 또는 의상을 배우고 경험하는 과정에서 개인은 자신의 문화적 배경을 인식하고 이를 통해 자부심을 느낀다. 이러한 경험은 개인이 속한 공동체와의 연결고리를 강화하며, 정체성을 더욱 확고히 하는 데 기여한다. 둘째, 전통 문화의 현대적 해석은 새로운 창의성을 자극한다. 전통 요소가 현대적 감각으로 재구성될 때, 개인은 자신만의 독창적인 표현 방식을 찾을 수 있다. 예를 들어, 한복을 현대 패션으로 변형하는 디자이너들은 전통을 존중하면서도 새로운 트렌드를 창출한다. 이러한 과정에서 개인은 전통과 현대를 융

합하여 자신만의 정체성을 구축하는 기회를 가지게 된다. 셋째, 전통 문화는 개인의 가치관과 세계관을 형성하는 데 중요한 역할을 한다. 전통 문화의 요소들은 특정한 가치와 규범을 내포하고 있으며, 이를 통해 개인은 자신의 삶의 방향성을 찾을 수 있다. 예를 들어, 전통적인 공동체 생활 방식이나 윤리적 가치관은 현대 사회에서 개인이 어떻게 행동해야 하는지를 안내하는 기준이 될 수 있다.

<결론> 결국, 전통 문화의 현대적 해석은 개인의 정체성 형성에 긍정적인 영향을 미친다. 전통 문화는 개인에게 소속감을 제공하고, 새로운 창의성을 자극하며, 가치관을 형성하는 데 기여한다. 이러한 과정은 개인이 자신의 뿌리를 이해하고 자부심을 느끼게 하며, 더 나아가 현대 사회에서 자신만의 정체성을 구축하는 데 중요한 역할을 한다. 전통 문화가 현대적 방식으로 재해석될 때, 개인은 과거와 현재를 연결하여 더 풍부하고 다채로운 정체성을 형성할 수 있다. 따라서 전통 문화의 현대적 해석은 개인의 삶에 깊이 있는 변화를 가져오며, 이는 궁극적으로 사회 전체에 긍정적인 영향을 미치게 된다.

5. 예시 답안: 전통문화의 규범이나 기대가 개인의 자유와 다양성이 중요한 현대 사회에서는 더욱 그렇게 느껴질 수 있다. 전통 문화의 규범이나 기대가 개인의 고유한 생각이나 표현을 억누르는 것처럼 보일 수도 있다. 하지만 전통 문화는 오랜 시간 공동체가 함께 살아오면서 쌓아온 지혜와 경험을 담고 있다. 이는 단순히 집단에 복종하는 것을 넘어, 서로 존중하고 배려하며 조화롭게 살아가는 방법을 가르쳐 준다. 또한, 개인의 정체성은 혼자서만 만들어지는 것이 아니라 공동체 안에서 다른 사람들과 관계를 맺고 소통하는 과정에서도 형성되고 발전한다. 건강한 공동체는 개개인의 다름을 인정하고 그 안에서 서로 배우며 성장하는 공간이 된다. 따라서 전통 문화를 획일적으로 따르기보다는, 현대 사회의 다양한 가치와 잘 융합하여 개인과 공동체 모두가 발전할 수 있는 균형점을 찾는 노력이 필요하다.

6. 예시 답안: <찬성> •전통 문화를 현대적으로 재구성함으로써 새로운 창의성과 표현 방식을 창출할 수 있다. 이는 예술, 패션, 디자인 등 다양한 분야에서 혁신을 촉진한다.

•현대적인 해석은 젊은 세대가 전통 문화를 쉽게 접하고 이해할 수 있는 기회를 제공한다. 이를 통해 전통 문화에 대한 관심과 참여를 늘릴 수 있다.

•현대적 해석은 지역 사회의 전통 문화를 부활시키고, 공동체 의식을 증진시키는 데 기여한다. 전통 축제나 행사에 대한 새로운 접근은 주민 간의 유대감을 강화한다.

<반대> •전통 문화를 현대적으로 재구성하는 과정에서 그 본질이 왜곡될 수 있다. 전통의 가치와 의미가 사라질 위험이 존재한다.

•전통과 현대가 충돌할 때, 사회 내에서 혼란이나 갈등이 발생할 수 있다. 특히, 보수적인 시각을 가진 사람들과 진보적인 시각을 가진 사람들 간의 갈등이 심화될 수 있다.

•전통 문화의 현대적 해석이 지나치면, 개인이나 공동체의 문화적 정체성이 약화될 수 있다. 전통의 지속적인 보존이 아닌 현대적 재구성이 우선시되면, 문화적 뿌리를 잃게 될 위험이 있다.

저자가 작업한 주제 분류

사회편
01 연결의 단절 – 현대 사회의 고립과 외로움(이지혜)
02 청소년 노동과 아르바이트 문제(조찬영)
03 옴니보어 소비 – 현대 소비 트렌드의 진화(이지혜)
04 공공교통 활성화와 탄소 배출 저감의 필요성(조찬영)
05 페이스테크의 진화 – 윤리적 도전과 사회적 책임(이지혜)
06 스트리밍 시대의 저작권 문제 – 창작자와 소비자의 균형 찾기(조찬영)
07 장수 사회의 혁명 – 노인의 지혜가 만드는 새로운 미래(이지혜)
08 메가시티 건설, 균형 발전의 해법인가? – 도시와 농촌의 상생을 위한 길(조찬영)
09 아보하 트렌드 – 새로운 삶의 방식(이지혜)
10 챌린지의 두 얼굴 – 디지털 문화 속 책임 있는 선택(조찬영)
11 디지털 격차가 만든 교육 불평등, 해법은?(이지혜)
12 젠더 평등 – 변화하는 사회의 흐름(조찬영)
13 제로 웨이스트 사회 – 쓰레기 없는 꿈의 실현(이지혜)
14 소유에서 공유로, 소비 방식의 변화(조찬영)
15 데이터 프라이버시 – 디지털 시대의 새로운 권리와 책임(이지혜)
16 로봇과 인공지능의 시대, 미래 직업은 어떻게 변할까?(조찬영)
17 가상 인간과 디지털 휴먼, 새로운 시대의 도래(조찬영)
18 시간을 거스르는 과학 – 노화 방지 기술의 혁신과 미래(이지혜)

문화편
01 청소년의 팬픽(Fan Ficion) –2차 창작 문화(조찬영)
02 MZ세대의 디지털 네이티브 – 새로운 시대의 주역(이지혜)
03 디지털 명상과 힐링 콘텐츠 열풍(조찬영)
04 색의 조화 – 그라데이션 K가 만들어내는 시각적 세계(이지혜)
05 청소년의 밈(Meme) 소비, 유희를 넘어 비판적 사고로(조찬영)
06 디지털 혁명과 콘텐츠 산업 – 미래를 여는 새로운 가능성(이지혜)
07 1인 창작자와 플랫폼 독점 문제(조찬영)
08 패션 아이콘 – 스타일을 넘어서는 시대의 메신저(이지혜)
09 디지털 빈티고, 복고 유행의 이유(조찬영)
10. OTT 플랫폼의 혁신 – 미디어 소비의 새로운 지평을 열다(이지혜)
11 청소년 피지컬 문화와 외모 가치관(조찬영)
12 게임, 스토리의 새로운 지평을 여는 시대(이지혜)
13 디지털 추모 문화, 사이버 제사?(조찬영)
14 세대별 소셜 미디어 – 소통의 진화와 새로운 패러다임(이지혜)
15 MBTI와 퍼스널 브랜딩 문화(조찬영)
16. 인터랙티브 미디어 – 사용자 참여로 혁신하는 경험의 세계(이지혜)
17. 문화예술에서의 소수자 표현과 포용(조찬영)
18 전통 문화의 현대적 재창조 – 과거와 미래를 잇는 다리(이지혜)